北京市社会科学院文库

新型城镇化的低碳创新驱动模式研究

基于新质生产力视角

陆小成 著

RESEARCH ON THE LOW-CARBON INNOVATION
DRIVEN MODEL OF NEW URBANIZATION
BASED ON THE PERSPECTIVE OF NEW QUALITY PRODUCTIVE FORCES

社会科学文献出版社
SOCIAL SCIENCES ACADEMIC PRESS (CHINA)

序　言

新型城镇化建设是关系中国式现代化建设全局的重大战略，是培育和发展新质生产力、推动高质量发展的关键支撑。党的十八大以来，以习近平同志为核心的党中央坚持以人民为中心，实施新型城镇化建设与创新驱动发展战略，推进生态文明建设与绿色低碳发展，取得了阶段性的重大成效和历史性的辉煌成就。党的二十大报告明确指出，推进以人为核心的新型城镇化，加快农业转移人口市民化；加快实施创新驱动发展战略；推动绿色发展，促进人与自然和谐共生。2024年1月，习近平总书记在中共中央政治局第十一次集体学习时强调，发展新质生产力是推动高质量发展的内在要求和重要着力点，必须继续做好创新这篇大文章，推动新质生产力加快发展。习近平总书记在党的二十届三中全会上指出，健全因地制宜发展新质生产力体制机制；健全推进新型城镇化体制机制；健全绿色低碳发展机制。新征程上，进一步深化体制机制改革，持续推进新型城镇化建设，选择并构建低碳创新驱动模式，加快培育和发展新质生产力，对于深入实施创新驱动发展战略、以低碳创新驱动高质量发展、积极稳妥推进碳达峰碳中和、推进人与自然和谐共生的中国式现代化具有十分重要的战略意义。本书以理论和实践相结合，探讨新型城镇化、新质生产力、创新驱动之间的逻辑关联，提出"低碳创新驱动"概念，建构新型城镇化的低碳创新驱动模式及其理论分析框架，比较分析国外城市化与低碳发展经验，总结中国新型城镇化的辉煌成就与宝贵经验，并聚焦问题探讨中国新型城镇化建设存在的主要难题，最后提出新质生产力视域下新型城镇化低碳创新驱动的路径选择与对策建议。主要研究内容和创新点表现在以下几个方面。

第一，基于历史逻辑的视角，创造性地提出新中国成立以来中国城镇化建设的三大演变历程及其阶段性特征。从历史逻辑的视角，系统梳理中国城镇化的发展阶段及其特征。新中国成立以来，中国城镇化的演变历程主要包括城镇化起步与波动发展阶段（新中国成立至改革开放前）、城镇化快速发展阶段（改革开放至党的十八大前）、新型城镇化高质量发展阶段（党的十八大至今）三个阶段。进入新时代，新型城镇化建设进入高质量发展阶段，其特征主要表现为：将"以人为核心"作为新型城镇化的本质要求，以城市群为主体形态推进城镇化，以科技创新驱动城镇发展方式转变，推动生态环境治理与绿色低碳发展等。特别是面向"双碳"目标和新质生产力发展，新型城镇化建设坚持生态优先与绿色低碳发展的原则，依托科技创新、制度创新推动生态文明建设和绿色生产力发展，推动城市经济社会全面绿色转型与高质量发展。

第二，基于新质生产力的战略背景，提出"低碳创新驱动"概念及其理论分析框架。低碳创新驱动是对新型城镇化建设的生态属性、人文内涵、人类生存价值的深刻认识，是实施创新驱动发展战略、发展新质生产力、推动绿色低碳发展、建设美丽中国的战略选择。本书结合城镇化、技术创新、绿色低碳发展、新质生产力等的最新理论进展和实践成果，以低碳发展、创新驱动为基本要求，创造性地提出新型城镇化建设的"低碳创新驱动"概念及其理论分析框架。建设美丽中国、推动绿色低碳发展、加快培育和发展新质生产力，对于新型城镇化建设而言，既是挑战和压力，更是换道超车的新机遇和新赛道。新型城镇化建设的低碳创新驱动，就是在深入实施新型城镇化战略过程中，坚持以人为本、以生态文明建设为基本目标，加强面向低碳、节能、生态的技术创新和制度创新，培育和发展新质生产力，驱动新型城镇化选择绿色低碳、创新发展的新模式、新道路。构建新型城镇化的低碳创新驱动模式具有重要意义。

第三，基于多元主体的维度，提出构建新型城镇化建设的低碳创新驱动模式。根据不同创新驱动主体，构建新型城镇化建设的低碳创新驱动模式，主要有政府主导型、企业主导型、科研院所主导型以及多元主体协同型等。

第四，基于影响因素的维度，构建了新型城镇化建设的低碳创新驱动力模型。以低碳创新驱动中国新型城镇化建设，受多方面因素影响。基于影响因素分析的维度，从外部推力和内部动力两个层面提出并构建了新型城镇化低碳创新驱动力模型。从外部来看主要包括来自国内外碳减排压力和国内政策吸引、市场推动等动力影响。从内部来看，主要是作为创新主体的企业，追求低碳技术创新、低碳产品创新带来的丰厚利润、市场份额等所形成的创新内驱力，以及企业与科研院所等合作创新所形成的创新协同力。

第五，基于国际比较的视角，分析国外典型城市在推进城市化、创新驱动、低碳转型等方面的重要经验，提出对中国新型城镇化建设的政策启示。采用比较分析方法，重点分析英国伦敦、美国纽约、德国鲁尔、日本东京、日本九州等典型城市和地区的城市化经验，进而提出对中国新型城镇化建设的重要经验借鉴与启示。国外经验对中国新型城镇化建设的重要启示在于，面向生态环境治理、绿色低碳转型、碳达峰碳中和等要求，应加强传统产业转型与城市空间优化，加强科技创新与制度创新、绿色低碳发展与生态环境治理等的协同推进，实现新型城镇化建设的低碳创新驱动与高质量发展。

第六，基于现实逻辑的维度，全面分析新时代中国新型城镇化建设、创新驱动与低碳发展的基本现状、重要成就、宝贵经验及世界意义。中国城镇化建设尽管起步比较晚，中间还经历了不少的曲折与波动，但在中国共产党的坚强领导下，特别是党的十八大以来推进以人为核心的新型城镇化，取得了历史性的辉煌成就和宝贵经验，值得研究梳理和全面总结。从中国城镇化建设的历程看，坚持党的领导，坚持以人为核心，加强技术创新和制度改革，加强城镇生态修复、环境保护与污染治理，加快建设绿色低碳、生态宜居的新型城镇空间，这是新型城镇化建设区别于传统城镇化的重要特征，也是新型城镇化建设取得辉煌成就的重要经验总结。从世界意义看，在中国共产党的坚强领导下，坚持以人民为中心的发展思想，深入实施创新驱动发展战略，有序推动人类有史以来最大规模的城镇化进程，不断改善人居环境，不断提升城镇化的综合效益和发展质量，为其他国家特别是发展中国家的城市化提供中国智慧、中国方案。

第七，基于问题导向的维度，剖析中国新型城镇化建设与低碳创新驱动存在的主要难题。结合中国新型城镇化、创新发展、绿色低碳发展等具体实践，聚焦现实问题，深入剖析中国新型城镇化建设中实现低碳创新驱动发展存在的主要难题与短板。

第八，基于路径选择的维度，探讨中国新型城镇化建设的低碳创新驱动发展的对策建议。当前科技创新提速、产业变革深入推进，推进以人为核心的中国特色新型城镇化建设，应加快构建低碳创新驱动模式，培育和发展新质生产力，应进一步全面深化改革，从规划与政策、技术与能力、产业与能源、转型与创新、社会与服务、环境与空间等多层面，选择科学有效的发展路径。一是在规划与政策层面，建立新型城镇化碳达峰碳中和评价指标体系，完善低碳创新规划与政策，加快科技创新体制改革。二是在技术与能力层面，破解"卡脖子"技术难题，培育和发展新质生产力。三是在产业与能源层面，推动产业转型与提升韧性，构建现代化低碳产业体系。依托低碳创新链产业链价值链整合，发展氢能、人工智能、生态环保、绿色制造、新能源汽车、生物医药等现代新兴产业，推动一二三产业低碳转型与融合发展，加快构建更具韧性、更具竞争力、更绿色的低碳产业链体系。四是在转型与创新层面，先立后破优化能源结构，构建城镇低碳能源发展模式。五是在社会与服务层面，加强资源整合与社会参与，推动公共服务均等化布局，构建公平正义、和谐包容的服务型城镇。六是在环境与空间层面，加强生态环境治理，构建绿色低碳的美丽城市。依托环境治理技术创新、光伏发电技术创新，构建生态产品价值实现机制，将自然资源优势转化为发展优势，以改善生态环境质量为核心，开启新型城镇化低碳创新驱动发展、培育和发展新质生产力、人与自然和谐共生的现代化国家新征程。

目 录

绪 论 001
 一 研究背景与问题的提出 001
 二 研究意义及价值 006
 三 国内外研究现状和发展趋势 008
 四 基本思路和研究方法 032
 五 研究突破点与创新之处 034

第一章 相关理论基础 037
 一 城镇化理论 037
 二 技术创新、制度创新与创新驱动理论 059
 三 低碳经济理论 065
 四 生产力、绿色生产力与新质生产力理论 067
 五 本章小结 081

第二章 中国城镇化建设的历史演变与阶段性特征 ... 082
 一 城镇化起步与波动发展阶段（新中国成立至改革开放前） ... 083
 二 城镇化快速发展阶段（改革开放至党的十八大前） ... 084
 三 新型城镇化高质量发展阶段（党的十八大至今） ... 086
 四 本章小结 091

第三章　新型城镇化、新质生产力与低碳创新驱动的内涵阐释 …… 092
一　何谓新质生产力 …… 093
二　新质生产力赋能新型城镇化的理论逻辑 …… 105
三　新型城镇化建设的低碳创新驱动内涵 …… 107
四　新型城镇化建设的低碳创新驱动机理 …… 113
五　新型城镇化建设的低碳创新驱动意蕴 …… 115
六　本章小结 …… 126

第四章　基于多元主体的新型城镇化建设低碳创新驱动模式构建 …… 127
一　政府主导型的低碳创新驱动模式 …… 127
二　企业主导型的低碳创新驱动模式 …… 135
三　高校和科研院所主导型的低碳创新驱动模式 …… 139
四　多元主体协同型的低碳创新驱动模式 …… 144
五　本章小结 …… 148

第五章　基于新质生产力的新型城镇化低碳创新驱动力模型 …… 149
一　国内外减排压力 …… 149
二　低碳政策吸引力 …… 153
三　低碳市场推动力 …… 156
四　低碳创新内驱力 …… 157
五　城镇公共服务力 …… 162
六　低碳创新协同力 …… 163
七　本章小结 …… 164

第六章　国外城市化中创新驱动与低碳发展的经验比较 …… 165
一　英国伦敦城市化经验：从"雾都"到"绿都" …… 165
二　美国纽约城市化经验：从制造型城市到服务型城市 …… 174
三　德国鲁尔城市化经验：从产业整治到城市更新 …… 180

目 录

　　四　日本东京城市化经验：从产业转型到都市圈建设……………… 185
　　五　日本九州城市化经验：从煤炭产业转型到生态环保城市……… 191
　　六　国外城市化、创新驱动与低碳转型的经验启示………………… 195
　　七　本章小结……………………………………………………………… 202

第七章　中国新型城镇化、创新驱动与低碳发展的现状及其成就……… 203
　　一　中国新型城镇化、创新驱动与低碳发展的基本现状…………… 204
　　二　中国新型城镇化、创新驱动与绿色低碳发展的宝贵经验与世界意义
　　　　………………………………………………………………………… 212
　　三　本章小结……………………………………………………………… 220

第八章　新型城镇化建设与低碳创新驱动的主要难题…………………… 222
　　一　低碳创新意识不强，创新政策与机制不够完善………………… 222
　　二　低碳技术创新能力不足，对新型城镇化的引擎作用不凸显…… 226
　　三　产业和能源结构不合理，传统城镇化存在"碳污同源"问题… 232
　　四　创新资源整合不力，社会参与创新水平低……………………… 243
　　五　环境污染治理难度大，城市生态韧性不足……………………… 250
　　六　本章小结……………………………………………………………… 253

第九章　新质生产力视域下新型城镇化建设的低碳创新驱动路径选择
　　　　………………………………………………………………………… 254
　　一　完善低碳创新规划与政策，加快科技创新体制改革…………… 255
　　二　破解"卡脖子"技术难题，培育和发展绿色新质生产力……… 264
　　三　推动产业转型与提升韧性，构建现代化低碳产业体系………… 274
　　四　先立后破优化能源结构，构建城镇低碳能源发展模式………… 284
　　五　加强资源整合与社会参与，推动公共服务均等化布局………… 290
　　六　加强生态环境治理，构建绿色低碳的美丽城市………………… 297
　　七　本章小结……………………………………………………………… 307

003

第十章　结论与展望 ··· 309
　一　基本结论 ·· 309
　二　研究不足与未来展望 ·· 314

参考文献 ··· 317

后　记 ·· 334

绪 论

一 研究背景与问题的提出

从全球来看，如何加快城镇化低碳转型与环境治理，为实现碳达峰碳中和目标、共建人类美好地球家园贡献力量，成为全球城市化运动的潮流与共识。

一方面，城镇化的快速推进带来环境污染等"城市病"难题。城镇化运动最早发端于工业革命时期的英国。18世纪50年代到19世纪末，英国工业化发展带来人口、产业、建筑、交通在空间的集聚，助力城市化建设。但随着人口不断集聚，城市化面临人口膨胀、交通拥堵、环境污染等诸多"城市病"难题。随后，全球进入城市化快速发展阶段，"先污染、后治理"的传统城市化模式不可持续。加快创新驱动、绿色引领、低碳发展、实现碳达峰碳中和目标成为世界各国的发展共识。

另一方面，全球城市化运动是一部以科技创新为重要驱动力的科技史和生产力发展史。推动城市化进程、治理环境污染等系列"城市病"问题，需要依托科技创新的力量。科技创新成为城市化运动的核心驱动力，成为引领经济发展的关键推动力，也是一部以绿色低碳发展为底色的城市转型史，以绿色低碳、环境友好的城市化运动推动经济社会全面绿色转型与可持续发展。当前，国际竞争日益激烈，谁在科技创新、绿色低碳发展方面占据绝对优势，谁就能在全球竞争中拥有较强的国际话语权。国外一些发达城市如伦敦、纽约、东京等，经历了较长时期的城市化进程，依靠科技创新和进步，改变传统城市化模式，加快推动城市化的低碳发展与环境治理，破解城市高能耗、高污染、高排放和环境污染等难题，基本实现了碳达峰并向碳中和目标不断迈进，这些国际经验值得比较研究和学习借鉴。例如，伦敦就是通过环境治理与绿色转型，由"灰色"城市转变为绿色低碳城市，纽约通过产业结构调整和科技创新成为世界著名城市，东京在创新驱动和绿色低碳转型发展方面均具有许多成功经验，这些城市经过了多年的创新发展与绿色转型已经积累了许多成功经验，值得学习和借鉴。中国面向全球城市化潮流与绿色转型态势，需要加快新型城镇化的绿色低碳发展，需要以创新驱动培育和发展新质生产力，加快建设美丽中国先行区，进而重塑中国城市在国际上的绿色低碳形象。采用国际比较、国际经验借鉴的视角研究中国新型城镇化的低碳发展路径，是值得深入研究的重要课题。

从全国看，未来新型城镇化如何以创新驱动培育和发展新质生产力、推动高质量发展，如何以低碳创新为引擎破解城市污染难题、全面推进美丽中国建设，是不可回避和必须回答的新时代命题。

城镇化是现代化的必由之路。美丽中国是中国梦不可分割的有机组成部分，美丽城市是美丽中国的主要阵地。党的十八大报告基于科技创新的战略意义，作出了加快实施创新驱动发展战略的重大部署。2013年9月30日，习近平总书记强调，"实施创新驱动发展战略决定着中华民族前途命运"。[①] 中国的现代化涉及十几亿人，走全靠要素驱动的老路难以为继。习近平总书记指出，"要坚持以创新、协调、绿色、开放、共享的新发展理念为引领，以人的城镇化为核心"。2022年10月16日，党的二十大报告明确指出，"推进以人为核心的新型城镇化，加快农业转移人口市民化""推动

---

① 《习近平：实施创新驱动不能等待观望懈怠》，http://www.xinhuanet.com/politics/2013-10/01/c_117582862.htm，2013年10月1日。

绿色发展，促进人与自然和谐共生"。习近平主席在第七十五届联合国大会上宣布，"中国将采取更加有力的政策和措施，二氧化碳排放力争于2030年前达到峰值，努力争取2060年前实现碳中和"。习近平主席的重要讲话，彰显了我国应对气候变化、走绿色低碳发展道路的雄心和决心，为共同保护好地球家园、构建人类命运共同体贡献中国智慧和力量。2022年5月，中共中央办公厅、国务院办公厅印发了《关于推进以县城为重要载体的城镇化建设的意见》，明确提出要"坚持以人为核心推进新型城镇化""统筹县城生产、生活、生态、安全需要""推进生产生活低碳化"等。2024年7月，国务院印发《深入实施以人为本的新型城镇化战略五年行动计划》，明确提出以满足人民日益增长的美好生活需要为根本目的，以体制机制改革为动力，因势利导、顺势而为，因地制宜、分类施策，稳步提高城镇化质量和水平，充分释放新型城镇化蕴藏的巨大内需潜力，持续推动经济实现质的有效提升和量的合理增长，为中国式现代化提供强劲动力和坚实支撑。

习近平总书记对于深入推进新型城镇化建设指出，要坚持以创新、协调、绿色、开放、共享的新发展理念为引领，以人的城镇化为核心。深入实施创新驱动发展战略，提升新型城镇化质量，推动绿色低碳发展等。2023年12月，《中共中央 国务院关于全面推进美丽中国建设的意见》明确指出，到21世纪中叶，要全面提升生态文明，全面形成绿色发展方式和生活方式，重点领域实现深度脱碳，生态环境健康优美，全面实现生态环境治理体系和治理能力现代化，从而全面建成美丽中国。习近平总书记在中共中央政治局第十一次集体学习时强调，"新质生产力是创新起主导作用，摆脱传统经济增长方式、生产力发展路径，具有高科技、高效能、高质量特征，符合新发展理念的先进生产力质态。它由技术革命性突破、生产要素创新性配置、产业深度转型升级而催生，以劳动者、劳动资料、劳动对象及其优化组合的跃升为基本内涵，以全要素生产率大幅提升为核心标志，特点是创新，关键在质优，本质是先进生产力""绿色发展是高质量发展的底色，新质生产力本身就是绿色生产力"。新型城镇化的"新"就在于新理念、新技术、新产业、新能源、新模式等为支撑所带来的新发展，这些都是新质生产力的基本内涵。新型城镇化建设就是要加快培育和发展新质生产力，加快绿色科技创新和先进绿色技术推广应用，做强绿色制造业，发展绿色服务业，壮大绿色能源产业，发展绿色低碳产业和供应链，构建绿色低碳循环经济体系，进而推动新型城镇化的高质量发展。习近平总书记的系列重要讲话精神为新时代新型城镇化的低碳创新发展、美丽城镇建设指明了前进方向，提供了根本遵循。

2023年末，我国常住人口城镇化率已经上升到66.2%。改革开放40多年以来，我国经济社会发展、城镇化建设取得了阶段性的辉煌成就和巨大进步。但因多方面原因，我国经济社会发展还存在不平衡、不协调、不可持续等难题，人口、资源、能源、生态环境等方面的压力依然较大。传统城镇化模式带来能源消耗量大规模上升，大量资源消耗加大城市资源环境约束，依靠投资驱动、要素驱动的粗放型发展模式难以长期保持能源、土地等有限资源的持续投入，也带来较为严重的能源快速耗竭、环境污染、生态恶化问题。城镇地区成为我国节能减排、实现"双碳"目标的主阵地和重点领域，不少城镇地区面临着创新不足、高碳排放、环境污染、发展滞后等诸多难题。如何破解这些难题？在美丽中国建设视域下，深入推进新型城镇化建设，选择低碳创新模式与路径，加快培育和发展新质生产力，推动人与自然和谐共生的现代化建设，具有重要的现实紧迫性和研究意义。

从新型城镇化的地方实践来看，破解传统城镇化的粗放发展模式弊端，构建低碳创新驱动模式迫在眉睫。

改革开放40多年来，许多城市主要依靠要素驱动和投资驱动，以资源能源过快消耗、环境污染、较低劳动力成本为代价实现了经济一定时期的高速增长。但在推进生态文明建设与绿色低碳发展中，这种粗放型发展模式不可持续，严重制约了美丽中国建设进程。当前城市发展遇到人口、资源与环境等不相协调的诸多"城市病"问题，高污染、高排放、高消耗的粗放型高碳增长模式不可持续。煤炭在能源结构中占据重要地位，生产生活领域的高碳排放主要来源于传统化石能源消费,有研究报告明确指出,我国85%的二氧化碳、90%的二氧化硫和73%的烟尘都是由煤炭消费排放的。① 城镇化带来能源消费量大规模上升,大量资源消费加大城市资源环境约束。城市作为人口、产业、交通、建筑等要素的高度集聚区,因生产生活需要成为生态环境污染问题的主要制造者,同时也是城市生态环境污染的主要受害者、利益受损者,当然也是解决高碳排放、生态恶化、环境污染问题的关键因素与重要力量。随着人口红利和土地红利的优势减弱,城市化进程受到一定影响,破解传统城市化中存在的高碳排放、生态环境污染等"城市病"难题,必须依靠创新驱动、低碳转型实现城市化的可持续发展、绿色低碳发展和高质量发展。中国不少城市能源相对匮乏,生态脆弱,破解长期以来的能源短缺、环境污染、经济社会发展不协调等问题,加强创新驱动与发展方式转变迫在眉睫。应加快城市发展方式转变,以创新驱动为重要引擎,推进城市化进程的绿色低碳转型与创新发展,推进人与自然和谐共生的现代化建设。

加快低碳技术创新、低碳制度创新,是深入实施新型城镇化战略与推动绿色低碳发展的重要引擎。避免传统城市化的高碳增长模式与路径依赖,必须加快创新驱动与绿色低碳发展,加快选择低碳经济发展模式。低碳经济就是以低能耗、低排放、低污染为基础的经济模式。② 低碳创新是以低碳经济模式为目标,通过技术、制度、文化、管理等多方面的协同创新,促进城市低碳转型,加快建设更加低碳、绿色、生态、和谐、宜居的现代城市格局。

从人民群众对美好生活需要的高度来看,以创新驱动、绿色低碳发展为基本方向推动新型城镇化建设,是增强人民群众获得感的战略突破口和重要选择。

在长期粗放发展模式引导下,我国城镇化建设出现过度依赖土地财政、过高地价推高房价、人口过于集中于大城市等现象,导致出现城市环境污染

---

① 郭丕斌、周喜君、李丹等:《煤炭资源型经济转型的困境与出路:基于能源技术创新视角的分析》,《中国软科学》2013年第7期,第39~46页。
② 庄贵阳:《中国经济低碳发展的途径与潜力分析》,《太平洋学报》2005年第11期,第79~87页。

不断累积、生态状况不断恶化、雾霾天气时常困扰等系列"城市病"难题。能源短缺和环境污染并存、经济增长与民生改善同步是制约城市经济社会和谐发展的焦点问题。一方面，受各方面因素制约，不少中心城区、远郊区县以及其他中小城镇、乡村地区的生态环境承载力严重不足，生态环境遭到严重破坏，"垃圾围城"和"污染下乡"并存；另一方面，在长期高速经济增长目标导向下，城乡发展不充分、不均衡、不协调等难题难以根治。投资驱动的资本密集属性容易引发地区与行业间的收入不平衡加剧、城乡差距扩大等系列发展不平衡不充分问题。立足绿色低碳、高质量发展的新阶段，推进以人为核心的新型城镇化建设，必须破解城乡"高碳困境"与"发展失衡"困境。[①] 新型城镇化进程中，如何直面和破解当前比较紧迫的资源能源环境约束瓶颈、产业粗放、人口膨胀、交通拥堵等诸多发展问题，如何更好地促进城市经济在保持稳定增长的基础上进一步创新跨越和绿色低碳发展，是从中央到地方各级政府、企业、社会各界共同关注的热点问题和焦点难题，开展此项研究迫在眉睫、意义重大。广大城镇地区成为我国节能减排、实现"双碳"目标的主阵地和重点领域，不少城镇地区面临着创新不足、高碳排放、环境污染、发展滞后等诸多难题。在进一步全面深化改革、发展新质生产力、建设美丽中国的战略背景下，面向世界科技前沿、面向经济主战场、面向国家重大需求、面向人民生命健康，深入推进新型城镇化战略实施，选择低碳创新驱动模式与发展路径，具有重要的现实紧迫性和研究意义。

二 研究意义及价值

第一，在学术价值层面，构建中国新型城镇化建设的低碳创新驱动模式及其理论分析框架，丰富并拓展习近平生态文明思想研究，推动城镇化、创

---

① 韩秀丽、胡烨君、马志云：《乡村振兴、新型城镇化与生态环境的耦合协调发展——基于黄河流域的实证》，《统计与决策》2023 年第 11 期，第 122~127 页。

新驱动、低碳经济等理论发展。

本书从理论的高度研究创新驱动发展战略、绿色低碳发展战略对于新型城镇化建设和新质生产力发展的重要实践意义，研究创新驱动与绿色低碳发展、低碳创新驱动与新型城镇化、新型城镇化与新质生产力之间的内在关联，对这些方面进行学理剖析与探索，具有重要学术价值。本书从学理上阐释新型城镇化如何依托面向低碳发展的科技创新与制度创新，破解经济增长与碳排放之间的强关联及其内在矛盾，研究建立中国特色新型城镇化低碳创新驱动理论体系，丰富并拓展习近平生态文明思想研究，推动城镇化、创新驱动、低碳经济等理论发展。

第二，在国际比较层面，考察发达国家在推进城市化运动、绿色低碳发展、创新发展等方面的成功经验，为中国新型城镇化建设提供参考。

发达国家的城市化均经历过由高能耗、高碳排放到创新发展、低碳转型的漫长过程，这些城市均通过技术创新、能源替代和产业升级，实现了碳达峰目标并加快向碳中和目标迈进。比较这些城市在城市化中如何实现低碳转型与创新发展？如何实现碳达峰目标？有哪些成功的经验值得借鉴或失败的教训需要避免？本书中的研究有利于为中国新型城镇化建设提供政策启示。

第三，在实践应用层面，以低碳创新驱动推进中国新型城镇化建设与发展，加快构建低碳创新型现代城市，指导和谱写新时代中国新型城镇化加快低碳创新发展的伟大实践和美丽篇章，赢得我国低碳高质量发展的国际话语权。

从实践看，受制于能源资源环境约束、产能过剩、投资效率低下等多重因素，粗放式投资主导的增长难以为继。在这一背景下，中国新型城镇化道路向主要依靠科技进步、劳动者素质提高和管理创新转变已势在必行，从资源要素驱动、投资驱动转向创新驱动迫在眉睫。发挥城市现有的科技资源集聚优势，研究以低碳创新驱动新型城镇化建设的关键问题，以关键性重大技术突破、技术创新与应用推广为重要动力，加快培育和发展新质生产力，驱动新型城镇化建设的发展方式转变与高质量发展。通过创新驱动的系统改进，构建环境美好、经济发展、社会和谐、民生改善、生态文明、绿色宜居的新城镇，实现绿色低碳发展。深入实施新型城镇化战略，以提高劳动生产率、推动以绿色低碳发展为核心目标的低碳创新驱动将成为推动城镇经济社会绿色转型、培育和发展新质生产力的根本动力。

一方面，本书对中国新型城镇化建设实践的应用价值在于，既总结提炼中国新型城镇化建设、创新驱动、绿色低碳发展的辉煌成就、宝贵经验与创新模式，又在未来实践层面探索新的发展道路，研究制定更加科学可行的低碳创新政策和实现"双碳"目标的路线图，提出新型城镇化的低碳创新驱动、新质生产力发展的具体政策措施，为中央及各地提供决策咨询服务。既对已有发展成就及经验进行全面总结和宣传推广，同时也针对问题提出低碳创新驱动、新质生产力发展的具体路径，更好地指导未来新型城镇化的低碳高质量发展，为新发展阶段中国城市加快实施创新驱动发展战略、加快推动绿色高质量发展提供政策参考和决策咨询。

另一方面，本书从人类命运共同体维度，研究总结中国新型城镇化与低碳创新驱动发展的世界性成就和国际经验，为其他国家城市化实践提供中国智慧、中国方案。通过新型城镇化的低碳创新驱动，发展新质生产力，改变传统的高能耗、高污染、高排放的发展模式和城市形象，加快构建更加绿色低碳、生态宜居的现代新型城镇化形象，从而在国际社会重塑中国城市绿色形象，引领全球城市绿色低碳发展，增强中国在全球环境治理、全球生态文明建设中的话语权和影响力。

三 国内外研究现状和发展趋势

（一）关于城镇化与新型城镇化的相关研究

国外学者关于城镇化的研究较早，18世纪，城镇化或城市化（Urbanization）概念被提出，有的也称之为都市化。英国开启工业革命，助推了城市化发展，许多欧美发达国家的工业化、城市化水平高，涌现了大批研究城镇化问题的相关学者。① 许多学者从城市化的内涵、特征、表现形式、影响因素、发展路径等方面开展研究。比如，1982年，苏联学者伊利英在《城市经济学：区域发展观点》中指出，城市化是城市人口数量的不断增加，城市人口比重的不断提高以及城市经济占主导并支配农业经济发展的过程。1939年，德国学者勒施在《经济空间秩序》中指出，工业规模持续扩大，推动以非农产业和城市人口集聚为特征的城市形成，非农产业集聚促进资源共享与城市居住区发展。美国学者琼斯研究指出，城市化进程与非农产业发展有紧密关系，城市化表现为人口密度增加、交通条件和相关设施改造。

Mignamissi Dieudonné 等以1980~2016年48个非洲国家为研究对象，考察了城市化与二氧化碳排放强度之间的关系。利用增广的STIRPAT模型，分析世界城市化的快速发展带来许多重大问题，城市化对非洲的宏观经济发展和环境平衡产生严重后果，城市化和发展水平同时存在污染门槛效应，城市化对全球变暖的总体效应是积极的和显著的。② Kresse Klaas 等研究了快速城市化、土地共享政策和财富集中三者之间的关系，该研究认为土地共享政策有潜力提供城市土地，并利用城市化带来的部分土地增值来支付基础设施、公共设施和建设成本。③ Mahumane Gilberto 等基于莫桑比克的案例分析，研究了能源贫困的城市化问题，认为随着时间的推移，特别是城市地区，能源贫困现象在现代能源燃料方面正在减少。④

国外不少学者从自然资源、技术创新、环境可持续发展等维度研究城市化问题。Gupta Mohini 等基于城市化、自然资源和技术创新的作用维度研究了生态足迹和PM2.5的决定因素，认为城市化、人口密度和能源消耗是生

---

① 孙全胜：《城市化道路研究综述》，《城市》2018年第3期，第59~68页。
② Mignamissi Dieudonné, Djeufack Aristophane, "Urbanization and CO$_2$ Emissions Intensity in Africa," *Journal of Environmental Planning and Management*, 2022.
③ Kresse Klaas, Van der Krabben Erwin, "Rapid Urbanization, Land Pooling Policies & the Concentration of Wealth," *Land Use Policy*, 2022.
④ Mahumane Gilberto, Mulder Peter, "Urbanization of Energy Poverty? The Case of Mozambique," *Renewable and Sustainable Energy Reviews*, 2022.

态足迹和PM2.5的主要决定因素，技术创新和自然资源正在减少生态足迹和PM2.5。① Goel Raj Kumar等研究认为信息和通信技术（ICT）的到来以及自由和开源软件（FOSS）的部署，给发展中国家带来了希望，ICT在促进社会经济发展中具有重要作用，可以作为实施可持续城市化理念的催化剂。② 以上学者对城市化与碳排放、环境可持续发展、技术创新等问题进行了一定研究，为本书研究提供了重要理论参考。

国内也有不少学者对城镇化发展进行深入研究，取得了一定的研究成果。学术界较早关注城市化道路选择问题，特别是20世纪80年代至90年代学术界对城市化发展道路展开争论，主要有大、中、小城市发展争论，也有多元发展、城市体系等理论探讨。小城市论者认为，应"积极恢复和发展小城镇，特别是广大的农村集镇"，小城市"是符合理性的，是有生命力的"。这种论断在20世纪80年代和90年代初期比较多。大城市论者认为，应重点发展"条件较好的大中城市"和"中心城市"。饶会林、曲炳全指出中国现有多数大城市仍有发展和扩大规模的潜力和优势。③ 多元论者认为大城市与中小城市应互相协调发展。还有的学者提出城市体系论，如周一星认为，应稳妥地走城镇化的道路，充分发挥城市特别是大城市的作用。④ 较多学者研究认为，在理论层面，城市规模到底应该多大比较合适，实际上并没有最佳的理论模型。应该根据城市空间的资源禀赋、地理条件及区位空间特征，加快培育和形成大、中、小等不同规模的城市或城镇空间融合发展格局，城市化的理想模式应该是多元、多层次、多组合、生态宜居的协同发展空间。比如，周一星、于艇认为，新的城市发展格局应该跳出传统意义上

---

① Gupta Mohini, Saini Seema, and Sahoo Malayaranjan, "Determinants of Ecological Footprint and PM2.5: Role of Urbanization, Natural Resources and Technological Innovation," *Environmental Challenges*, 2022.

② Goel Raj Kumar, Vishnoi Shweta, "Urbanization and Sustainable Development for Inclusiveness Using ICTs," *Telecommunications Policy*, 2022.

③ 饶会林、曲炳全：《集中型与集约化：中国城市化道路的最佳选择》，《财经问题研究》1990年第4期，第1~6页。

④ 周一星：《城市发展战略三议》，《财贸经济》1987年第12期，第44~47页。

"城市规模政策"的框框，加快建立新的思路来推进城市化建设。①

国内不少学者对新型城镇化进行研究。以"新型城镇化"为关键词在中国知网进行检索（检索时间为2024年7月24日），发文量总体趋势如图0-1所示，2002年前后国内学者开始新型城镇化的相关研究，2002~2014年，呈现上升态势，特别是由2012年的274篇快速增长至2014年的年度数量最高峰3543篇。随后，学者对新型城镇化研究依然保持较高的关注度，基本保持在年均800余篇的发文水平。

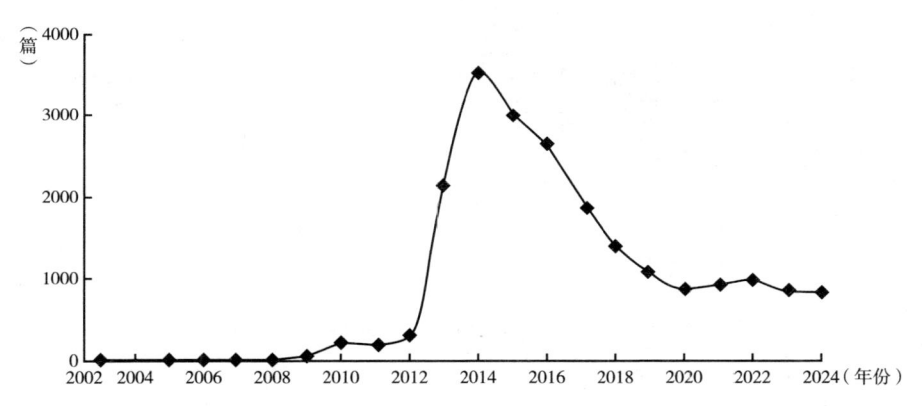

图0-1　2002~2024年中国知网"新型城镇化"相关研究发文量总体趋势
资料来源：中国知网。

从研究学科分布来看，如图0-2所示，"新型城镇化"研究主要涉及宏观经济管理与可持续发展、农业经济、建筑科学与工程、经济体制改革等研究领域。

从国内学者研究成果来看，相关学者从不同视角对生态文明理论与实践问题进行了深入研究。李绍东较早地从生态意识的视角研究了生态文明问题。② 谢光前基于社会主义生态文明问题的研究视角，深刻指出财富的增长导致自然资源的极度匮乏以及各种污染的严重威胁，必须高度重视和加强生

---

① 周一星、于艇：《对我国城市发展方针的讨论》，《城市规划》1988年第3期，第33~36页。
② 李绍东：《论生态意识和生态文明》，《西南民族学院学报》（哲学社会科学版）1990年第2期，第104~110页。

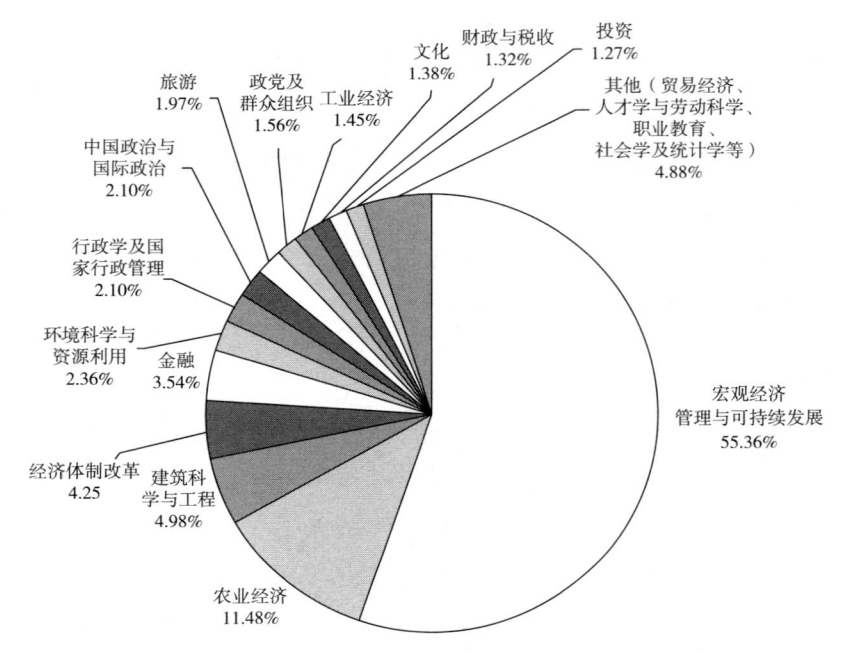

图 0-2 中国知网"新型城镇化"关键词研究学科分布

资料来源：中国知网。

态文明建设。①

徐建华较早研究探讨新型城镇化问题，认为小城镇成长的基础是产业集群化、链式化，小城镇稳定发展的关键是要素聚集社会化、高效化，小城镇发展的活力是区域经济一体化。②卢科认为城镇化的实质是产业结构转型、就业结构优化、非农就业岗位增加，中国特色的新型城镇化道路更加强调城市质量、可持续发展、环境保护等。③张鸿雁研究了中国新型城镇化理论与实践创新，认为城镇化不是一个简单的城镇人口比重的变化，它本质上是人

---

① 谢光前：《社会主义生态文明初探》，《社会主义研究》1992 年第 3 期，第 32~35 页。
② 徐建华：《一条新型城镇化之路——南山经验解读》，《小城镇建设》2003 年第 10 期，第 24~26 页。
③ 卢科：《集约式城镇化——开创有中国特色的新型城镇化模式》，《小城镇建设》2005 年第 12 期，第 68~69 页。

类现代化的过程和结果。① 刘彦随、乔陆印研究中国新型城镇化背景下耕地保护制度与政策创新。② 谢呈阳等研究新型城镇化背景下"产城融合"的内在机理与作用路径。③ 岳文泽认为新型城镇化强调以人为本、注重质量,应加快构建与新型城镇化匹配的新的资本积累循环模式。④ 范秋芳、张园园研究了新型城镇化对绿色经济效率的影响。⑤ 韩建雨、储海涛通过构建共同富裕和新型城镇化评价指标体系,认为新型城镇化有效促进了共同富裕。⑥

以上学者对新型城镇化建设进行了深入研究,主要侧重点是人的城镇化问题、农民市民化、城乡融合发展、产业转型、绿色低碳发展、创新等相关领域,但对创新驱动与绿色低碳发展两个方面相结合的研究不多,相关研究不够深入系统。

(二)关于创新驱动的相关研究

"创新"的概念及其在经济发展中的作用最早是由著名学者熊彼特于1912年在《经济发展理论》中提出的。他认为,创新是将新的生产要素与生产条件进行一种"新的组合"引入生产体系,形成一种新的生产函数,推动生产力的提升与社会进步。哈佛商学院迈克尔·波特教授通过研究美国、日本、德国、瑞士、韩国、英国等国家经济演变过程,发现产业参与国际竞争,先后经历了要素、投资、创新、财富等4个阶段的驱动发展。其

---

① 张鸿雁:《中国新型城镇化理论与实践创新》,《社会学研究》2013年第3期,第1~14、241页。
② 刘彦随、乔陆印:《中国新型城镇化背景下耕地保护制度与政策创新》,《经济地理》2014年第4期,第1~6页。
③ 谢呈阳、胡汉辉、周海波:《新型城镇化背景下"产城融合"的内在机理与作用路径》,《财经研究》2016年第1期,第72~80页。
④ 岳文泽:《新型城镇化需要新的资本累积与循环模式》,《中共贵州省委党校学报》2016年第1期,第48~52页。
⑤ 范秋芳、张园园:《新型城镇化对绿色经济效率的影响研究——基于省际面板数据实证分析》,《中国石油大学学报》(社会科学版)2022年第2期,第80~89页。
⑥ 韩建雨、储海涛:《新型城镇化对共同富裕的影响效应及作用机制》,《统计与决策》2023年第12期,第126~131页。

中，科技创新的驱动为城市竞争力提升、高质量发展提供了重要支撑，更具有发展的可持续性，让世界各国政府和社会各界高度关注。城市化应依靠科技创新、知识创新实现产业科技竞争力提升，通过市场、社会、网络等机制促进经济与科技的高度融合，实现经济创新发展。

我国学者主要从创新驱动角度进行了探索和研究。以"创新驱动"为关键词在中国知网进行检索（检索时间为2024年7月24日），总体趋势如图0-3所示，1996年以来国内学者开始创新驱动的相关研究，1996～2024年呈现波动上升态势，特别是由2005年的29篇快速增长至2016年的年度数量最高峰2147篇。随后，学者对创新驱动研究依然保持较高的关注度，基本保持在年均1500～2000篇的发文水平。

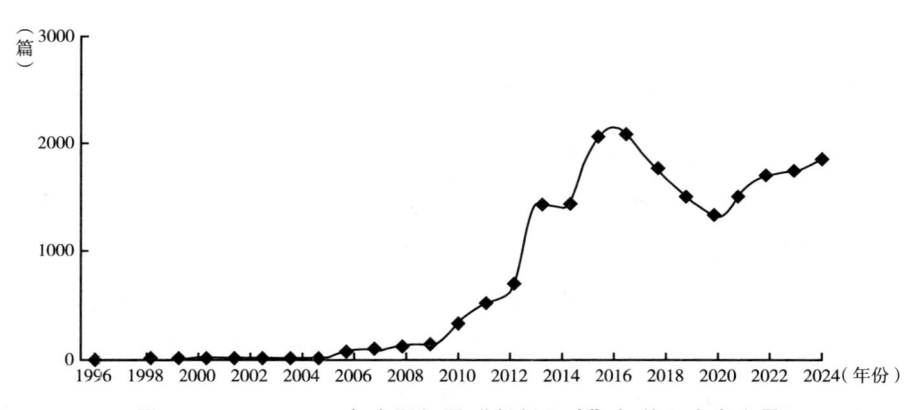

图0-3　1996～2024年中国知网"创新驱动"相关研究发文量

资料来源：中国知网。

从研究学科分布来看，如图0-4所示，"创新驱动"研究主要涉及经济体制改革、工业经济、企业经济、高等教育、宏观经济管理与可持续发展等研究领域。

从国内学者研究成果来看，如下学者从不同视角对创新驱动的相关问题展开研究。王坚以顺德轻工业发展为例探讨了创新、积累及其二轮驱动问题与启示，提出以技术创新带动产品创新，不断优化产品结构；以制度创新带动市场创新，走外向型企业发展道路。企业要形成市场主导地位，必须不断

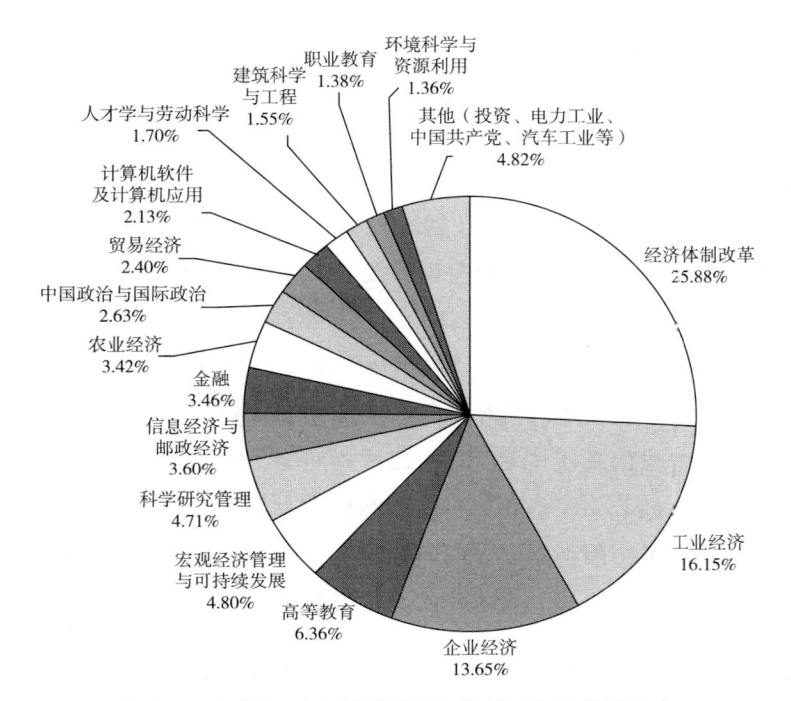

图 0-4 中国知网 "创新驱动" 关键词研究学科分布

资料来源：中国知网。

通过技术创新、产品创新和制度创新，进而达到市场创新。① 陈宜瑜提出要以科技创新驱动新世纪中国农业发展。②

张海涛、唐元虎分析了知识型企业进化问题，基于知识型企业的生存模型、知识创新量计算模型，构建由知识创新驱动的知识型企业进化度量模型，对知识型企业进化程度进行度量。③ 孙青春、向刚、孙红兵研究了中国企业的可持续创新驱动模式，认为企业可持续创新包括瓶颈驱动、政策驱动

---

① 王坚：《创新、积累，二轮驱动——顺德轻工业高速发展的启示》，《企业经济》1996 年第 5 期，第 29~30 页。
② 陈宜瑜：《以科技创新驱动新世纪中国农业发展》，《科学新闻》2001 年第 6 期，第 8 页。
③ 张海涛、唐元虎：《基于知识创新驱动的知识型企业进化度量研究》，《情报科学》2005 年第 11 期，第 1745~1749 页。

和文化驱动三种驱动模式。① 曾永和提出城市创新驱动、转型发展的新战略，为城市社会组织的发展提供了新契机。② 申文青研究了增加创新驱动发展的新动力。③ 龚六堂、严成樑研究了我国经济增长从投资驱动向创新驱动转型的政策选择。④

范柏乃、韩飞研究了城市科技创新的驱动机制及扩散效应。⑤ 何翔提出要加快工业发展转型，提高企业自主创新能力，加快改造传统落后产业，加快创新驱动发展。⑥ 高振娟、赵景峰认为，创新驱动经济内循环发展的效应，包括创新驱动内循环技术进步效应、内循环"量与质"双重提升效应、内循环产业链优化整合效应以及内循环现代产业体系建构效应等。⑦ 崔久波研究了基于创新驱动背景的高新技术企业发展战略问题，应加大研发投入、拓宽融资渠道、建立和健全人才培养和引进机制以及加强产业链系统创新等。⑧ 吴晓波、吴东研究了中国创新驱动的演化问题，中国应进行创新驱动、提升质量、绿色发展、优化结构、人才导向5个方面的重点布局。⑨

（三）关于低碳经济、低碳创新、碳达峰碳中和的相关研究

国际社会认识到解决全球气候问题的严重性，解决全球气候问题的根本

---

① 孙青春、向刚、孙红兵：《中国企业可持续创新驱动模式探析》，《科技进步与对策》2008年第4期，第59~62页。
② 曾永和：《转型适应与创新驱动中的城市社会新建设——以上海为例》，《上海城市管理》2011年第2期，第76~77页。
③ 申文青：《增加创新驱动发展新动力研究》，《科学管理研究》2013年第4期，第14~17页。
④ 龚六堂、严成樑：《我国经济增长从投资驱动向创新驱动转型的政策选择》，《中国高校社会科学》2014年第2期，第102~113、159页。
⑤ 范柏乃、韩飞：《城市科技创新的驱动机制及扩散效应：基于文献的讨论》，《科学管理研究》2021年第3期，第10~16页。
⑥ 何翔：《创新驱动背景下环鄱阳湖生态城市群工业转型升级的研究》，《现代工业经济和信息化》2021年第12期，第13~14、25页。
⑦ 高振娟、赵景峰：《创新驱动经济内循环的效应分析与路径选择》，《经济体制改革》2022年第1期，第195~200页。
⑧ 崔久波：《基于创新驱动背景的高新技术企业发展战略与对策研究》，《企业改革与管理》2024年第11期，第3~5页。
⑨ 吴晓波、吴东：《中国创新驱动的演化》，《中国中小企业》2024年第6期，第66~69页。

出路在于建立低碳经济发展模式。国外许多学者研究全球气候变化与低碳经济发展、就业、经济转型、可再生能源发展等多方面的关系问题。如McEvoy D. 等研究了低碳经济对就业的影响，认为全球变暖的威胁和不可接受的失业率是20世纪90年代政策议程上的两个重要议题。[1] Shimada K. 等为应对全球气候变化而开发了面向低碳经济发展的地方策略，降低碳排放，推动地方经济可持续发展。[2] Maren Oelbermann 研究了如何利用农场和森林推进固碳和减少温室气体排放，进而促进低碳经济发展。[3] Shukla R. P. 等研究了印度的可再生能源和低碳经济转型问题，认为印度等发展中大国加强可再生能源合作和低碳经济转型发展，有利于应对全球气温上升难题。[4] Darrick E. 等研究了国家治理与低碳转型的关系问题，认为良好的国家治理体制有利于鼓励和引导风能、太阳能或核能实现电力系统脱碳与经济转型。[5]

国内不少学者围绕低碳经济发展等问题进行了探讨。有学者较早研究了浙江省低碳经济发展战略问题，从基于能源消费二氧化碳排放基准测算、碳排放特征及其影响因素分析、低碳经济路径和策略三个方面开展了研究。[6] 靳志勇研究了英国低碳经济能源政策。[7] 庄贵阳认为要加强能源技术创新和制度创新，推动低碳经济发展。[8] 邢继俊、赵刚认为中国要大力发展低

---

[1] McEvoy D., Gibbs D., and Longhurst J., "The Employment Implications of a Low-carbon Economy," *Sustainable Development*, 2000, 8 (1).

[2] Shimada K., Tanaka Y., and Gomi K., et al., "Developing a Long-term Local Society Design Methodology Towards a Low-carbon Economy: An Application to Shiga Prefecture in Japan," *Energy Policy*, 2007, 35 (9).

[3] Maren Oelbermann, "Harnessing Farms and Forests in the Low-Carbon Economy: How to Create, Measure and Verify Greenhouse Gas Offsets," *Environments*, 2008, 36 (1).

[4] Shukla R. P., Dhar S., and Fujino J., "Renewable Energy and Low Carbon Economy Transition in India," *Journal of Renewable and Sustainable Energy*, 2010, 2 (30).

[5] Darrick E., K. B. S., "Political Economy of Low-carbon Electricity: Governance Effects Across 198 Countries," *Renewable and Sustainable Energy Reviews*, 2024, 189 (PB).

[6] 《浙江省低碳经济发展战略研究》，浙江省环境保护科学设计研究院，2002年8月2日。

[7] 靳志勇：《英国实行低碳经济能源政策》，《全球科技经济瞭望》2003年第10期，第23~27页。

[8] 庄贵阳：《中国经济低碳发展的途径与潜力分析》，《太平洋学报》2005年第11期，第79~87页。

碳经济。[1] 夏堃堡提出发展低碳经济可以实现城市可持续发展。[2] 付允、马永欢、刘怡君等研究了低碳经济的发展模式。[3] 冯之浚、牛文元研究了低碳经济与科学发展的关系。[4] 黄栋研究了气候变化、低碳经济与新能源发展的关系。[5] 周元春、邹骥研究了中国发展低碳经济的影响因素与对策。[6] 刘世锦研究了发展低碳经济的重点与政策。[7] 刘莎、王培红提出发展低碳经济应注重科技创新。[8] 张新江研究了资源约束下低碳经济发展路径。[9] 张蕊研究了环境主义视角下低碳经济发展现状及思考。[10] 韩其禄研究了环境保护与中国低碳经济发展的关系问题。[11] 邬彩霞研究了中国低碳经济发展的协同效应。[12] 余林徽、唐学朋、符茜提出应推进低碳经济发展，助力实现"双碳"目标。[13]

---

[1] 邢继俊、赵刚：《中国要大力发展低碳经济》，《中国科技论坛》2007年第10期，第87~92页。

[2] 夏堃堡：《发展低碳经济 实现城市可持续发展》，《环境保护》2008年第3期，第33~35页。

[3] 付允、马永欢、刘怡君等：《低碳经济的发展模式研究》，《中国人口·资源与环境》2008年第3期，第14~19页。

[4] 冯之浚、牛文元：《低碳经济与科学发展》，《中国软科学》2009年第8期，第13~19页。

[5] 黄栋：《气候变化、低碳经济与新能源发展》，《华中科技大学学报》（社会科学版）2009年第6期，第96~98页。

[6] 周元春、邹骥：《中国发展低碳经济的影响因素与对策思考》，《统计与决策》2009年第23期，第99~101页。

[7] 刘世锦：《当前发展低碳经济的重点与政策建议》，《中国科技投资》2010年第1期，第61~63页。

[8] 刘莎、王培红：《发展低碳经济呼唤科技创新》，《能源研究与利用》2010年第2期，第1~3、30页。

[9] 张新江：《资源约束下低碳经济发展路径研究》，《环境科学与管理》2019年第5期，第168~172页。

[10] 张蕊：《环境主义视角下低碳经济发展现状及思考》，《区域治理》2019年第47期，第64~66页。

[11] 韩其禄：《环境保护与中国低碳经济发展分析》，《环境与发展》2020年第6期，第219、221页。

[12] 邬彩霞：《中国低碳经济发展的协同效应研究》，《管理世界》2021年第8期，第105~117页。

[13] 余林徽、唐学朋、符茜：《推进低碳经济发展 助力实现"双碳"目标》，《浙江经济》2022年第1期，第74~76页。

不少学者深入研究了科技创新对于碳排放的影响。但学术界存在积极影响和消极影响等不同的观点。从积极影响看，科技创新及其能力提升有利于加快碳减排。何建坤认为，发展低碳经济关键在于低碳技术创新。[①] 涂正革研究了技术进步对于推动能源结构转型、降低能耗强度的重要作用，认为技术创新与变革是加快碳减排的核心动力。[②] 王保乾、徐睿认为，科技创新能促进碳减排，提升创新水平与技术能力，有利于加快传统产业结构调整，有利于减少排放和污染。[③] 从消极影响看，科技创新推进了产业技术提升，生产技术革命推动了大工业生产，提高了能源消耗强度，结果可能带来更多的碳排放。如金培振等认为，技术创新对于碳减排具有"双刃效应"，技术进步促进经济增长，一定程度上增加了能耗和提高了碳排放强度，发现技术进步在工业领域通过能源效率改进带来的减排效应尚不能抵消其推动经济增长带来的碳增长效应，但会使轻、重工业行业的二氧化碳排放强度向低端收敛。[④] 增强创新对改善生态环境的积极影响，应加强面向绿色低碳的科技创新，选择低碳创新驱动模式与路径，才能实现人与自然和谐共生的共同体价值目标。

国内学者对低碳创新的研究取得了一定的前期理论成果。以"低碳创新"为关键词在中国知网进行检索（检索时间为2024年7月24日），总体趋势如图0-5所示，2008年至今总共收录165篇期刊论文。2008～2024年呈现波动式上升态势，特别是从2020年的3篇快速增长至2024年的年度数量最高峰28篇。

从研究学科分布来看，如图0-6所示，"低碳创新"研究主要涉及环境

[①] 何建坤：《发展低碳经济，关键在于低碳技术创新》，《绿叶》2009年第1期，第46~50页。
[②] 涂正革：《中国的碳减排路径与战略选择——基于八大行业部门碳排放量的指数分解分析》，《中国社会科学》2012年第3期，第78~94、206~207页。
[③] 王保乾、徐睿：《科技创新促进碳减排系统效率评价及其影响因素》，《工业技术经济》2022年第5期，第29~35页。
[④] 金培振、张亚斌、彭星：《技术进步在二氧化碳减排中的双刃效应——基于中国工业35个行业的经验证据》，《科学学研究》2014年第5期，第706~716页。

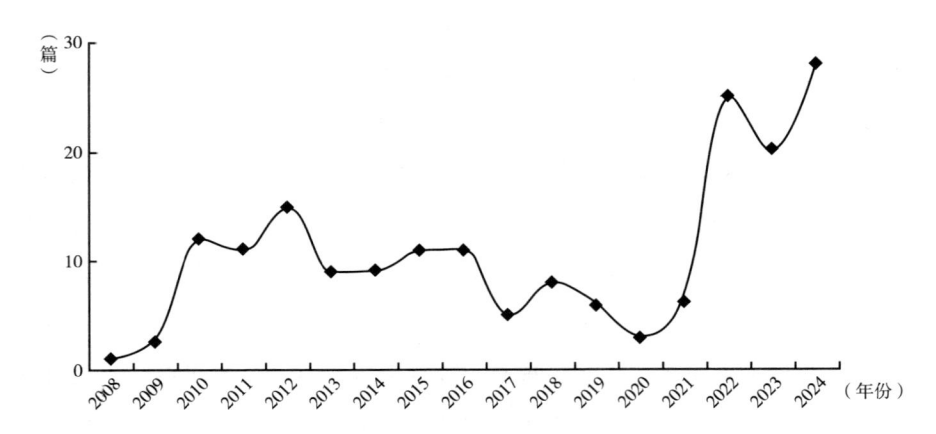

图 0-5 中国知网"低碳创新"相关研究发文量

资料来源：中国知网。

科学与资源利用、经济体制改革、宏观经济管理与可持续发展、工业经济、企业经济、建筑科学与工程等研究领域。

从国内学者研究成果来看，部分学者从不同视角对低碳创新理论与实践问题进行了深入研究。陆小成较早地对区域低碳创新问题展开研究，从技术预见的视角探讨了区域低碳创新系统构建的重要战略意义，低碳创新有利于加快节能减排、推动低碳经济发展，是区域创新系统概念的新发展。[①] 陆小成、刘立基于科学发展观研究区域低碳创新系统架构分析与实现机制。[②] 陆小成、刘立构建了区域低碳创新系统的结构-功能模型，提出在全球气候变化背景下区域低碳创新系统的运行机制主要包括构建低碳知识生产机制、低碳创新学习与服务机制、低碳创新信任与宣传机制等。[③] 吴昌华研究了低碳

[①] 陆小成：《区域低碳创新系统的构建——基于技术预见的视角》，《科学技术与辩证法》2008年第6期，第97~101页。

[②] 陆小成、刘立：《基于科学发展观的区域低碳创新系统架构分析与实现机制》，《中国科技论坛》2009年第6期，第32~36页。

[③] 陆小成、刘立：《区域低碳创新系统的结构-功能模型研究》，《科学学研究》2009年第7期，第1080~1085页。

绪 论

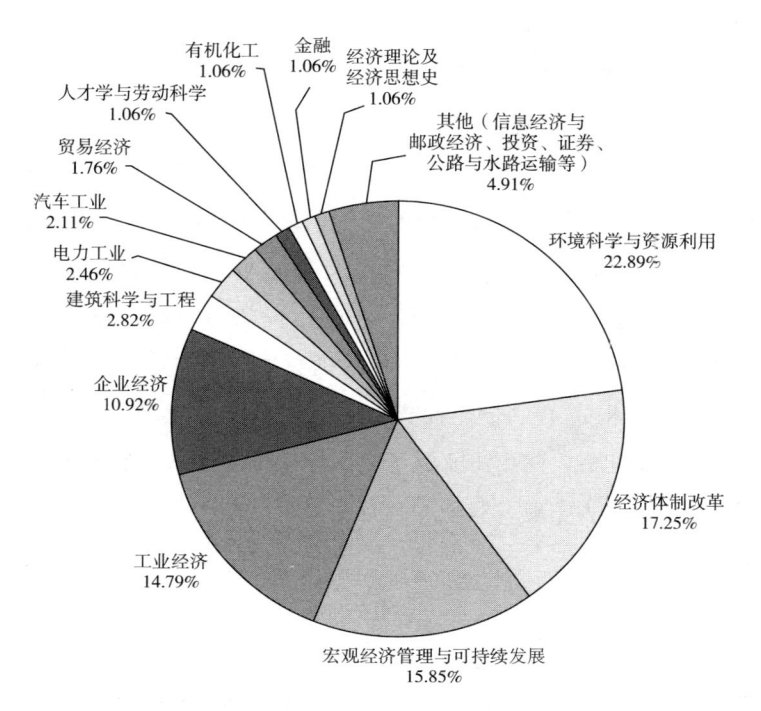

图 0-6 中国知网"低碳创新"关键词研究学科分布

资料来源：中国知网。

创新的技术发展路线图。① 陆小成以中部六省为例，对区域低碳创新系统综合评价进行实证研究。② 罗勇认为应以低碳创新推进可持续城市化。③ 王洁研究了我国低碳创新面临的问题与对策。④ 陆小成研究了区域低碳创新的技术制约及其策略选择。⑤ 李先江研究了非营利组织低碳创新虚拟研发隐性知

---

① 吴昌华：《低碳创新的技术发展路线图》，《中国科学院院刊》2010年第2期，第138~145页。
② 陆小成：《区域低碳创新系统综合评价实证研究——以中部六省为例》，《科学学与科学技术管理》2011年第7期，第52~57页。
③ 罗勇：《以低碳创新推进可持续城市化》，《中国科技投资》2011年第11期，第49~51页。
④ 王洁：《我国低碳创新面临的问题与对策分析》，《投资研究》2012年第3期，第150~155页。
⑤ 陆小成：《区域低碳创新的技术制约及其策略选择》，《华北电力大学学报》（社会科学版）2012年第4期，第6~11页。

识共享问题。① 张坤民提出低碳创新是为了人类更好地生存与发展。② 张亮、任立肖研究了城市智能化与低碳创新的双螺旋联动机制。③ 关璐、毕克新研究了基于低碳创新的企业社会责任。④ 陆小成研究了新型城镇化的低碳创新道路。⑤ 佟庆家、郑立、张鹏等研究了我国制造业低碳创新系统知识产权战略。⑥ 陆小成研究了中国新型城镇化的低碳创新驱动模式。⑦ 姚炯、沈能研究了技术异质性与区域低碳创新效率评价。⑧ 徐建中、赵亚楠研究了FDI知识溢出对区域低碳创新网络效率的门槛效应。⑨ 杨朝均、刘立菊研究了中国低碳创新的地区差异及空间收敛性。⑩ 柏明国、朱维维、郑柯引入创新资源互动作为中介变量，构建了"企业社会责任—创新资源互动—低碳创新绩效"的理论模型。⑪ 李旭辉、陶贻涛研究了中国绿色低碳创新发展测度、区域差异及成因识别问题，认为实现"双碳"目标，绿色低碳创新是关键引擎。⑫ 陆小

---

① 李先江：《非营利组织低碳创新虚拟研发隐性知识共享研究》，《经济纵横》2012年第10期，第72~75页。
② 张坤民：《低碳创新 为了人类更好的生存与发展》，《低碳世界》2013年第2期，第12~17页。
③ 张亮、任立肖：《城市智能化与低碳创新的双螺旋联动机制》，《科技进步与对策》2014年第4期，第30~35页。
④ 关璐、毕克新：《基于低碳创新的企业社会责任探讨》，《中国高新技术企业》2015年第8期，第180~181页。
⑤ 陆小成：《新型城镇化的低碳创新道路研究》，《广西社会科学》2014年第11期，第132~135页。
⑥ 佟庆家、郑立、张鹏等：《我国制造业低碳创新系统知识产权战略研究》，《科技管理研究》2015年第24期，第137~141页。
⑦ 陆小成：《中国新型城镇化的低碳创新驱动模式》，《生态环境学报》2016年第2期，第359~364页。
⑧ 姚炯、沈能：《技术异质性与区域低碳创新效率评价》，《科技进步与对策》2018年第22期，第45~54页。
⑨ 徐建中、赵亚楠：《FDI知识溢出对区域低碳创新网络效率的门槛效应研究》，《科技进步与对策》2019年第9期，第34~42页。
⑩ 杨朝均、刘立菊：《中国低碳创新的地区差异及空间收敛性研究》，《技术经济》2020年第1期，第112~120页。
⑪ 柏明国、朱维维、郑柯：《企业社会责任、创新资源互动与低碳创新绩效》，《创新科技》2023年第9期，第37~47页。
⑫ 李旭辉、陶贻涛：《"双碳"目标下中国绿色低碳创新发展测度、区域差异及成因识别》，《中国人口·资源与环境》2023年第1期，第124~136页。

成研究了城市更新视域下低碳创新型社会构建问题。[①] 王曼曼研究了制造业绿色低碳创新投入与产出的耦合协调及互动关系。[②]

不少学者对碳达峰碳中和问题进行了研究。为应对全球气候变化、环境污染以及碳排放问题，中国政府积极彰显责任大国的主动担当，郑重承诺争取在2030年前达到碳达峰，2060年前实现碳中和，为中国未来新型城镇化建设与创新驱动发展指明了方向。学术界围绕碳达峰碳中和目标实现的相关问题展开研究，绿色低碳创新作为"双碳"目标下国家重要发展战略，引起学者广泛关注。郑秀君研究了碳达峰、碳中和目标下绿色债券环境效益测算问题，提出建立信用监管机制、构建绿色金融标准体系等建议。[③] 何建坤研究了碳达峰碳中和目标导向下能源和经济的低碳转型，提出要制定国家长期低碳发展战略，加强深度脱碳技术研发和产业化，加强应对气候变化制度建设，积极参与并引领全球气候治理与国际合作。[④] 张立、谢紫璇等研究了中国城市碳达峰评估方法。[⑤] 郑培柳认为中国作为目前世界上碳排放量最大的发展中国家，在碳达峰后短短的30年时间实现碳中和，时间紧迫且任务艰巨。[⑥] 刘宝增研究提出，以创新驱动低碳转型，注重低碳技术创新优化布局，加大低碳科技成果转化力度。[⑦] 王金南、蔡博峰认为统筹有序、系统科学推进碳达峰碳中和，既要保持战略定

[①] 陆小成：《城市更新视域下低碳创新型社会构建研究——以北京为例》，《生态经济》2024年第1期，第63~69、77页。

[②] 王曼曼：《制造业绿色低碳创新投入与产出的耦合协调及互动关系》，《技术与创新管理》2024年第1期，第9~18页。

[③] 郑秀君：《碳达峰、碳中和目标下绿色债券环境效益测算研究——以资源循环利用项目环境效益为例》，《价格理论与实践》2020年第10期，第109~113页。

[④] 何建坤：《碳达峰碳中和目标导向下能源和经济的低碳转型》，《环境经济研究》2021年第1期，第1~9页。

[⑤] 张立、谢紫璇、曹丽斌等：《中国城市碳达峰评估方法初探》，《环境工程》2020年第11期，第1~5、43页。

[⑥] 郑培柳：《实现碳达峰、碳中和目标的路径探索》，《黑龙江生态工程职业学院学报》2022年第3期，第7~9、14页。

[⑦] 刘宝增：《创新驱动转型助力双碳目标实现》，《人民论坛》2022年第4期，第76~77页。

力久久为功,又要扎实有力推进各项工作。① 周宏春认为技术创新驱动有利于实现碳达峰碳中和目标。② 李旭辉、陶贻涛研究了"双碳"目标下中国绿色低碳创新发展测度、区域差异及成因识别问题,提出绿色低碳创新是驱动经济绿色低碳发展、推动实现"双碳"目标愿景的重要驱动力。③

综合以上学者研究成果看,应充分发挥低碳创新的引擎作用,加快推动低碳科技革命,助力实现碳达峰碳中和目标,推动美丽中国建设。以上学者的研究为本书研究提供了重要的理论基础,但关于新型城镇化如何实现低碳发展、如何通过创新驱动特别是低碳创新驱动实现绿色低碳的高质量发展鲜有研究。

(四)关于新质生产力与绿色生产力的相关研究

一是习近平总书记创造性提出"新质生产力"这一重要新概念和新论断。2023年7月以来,习近平总书记在四川、黑龙江、浙江、广西等地考察调研时,提出要整合科技创新资源,引领发展战略性新兴产业和未来产业,加快形成新质生产力。2023年12月,中央经济工作会议明确提出,要以科技创新引领现代化产业体系建设,强调以科技创新推动产业创新,特别是以颠覆性技术和前沿技术催生新产业、新模式、新动能,发展新质生产力。2024年1月,习近平总书记在中共中央政治局第十一次集体学习时强调,"发展新质生产力是推动高质量发展的内在要求和重要着力点,必须继续做好创新这篇大文章,推动新质生产力加快发展"。这些重要论述是习近平经济思想的重大理论成果,新质生产力的提出为全面贯彻落实新发展理念,深入实施创新驱动发展战略和新型城镇化战略提供了重要方向和根本遵循。生产力是人类认识自然、改造自然、征服自然的综合能力,是推动人

---

① 王金南、蔡博峰:《统筹有序系统科学推进"碳达峰""碳中和"》,《上海企业》2022年第5期,第77页。
② 周宏春:《科技与金融是实现碳达峰碳中和的双翼》,《科技与金融》2022年第5期,第7~14页。
③ 李旭辉、陶贻涛:《"双碳"目标下中国绿色低碳创新发展测度、区域差异及成因识别》,《中国人口·资源与环境》2023年第1期,第124~136页。

类文明不断向前发展的决定力量和动力源泉。生产力迭代是人类文明发展的内生引擎。抓住生产力转型升级的契机，就能把握时代、引领时代。新质生产力区别传统生产力，是摆脱传统高能耗、高排放、高污染的粗放型增长模式、以科技创新为引擎的符合新发展理念的新型生产力。

二是关于新质生产力的研究进展。随着新质生产力的提出，不少学者进行了探索性研究。以"新质生产力"为关键词在中国知网进行搜索（检索时间为2024年7月24日），总体趋势如图0-7所示，中国知网收录了2006年研究《生产力的新质态：信息生产力》文章，[①] 随后2023～2024年出现新质生产力研究的井喷状态，从2023年的123篇快速增长到2024年7月24日的3268篇。

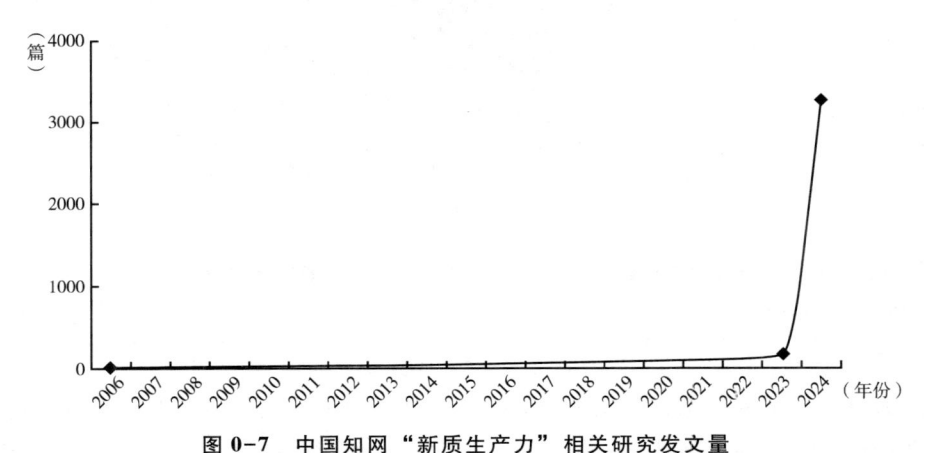

图0-7 中国知网"新质生产力"相关研究发文量

注：2024年数据截至2024年7月24日。
资料来源：中国知网。

从研究学科分布来看，如图0-8所示，"新质生产力"研究主要涉及经济体制改革、工业经济、信息经济与邮政经济、农业经济、企业经济、金融、中国政治与国际政治、经济理论及经济思想史等研究领域。

从国内学者研究成果来看，周延云、李琪研究认为，不同阶段的社会生

---

① 周延云、李琪：《生产力的新质态：信息生产力》，《生产力研究》2006年第7期，第90~92页。

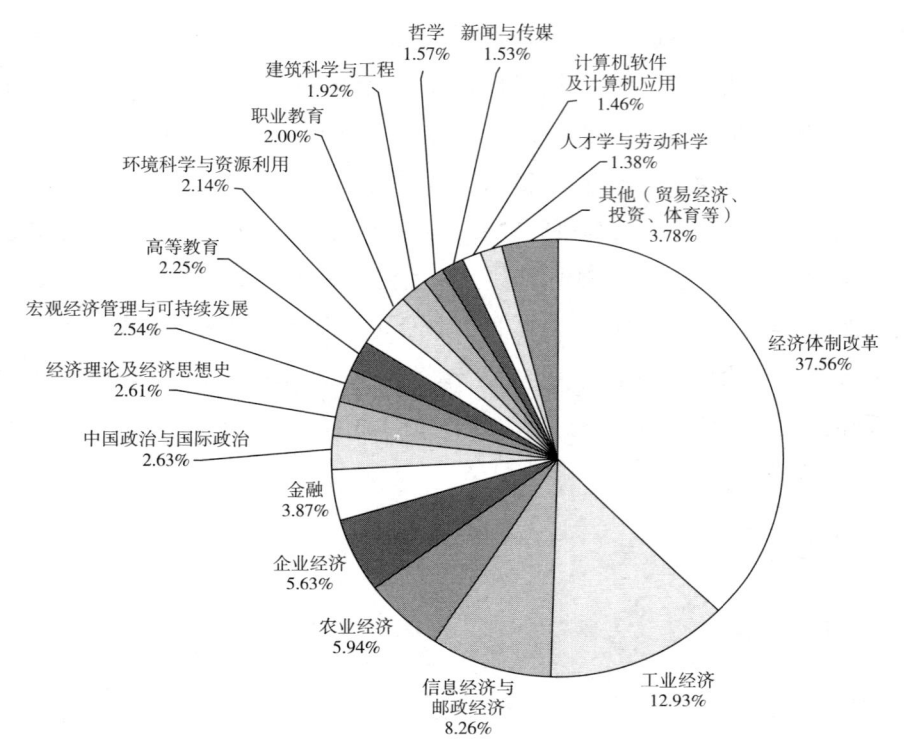

图 0-8 中国知网"新质生产力"关键词研究学科分布

资料来源：中国知网。

产力呈现不同的质态，信息生产力是当今社会发展产生的新质态生产力。随着信息科学的发展及信息技术的广泛应用，新质态的信息生产力诞生并获得了飞速发展，以缓冲和解决人与自然的对立性关系。信息时代催生的新产业、新领域创造出了新的需求动力，以促使信息生产力的工具基础——网络技术、新材料技术的不断发展。① 段官敬认为，从本质上看，新质生产力是高质量发展观；从关键上看，新质生产力是优质人才观；从整体上看，新质生产力是统筹协同力。② 新质生产力作为生产力发展的质变跃迁，是推动实

---

① 周延云、李琪：《生产力的新质态：信息生产力》，《生产力研究》2006年第7期，第90~92页。
② 段官敬：《"新质生产力"是什么生产力》，《北京日报》，2023年9月27日。

现高质量发展的动力之源。李玉倩研究了新质生产力视角下行业产教融合共同体建设逻辑与路径。① 陈劲研究了加快形成促进新质生产力发展的管理模式。② 简新华、聂长飞研究了新质生产力的形成发展及其作用发挥。③ 张姣玉、徐政研究了中国式现代化视域下新质生产力的理论审视、逻辑透析与实践路径。④ 孙绍勇指出，发展新质生产力是经济现代化的核心要素与实践指向。⑤ 张乐研究了以新质生产力发展推进中国式现代化建设。⑥ 徐政、郑霖豪、程梦瑶研究了新质生产力助力高质量发展的优势条件、关键问题和路径选择。⑦ 黄群慧、盛方富认为，新质生产力是由相互联系、相互作用的生产力要素、生产力结构、生产力功能构成的"要素—结构—功能"系统。⑧ 王飞、韩晓媛、陈瑞华认为，新质生产力是以高素质的生产力、新介质的劳动资料和新料质的劳动对象为核心要义，具有注重新发展理念、注重创新化、体现数字化、兼顾未来化、培育新产业等鲜明的时代特征。⑨ 洪银兴提出发展新质生产力应加快建设现代化产业体系。⑩ 盛朝迅研究了新质生产力的形

---

① 李玉倩：《新质生产力视角下行业产教融合共同体建设逻辑与路径》，《南京社会科学》2023年第12期，第122~129页。
② 陈劲：《加快形成促进新质生产力发展的管理模式》，《清华管理评论》2023年第12期，第1页。
③ 简新华、聂长飞：《论新质生产力的形成发展及其作用发挥——新质生产力的政治经济学解读》，《南昌大学学报》（人文社会科学版）2023年第6期，第29~36页。
④ 张姣玉、徐政：《中国式现代化视域下新质生产力的理论审视、逻辑透析与实践路径》，《新疆社会科学》2024年第1期，第34~45页。
⑤ 孙绍勇：《发展新质生产力：中国式经济现代化的核心要素与实践指向》，《山东社会科学》2024年第1期，第22~30页。
⑥ 张乐：《以新质生产力发展推进中国式现代化建设》，《人民论坛》2023年第21期，第11~14页。
⑦ 徐政、郑霖豪、程梦瑶：《新质生产力助力高质量发展：优势条件、关键问题和路径选择》，《西南大学学报》（社会科学版）2023年第6期，第12~22页。
⑧ 黄群慧、盛方富：《新质生产力系统：要素特质、结构承载与功能取向》，《改革》2024年第2期，第15~24页。
⑨ 王飞、韩晓媛、陈瑞华：《新质生产力赋能现代化产业体系：内在逻辑与实现路径》，《当代经济管理》2024年第6期，第12~19页。
⑩ 洪银兴：《发展新质生产力 建设现代化产业体系》，《当代经济研究》2024年第2期，第7~9页。

成条件与培育路径。① 焦阳认为，新质生产力代表了传统生产力在新一代技术革命和产业变革的推动下，经历了质的变革和飞跃的发展形态，为"双碳"目标赋能，推动经济增长方式实现绿色发展和转型。② 新质生产力作为新概念，研究时间不长，但也有不少学者对其开展研究并形成了一定的研究成果。可以说，以上学者对新质生产力的研究为本书研究提供了重要的理论支撑。

三是关于绿色生产力的相关研究。习近平总书记在二十届中央政治局第十一次集体学习时指出，"绿色发展是高质量发展的底色，新质生产力本身就是绿色生产力"。习近平总书记关于"新质生产力本身就是绿色生产力"的重要论断，深刻阐释了绿色发展、绿色生产力与新质生产力的内在关联，生动彰显了习近平总书记对绿色高质量发展、绿色生产力的高度重视和生态关怀，为新征程上深入推动新型城镇化建设、以绿色生产力赋能高质量发展、促进人与自然和谐共生的中国式现代化提供了科学指引和根本遵循。绿色是新质生产力的重要特质和基本要求，培育和发展新质生产力，必须深刻把握世界绿色科技革命和产业绿色变革前沿趋势，加快绿色科技创新和先进绿色技术推广应用，加快绿色生产力发展，为中国式现代化建设筑牢绿色基石。

国内不少学者对绿色生产力进行研究。以"绿色生产力"为关键词在中国知网进行检索（检索时间为2024年7月24日），总体趋势如图0-9所示，中国知网于1994年收录了第一篇关于绿色生产力的文章，2001~2003年出现了快速增长态势，随后2024年出现新的高峰17篇。

从研究学科分布来看，如图0-10所示，"绿色生产力"研究主要涉及经济体制改革、经济理论及经济思想史、环境科学与资源利用、工业经济、

---

① 盛朝迅：《新质生产力的形成条件与培育路径》，《经济纵横》2024年第2期，第31~40页。
② 焦阳：《形成新质生产力是实现中国式现代化目标的内在要求》，《哈尔滨市委党校学报》2024年第4期，第19~23页。

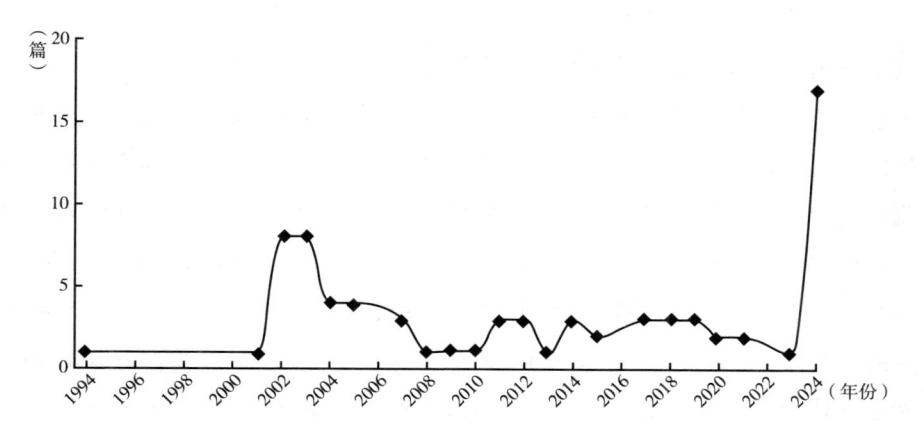

图 0-9　中国知网"绿色生产力"相关研究发文量

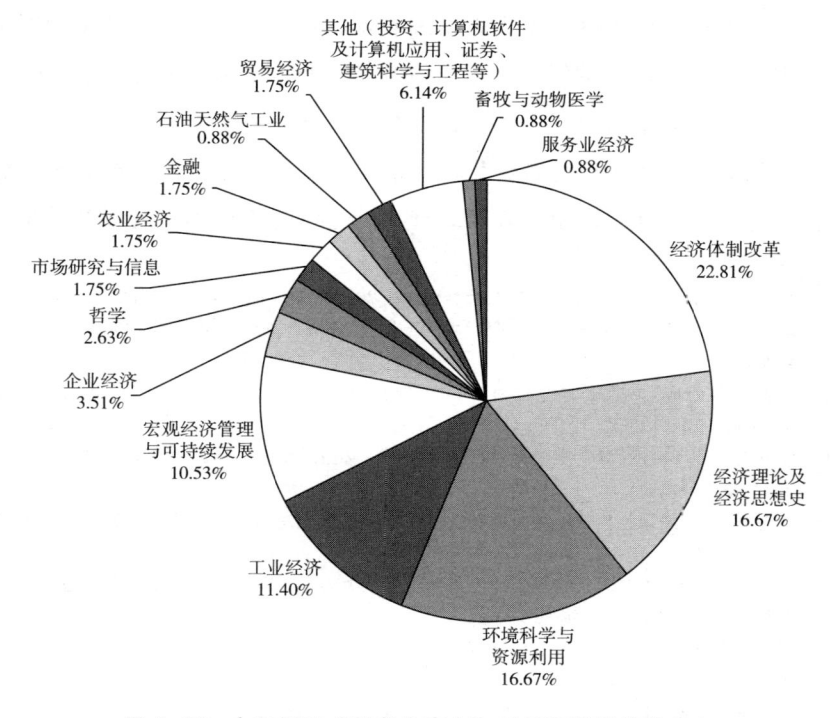

图 0-10　中国知网"绿色生产力"关键词研究学科分布

宏观经济管理与可持续发展、企业经济等研究领域。

从国内学者研究成果来看，李克华认为所谓绿色生产力是指人们在兼顾生态平衡、保护环境、推行可持续发展的前提下，创造物质财富和精神财富的能力，应该由通晓绿色科技的知识劳动者、清洁地进行无污染生产的机械化体系为主体的劳动资料以及绿色原材料三部分所组成。[①] 薛永应认为"绿色生产力"是一种高境界的生产状态和生产结果，是一种既合乎自然规律、又合乎人性的生产力性质。[②] 孟庆琳、王朗玲认为"绿色生产力"是制度约束的生产力。[③] 焦方义、孟令军认为绿色生产力是可持续发展的必由之路。[④] 刘克英认为发展绿色生产力是一项伟大而艰巨的系统工程。[⑤] 王忠锋认为绿色生产力是自然生产力与社会生产力的统一。[⑥] 石峰、秦书生研究了绿色技术对发展绿色生产力的支撑。[⑦] 杨英姿认为资源环境生态危机的出现，表明现有生产力发展难以为继，生产力发展需要进行生态转型，绿色生产力是先进生产力。必须通过改革创新生态文明制度，解放和发展绿色生产力。[⑧] 任保平、李梦欣研究了新时代中国特色社会主义绿色生产力。[⑨]

江镕认为，绿色生产力是将生产力的生态化和生态化的生产力统一起来的可持续生产力，从本质上说新质生产力就是绿色生产力，发展新质生产力

[①] 李克华：《论绿色生产力》，《广东社会科学》2001年第5期，第21~25页。
[②] 薛永应：《人类生产力的第三高度："绿色生产力"》，《生产力研究》2002年第2期，第4~5页。
[③] 孟庆琳、王朗玲：《"绿色生产力"是制度约束的生产力》，《生产力研究》2002年第6期，第9~12、14、290页。
[④] 焦方义、孟令军：《绿色生产力：可持续发展的必由之路》，《生产力研究》2002年第6期，第13~14、290页。
[⑤] 刘克英：《发展绿色生产力是一项伟大而艰巨的系统工程》，《生产力研究》2003年第5期，第96~97页。
[⑥] 王忠锋：《绿色生产力是自然生产力与社会生产力的统一》，《湘潭师范学院学报》（社会科学版）2005年第2期，第88~90页。
[⑦] 石峰、秦书生：《绿色技术对发展绿色生产力的支撑》，《东北大学学报》（社会科学版）2012年第6期，第477~481页。
[⑧] 杨英姿：《绿色生产力呼唤生态文明制度创新》，《贺州学院学报》2017年第2期，第65~68页。
[⑨] 任保平、李梦欣：《新时代中国特色社会主义绿色生产力研究》，《上海经济研究》2018年第3期，第5~13页。

客观上就是在发展绿色生产力。① 宋月红认为绿色发展是推动高质量发展的重要立足点、基本出发点和实践落脚点，融入并赋予新质生产力绿色底蕴、内在机理和鲜明品质。② 胡军、张强、宁晓巍等认为发展绿色生产力将有效助推中国发展方式的绿色转型、产业结构的绿色重塑、碳达峰碳中和的绿色进程以及消费模式和发展动力的绿色变革。③

新征程上，持续推进新型城镇化战略实施，加强绿色低碳科技创新、培育和发展新质生产力和绿色生产力，是新型城镇化实现绿色低碳高质量发展、为人与自然和谐共生的中国式现代化贡献力量必须研究和回答的重要课题。

（五）相关研究的不足与发展趋势

如前文所述，相关学者从不同角度研究了创新驱动、绿色低碳发展等内涵、要素、问题与对策等，为本书研究提供了一定的理论依据和学术借鉴，但存在许多不足。

一是多年来中国新型城镇化建设取得重要进展，有哪些重要成就和经验？特别是新型城镇化创新驱动、低碳转型等方面的重要经验，这些经验值得深入总结。学术界对新型城镇化建设与创新驱动发展、绿色低碳发展的重要成效、基本经验的研究不够，现有相关研究阐释不多。

二是推进新型城镇化要避免走传统城镇化道路，加快破解资源能源耗竭、环境污染等难题，学术界从低碳发展与创新发展相结合的视角研究很少，已有研究不够深入系统。从发展趋势看，应对全球气候变化、能源危机、环境污染等诸多难题，城镇化建设与发展必须转变发展方式，必须加强创新驱动发展战略实施与绿色低碳发展，通过"绿色转型""低碳转型""创新转型"，快速实现人口、资源和环境协调发展。要把增强自主创新能

---

① 江镕：《新质生产力就是绿色生产力》，《环境》2024年第3期，第1页。
② 宋月红：《新质生产力本身就是绿色生产力》，《新湘评论》2024年第6期，第16~17页。
③ 胡军、张强、宁晓巍等：《发展绿色生产力的价值意蕴和世界意义》，《当代中国与世界》2024年第2期，第12~20页。

力和绿色低碳技术创新作为调结构、转方式的重要环节，把城镇化、创新化、低碳化作为扩大内需、调整结构、节能减排的重要引擎。已有研究还存在不足，这些方面需要开展专门性的系统研究。

三是立足新阶段，中国特色的新型城镇化建设，需要结合美丽中国建设、新质生产力发展的新要求、新挑战、新契机，目前还存在哪些难题与短板？应采取哪些政策措施？相关研究比较欠缺。新质生产力、低碳技术创新给新型城镇化建设带来新机遇、新需求、新空间。如何立足新质生产力发展，加快新型城镇化建设；新质生产力赋能新型城镇化建设带来哪些重要动力和机遇；创新驱动从战略层面获得政府、学界和社会的共识，但是在实践层面如何以创新为动力，推动新型城镇化建设也存在许多研究不足。学术界关于新型城镇化与新质生产力的关系、新质生产力对于新型城镇化建设具有哪些重要的战略意义等研究不多。针对绿色低碳发展和美丽中国建设的基本要求，如何从低碳创新驱动、新质生产力发展、绿色生产力发展的新视角推进新型城镇化的绿色低碳转型与高质量发展，应该选择哪些路径，这些相关问题都没有深入研究。本书将针对以上不足，研究提出新型城镇化的低碳创新驱动模式及其路径，是一个新思路、新视角。

四 基本思路和研究方法

基本思路。本书基于理论与实践相结合，从新质生产力、新型城镇化、创新驱动发展、绿色低碳发展等战略背景和现实意义出发，研究新质生产力、新型城镇化、创新驱动发展、低碳发展之间的逻辑关联，提出新型城镇化的"低碳创新驱动"概念及其理论分析框架；比较国外城市化中实现创新驱动与低碳发展的基本经验及政策启示，总结中国新型城镇化的阶段性特征、重要成就与经验，结合当前主要难题，提出新质生产力视域下新型城镇化低碳创新驱动的具体路径与政策建议。

技术路线。本书研究由"理论基础—历史演变—内涵阐释—国际比较—现状分析—主要难题—路径选择"构成逻辑主线，主要研究技术路线如图 0-11 所示。

```
研究阶段          研究内容                        研究方法

         ┌─新型城镇化  创新理论  低碳经济  生产力─┐
         │   理论                  理论      理论  │    ⇐ 文献分析法
         │              ↓                         │
         │      中国城镇化建设的历史演变              │
   理论  │         与阶段性特征                     │
   研究  │              ↓                         │    ⇐ 定性分析法
   阶段  │    新型城镇化、新质生产力与低碳创新驱动的    │
         │         内涵阐释                        │
         │              ↓                         │
         │    基于多元主体的新型城镇化建设            │    ⇐ 专家访谈法
         │      低碳创新驱动模式构建                 │
         │              ↓                         │
         │    基于新质生产力的新型城镇化              │
         └      低碳创新驱动力模型                  ┘
                        ↓
         ┌      国外城市化中创新驱动与低碳发展的       ┐   ⇐ 比较分析法
         │              经验比较                    │
   实践  │              ↓                         │
   调研  │                      现状分析            │
   阶段  │  中国新型城镇化、创                       │
         │  新驱动与低碳发展     发展成就与经验       │   ⇐ 实地调研法
         │  的现状、成就与主要                       │
         └  难题                 主要难题            ┘
                        ↓
         ┌    新质生产力视域下新型城镇化建设的         ┐   ⇐ 政策分析法
         │      低碳创新驱动路径选择                 │
   研究  │              ↓                         │
   结论  │  完善 加强 培育 构建 鼓励 加强            │
   阶段  │  低碳 低碳 低碳 低碳 社会 生态            │   ⇐ 跨学科研究
         │  创新 技术 产业 能源 参与 环境            │
         └  规划 创新 体系 体系 创新 治理           ┘
```

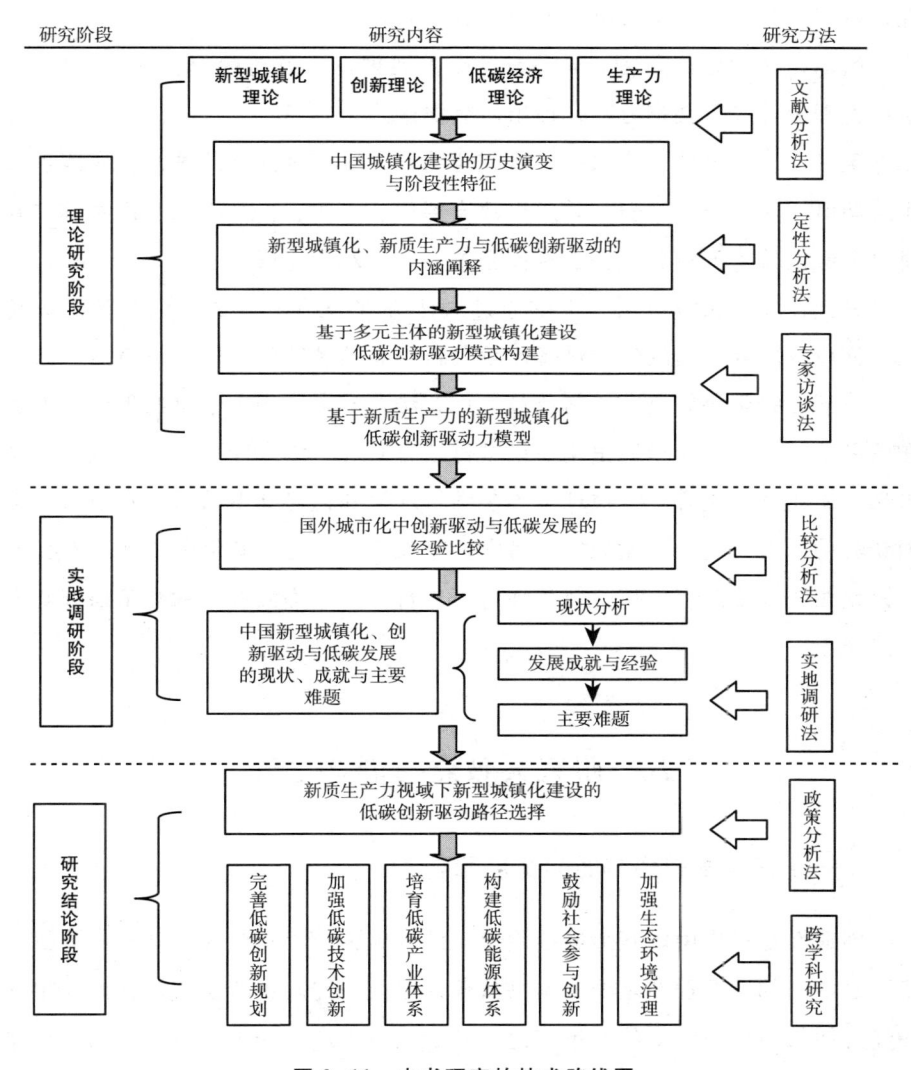

图 0-11　本书研究的技术路线图

主要研究方法。

第一，定性分析与定量分析相结合。本书对新型城镇化、低碳发展、创新发展等概念进行阐释，对低碳创新战略意义、内涵阐释、模式构建等进行定性分析。采取问卷调查、数据统计等方法对城镇化发展问题进行量化研究，将定性分析与定量分析紧密地结合起来。

第二，文献分析方法。本书对低碳发展理论、创新理论、城镇化理论、生产力理论等进行文献分析，提出研究框架。

第三，实地调研与专家访谈研究相结合。以部分区域的城镇化实践进行实地调研，聚焦问题导向，并邀请政府部门、企业、社会组织、市民等召开研讨会或访谈，汇集各方面的专家智慧，提出对策建议。

第四，比较研究方法。本书通过对西方部分国家在城镇化及其低碳转型、创新发展等方面的经验进行比较分析，总结城镇化经验与政策启示。

第五，跨学科研究方法与政策分析方法。本书运用多学科的理论、方法和成果从整体上对新型城镇化建设进行综合研究，结合经济学、管理学、城市学、文化学、生态学、地理学等多学科理论知识对新型城镇化建设、低碳创新驱动、新质生产力发展进行跨学科交叉研究。运用政策分析方法对新型城镇化相关政策制定、执行及其评价等进行分析，提出有效的政策措施与发展路径。

五　研究突破点与创新之处

（一）在学术思想方面的特色和创新

创造性地提出中国新型城镇化建设的低碳创新驱动模式及其理论分析框架，是本书的重要创新之处。本书从理论层面研究破解传统城镇化模式中存在经济增长与环境污染的两难悖论，基于新质生产力的视角研究提出并构建新型城镇化建设的低碳创新驱动模式及其理论分析框架，进一步丰富习近平新时代中国特色社会主义思想研究，进一步拓展新型城镇化、创新发展、低碳发展等理论研究。

（二）学术观点的特色和创新

第一，以习近平新时代中国特色社会主义思想为指导，全面总结中国新型城镇化、创新驱动、低碳发展等方面取得重要成就和经验，研究其重要的世界意义和国际贡献。本书全面梳理新型城镇化建设、创新驱动发展与低碳发展成就，总结经验，彰显习近平新时代中国特色社会主义思想在新型城镇化建设中的真理力量和实践伟力。从世界意义维度，研究总结中国新型城镇化与低碳发展的世界性成就、国际经验，为其他国家城市化提供中国智慧、中国方案。

第二，深入推进新型城镇化战略，应以低碳创新为驱动引擎，从根本上改变传统城镇化经济发展与高碳排放之间的对立和矛盾关系。加快创新驱动与低碳转型、培育新质生产力，是推动新型城镇化高质量发展、建设美丽城镇和美丽中国的应有之义。新型城镇化的"新"主要在于坚持以人为核心，不是走传统高碳排放的粗放增长道路，也不是依靠房地产+土地财政驱动，更不是将农村变成"钢筋+水泥"的高楼大厦。新型城镇化应满足人民对美好生活需要，以新理念、新技术、新产业、新能源、新模式等为支撑的新发展和新质生产力发展，既要重视对老旧小区改造与城市更新，加快城乡统筹发展，重视新型城镇化地区能享受到均等化、高质量的教育医疗等公共服务，也要重视依托绿色低碳技术创新实现资源能源集约利用，加快构建绿色低碳的现代城市环境，破解经济与社会、经济与生态等之间的矛盾关系，培育和发展新质生产力，加快构建中国特色的新型城乡关系，筑牢中国式现代化建设根基。

第三，优化创新资源配置、推进低碳技术创新是推进新型城镇化的重要路径，加强新能源开发利用、培育低碳产业是培育和发展新质生产力的重要内容，是实现绿色低碳发展、推进美丽城镇和美丽中国建设的关键支撑，是本研究的重要观点。应避免传统城镇化弊端，要走出一条符合国情的生态优先、低碳创新的新型城镇化高质量发展新道路。

一方面，坚持低碳创新驱动，增强中心城市辐射带动力，推动优质资源要素向中小城镇转移。新型城镇化建设的目标是城乡融合发展、区域差距缩小、基本公共服务均等化等，破解发展不平衡不充分问题，本质上就是资源要素的优化配置、均衡配置。就是要发挥创新的驱动作用，深化科研体制机制改革，鼓励大学、研究机构、企业等到中小城镇或乡村建立研究基地、科技转化平台、产业应用基地，以创新辐射带动资源优化配置，推动城镇化质量提升与均衡协调发展。

另一方面，有序做好碳达峰碳中和工作，纠正运动式"减碳"，避免"一刀切"，坚持先立后破、通盘谋划，发挥绿色低碳技术创新的引擎作用，以低碳技术创新推动低碳能源创新和低碳产业创新，将低碳新能源、低碳产业作为新型城镇化的特色产业或主导产业。利用新型城镇化地区的资源禀赋和空间优势，加强新能源、储能等关键性低碳技术创新，开发利用各种低碳新能源，探索风、光、生物质、储能等多能互补综合利用模式，推广微电网、微能网，实施"户用光伏+储能"试点，推动能耗"单控"向碳排放总量和强度"双控"转变，既能真正减少对传统能源的依赖，又能使当地居民增加稳定的新能源发电收益，解决部分就业，推动低碳能源、低碳产业高质量发展，助力乡村振兴与共同富裕，为新型城镇化高质量发展找到真正的抓手和有力突破口。

（三）研究方法的特色和创新

本书采取文献分析、定量分析、国际比较、专家访谈等方法开展研究。对新型城镇化的重要论述进行理论阐释，采取访谈、问卷等吸纳专家和社会各界智慧。汇集经济学、管理学、社会学、生态学、城市学等跨专业专家的智慧，发挥多学科攻关、多方法综合的优势，系统研究构建新型城镇化低碳创新理论，依托研究方法创新形成更高质量的成果。

第一章　相关理论基础

本部分主要梳理相关理论，从城镇化、技术创新、制度创新、创新驱动、低碳经济、新质生产力、绿色生产力等理论进行阐释，探讨城镇化、创新驱动、低碳发展三者之间的逻辑关系，为本书研究构建理论基础，并分析这些理论之间的内在联系和可能存在的理论创新点。

一　城镇化理论

（一）城镇化的内涵阐释

城镇化（或城市化）是指随着一个国家或地区经济社会的快速发展，产业由以农业为主转变为以工业或服务业等非农产业为主的产业结构转型，是社会人口由以农业人口为主转变为以城镇人口为主的人口结构转型，是实现由传统乡村型社会向现代城镇型社会转变的社会转型过程。城镇化的本质是生产力发展所导致的一种经济社会现象，是人类社会经济关系和生产生活方式、思维观念在城市与乡村间双向互动的过程，其核心是人的城镇化。[1]城镇化是多维的概念，其内涵体现了人口、经济、社会等多方面的变化。[2]

---

[1] 刘国新、王春华:《论新型城镇化的制度创新原则与创新结构》,《渤海大学学报》（哲学社会科学版）2018年第4期，第69~74页。

[2] 侯晓丽、贾若祥:《城镇化内涵和城镇化形态》,《中国发展观察》2007年第7期，第22~23页。

不同的学科领域对城镇化的内涵有不同的界定。比如，经济学领域的学者主要从经济模式、生产方式、产业转型的角度来定义城镇化，认为产业由以传统农业为主转变为以现代工业或服务业为主的过程即为城镇化的过程，表现为从事非农产业的人员以及非农产业产值不断增加，城镇化也是经济发展与产业演变的过程。而人口学领域的学者认为，城镇化是由以农村人口为主转化为以城镇人口为主的过程，表现为人口向城镇集中，城镇人口规模、人口密度不断增加，以城镇化率考察城市人口占区域总人口的比重。同时，人口学视域下的城镇化，更多考察人口结构、人口发展等因素在城镇化运行中的变化、影响及其逻辑关系。地理学领域的学者认为，城镇化是农村地区转变为城镇地区的空间变迁过程。社会学领域的学者认为，城镇化是一个社会学概念，表现为社会转型的过程，即由农村型社会向城市型社会转型，表现为城市生产生活方式不断扩散，城市文明占主导地位。

城镇化（或城市化）作为复杂的城市经济、社会、文化、生态等转型过程，内涵丰富。当前，城镇化的概念所涵盖的范围和领域比较广。不仅仅包括还没有实现城市化但正在城市化的地区，如城市周边乡村地区被城市化；也包括已经实现城市化但需要进行改造更新的旧城区，如中国正在进行的老旧小区改造、城市更新、棚户区改造等；还包括以中心城市为核心的都市圈、城市群建设，这是城镇化的高端阶段。新型城镇化建设不再仅仅是传统意义上的土地城镇化或人口城镇化问题，不再仅仅是农业人口转变为非农业人口，或者以农业为主的产业结构转变为以第二、第三产业为主的产业结构的过程，而是在城市化的经济发展质量、公共服务水平、生态环境建设、社会治理水平、文化发展等多个领域的转型升级过程。

（二）城镇化的发展阶段演变

从发展阶段看，城镇化或城市化是一个漫长的经济社会演变过程，不是一次或两次就完成的，涉及人口流动、产业变迁、社会转型、环境变化等多方面的因素。因多方面的因素存在，已经城市化或者过度城市化的地区可能面临产业衰退、企业倒闭、就业增加、人口流失等带来的城市空心化或城市收缩问题。有的城市通过产业振兴、城市更新或城市复兴计划，又实现了再城市化与城市产业、人口回流等。1982年，欧洲学者列奥·范登贝格在其《城市欧洲：一项关于增长和衰落的研究》一书中，首次将城市化进程分为城市化、郊区化、逆城市化和再城市化4个阶段。[①] 西方发达国家或地区的城镇化经历了上百年的发展历史，从大多数城市演变所经历的一般规律来看，主要包括以下4个阶段，如下表1-1所示。

表1-1 城市化演变阶段及其特征

特征	初级城市化	郊区城市化	逆城市化	再城市化
表现	人口从农村迁入城市，部分乡村变成城市	人口由中心城区向周边远郊区迁移	人口由中心城区向乡村或小城镇迁移	人口和产业回流中心城区
特征和问题	从农业社会转变为工业或服务业占主导的社会形态，城市边界扩大；城市设施、功能服务与管理水平不够完善	城市空间、规模、边界不断扩大与外延，周边的郊区土地被城市功能所挤占；郊区设施有所改善，但还不够优化	城市规模经济效应递减，存在人口膨胀、交通拥堵、环境污染等问题；中心城区"空心化"或"空洞化"	随着中心城市环境改善、交通治理，人口和产业再次流向城市，实现再生、复苏或者城市再繁荣景象
动机	追求就业机会和收入水平、公共服务改善、更宜居环境			

第一，初级城市化阶段。初级城市化也可以称为第一次城市化过程。就是从原来的农业社会转变为工业或服务业占主导的社会形态，越来越多的人流入城市工作和生活，城市边界不断扩大。初级城市化的主要特征表现为三点。一是城市化水平较低，城市人口占总人口的比重一般低于30%，农村人口总数占绝对优势，城市化进程缓慢。二是产业不够发达，结构单一，经济发展速度较慢，提供的就业机会有限，吸纳农村剩余劳动力能力不足。三是公共服务供给和基础设施建设较为缓慢，城乡差距明显。但这一阶段由于城市化水平低、发展速度慢、生产力水平低等特点，对经济、社会和环境的影响相对较小，社会服务和管理体系尚未完善，社会问题相对较少，城市化

---

① 郑春荣、夏晓文：《德国的再城市化》，《城市问题》2013年第9期，第82~88页。

的负面影响不明显。初级城市化阶段的城市各方面设施还不够完善，人口、产业、交通等要素集聚处于初级发展阶段，规模不够大，城市功能服务与城市管理水平将随着城市化的推进不断得到改善。

第二，郊区城市化。随着城市空间、规模、边界的不断扩大与外延，周边的郊区土地受人口增加、产业发展影响，被城市新建住房或工厂、交通道路等所占领。随着城市边界不断外扩，越来越多的郊区或农村地区变成了新城或城市副中心。郊区城市化作为城市化进程中的重要环节，是基于各方面的离心、向心以及自身的多种力量共同作用，推动更多的远郊区、乡村地域变成城镇地域的空间演变过程。主要表现为城市的人口、产业等要素由内向外的离心迁移，更多的就业岗位、就业人口以及关联产业不断从中心城区向郊区扩散和搬迁的过程。郊区城市化可以理解为城市空间和规模不断扩大，进而不断蚕食和占领更多的郊区或乡村，使更多的郊区及其城市周边地区变成了城市。

第三，逆城市化。逆城市化是城市化进程到一定程度后，城市规模经济效应递减情况下的规模不经济现象；是人们流入城市到一定规模后，部分市民选择离开城市进入郊区或乡村生活的现象。布莱恩·贝利（Brian Berry）指出，逆城市化现象是人口流入大城市的趋势转移到了小城市或非城市地区的反向运动。荷兰学者克拉森（Klaassen）认为，在城市化的空间理论中，逆城市化是城市发展的必然阶段。[①] 逆城市化体现了人口分散的过程，暗示着从较集聚的状态到低集聚状态，其特点是小规模、低密度、异质性的下降，在国家相互依存的半径范围内迅速扩大。[②] 初级城市化、郊区城市化存在许多的不合理、不完善、不公平的地方。例如，城市化使部分人群就业机会增多、社会福利改善，但其他人群可能因个人能力欠缺、社会保障制度不完善等多方面影响而缺乏公共权益保障。比较典型的是，一些农民工尽管进入城市工作多年，但因户籍制度等限制，一直难以享受与当地市民同等的公共服务，

[①] 罗娜：《中国逆城市化问题的政策思考》，《农村经济与科技》2021年第15期，第264~266、281页。

[②] 霍露萍：《国外逆城市化的研究》，《中国名城》2021年第7期，第17~24页。

难以融入城市生活，难以享受同等的市民待遇，部分人群在城市中失业、社会保障不完善、社会待遇偏低。又如，城市空间的过快扩张和"摊大饼"式发展，超越了城市资源能源环境自身承载力，形成对自然环境、生态系统的过度侵蚀与破坏，带来生态恶化、生物多样性减少、大气水土污染等，存在人口膨胀、交通拥堵、资源能源耗竭、温室效应等诸多城市病问题。这些城市病问题，引发不少城市居民对回归农村或回归自然生态的向往与期待，于是出现了逆城市化现象。

在逆城市化阶段，一些发达国家以及一些大中城市的中心城区富人、投资者向郊区或农村地区迁移，出现与城市化相反的人口外流现象。部分城市人口、产业搬离中心城区，导致中心城区"空心化"或"空洞化"。逆城市化与郊区城市化、反城市化等概念有本质区别。首先，逆城市化现象不是郊区城市化。郊区城市化并不意味着中心城区人口或产业的减少，有可能是更多的外来人口因为不能在生活成本高的中心城区生存，只好选择成本较低的远郊区发展，而更多的企业也因城市生产成本较高，选择更低成本的郊区布局，郊区逐渐由以前的农村变成了现代城市或产业区，体现了城市向郊区的拓展和蔓延现象。其次，逆城市化现象也不是反城市化，反城市化对应着"反对"城市化，反映的是城市农村化、市民农民化以及工业农业化，这具有强烈的情感预设，与现代社会的发展背道而驰。[①] 区别于郊区城市化，逆城市化是城市化达到成熟阶段的产物，逆城市化更多表现为中心城区的产业和人口流向外地或乡村，不同于各地人口涌向城市，部分人群迫于高房价、高污染、高拥堵等现象，厌倦了城市生活，而选择逃离大城市，流向其他地区或乡村。不少人逃离"北上广"等大城市，回到土生土长的农村。

逆城市化是人口由城市到农村的逆向流动、人口分散布局的自然现象。逆城市化的驱动因素主要表现在以下几个方面。

一是经济因素。这是影响逆城市化最主要的原因，多数人因为经济压力

[①] 罗娜：《中国逆城市化问题的政策思考》，《农村经济与科技》2021年第15期，第264～266、281页。

大，比如中心城区房价高、物价高、教育成本高，工资收入减少或者工厂倒闭导致失业，小孩无法在中心城市就学等，只好离开城市回到农村或其他中小城镇生活。从美国 20 世纪 70 年代"逆城市化"现象的形成来看，其经济因素主要包括能源危机和经济衰退。

二是交通、通信技术发展。逆城市化过程并非城市化的衰败，而是城市运动的新形态。逆城市化的出现，并不是城市人口向原来意义上的农村流动，而是农村环境和条件不断改善，比如农村交通道路、基础设施、生活环境与城市高度融合，农村生活更加便利，农村地区或者小城镇在交通、供水供电供气、通信网络等基础设施条件方面不断改善。当城市化进展到一定阶段时，原有人口集聚区由中心城区转向城市周边地区或乡村地区，城市周边的城市轨道、高速公路等基础设施建设，使得远郊区与城市中心的联通更加便利，促使更多的市民选择到郊区或乡村购房或回流。同时，随着互联网技术的发展，人们可以在家办公或在乡村办公，减少中心城市的长距离通勤压力和过高的租房成本，在郊区或乡村居住，也是较为理性的选择。许多公司或企业基于租房成本等考虑，选择交通便利的郊区或乡村进行生产基地布局，吸引部分劳动力转向乡村地区，也促进了中心城区企业和人口的外迁。

三是生活环境因素。越来越多的城市富人基于对生态宜居的农村生活的向往，选择在郊区或农村购买土地或建别墅，越来越多城市居民因多方面的原因放弃中心城市的工作和生活环境，选择更加生态宜居的农村生活。农村地区的自然生态环境吸引了难以忍受城市噪声、热岛效应的部分居民回归乡村生活，从而导致逆城市化现象。

第四，再城市化。"再城市化"也被称为"二次城市化"，即城市中心区因产业倒闭、经济衰退、人口流失等出现逆城市化现象而衰败，随后政府政策引导和新的产业要素流入等引发再度城市化。从全球来看，高度城市化的国家或地区，在全球范围实现人口流动，形成世界新的经济、社会可持续中心。或者说，随着中心城市环境改善、交通改善，"城市病"问题得到一定的缓解，不少人为了获得更高收入和社会地位，再次流向城市，从而使原来"空心化"的城市空间实现再生、复苏或再繁荣。

从西方发达国家的城镇化发展阶段来看，尽管城镇化一定程度上促进了经济社会的不断变革与发展，但资本逻辑可能会过于注重经济发展，忽视其他方面的条件改善，与之相伴的"城市病"问题始终难以根治，始终困扰着当地城市治理、可持续发展与居民生活。一是交通拥堵难题。可以说世界上大多数城市曾经或者正在经受交通拥堵这一世界性的城市难题。在城镇化进程中，通过修建高速道路、立交桥、高架桥、轨道交通等，不断提高城市通行率，但人口、产业要素在中心城区过度集聚，交通承载力严重不足，导致交通拥堵问题始终难以解决。二是资源与环境承载力不足。许多国家或地区在城镇化过程中都曾经遇到各种环境污染问题，城市资源与环境承载力下降，生态空间被经济生产所挤压，污染排放问题难以治理。三是社会问题，包括物价上涨、房价高企、社会不公平、失业率高、犯罪高发、城市贫困等现象，社会阶层分化与异化现象严重。

（三）新型城镇化的内涵与特征

在新发展理念的引领下，新型城镇化的内涵更加丰富而深刻，体现了当前中国经济社会全面深刻变革、城镇化向纵深转型发展的基本要义。马克思主义认为，资本主义的城镇化或城市化的本质内涵是资本主导下的人造城市、空间异化过程。在资本主义社会，城市化受资本的主宰、控制和作用，服务于资本自身需求、追求物质利益最大化所创造的人文物质景观、人与城市不和谐的结果，导致人本主义的缺失和弊端。在资本主义社会里，城市化是资本主义统治下的城市空间生产异化过程。所谓的人造城市均是为了资本积累，为了资本家获得更多的剩余价值而进行劳动力剥削的社会生产过程。因此资本主义城市化过程的本质也就是资本主义生产关系及其矛盾的延续和拓展。换言之，资本主义的城市化内涵即资本的城市化过程，资本积累和循环、人与城市异化的城市空间拓展过程。

马克思主义认为，社会主义的城镇化或城市化的本质内涵是以人民为中心、以满足人民群众对美好城市生活需求的城市化过程。城市化要避免或者摆脱资本的主导与控制，应服务于广大人民群众对美好城市生活的需要。这是构建以人为核心的新型城镇化的本质内涵。一方面，相比发达国家，中国的城镇化还有一定的发展空间，未来城镇化实现70%~75%是完全有可能的，许多大中城市已经达到或者超过80%。但是，新型城镇化不能走传统"摊大饼"式的粗放城镇化道路，必须坚持走生态优先、绿色发展的高质量发展道路。另一方面，中国特色新型城镇化，其内涵比资本主义视域下的城镇化更加丰富和全面。中国特色新型城镇化的基本内涵是基于新质生产力发展，体现经济建设、政治建设、社会建设、文化建设、生态建设"五位一体"的城镇化过程，就是要坚持党的领导，坚持以人民为中心的发展理念，强调以人为核心的城镇化，更加注重人民经济收入的普遍提升，更加注重人民社会生活水平的提升，更加注重"五位一体"的全面发展，更加注重新发展理念的指引，特别应重视生态宜居环境的营造，推动绿色低碳的高质量发展。

区别传统城镇化和资本主导下的城镇化模式，中国特色新型城镇化坚持习近平总书记提出的"人民城市人民建、人民城市为人民"的基本理念，以促进人的全面发展为价值旨归，以人与自然和谐共生的现代化为动态演化过程，是在对传统城镇化扬弃基础上的多元演进和历史必然结果。中国特色新型城镇化的基本特征主要表现在以下几个方面。

1. 以人为本

以人为本是新型城镇化的本质特征和核心要义，是对传统城镇化以物为本、人与城市非和谐状态的根本扬弃。传统城镇化过度注重经济增长或物质财富的积累，并将之视为城市发展的基本手段和追求目标，这导致了人的片面发展而非全面发展。新型城镇化之"新"，归根结底是要实现人的城镇化。[1] 以人的全面发展为中心的新型城镇化建设，有助于将保障和改善民生、促进经济社会可持续发展的潜力充分释放出来，为中国经济高质量发

---

[1] 北川力也、吴厚鉴：《新时代背景下以人为本的新型城镇化》，《四川行政学院学报》2018年第3期，第66~70页。

展和城市经济社会全面转型增添正能量。新型城镇化坚持以人民为中心的发展理念，坚持以人为本，就是把人的全面发展、人民群众对美好生活的向往放在首位，通过城镇化实现城市发展与人的发展，经济发展与社会、文化、生态等各领域的发展同向而行、同步推进。新型城镇化是以人为本的城镇化，发展的根本目的是人民，通过转变发展理念、更新治理方式、改善治理手段，实现更高质量的城镇化。① 走中国特色新型城镇化发展道路，重点是要以人的全面发展为目标。② 新型城镇化应坚持以人为本，不断提高城镇人口素质和居民生活质量。城镇化以人为本的发展目的，要求我们在城镇化发展规划和设计上要充分彰显人民的主体地位，满足人民的利益和愿望，在城镇化发展和管理体制上要切实体现人民的主张和追求，反映人民的呼声。③

从理论层面看，以人为核心、以人为本是新型城镇化的显著特征，是对传统城乡二元结构的传统城镇化模式的重要突破与变革。以人为本的新型城镇化能够合理引导人口流动，不断提高人口整体素质，促进人的全面发展，使更多人口共享现代化成果。④ 新型城镇化坚持以人为本和人的全面发展，切实推进经济与社会、经济与生态、经济与文化、经济与政治等多方面的和谐共处，坚持社会的公平正义，促进人与自然的和谐共生。新型城镇化更加强调城乡差距缩小与协调发展，实现城乡融合与一体化发展；更加强调城乡资源要素的合理流动，建立更加科学的要素自由流动机制，吸引城市优秀的人才、丰富的资本、发达的信息等进入相对落后的城乡接合部、郊区、乡村等，推动大中小城市、小城镇、乡村协调发展；更加强调城镇公共资源的均

---

① 李俊楠：《以人为本的高质量城镇化建设研究》，《合作经济与科技》2019 年第 2 期，第 34~35 页。
② 林昆勇、任春晓：《以人的全面发展为中心的中国新型城镇化研究》，《改革与战略》2015 年第 3 期，第 110~116 页。
③ 雷雨、刘慧、高尚尉：《深刻把握新型城镇化的科学内涵和历史走向》，《新型城镇化》2023 年第 10 期，第 22~28 页。
④ 周毅仁、李智：《更好发挥新型城镇化对中国式现代化的支撑作用》，《行政管理改革》2024 年第 4 期，第 4~14 页。

衡配置与公共服务均等化供给，不断弥补基础设施、公共服务等领域短板，实现城镇化和新农村建设、乡村振兴的协调推进。

从实践层面看，以人为本体现了中国式现代化实践道路所追求的根本目标，体现了坚持以人民为中心、人民城市人民建设、人民城市为人民的重要目标。新型城镇化实践的目的是服务于人、实现共同富裕、共享城市发展成果、促进人的全面发展，而不是西方以"羊吃人"运动将人从农村迁移到城市、从而变成城市经济发展的"工具"。中国特色新型城镇化实践是追求人民共同富裕、人的全面发展的实践。根据中国城镇与乡村的实际情况，避免传统城镇化实践中存在的弊端，更加重视人的城镇化，加快构建面向全体市民的宜居、创新、智慧、绿色、人文、韧性的新型城市，使外来人口、新市民能更加公平、更加便利、更加和谐地融入城市社会，使更多的农村地区或农村人口享受到现代城市经济社会发展成果，真正实现城乡差距缩小，实现共同富裕与人的全面发展。

2. 以技术创新为驱动力

新型城镇化建设过程是技术不断创新与驱动发展的过程，是城市技术创新史，是技术进步与创新辐射带动的城乡融合发展史。根据现代城市演变的一般规律，城镇化发展阶段、发展周期与技术创新、技术进步的发展周期密切关联。技术的创新与进步，带来生产生活方式的转变，引导产品和市场变化，进而驱动产业发展和城市空间研究，技术创新吸引企业集聚、就业人口增加、交通集聚等，驱动城市化提速，推动城市经济社会发展。比如，技术创新带来生产力进步，蒸汽革命以及电力、化学革命推动新的产业形成与产业集聚，吸引更多的人口向城市空间集聚，带来城市规模扩大和城市人口增加。20世纪以后，技术创新以及生产、经营管理模式的快速革新，进一步加快了产业分工、专业化生产进程，交通技术进步压缩时空距离，推动生产资源要素自由流动和商品贸易的跨区域流通，促进了城市功能的空间扩张，促进了城市工业、服务业等的繁荣发展与规模壮大。随后，信息技术、微电子技术的广泛应用以及现代物联网、大数据、云计算、移动互联等新一代信息技术的创新与进步，深刻改变了传统城市生产与生活方式，加快了城镇化的建设进程，催生了现代智慧城市、智能城市、数字城市等概念，城市规模和功能实现进一步拓展。新型城镇化建设在技术创新的驱动与引领下不断向前推进，发展的速度与质量均区别传统城镇化道路。

对于新型城镇化而言，技术创新显然是基本动力，也是重要特征。新型城镇化区别传统城镇化的重要特征在于，不再依托传统产业的代加工、低技术的生产扩张，不再是"千城一面""摊大饼"式发展，而是依托重大技术创新与突破，催生或培育新型产业体系，形成新的产业竞争力与经济增长点，进而促进城市经济繁荣、就业增加、建设投入、社会进步、服务改善。一是技术创新与技术引进推动产业转型升级，优化产业空间布局，进而推动城市规模扩张，增加就业，集聚人口，提升人口城镇化水平。二是技术创新与大数据、云计算、物联网等新一代信息技术融合，提升区域数字化、信息化、网络化水平，带动城市技术创新力与竞争力提升，促进城市经济社会全面转型发展，推动新型城镇化进程。三是技术创新，特别是新能源技术、生物技术、新材料等创新发展，降低了企业生产成本，也培育了新能源、新材料等新兴产业，推动城市产业链升级与规模壮大，加快新型城镇化进程。

3. 以绿色低碳发展为底色

习近平总书记对深入推进新型城镇化建设作出重要指示强调，"坚持以创新、协调、绿色、开放、共享的新发展理念为引领，以人的城镇化为核心""更加注重环境宜居和历史文脉传承，更加注重提升人民群众获得感和幸福感"。这一重要论述深刻阐明了新型城镇化的丰富内涵，展现了中国特色新型城镇化的美好愿景，也表明绿色发展本就是新型城镇化建设的应有之义。[①] 党的二十大报告强调，"推进以人为核心的新型城镇化""推动绿色发展，促进人与自然和谐共生"。这些重要论述赋予了新型城镇化的绿色低碳发展内涵。绿色低碳是新型城镇化建设的底色，是新型城镇化高质量发展的方向指引，是以新型城镇化推进人与自然和谐共生的现代化的必然要求。

---

① 杨怡、谭鑫：《新型城镇化进程中的绿色发展》，《社会主义论坛》2023年第2期，第15~16页。

区别传统城镇化过程中传统工业生产导致的高能耗、高污染、高排放发展问题，新型城镇化更加强调绿色低碳发展理念的指引，强调实现经济增长与环境污染的脱钩，强调生态文明建设与绿色低碳的高质量发展。绿色城镇化是新型城镇化的底色和鲜明特征。比如，新型城镇化的工业生产或者经济活动更加强调绿色、低碳、循环发展，城镇建设与规模拓展要坚持资源能源的集约利用，土地、水和能源等资源更加集约、节能、减排。

一是新型城镇化的产业系统。改变传统以重化工为主导的产业结构，需要加快产业绿色低碳转型，选择绿色经济、低碳经济、循环经济发展模式，构建资源循环利用、绿色低碳发展的现代化产业系统。绿色低碳的产业系统是新型城镇化建设中的重要组成部分，是发展绿色生产力、推动城镇绿色转型、实现经济绿色增长的重要动力和关键支撑。

二是新型城镇化的能源系统。改变以传统能源为主导的城镇高碳能源结构，大力发展可再生能源，构建以新能源为主导的现代低碳能源体系，从源头上节能减排降碳，实现城镇化的绿色低碳高质量发展。发展绿色低碳的新型能源系统，为新型城镇化注入新的能源发展空间和转型契机，不仅可以减少对传统能源的依赖，也可以降低传统能源消耗带来的环境污染问题，更可以通过发展新能源产业，发展以绿色低碳能源为支撑的新质生产力，促进新型城镇化的绿色低碳创新发展。

三是新型城镇化的交通系统。更加注重交通领域绿色低碳转型，大力发展绿色低碳的交通工具，主要是以可再生能源为动力的新能源交通，比如电动车、氢能车、轨道交通等，通过大面积开发和使用绿色新能源，完善绿色公共交通体系，降低交通系统的能耗和碳排放水平，实现交通系统的绿色低碳高质量发展，助力"双碳"目标实现。

四是新型城镇化的建筑体系。更加注重发展绿色建筑，使用绿色建筑材料，降低建筑能耗。

五是新型城镇化的生活方式。更加注重绿色低碳消费，鼓励市民选择勤俭节约、绿色低碳、经济实用的生活方式。

4. 以空间优化为支撑

新型城镇化也是空间优化的过程。区别传统城镇化的空间生产，新型城镇化不再是简单追求规模扩大和资源空间过度集聚，而是更加强调大中城市、县城、乡镇等城镇体系的空间优化、优势互补、融合发展。新型城镇化要进一步优化资源要素配置，促进城镇空间结构优化，构建更加科学合理、有序流动、宜居宜业的现代化城镇体系。比如，依托现代轨道交通，促进大中小城市资源要素流动与经济互动，破解大城市交通拥堵难题，减少通勤时间，打造"轨道上的都市圈"。依托多中心、组团式发展，实现空间优化布局，避免人口、产业、交通、建筑过于集中在中心城区，通过资源要素均衡布局和优化配置，弥补远郊区、新城、小城镇等较为偏远地区的基础设施和公共服务短板，实现整个城镇空间的环境质量提升与生态改善，推动新型城镇化经济、社会、文化、生态等多领域的资源优化、空间融合、共享发展。依托现代产业链构建，将中心城市与周边中小城市、小城镇等进行合理的产业布局与空间生产，形成可持续、绿色低碳的产业集群和规模经济效应，避免产业过度在局部空间集中，避免产业链断链或同质化竞争，形成产业合作、协同创新、上下游互补的集群效应。这些都表现为新型城镇化的空间优化特征。

（四）城镇化的相关理论

1. 生命周期理论

20世纪60年代，美国学者哈维（S. P. Harvey）、伦顿（W. J. London）提出资源开发与区域发展阶段理论，认为资源投入、消耗水平与城市经济社会发展演变密切相关，资源的不断投入、积累、集聚促进了工业化、城市化进程。波兹（Booz）等在《新产品管理》一书中最先提出了产品生命周期的概念。美国哈佛大学的维农提出了产品生命周期理论，指出产品生命是市场上的营销生命，产品和人的生命一样，要经历介绍、成长、成熟、衰退这样的周期。[①] 马林鲍姆（W. Malenbaum）、克拉克（A. L. Clark）和杰奥恩

---

① 魏丽丝：《生命周期理论文献综述》，《合作经济与科技》2014年第24期，第155~156页。

（G. J. Jeon）等进一步完善了生命周期理论。城镇化、工业化进程中的不同阶段对各类资源需求和消费具有不同特点，主要形成"倒 U"形的生命特征，其变化趋势表现为"形成—增长—成熟—衰落"的轨迹。美国学者胡贝特（M. K. Hubbert）将该规律和特征的形态总结为类似于"铃"的形状分布，资源消耗呈现出"低效益—高效益—低效益"的"铃"状发展态势。

城镇化过程中依据生命周期理论，基于地区发展因素、阶段特征等实际情况，针对城市生命周期不同阶段面临的主要问题采取有效应对策略，防范各种风险，释放城市内在的潜能和动力，消解城市发展的障碍因素，实现城市跨越式、高质量的转型发展。基于国内外城市转型的传统演变轨迹考察，资源型的城市发展周期主要经历了三个发展阶段，如图1-1所示。[①]

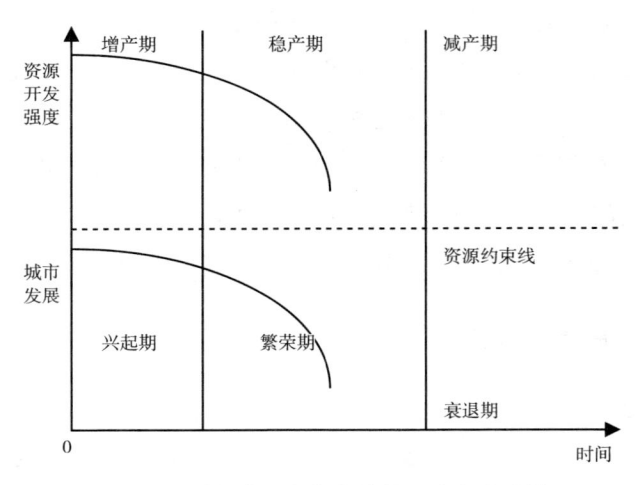

图1-1 城市发展周期与资源开发强度比较

第一阶段，资源开发的城市发展兴起期。矿产资源的发现和开发带来城市的兴起。许多资源型城市都是在矿产资源的开发基础上发展起来的。第二阶段，资源大规模开发的城市发展繁荣期。矿产资源开发以及所带来财富的不断积累，促进城市关联产业的发展，就业增加，商业、金融等产业相继发

---

① 刘语轩：《资源型城市转型的资源约束与转型路径分析》，《生产力研究》2009年第24期，第27~29、56页。

展,城市进入高速发展和繁荣阶段。第三阶段,资源耗竭的城市发展衰退期。随着城市矿产资源开发不断耗竭,城市产业增长乏力,城市缺乏自身造血功能,资源禀赋优势不再显现,矿产工人下岗,失业增加,消费不足,进而引发其他关联产业的衰退和企业倒闭,城市进入衰退期。

依据生命周期理论,探讨城镇化的基本规律,按照生命周期发展规律选择城市或区域发展战略、政策措施,特别是针对其衰退期规律,选择科学的应对策略,实现城市化与转型发展。城镇化过程的实质是基于城市各类资源的发现、初步开发、稳定开发和耗竭减产的生命周期,而形成的由兴起、繁荣到衰退的城市演变过程,是基于自然资源开发利用向其他资源特别是技术、信息、人才、服务等资源的挖掘、提升和产业转化的过程。这一过程是由传统高能耗、高污染的粗放发展模式向更加集约化、高附加值、高技术方向的内涵型、生态型经济增长方式转变的集中体现。

生命周期理论对新型城镇化研究具有重要的理论和现实意义。根据生命周期理论,进入新时代后,受资源、能源、环境、人口等瓶颈性制约,我国城镇化整体上正处于从"要素驱动""投资驱动"向"创新驱动"转变的阶段,新型城镇化建设与发展需要赋予"创新驱动""低碳发展"内涵特质和道路选择。

2. 产业结构演进理论

从全球来看,各国城市化的过程均伴随产业结构演进而不断推进。产业结构演进理论为新型城镇化研究提供重要的理论依据。[①] 产业结构演进理论指出,第一、第二、第三产业表现出产业收入的差异,一般表现为第一产业劳动收入降低,第一产业劳动力不断减少,而第二、第三产业因技术提升和规模化发展,产业利润提高、收入增加,吸引更多的劳动力进入,进而推动产业结构由以第一产业为主向以第二、第三产业为主的结构演进。美国学者西蒙·库兹涅茨(Simon Kuznets)提出了产业结构演进规律,产业结构演进

---

① 孟祥林:《产业结构演进与城市成长相互关系的理论探讨》,《中国矿业大学学报》(社会科学版)2004年第4期,第61~65页。

表现为：先是第一产业的落后，然后是第二产业呈上升趋势，再到第三产业的劳动力比重不断上升，但其国民收入比重保持大体不变或略有上升。库兹涅茨认为产业内部结构的变化与现代技术进步紧密关联。罗斯托认为技术进步的作用推动主导部门的更替，产业实现由低级向高级发展。后来，学术界对产业结构演进理论不断创新发展，形成了更多的理论流派。

1931年，德国学者霍夫曼（W.G.Hofman）在《工业化的阶段和类型》一书中，提出了霍夫曼定理，研究了工业化发展的阶段特征及其产业类型区分。该理论分析比较了各国工业化过程中消费资料工业和资本资料工业的比例关系，即霍夫曼比例，霍夫曼比例随着工业化的推进而不断下降，标志着工业结构从以消费资料工业为主向以资本资料工业为主的转变。霍夫曼定理揭示了工业化进程中工业结构演变规律，为考察一个国家或地区的工业化水平及其发展趋势提供了重要的参考依据。

英国经济学家科林·克拉克（Colin Clark）提出了"配第—克拉克定理"，认为劳动力在产业结构比重的变化规律是随着经济增长、人均国民收入水平等的不断提高，由第一产业向第二产业再向第三产业不断提升的演变过程，即从农业转移到工业再流动到服务业的基本态势。随着专业分工和生产方式的复杂化，工业部门对服务业的中间需求不断增加，生产型服务业和消费型服务业逐步发展。[①] 比如发达国家和城市的经济发展水平不断提升，第三产业日益发达，不断占据产业结构的主导地位，彰显产业结构优化特征。库兹涅茨把国民收入和劳动力在三次产业间演变趋势结合起来，通过对第一、第二、第三产业占国民收入比重变化情况进行分析，论证了产业结构由低级不断向高级演变的过程。

产业结构演进理论主要研究经济发展进程中产业结构变动的一般规律。通过促进产业结构演进、调整和优化升级来促进经济的可持续发展与转型升级。产业结构的动态演变特征是产业兴衰变化和更替的重要表现，

---

① 桑瑜：《论产业结构演进与产业结构调整——从理论探究到政策引申》，《四川大学学报》（哲学社会科学版）2015年第5期，第130~135页。

也是产业发展的重要规律。城市是以一定的产业发展为重要经济支撑的，因此产业结构的演变又直接导致城市产业竞争力变化，影响城市经济社会发展水平，影响城市化及其转型进程。因此产业演变与转型与城市化有着紧密的关联。

城市化的演进过程与该城市主导产业的发展壮大、产业结构升级密切相关。城市产业的不断发展及其繁荣兴旺，增加了更多的就业岗位，吸引了更多外来人口进入城市，人口的增多带来各种生活需求的增多和市场的繁荣，从而带动相关产业发展以及扩大城市生产生活空间，持续推动城市化进程。同时，随着城市所依托的主要资源的枯竭或主导产业的衰退，企业倒闭或者外迁，财税减少，福利降低，失业人口增加，人口流失，进而又导致城市衰退。特别是城市主导产业的带动作用弱化，可能导致产业链的断裂和衰退，从而引发城市的衰退。如何选择和培育新兴主导产业，进而促进产业结构的更替、升级、转型，是城市高质量发展的关键与核心。基于产业演化与转型理论研究，城市化需要重视产业结构的优化升级和转型发展问题。

产业演变与转型是经济进一步释放发展空间的重要基础，是实现城市转型与绿色低碳发展的重要突破口。产业演变和转型与新型城镇化建设是相辅相成、相互促进的过程。一方面，新型城镇化水平的提高，比如城市基础设施完善、公共服务供给提升、产业基础条件进一步完善，有利于促进产业结构升级，金融发展、政府投入、居民消费等可以加快产业结构升级步伐。我国东部、中部的城镇化水平对产业结构升级呈现积极效果。[①] 另一方面，产业演变、转型与升级有利于推进新型城镇化建设。产业演变与转型主要通过企业技术创新和产品质量提升，加快产业结构的优化升级，特别是在低碳经济和循环经济发展要求下，可以加强产业体系的绿色重构，主导产业和关联产业的进一步资源整合与空间优化配置，实现产业功能优化和互补，进而促

[①] 李爽：《新型城镇化对产业结构升级的影响研究》，《价值工程》2024年第20期，第147~149页。

进城市经济增长、结构优化、绿色可持续发展。产业演进可以促进资源集约化利用和循环低碳利用，提高资源能源利用效率，降低碳排放强度，实现碳排放与经济增长脱钩，进而使城市实现绿色低碳发展。城市通过产业结构调整与优化、产业体系重构与升级，减少对不可再生资源的依赖、消耗和碳排放强度，实现产业和城市发展的绿色转型。这种转型与技术提升、制度创新、理念转变等密切关联，城市化是建立在产业演变和转型的重要理论基础上的。

3. 城市生态学理论

生态学理论是城镇化建设与发展的重要理论基础。较早采用生态学理论研究城市病问题的是芝加哥大学社会学系帕克教授。帕克教授对美国城市化过快导致战后世界各地移民纷纷进入美国，人口过快增长导致严重的城市经济社会问题进行研究。城市生态学基于生态学的理论视野，从生态发展规律探讨城市空间中人与人、经济与社会、人与自然之间的生态关联及其相互作用过程，是研究城市对环境的选择力、分配力和调节力影响的科学。城市生态学以生态学知识为基础，以城市中的人与环境为研究对象，综合研究城市生态系统中各要素之间的相互关系及功能。[①] 城市生态学研究的主题包括人对环境的影响、环境对人进化与发展的影响以及人与其他生物物种之间的关系等。

城市生态学不是简单意义上的"城市+生态"，生态学被理解为各种资源、信息、物质、能量等的交换、变迁、转移过程，并非仅仅局限于原始的自然生态系统研究，更多的是彰显研究对象各影响因素之间的生态关系。相比原始自然生态系统，城市生态系统的特点主要表现在以下几点。第一，城市生态系统是以人为主导的人工生态系统，城市的规模、结构、性质及其演变与人相关、由人决定，由人主导的城市各影响因素的相互作用决定了城市生态系统的演变，"人"是控制者也是被控制者。第二，城市生态系统是人

---

① 冯瑞芳、易晓园：《浅析生态文明背景下的城市生态学》，《山西农经》2020年第11期，第81、83页。

口集聚的由生产到消费的巨大生态系统，其自身对资源消费需求大，不可能依靠城市自身力量完成，需要依靠外部资源的输入与消耗来维持城市生产生活运行，对外部资源、外部能源具有高度依赖性。第三，城市生态系统受经济与社会等多重因素制约，城市空间的个人，既是"生物学上的人"，也是"社会学上的人"。

生态学家借鉴达尔文生态学理论，认为城市人口、环境之间存在共生关系，资源有限性、稀缺性导致城市中不同主体之间形成竞争、合作、共生关系，自由竞争、优胜劣汰推动城市发展，实现城市生态的相对"平衡"。古典生态学家深入研究了城市资源的有限性问题，认为有限性这一特征可能导致城市恶性竞争，带来城市环境恶化、社会关系复杂以及其他各种利益冲突与利益矛盾，成为一种精神病态。[1] 从生态学角度考察，城市生态改变了传统乡村的生态关系，使得传统农村居民难以适应，形成文化差异。既然人与自然存在紧密联系的生态关系，城市化需要高度重视和遵循生态学规律，而不是违背自然规律和生态关系，否则必然导致严重的城市病问题。城市区域以第二、第三产业为主，城市的商业性和对市场利益的过分追求导致传统的乡土情结淡化，对城市外来人口的心理和价值观造成影响，进而引发系列城市社会问题、城市心理和文化问题。

4. 田园城市理论

为避免过度工业化、城市化带来诸多城市病问题，有学者从城市规划、建设的视角提出了田园城市的构想。19世纪末，英国著名的社会活动家埃比尼泽·霍华德（Ebenezer Howard）认为，城镇化的过程，需要植入"田园城市"理念，以兼具城市和乡村优点的"田园城市"为美好发展蓝图。霍华德以理论与实践相结合，将田园城市的建设思想亲自付诸实践，主持建设了莱奇沃思（Letchworth）和韦林（Welwyn）两座田园城

---

[1] 李陈：《境外经典"城市病"理论与主要城市问题回顾》，《西部人口》2013年第3期，第10~14页。

市。可以说，田园城市理论致力于构建城乡一体化的城镇化发展新路，致力于追求健康安全、生态宜居、田园式的美好城市。1919年，英国田园城市和城市规划协会提出，田园城市的四周要有永久性农业地带围绕，城市的土地归公众所有，由专业委员会受托掌管，田园城市规模不应超越此规定。

田园城市应该区别传统城市的去农村化模式，强调城市与乡村的密切融合关系。田园城市应该由广大的农村地区所包围，能为城市居民提供丰富新鲜的农产品，农产品有最近的市场，但市场不只限于当地。田园城市中的居民工作、生活均能融合，避免了职住分离。根据霍华德构想，田园城市应减少和避免燃煤和烟尘污染，强调以电力为主要动力，所有城市垃圾能得到减量化、循环化、资源化再利用，为农业农村地区提供必要的材料或二次原料。严格限制城市规模，避免城市"摊大饼"式发展，避免钢筋水泥化的单调发展，城市居民能接近乡村自然空间，能吸收来自农村自然环境的气息。田园城市勾画了一幅城市生产生活与自然相互融合的美好图景，为城镇化提供重要的理论指导和支撑。

5. 宜居城市理论

宜居城市理论区别于田园城市，更加强调以人为本进行城市规划，强调城市建设与发展的服务对象是人。习近平总书记多次强调，"城市建设必须把让人民宜居安居放在首位，把最好的资源留给人民"。20世纪90年代以来，西方学者强调城市规划、建设与发展的人本理念，倡导以人为本、以人为中心的设计思想，体现城市的多样性、自然性、人性化、社区感的生产生活氛围，人不再是城市中的机器或者单独个体。城市建设应让人民宜居安居。[①] 1996年，在土耳其伊斯坦布尔召开的联合国人类住区大会通过了《伊斯坦布尔人居议程》（以下简称《议程》），《议程》提出了为所有人提供合适的住房和实现人类住宅区的可持续发展两大目标，此为宜居

---

① 江斌：《城市建设贵在让人民宜居安居》，《宁波通讯》2024年第1期，第67页。

城市的本质表述。① 宜居城市是具有良好的居住和空间环境、人文社会环境、生态与自然环境和清洁高效的生产环境的居住地。宜居城市理论提出应重视实现居住、生活、休憩、文化等多个要素在既定的时空范围内的有机统一，实现人与城市、人与自然和谐相处。宜居城市理论更加重视生态环境的改善与宜居城市的建设，推动城市绿化美化。党的二十大报告明确提出，打造宜居、韧性、智慧城市。宜居城市表现为经济、社会、文化、自然环境等多个层面的宜居性。曾红认为，宜居城市充分体现了经济维度的健康、稳定、可持续发展，社会维度的关系和谐、社会稳定、安居乐业，文化维度的精神生活丰富，生态维度的环境良好等。② 肖金成认为，城市的规划与建设应充分考虑人类居住的舒适性、出行的便捷性，应重视生活空间宜居适度。③

有学者提出了宜居城市必须具备的几个基本条件。一是经济要素，即能解决就业问题，具有更多的创业和创新机会，能释放智慧和才能，尊重城市人才的全面发展。二是生态条件，城市具有保持自然生态特征的良好环境，保持天蓝、地绿、水净。高标准的自然环境能吸引居住空间建设，为居民提供休闲娱乐的户外场所，是营造宜居生活环境的基本要素。④ 三是完善的配套设施，如具有良好的交通出行条件，文化教育、医疗卫生、体育健身等完善的基础设施，能解决生活各方面的问题。四是具有良好的人文环境。宜居城市应该具有经济、政治、文化、社会、生态等多方面的内涵和特征，如表1-2所示。⑤ 宜居的城市不仅仅是经济繁荣或者富裕，同时在社会和谐、政治安全、生态友好等方面也具有较高的水准，体现宜居的特色。

---

① 代雨蕊：《宜居城市理论与我国当前住宅建筑发展趋向分析》，《住宅与房地产》2024年第3期，第104~106页。
② 曾红：《宜居城市建设初探》，《沈阳干部学刊》2014年第1期，第56~57页。
③ 肖金成：《打造宜居、韧性、智慧城市》，《经济》2023年第4期，第17~19页。
④ 代雨蕊：《宜居城市理论与我国当前住宅建筑发展趋向分析》，《住宅与房地产》2024年第3期，第104~106页。
⑤ 《宜居城市》，http://baike.baidu.com，2016年1月18日。

表 1-2　宜居城市的基本内涵

维度	内涵	主要特征
经济维度	经济持续繁荣的城市	宜居城市以繁荣强盛的产业和经济为重要基础，城市拥有雄厚的经济基础、发达的产业结构和庞大的市场潜力，能为城市基础设施建设、公共服务供给提供必要的资金投入，提供充足的就业岗位和经济收入，宜居城市往往是经济比较发达的城市
政治维度	政局稳定、公共空间安全、秩序和谐的城市	在政治安全稳定、社会治安良好、制度稳定、民族团结与融洽、城乡协调发展、社会公平公正的城市，居民才能安居乐业。政治安全稳定、城市治理良好，才能吸引更多的人进入，才能真正宜居、稳定、安全
社会维度	社会服务良好的城市	社会维度上，主要是居住舒适、交通便捷、社会秩序良好、社会文明程度高、社会公共产品和公共服务质量良好，供给充足
文化维度	文化丰富厚重的城市	城市文化底蕴深厚、历史文化遗产丰富、公共文化设施完善、文化活动丰富。城市建设更加注重城市历史文脉的传承与保护，地域文脉是不可或缺的要素，顺应文脉而不是违背文脉才更有利于宜居城市的发展
生态维度	景观优美宜人的城市	城市表现为生态安全、环境优美、空气清新、天蓝水碧、社区安静，能够"望得见山，看得见水"，宜居城市必然是绿色低碳、生态优美的城市

宜居城市建设是新型城镇化建设与发展的重要目标，也是美丽城市建设的基本要求。传统城镇化道路会带来严重的"城市病"问题，说明这种城镇化模式或道路并不够宜居、不够生态、不够绿色低碳。根据宜居城市理论，应避免交通拥堵、房价高企、社会矛盾重重、城市环境恶化等传统城镇化问题，需要重视城市的宜居性，而非仅仅考虑经济增长目标的实现。根据宜居城市理论，新型城镇化要向绿色低碳、生态宜居转变，应该从经济、政治、社会、文化、生态等多个维度全面考虑如何实现城市宜居性，应该具有宜居的人文关怀。在美丽中国建设背景下，新型城镇化的规划建设应该以宜居城市、美丽城市为理论指导和方向引导，加快营造生态、美丽、活力、魅力的高品质公共空间，提供具有生态承载力、文化吸引力和根植力的宜居城市环境。

6. 聚集—扩散理论

聚集—扩散理论由芬兰规划师伊利尔·沙里宁（Eliel Saariinen）较早研究和提出，分为聚集效应理论和扩散效应理论，深刻阐释城市与乡村之间的动态演化关系。在区域经济发展中,起主要作用的首先是聚集效应,当聚集发展到一定规模和程度时,就会产生扩散效应,进而带动欠发达地区的发展。[①] 聚集效应是指随着生产力发展和技术进步,工业化快速发展吸引更多的人口、资金、企业等要素向中心区域集聚,进而促进中心区域经济要素流动频繁、人口集中、产业聚集、经济发展迅速,实现城市空间的形成与规模扩大。扩散效应是中心区域发挥外溢作用,将生产要素不断外迁到周边地区,特别是向周边地区输送资本、科技、人才、产业项目等资源要素,进一步辐射、带动周边落后区域发展。在扩散效应的作用下,有利于进一步推动周边地区加快基础设施建设,弥补公共服务短板,提升整体经济实力和发展水平,最终实现周边地区的城市化发展。

根据聚集—扩散理论,在城镇化发展的初级阶段,人口、产业等要素产生聚集效应,推动一定空间成为城市中心区域,但中心区域过度聚集会导致资源环境承载力下降,基于成本考虑,不少企业不得不向周边区域扩散,从而吸引中心城区的人口向周边迁移。中心城区向周边地区扩散并持续一段时间达到更高的规模和程度后便会发生新的聚集效应。新型城镇化建设更加强调区域的均衡发展和城乡融合发展,根据聚集—扩散理论,应进一步发挥中心城区的资源优势,强化扩散效应辐射带动周边新型城镇化建设与协调发展。基于聚集—扩散理论,能够更好地了解新型城镇化发展机理及空间结构变化趋势,为城市空间更加合理布局、可持续发展提供重要的理论基础。

二 技术创新、制度创新与创新驱动理论

(一)技术创新理论

技术创新是推动经济社会发展的动力引擎,是推动城市化进程与高质量

---

① 孙翠兰:《西方空间集聚—扩散理论及北京城区功能的扩散》,《经济与管理》2007年第6期,第85~88页。

发展的关键驱动力。技术创新是指通过开发和应用新技术，改善产品、服务或生产过程，从而创造新的价值。科学技术是第一生产力，随着全球化和信息技术的迅猛发展，技术创新在各个行业中的重要性日益凸显，加强技术创新是提高经济质量和效益、加快发展方式转变和结构调整、提升企业竞争力和改善社会福祉的关键要素和核心动力。美籍奥地利经济学家约瑟夫·熊彼特（Joseph A. Schumpeter）认为，创新主要是通过生产要素、生产条件、生产方法等进行重新组合，构建新的生产体系，实现新的发展。创新活动包括生产新产品、选择新方法新技术新工艺、获得新的进货渠道、实行新的组织管理模式、开拓新市场5个方面。21世纪，随着信息经济、知识经济、网络经济时代的到来，特别是互联网技术极大地推动了知识与社会、知识与经济的高度结合，技术创新成为各类创新主体、创新要素交互复杂作用下的一种复杂涌现现象。伴随全球化进程推进，科技创新跨越国界进一步加快了生产力发展，经济全球化步伐提速，传统技术创新理论中以纯功利眼光看待科学技术及其应用，忽视技术的人文价值、社会价值以及自然生态价值的局限性逐渐呈现出来。自20世纪90年代中期以来，一些新的技术创新发展观和理论如技术创新生态化理论、技术创新社会资本理论和技术创新博弈理论等出现，为以知识经济为核心的"新经济"发展技术创新实践提供了理论基础。[①] 对于新型城镇化而言，由传统粗放型城镇化向内涵型、集约型、质量型的城镇化转变，关键需要加强技术创新，依托技术创新提升城镇化发展过程中的产业质量，切实提升城镇化的整体质量与效益。技术创新理论为新型城镇化建设与发展提供重要的理论支撑。

（二）制度创新理论

新制度经济学家认为经济发展离不开制度的重要保障，制度是经济理论的第四大柱石。土地、劳动和资本等要素的功能整合需要在一定的制度规范

[①] 彭靖里、邓艺、李建平：《国内外技术创新理论研究的进展及其发展趋势》，《科技与经济》2006年第4期，第13~16页。

下运行，离开了制度，就难以形成有序的经济发展秩序。制度是指一系列被制定出来的规则、服从程序和道德、伦理的行为规范。制度变迁或创新对技术创新及其持续推进至关重要。著名学者道格拉斯·诺思（Douglass North）对熊彼特的创新理论进行了拓展，采取交易成本理论对制度创新的内涵、动力因素、定价机制进行研究，形成了著名的制度创新理论。诺思认为，制度创新能够使创新者获得追加利益或额外利益，对现存制度进行变革。[①] 制度创新是国家、区域、城市经济社会持续健康发展的重要基石和根本保障。基于制度本身的路径依赖性与改革滞后性，一方面，传统制度框架会对社会体制或社会秩序发挥重要的制度保障或社会稳定功能，形成稳定的利益预期和路径惯性；另一方面，传统制度在一定程度上、一定时期中可能会阻碍新技术、新经济、新社会关系的创新与变革，可能在一定时期形成对新的生产力发展的重要障碍和严重桎梏。推动传统制度变革或创新，能破除传统经济体制或社会关系的重重阻碍，释放新的生产关系活力或发展动力，进而对技术进步与创新发挥重要的推动作用，这对技术创新而言尤为重要。及时的、科学的制度设计与创新能适应技术创新需求，推动并加速技术创新与进步，进而更好地推动生产力进步和经济社会发展，相反，不及时甚至滞后于技术需求的制度设计会阻碍技术创新进程，阻碍或延缓生产力的发展。

对于新型城镇化建设，制度变革与创新日益重要。党的二十届三中全会指出，"健全推进新型城镇化体制机制，巩固和完善农村基本经营制度，完善强农惠农富农支持制度，深化土地制度改革"。这一重要论述，彰显了体制、机制、制度变革与创新对新型城镇化建设的重要性。制度因素对城镇化的影响具有刚性，加强新型城镇化的制度创新非常必要。[②] 好的体制机制和制度设计，能够吸引更多的资源要素进入城市，进一步解放和发展生产力，优化新型城镇化建设中的资源配置，进而激活新型城镇化的内在动力与活

[①] ［美］兰斯·E.戴维斯、道格拉斯·G.诺思：《制度变迁与美国经济增长》，格致出版社、上海人民出版社，2019，第1~10页。

[②] 闫中意：《中国新型城镇化的制度障碍与制度创新》，《管理观察》2018年第21期，第67~68页。

力，推动技术创新和新质生产力发展，实现新型城镇化建设目标，满足人民群众对美好生活的需要。相反，不好的制度设计或者制度创新较为滞后，就会阻碍新型城镇化建设进程，比如城市的资本、技术、人才、产业项目等缺乏必要的制度支持和保障，相对落后的城乡接合部、郊区、乡村等区域的新型城镇化进程缓慢。要加快城镇化制度改革和制度安排上的创新，加快根除传统城乡二元经济和社会发展结构的制度遗迹，尽早彻底根除构成城乡二元结构主要制度基础的土地制度、户籍制度、就业制度以及社会保障制度四大核心制度，并对与之相联系的其他相关制度如教育制度、产业发展制度、金融制度等及时改革、调整与创新。① 制度创新是一项系统工程，涉及多方面的要素和关系调整，对新型城镇化建设进程、速度、质量均发挥重要作用。可见，加强制度变革与创新，特别是消除技术创新、资源要素自由流动等制度障碍，对于推动以人为核心的新型城镇化建设尤为重要和迫切。

（三）创新驱动理论

创新驱动强调依靠技术创新、制度创新，不断提高经济增长和效益，依靠创新驱动实现新的经济增长点。创新驱动是指从个人的创造力、技能和天分中获取发展动力，以及通过知识产权开发创造潜在财富和就业机会。创新驱动最早由著名管理学家迈克尔·波特（Michael E. Porter）提出，以钻石理论为研究工具，提出一个国家的经济增长与发展经历要素驱动、投资驱动、创新驱动、价值驱动4个阶段。如表1-3所示，② 这4个阶段形成国家经济发展的动力，其中创新驱动阶段区别于前三个阶段，更加强调创新对国家经济转型发展的重要驱动作用。前三个阶段是国家竞争优势的主要来源，随着经济发展而实现国家繁荣，而第四阶段则是转折点，可能由此开始衰退。创新驱动依托科技创新、体制机制创新、管理创新、文化创新

---

① 刘国新、王春华：《论新型城镇化的制度创新原则与创新结构》，《渤海大学学报》（哲学社会科学版）2018年第4期，第69~74页。
② 《产业演进规律：把握产业形态升维与产业结构升级的底层逻辑》，https://www.shangyexinzhi.com/article/4447672.html，2021年12月16日。

等，实现推动发展方式、发展要素、产业分工、创新能力、资源配置和创新群体转变的目标。创新驱动发展的内在逻辑体现在创新驱动发展对实现高质量发展提供强力支撑，创新驱动发展的根本之道是推动科技成果向现实生产力转化。[①] 创新驱动体现在以科技创新驱动产业创新，以科技创新推动产业应用与科技转化，实现经济创新发展。价值驱动是依靠产业跨界融合、提升品牌价值，整合各方面的资源，实现价值增值，驱动经济增长。从本质和动力层面考察，价值驱动实际上也是基于创新驱动的价值增值，涉及依托技术创新、模式创新、跨界融合创新等层面。因此，国民经济增长的高阶状态与根本动力，还是来自创新驱动，从传统单一维度的技术创新，转向技术、制度、文化、管理、品牌、价值等多维度的全面创新。

表 1-3　国民经济增长阶段及其创新逻辑

发展阶段	创新逻辑
要素驱动	主要依靠土地、资源、资本和劳动力等要素投入，实现产业扩张与经济增长。这是一种原始和初级的驱动方式
投资驱动	企业发展到一定阶段，具备了一定的人才和经验，有能力对技术进行消化吸收和升级，同时国家以及企业有了扩大投资的意愿和能力，配合要素积累进行大规模的资本投入，依靠投资驱动经济增长。通过扩大生产规模、发挥规模效应，保证产品成本优势，保持企业的竞争优势
创新驱动	依靠科学技术创新带来的效益来实现集约的增长方式，用技术变革提高生产要素的产出率，实现经济快速增长
价值驱动	依靠产业跨界融合、品牌价值提升，整合各方面的资源，实现价值增值，驱动经济增长。比如，自由、公正、安全、和平、繁荣、宜人的自然环境和人文环境等基本的价值观驱动企业发展与管理

从本质内容来看，科技创新是创新驱动的核心。我国创新驱动过程从主要依靠技术模仿、复制与学习跟随，转变到主要依靠自主研发与原始创

[①] 何妮、姚聪莉：《创新驱动发展的理论基础、内在逻辑和实践路径》，《理论导刊》2023年第6期，第89~94页。

新，再到新知识的生产和创造全过程，实现从跟跑、并跑到领跑的转变。关键性技术创新与突破、转化应用将形成强大的驱动力，以技术创新提升产业竞争力，在一定程度上改变原有经济发展模式，驱动经济快速转型与高质量发展。大学和科研院所的科学新发现形成原创性的创新成果，企业通过引进先进技术，加强技术实践中的消化吸收与改进优化，促进技术的进一步改造与创新，这些都成为创新驱动的重要源头动力。创新驱动的本质内容就是通过原创性科技成果转化以及技术引进再改进，推动产品或产业创新，进而形成新的具有市场竞争力的产业体系，助推经济社会创新发展。创新驱动的重点应该是自主性、原发性、集成性创新，也可以是二次创新。

从经济增长看，创新驱动是加快经济转型与高质量发展的动力引擎。创新驱动是指基于科技的创新发明、生产工艺流程以及相关环节改进而驱动企业成长与快速发展，技术创新与制度革新等使企业成本降低、产品质量提升、市场份额占有率增长，为企业或部门带来更多的市场利润和竞争力。创新驱动不仅仅依托技术提升经济增长效率，更重要的是依托创新加快知识资本、人力资本、制度规则等无形要素的新组合。[①] 我国加快发展方式转变，就是要加快从资源要素投入、投资驱动向创新驱动、价值驱动方向转变。

从新型城镇化建设看，创新驱动是新型城镇化的重要动力和本质特征。新型城镇化区别于传统城镇化的本质特征在于"创新"，实现从要素投入、投资驱动转向创新驱动。新型城镇化的建设与发展应以创新驱动、高质量发展为基本目标，主要依靠科技进步、劳动者素质提高、管理创新等驱动经济发展，这些均是新质生产力发展的重要内容。创新驱动通过技术变革实现要素回报递增，新型城镇化必须依托创新型人才积累、技术的重大突破、创新成果转化与产业应用，形成城市发展的内驱力和强大竞争力，以创新驱动新型城镇化的高质量发展。

[①] 赵静、薛强、王芳：《创新驱动理论的发展脉络与演进研究》，《科学管理研究》2015年第1期，第1~4页。

三 低碳经济理论

全球气候变化成为当今人类社会面临的共同难题和严峻挑战，其影响范围广泛且深远，涉及生态、经济、社会等多个方面。气候变化导致极端天气事件频发，对人类生命和财产造成巨大威胁；对生态系统造成严重影响，破坏了生物多样性，影响了农业生产和自然资源；加剧了水资源短缺和空气污染等问题，进一步影响人类健康和生活质量。可以说，低碳经济理论是以全球气候变化、环境污染治理、生态经济和循环经济等理论为重要基础的理论。经济学家尼古拉斯·斯特恩（Nicholas Stern）在《斯特恩报告》（Stern Review）中提出要加快低碳经济转型。低碳经济是人类社会发展到一定阶段后采取的一种全新的人与自然协调发展的经济模式。[1] 从机制和制度维度控制温室气体排放，使低碳经济理论成为解决气候变化问题的重要途径。[2] 低碳经济意味着人类社会需要减少对碳基燃料的依赖，减少资源能源的碳循环负担，实现资源能源的高效利用和低碳排放，实现碳排放与生态环境平衡相协调，促进生态经济和绿色经济的模式转型。[3]

发展低碳经济需要从技术、能源、产业、社会、生态等多个维度进行系统调整，加快发展方式转变与结构转型。可再生能源的强大市场潜力和绿色低碳价值具有广阔的开发空间，新能源技术和能源利用效率提升加快改变高能耗的传统能源结构，应该尽快进行与低碳技术、新型能源、低碳产业等相关的战略规划、制度创新和法规制定。低碳经济概念作为应对全球气候变化、生态环境污染，促进节能减排降耗所提出的重要理念、重要模式，已经成为各国发展转型的重要选择。发展低碳经济要实现碳减排和经济增长的双

---

[1] 赵晓春、岑聪：《低碳经济发展水平的地区差异及时空收敛性研究》，《重庆三峡学院学报》2024年第5期，第47~60页。

[2] 丁丁、周冏：《我国低碳经济发展模式的实现途径和政策建议》，《环境保护与循环经济》2008年第3期，第425页。

[3] 王家庭：《基于低碳经济视角的我国城市发展模式研究》，《江西社会科学》2010年第3期，第85~89页。

重目标，改变传统的单一追求经济利益的发展模式。实现低碳经济发展目标，主要体现在三个维度：一是实现包括生产、交换、分配、消费在内的社会再生产全过程的低碳化，将二氧化碳排放量减少到最低限度；二是实现社会再生产全过程的能源消费的低碳化和清洁化；三是通过调整产业结构和消费模式，减少资源投入和能源消耗，降低能源强度，提高经济效率，转变消费理念和消费模式，倡导低碳消费和绿色消费，构建低碳经济和低碳社会。低碳能源系统的建立要求改变对传统碳基能源系统的依赖，改造传统能源消耗模式和消费结构，提高能源利用效率，降低碳排放。低碳产业结构是以低碳型、生态型、绿色型产业为主导的产业结构。低碳社会建设是整个社会形成节能减排和低碳的绿色消费模式、低碳生活方式的系统建构。

对于中国而言，面向人与自然和谐共生的现代化建设，以低碳经济发展为重要方向的城镇化发展，是推动新型城镇化高质量发展的重要动力、重要引擎、重要内容。中国煤炭资源丰富，而石油和天然气相对匮乏，即"煤多、油少、气不足"，近年来尽管煤炭消耗比重逐渐下降，但消耗总量仍在不断增加，二氧化碳排放量越来越多，温室效应不断加剧。高碳经济发展模式不可持续，应选择低碳经济发展模式，积极地开发、使用可再生能源，减少能源消耗量，减少环境污染，有效构建减缓全球变暖的新型经济增长模式。低碳经济发展模式与我国倡导的节能减排、生态文明建设、"两山"理论、绿色低碳发展有紧密联系，在发展战略与方向选择上是一致的。2012年，党的十八大报告明确提出了大力推进生态文明建设，并将其上升到"五位一体"总体布局的战略高度，把"绿色发展、循环发展、低碳发展"作为生态文明建设的重要途径。2017年，党的十九大报告正式提出"建立健全绿色低碳循环发展的经济体系"。2022年，习近平总书记在党的二十大报告中指出，"推动经济社会发展绿色化、低碳化是实现高质量发展的关键环节"。这是基于加快推进新型城镇化建设、加快发展方式绿色转型、建设人与自然和谐共生的中国式现代化所作出的重大判断。为应对全球气候变化，中国大力推动生态文明建设，推动绿色低碳发展，实施新型城镇化战略。

构建低碳经济发展模式是实现新型城镇化高质量发展、积极稳妥推进碳达峰碳中和的重要战略选择。作为一个发展中大国，自身的城镇化道路还没有完成，需要一定的碳排放空间，同时也主动承诺实现碳达峰碳中和的目标。实施新型城镇化战略，需要选择低碳经济发展模式，需要从节能减排、低碳发展的内在规律出发，加强技术创新和制度创新，提升自主创新能力，持续推动我国生态文明建设与绿色低碳发展。

由技术创新、制度创新、创新驱动理论，再发展到低碳经济、低碳创新，体现了创新理论的不断深化与拓展，也是契合当前创新理论与实践发展的新要求、新趋势。对于新型城镇化建设而言，低碳创新驱动模式是以创新驱动理论、低碳经济理论等为重要支撑，突破传统城镇化发展理论的局限，针对二氧化碳等温室气体排放导致的全球气候变暖、高碳排放等关键性问题，以绿色低碳技术创新为核心驱动力，加快绿色低碳领域的技术创新、制度创新、管理创新、文化创新，进而实现新型城镇化的绿色低碳、高质量发展，为应对全球气候变化、破解传统城镇化的环境污染难题找到的新模式、新路径。

四 生产力、绿色生产力与新质生产力理论

（一）生产力

生产力是人类社会存在和发展的基础和根本动力，是推动历史前进、社会发展的决定性力量。生产力是人类征服和改造自然的能力，也是创造财富的能力。生产力是一个具有科学规定性的范畴，它是指人类利用和改造自然，并从自然界获得物质生活资料的能力，它体现着人们在物质生活中能够在怎样的程度上解决社会同自然的矛盾。[1] 生产力包括自然生产力和社会生产力，其中，自然生产力是存在于自然界并与人类的生产活动紧密关联，能够直接或间接影响生产活动的各类自然力量的总和，社会生产力是人们利用

---

[1] 王三堂：《正确理解生产力的科学内涵》，《探索与求是》1999年第10期，第24页。

自然和改造自然，创造使用价值或社会财富的能力。本书所指生产力更多的是指社会生产力。人类社会的文明进步史可以说就是社会生产力演变和跃升的系统过程，生产力发展水平代表着社会文明的发展程度。生产力发展水平的高低是由生产力要素构成的系统与其所处的政治、经济、社会、文化、生态等环境要素相互作用的结果。生产力是一定时期内具有劳动能力的人和生产资料相结合而形成的认识自然、改造自然的能力集成，体现了人们利用自然界各类资源要素、使用科技手段等进行长期社会实践所彰显的各种能力的最终结果，表现为用来生产物质资料的自然对象与自然力的关系以及生产过程中人与自然的关系。从横向来看，生产力分为个人生产力、企业生产力、社会生产力。从纵向来看，生产力分为短期生产力和长期生产力。从层次来看，生产力分为物质生产力和精神生产力。生产力的发展是衡量社会进步的重要标志，也是推动整个社会发展由低级到高级、由落后到先进的关键力量。

从生产力理论演变来看，早期生产力理论经历了从最初的土地生产力到劳动生产力，再到社会生产力的发展过程，其内涵及理论不断丰富和发展。[①] 从词源学的视角看，"生产力"原本属于经济学范畴，弗朗索瓦·魁奈（Francois Quesnay）、亚当·斯密（Adam Smith）、大卫·李嘉图（David Ricardo）、费里德里希·李斯特（Friedrich List）等人在他们的经济学著作中已经开始使用"生产力""劳动生产力""土地生产力"等范畴。[②] 第一个提出"生产力"概念的是法国经济学家、重农学派创始人魁奈，魁奈认为，具有生产性的劳动只有农业劳动。他所说的生产力实际上指的是"土地生产力"。随后，亚当·斯密在"土地生产力"这一概念的基础上进行了拓展，提出了"劳动生产力"概念。英国古典经济学家李嘉图在继承魁奈的"土地生产力"概念和亚当·斯密的"劳动生产力"概念的基础上，进一步探讨和丰

[①] 胡军、张强、宁晓巍等：《发展绿色生产力的价值意蕴和世界意义》，《当代中国与世界》2024年第2期，第12~20页。

[②] 杨耕：《唯物主义历史观基本范畴研究：概述与反思》，《天津社会科学》2024年第3期，第4~17、174页。

富了"劳动生产力"理论。李嘉图以劳动价值论为基础,论证了地租的性质及其产生与演变的基本规律,认为地租是为使用土地原有的和不可摧毁的生产力而付给地主的那一部分土地产品,资本家在生产活动中,追求个人利益即利润,而利润又是为了积累并进一步发展生产力的。让·巴蒂斯特·萨伊(Jean-Baptiste Say)提出了"资本生产力"理论,认为资本所带来的利息可以推动生产力发展,借贷资本的利息由两部分组成,保险费性质的利息和利息本身。保险费性质的利息仅仅作为借出资本者承担一定风险的报酬。萨伊认为推动生产力发展,解决困扰经济普遍性萧条,就是要最大限度地减少工人失业,增加就业,大力发展生产力,因为生产力才是能够激发供给的根本动力。[1] 19世纪初,李斯特系统研究了一个国家大力发展生产力的重要战略意义及其发展综合生产力的路径思考。这些学者对于生产力的研究为后续生产力理论的发展奠定了重要理论基础。马克思通过研究生产力和生产关系的对立统一关系及其矛盾运动,发现了人类社会发展的一般规律,创立了马克思主义生产力理论和马克思主义政治经济学。

生产力理论是历史唯物主义的理论基石。按照历史唯物主义原理,社会基本矛盾是生产力与生产关系、经济基础与上层建筑之间的矛盾,两对矛盾不断运动,推动人类社会进步。生产力的发展归根到底决定着人类社会的发展水平和社会性质。[2] 马克思、恩格斯登上生产力研究的历史舞台后,进一步丰富和拓展了生产力的内涵和外延,并且纠正了前人研究生产力存在的诸多不足,推动生产力研究上了新的台阶。马克思从主体与客体的关系视角探讨生产力发展问题,创造性地提出了"主体生产力"与"客体生产力"两个重要范畴。主体生产力就是作为实施主体的人们的社会实践能力,即"存在于他的活的机体中的劳动能力";[3] 客体生产力是指生产资料,尤其是

---

[1] 《论萨伊经济思想对当代经济的借鉴与批判》,https://baijiahao.baidu.com/s?id=1720559006634933972&wfr=spider&for=pc,2021年12月30日。

[2] 郑新立:《努力提高发展新质生产力的自觉性》,《前线》2024年第6期,第4~8页。

[3] 中共中央马克思恩格斯列宁斯大林著作编译局编《马克思恩格斯全集(第23卷)》,人民出版社,1979,第35页。

生产工具所具有的客观的、物质的力量；客体生产力是主体生产力形成和发挥作用的物质基础，同时又是主体生产力的对象化和转化形态。① 马克思、恩格斯以辩证唯物主义和历史唯物主义的眼光分析了生产力与生产关系的辩证统一关系，认为生产力是决定生产关系的原因；建立了经济基础的重要概念，把经济基础作为决定上层建筑的原因，进而揭示了社会问题最根本的规律，阐释了生产力内在的运行规律，不再片面地看待生产力问题。根据马克思的《资本论》第一卷第一章"商品"、第四章"货币转化为资本"和第五章"劳动过程和价值增殖过程"的分析，生产力属于劳动的具体有用形式，与劳动过程有关，它事实上只决定有目的的生产活动在一定时间内的效率。所谓有目的的生产活动，就是"以人身的活动来引起、调整和控制人和自然之间的物质变换过程"。生产力最本质的特征和属性表现在劳动过程中，生产力功能表现在有目的的生产活动中。马克思认为，"生产力，即生产能力及其要素的发展"，"生产力的发展水平不同，生产关系和支配生产关系的规律也就不同"。② 从功能上看，生产力是人和自然之间的物质变换能力。③ 马克思系统考察生产力和生产关系的矛盾运动，发现了人类社会发展的一般规律，创立了马克思主义政治经济学。生产力体现人类社会进步与发展的物质创造能力、自然改造能力，对人类文明进步起着决定性的作用。

马克思主义认为，不能孤立地看待生产力。站在历史唯物主义的高度进行考察，生产力是推动社会进步的最活跃、最革命的要素，生产力发展是衡量社会发展水平的带有根本性的标准。物质生产力是全部社会生活的物质前提，同生产力发展一定阶段相适应的生产关系的总和构成社会经济基础。生产力包括劳动者、劳动资料、劳动对象三要素。生产力三要素的演化及其新

---

① 杨耕：《唯物主义历史观基本范畴研究：概述与反思》，《天津社会科学》2024 年第 3 期，第 4~17、174 页。
② 马克思：《资本论》（第 1 卷），人民出版社，2018，第 47 页。
③ 周民攸：《关于生产力内涵的若干问题》，《生产力研究》1991 年第 Z1 期，第 27、28~32 页。

组合，意味着生产力的变革。从生产力发展的历史和内涵来考察，劳动者是生产力发展中最为活跃的因素，所有的生产工具、科学技术、生产成果等，都是由劳动者创造的。① 比如，高素质的劳动者出现，劳动资料和劳动对象的变化及其相互关系的演变，都推动了生产力的发展。生产力要素中包含着科学技术，马克思在深刻阐释了生产力的基本内涵、构成要素及其影响关系的基础上，强调科学和技术对劳动生产力的关键推动作用，科学是推动人类社会历史发展的革命力量。在谈到社会主义代替资本主义时，马克思指出"只有在现代生产力和资本主义生产方式这两个要素互相发生矛盾的时候，这种革命才有可能"。经过革命建立起来的社会主义制度，摧毁了旧的生产关系对生产力的束缚，解放了生产力。巩固和完善社会主义制度更要依靠生产力的发展，共产主义必须"以生产力的巨大增长和高度发展为前提"。② 列宁在十月革命胜利后，针对苏维埃国家生产力不够发达的情况指出，"无产阶级取得国家政权以后，它的最主要、最根本的需要就是增加产品数量，大大提高社会生产力"。

毛泽东同志继承并发展了马克思主义生产力理论，同中国的实际情况相结合，充分认识到在新民主主义革命、社会主义革命及建设时期发展生产力的重要性。毛泽东同志在《新民主主义论》中指出，新民主主义革命的任务是为了解放被束缚的生产力，社会主义革命的目的是发展生产力，要为发展工业、农业的生产创造社会条件。在中国共产党七届二中全会上，毛泽东同志认识到在革命胜利以后一个相当长的时期内仍要以生产力问题为出发点。中国革命胜利彻底推翻了"三座大山"对中国人民的统治，建立了社会主义制度，改变了腐朽的生产关系，解放了被束缚的生产力。但是社会主义制度的巩固、发展和最终胜利，都必须以生产力的高度发展为前提。在生产资料私有制的社会主义改造基本完成之后，毛泽东同志主张把全党的工作重点集中到社会主义经济建设上来，认为根本任务已经由解放生产力变为在

---

① 郑新立：《努力提高发展新质生产力的自觉性》，《前线》2024年第6期，第4~8页。
② 张远新、王百山：《毛泽东生产力思想初探》，《信阳师范学院学报》（哲学社会科学版）1993年第1期，第12~18页。

新的生产关系下保护和发展生产力。[1]

　　从历史上看，马克思、列宁、毛泽东等都非常重视生产力的发展，不断提出和丰富生产力理论。邓小平同志在以上基础上进一步对生产力理论进行探索与拓展。邓小平同志提出了解放生产力、"三个有利于"和科学技术是第一生产力的论断，形成了新的生产力理论体系。[2] 随着科技创新与进步，科技对生产力的变革与影响日益增大，应用于生产过程的周期缩短，并对生产过程产生极大影响。提高生产效率，改变生产方式，已经成为生产发展、社会进步的重要驱动力。科学技术是第一生产力，是先进生产力的集中体现和重要标志。邓小平同志将"解放生产力，发展生产力"作为社会主义的根本任务，并将"有利于发展社会主义社会生产力"置于"三个有利于"判断标准的首位，使得"生产力"成为检验社会主义各项事业的"试金石"。邓小平同志的"生产力观""科学技术是生产力"等重要思想，标志着我国对生产力标准认识的探索迈向新的台阶，达到了一个更高的思想境界。[3]

　　江泽民同志结合我国社会生产力的发展和经济体制的变革实际，提出中国共产党作为工人阶级先锋队，要代表先进生产力的发展要求。随着生产力突飞猛进发展，人们对生产力内涵有了新的认识。第一，提出了科学技术是第一生产力的重要观点，高度重视科技创新在推动生产力发展中的突出作用和显著地位。第二，先进生产力对比落后生产力而言，科学技术创新是劳动工具不断发展，生产效率不断提高的结果。江泽民同志指出，不断推动社会生产力解放和发展的要求，尤其要体现推动先进生产力发展的要求，通过发展生产力不断提高人民群众的生活水平。进一步强调生产力在社会发展中的重要性。胡锦涛同志强调发展生产力要坚持以人为本的理念，实现生产力的可持续发展，重视社会生产力，不断满足人民群众日益增长的物质和文化需

---

[1] 张远新、王百山：《毛泽东生产力思想初探》，《信阳师范学院学报》（哲学社会科学版）1993年第1期，第12~18页。
[2] 郑雪明：《生产力与先进生产力内涵》，《广西大学学报》（哲学社会科学版）2002年第5期，第11页。
[3] 黄世富：《邓小平的生产力观》，《生产力研究》1988年第3期，第16~17页。

要，提出了"以人为本"的科学发展观。

习近平总书记继承和发展了马克思主义生产力理论，创造性地提出了"新质生产力"的重要概念和重要论断。通过发展新质生产力、转变发展方式、调整发展结构，以创新为驱动力，实现我国社会生产力水平总体跃升。通过全面深化改革，将生产力的解放贯穿到社会各领域的改革中，进一步全面解放社会生产力，进一步发挥生产力对社会发展的促进作用。[①]

（二）绿色生产力

绿色生产力的提出比新质生产力要早。人类社会对全球气候变化、生态恶化、环境污染、增长极限进行了深刻反思，传统生产力模式更多强调对自然环境的改造、战胜、征服，但并没有考虑到遵循自然规律、保护自然环境、改善生态环境，经济高速增长和对自然资源的过度掠夺带来自然环境的破坏和生态恶化等难题，这种生产力模式是不可持续的，绿色生产力概念得以提出。习近平总书记指出，"绿水青山就是金山银山""保护生态环境就是保护生产力，改善生态环境就是发展生产力，这是朴素的真理。我们要摒弃损害甚至破坏生态环境的发展模式，摒弃以牺牲环境换取一时发展的短视做法"。习近平总书记的这些重要论述，深刻彰显了绿色的生态环境也是宝贵财富，发展新质生产力必须高度重视生态环境的保护与改善。

绿色生产力与一般生产力的不同之处在于，更加注重绿色低碳、生态环保，主张物质财富、精神财富、生态资源同等重要。从马克思主义政治经济学视角出发，绿色生产力是对传统生产力理论的一次深刻变革，是推动高质量发展的重要立足点、基本出发点和实践落脚点，并赋予新质生产力以绿色底蕴、内在机理和鲜明品质，使其具有传统生产力所不具备的创新驱动、绿色低碳和开放融合的特质。[②] 邱志忠研究指出，绿色生产力指的是一种与绿

---

① 《「地平线」东湖评论：在高质量发展中稳步推进共同富裕》，https://baijiahao.baidu.com/s?id=1729430809525079113&wfr=spider&for=pc，2022年4月7日。

② 马强、张继慧：《新质生产力就是绿色生产力——基于马克思主义政治经济学视角》，《生产力研究》2024年第9期，第7~12、161页。

色有关的生产力,包括绿色种植业、绿色制造业、绿色产品、绿色环境、绿色生态、绿色社区、绿色区域、绿色办公室、绿色家园以及其他与绿色相关的内容,构成人类利用、开发大自然的能力。[①] 李克华认为,绿色生产力指的是人们在兼顾生态平衡、保护环境、推行可持续发展的前提下,创造物质财富和精神财富的能力。[②] 绿色生产力强调了人与自然和谐共生关系,通过增强自然生态系统对现代化经济社会发展的适应性供给能力,协调和化解物质财富与生态财富的矛盾与冲突。[③] 绿色生产力是由掌握绿色科技的知识劳动者、以进行清洁无污染生产的机械化体系为主体的劳动资料(主要是劳动工具)以及绿色原材料(劳动对象)三部分所组成。绿色生产力遵循马克思主义生产力观的一般原理,改变传统高能耗、高污染、高排放的经济增长方式,更加强调物质财富与精神财富创造的辩证统一,强调经济发展、生态环保、绿色低碳的高度统一,是对马克思主义生产力观的继承和发展。

绿色生产力是体现绿色发展理念的先进生产力。绿色生产力不是简单的"绿色+生产力",而是基于绿色低碳发展的生产力跃升。从狭义看,绿色生产力主要是指生态环境领域的生产力因素及其系统,比如生态环保产业的发展推动生态环境改善与质量提升。从广义看,绿色生产力作为新时代依托绿色技术推动绿色低碳高质量发展的重要驱动因素,是基于绿色技术创新、绿色制度创新等实现经济社会绿色转型的重要动能。绿色技术通过对绿色生产力的实体要素的渗透性作用,转化为绿色生产力。绿色生产力以生态优先、绿色发展为理念指引,以绿色技术创新为重要驱动力,推动生产方式绿色转型;在生产实践中,在改造自然的同时以最少的资源能源消耗和环境污染为代价,更加重视无污染、无公害以及自然的可再生性,更加重视自然资源的可承受能力和可持续发展能力,实现低能耗、低排放、低污染的绿色高质量

---

① 邱志忠:《绿色生产力与区域经济》,中国生产力学会,中国生产力学会第十一届年会专辑,2000,第5页。
② 李克华:《论绿色生产力》,《广东社会科学》2001年第5期,第21~25页。
③ 任保平、李梦欣:《新时代中国特色社会主义绿色生产力研究》,《上海经济研究》2018年第3期,第5~13页。

发展。

对于新型城镇化建设而言，绿色生产力既是新型城镇化的重要动力，也提供了重要机遇和发展空间。新型城镇化的"新"在于加快发展绿色生产力，改变传统高能耗、高污染、高排放的城镇化发展模式，以绿色生产力为新动能夯实新型城镇化建设的底色，推动新型城镇化建设选择生态优先、绿色发展的道路，推进绿色科技创新与制度创新，改革生产关系，释放生产力活力，加快实现绿色低碳转型与高质量发展，体现以人为核心、人与自然和谐共生的发展理念和基本要求。绿色生产力理论为新型城镇化建设实践提供了重要理论支撑。

（三）新质生产力

新质生产力作为先进生产力的具体体现形式，是马克思主义生产力理论的中国创新和实践，是科技创新交叉融合突破所产生的根本性成果。习近平总书记指出，"新质生产力是创新起主导作用，摆脱传统经济增长方式、生产力发展路径，具有高科技、高效能、高质量特征，符合新发展理念的先进生产力质态。它由技术革命性突破、生产要素创新性配置、产业深度转型升级而催生，以劳动者、劳动资料、劳动对象及其优化组合的跃升为基本内涵，以全要素生产率大幅提升为核心标志，特点是创新，关键在质优，本质是先进生产力"。[①] 新质生产力的显著特点是创新，既包括技术和业态模式层面的创新，也包括管理和制度层面的创新。[②] 新质生产力以劳动者、劳动资料和劳动对象及其优化组合的跃升为基本内涵，其跃升主要体现在新技术、新产业、新业态和新模式等方面。[③]

与传统生产力相比，新质生产力呈现高度耦合性、深度融合性、超级关

[①] 习近平：《发展新质生产力是推动高质量发展的内在要求和重要着力点》，《求是》2024年第11期，第4~8页。
[②] 习近平：《开创我国高质量发展新局面》，《求是》2024年第12期，第4~15页。
[③] 周文、许凌云：《论新质生产力：内涵特征与重要着力点》，《改革》2023年第10期，第1~13页。

联性、快速迭代性和空间分异性等基本特征。如表1-4所示，高度耦合性体现为新质生产力是新老生产力在空间上的高度耦合体，把自然生产力、生态生产力、经济生产力、数据生产力、社会生产力等多种生产力类型有机耦合在一起；深度融合性体现为新质生产力追求数字经济和实体经济的深度融合；超级关联性体现为新质生产力既关联着传统的自然资源和人文资源，也关联着新型的数据资源和互联网资源；快速迭代性体现为基于不断更新换代的新技术，通过多次循环迭代来创造更好的产品或服务；空间分异性体现为新质生产力的形成与发展出现明显的地区差异。[①]

表1-4　新质生产力与传统生产力的基本属性

属性	传统生产力	新质生产力
生产力属性	落后生产力、旧动能、传统产业、路径依赖	先进生产力、新动能、新产业、新模式、新路径
生产资料属性	高资源消耗、高碳排放、高环境污染、高生态破坏	高水平、高效能、高附加值和高技术含量
生产关系属性	脆弱性、低效能要素配置的市场体系	韧性、高效能的市场要素配置体系
生产要素属性	土地、劳动力、资本等；强调要素数量	除了传统生产力要素，更加强调技术、知识、数据等要素及其质量
生产布局属性	依赖原料地、消费地等	依托优质生态环境和人才集聚地
驱动力属性	资源与资本依赖	以技术与知识为主导的创新驱动
产业发展属性	实体产业占主导，产业低端化、低效化、高碳化	实体产业与数字产业高度融合，产业高端化、信息化、智能化和低碳化
基本特征	低度耦合、低度融合、有限关联、慢速迭代	高度耦合、深度融合、超级关联、快速迭代、空间分异
发展模式	资源消耗型的高增量发展模式	创新驱动型的高质量发展模式
对环境的态度	污染型生产力，环境保护意识薄弱	清洁生产力，环境优美，生态优先

---

① 方创琳、孙彪：《新质生产力的地理学内涵及驱动城乡融合发展的重点方向》，《地理学报》2024年第6期，第1357~1370页。

与传统生产力相比,新质生产力的形成与发展,主要依赖于生产要素的供给及配置情况,而劳动者、劳动资料、劳动对象作为生产力三大基础要素,需要分别提升为新型劳动者、新型劳动资料与新型劳动对象。

新质生产力对劳动者的要求更高,体现为打造拥有现代科技知识和技术、现代发展理念和能力的新型劳动者。习近平总书记在中共中央政治局第十一次集体学习时强调,要按照发展新质生产力要求,畅通教育、科技、人才的良性循环,完善人才培养、引进、使用、合理流动的工作机制。人是生产力中最活跃和最革命的因素,新质生产力发展的关键是培育创新型新质人才。[①] 新型劳动者区别于传统型劳动者,主要表现为知识型、技能型、创新型劳动者,其具备更高的素质和更强的创新能力,熟练掌握满足当前科技发展和产业转型要求的技术和技能,能够适应现代化产业体系发展所需的各项技能和素质。

一是新质生产力要求劳动者必须具有现代科技知识和专业水平,拥有敏锐的创新精神、持续学习和适应新业态、新模式的工作能力。新质生产力发展取决于教育、科技和人才的支撑,更高素质、更高技能的新型劳动者和高技术人才是加快发展新质生产力的关键性支撑、第一资源、第一要素、最活跃最革命的因素。新型劳动者、高技术人才是新质生产力发展的关键力量,是推动高质量发展的新动能。特别是新质生产力发展要求培育一大批"大家大师"和国际一流人才,产生一批改变人类的颠覆性科学技术,涌现一批具有全球引领性的领军型企业,这与传统生产力、传统发展方式有本质的区别。新质生产力视域下的新型劳动者包括掌握一般新技术和新知识的技能工人,还包括拥有高学历、高技能的创新人才、优秀管理人才以及企业家人才。企业家人才包括战略企业家、民营企业家、科技企业家等。

二是新质生产力要求能够培养和造就现代化建设所需的新型劳动者,适应新时代现代产业发展的专业知识和技能。比如,必须掌握一定的计算机、

---

① 任保平:《不断强化新质生产力发展的人才支撑》,《国家治理》2024年第9期,第45~49页。

网络等专业知识和最新技术，适应新的劳动岗位或就业新形态。数字技术驱动下数据成为劳动对象、算法成为劳动手段时，为适应数字经济背景下的生产需求，新型劳动者必须具备更高的数字素质和计算机技能。面向大数据、人工智能、物联网等新一代信息技术，新型劳动者需要掌握必要的高新科技知识和劳动技能，当具有知识化和专业化的创新能力和更为先进的认知水平时，才能驱动高新科技化的劳动对象和劳动资料创造出更多的社会新财富。①

三是新质生产力要求提高劳动生产率，通过生产要素的优化配置，激发新型劳动者的创新动力和活力，以低投入、低消耗获得高产出、高效益，依托劳动者技能和素质水平的提升、更加科学的资源组合实现产业升级、结构优化，提升经济质量和发展效益，增强经济的可持续竞争力和抗风险能力。

新质生产力对劳动资料的要求，表现为新一轮科技革命和产业变革等导致作为劳动对象的物质资料的变化与革新。马克思指出，各种经济时代的区别，不在于生产什么，而在于怎样生产、用什么劳动资料生产。劳动资料随着技术进步而发生快速变化，从传统农业经济时代到工业经济时代再到后工业经济时代、服务经济时代、数字经济时代，以新材料、新能源、新一代信息技术为代表的科技革命和产业革命推动传统生产力向新质生产力转变。发展新质生产力是面向新一轮科技革命和产业革命的战略抉择，是实现高质量发展的重要基础。② 新质生产力促进技术装备、发展方式的迭代升级，新一代生产设备和技术的创新与涌现，特别是智能化、数字化、低碳化技术的推广与应用，增强了产业科技创新力、市场适应能力以及可持续发展能力。新型劳动资料的核心是劳动工具具有高科技化、数字化、智能化、网络化等特征，改变了传统生产组织形式和劳动方式，形成了许多新业态、新模式、新空间。比如，依托通信网络、存储中心和运算设备、新能源等现代新型基础设施，基于算法

---

① 韩文龙：《新质生产力的政治经济学阐释》，《马克思主义研究》2024 年第 3 期，第 110~115 页。
② 张鹏、嵇慧敏：《新质生产力的科学内涵与实践路径研究——基于生产要素视角的分析》，《长春大学学报》2024 年第 5 期，第 43~48 页。

和算力的推动形成更多的数字空间,新能源的发展使许多劳动资料更加绿色低碳节能。

新质生产力对劳动对象的要求,表现在新技术、新业态、新模式带来的深刻变化。新一轮科技革命和产业革命加速推进,信息化时代出现颠覆性的科技革新,以大数据、人工智能、云计算、量子科技、生物技术等为代表的高新技术领域取得了颠覆性突破,相关产业和技术交叉融合,新产业、新业态层出不穷。科技进步与生产方式变革带来劳动对象的数字化、智能化、绿色低碳化,人工智能、生物技术、新能源技术等发展带来新材料、新能源、信息数据、高端智能设备等新的劳动对象,显然与传统劳动对象有明显的区别,劳动对象的范围和领域发生变化并不断扩大,释放出新的发展动能和生产力效能。新质产业以高技术、高附加值、高效益、低能耗、低污染、低排放为重要特征,推动产业链转型升级,提高全要素生产率,提升产业技术水平与科技含量,推动产业结构、能源结构等的优化与调整,带来劳动资料和劳动对象的变化与提升。与传统劳动对象相比,新劳动对象具备可加工、易储存、智能化、协同性等特征,能够快捷高效地为劳动者所掌握使用,优化劳动对象的加工过程、效率和质量,推动劳动对象的迭代升级。[①] 新质生产力具有绿色低碳特征,因此所关联的产业具有清洁生产、资源集约利用、绿色低碳循环发展等特点,减少能耗和碳排放,减少对资源能源环境的压力,依托高科技、新发展方式降低产业能耗和碳排放强度,特别是推动低碳零碳产业发展,最大程度实现资源节约、能源低碳、环境友好、发展高效。新质生产力带来原材料的减少和集约利用,带来资源能源消耗的减少和循环再利用,依托现代技术研究和发展新型材料、新型装备等,实现对原材料的高效再生利用,减少资源能源浪费,增强绿色低碳发展能力。此外,新质生产力发展依托知识产权保护、技术创新等手段,引入先进的生产流程、治理理念和管理方法,推动产业创新发展、转型升级,提升产业附加值,提高管理效

[①] 韩文龙:《新质生产力的政治经济学阐释》,《马克思主义研究》2024年第3期,第110~115页。

率和服务水平，实现经济高质量发展。

绿色生产力与新质生产力具有诸多契合点。新质生产力是马克思主义生产力理论的最新发展，是绿色生产力理论的进一步创新。习近平总书记在中央政治局第十一次集体学习时强调，"绿色发展是高质量发展的底色，新质生产力本身就是绿色生产力"。① 这一重要论断深刻阐明了新质生产力与绿色生产力的内在联系。新质生产力不仅与经济效率提升、生产关系革新有关，还涉及绿色发展和生态文明建设，是符合绿色发展理念的先进生产力质态。② 绿色生产力是以人与自然和谐相处为核心，以循环经济为发展模式，以可持续发展为目标，以"绿色"为核心价值的生产力。③ 新质生产力与绿色生产力两者具有高度的契合性，相互包容、相互促进，共同点多于不同点。新质生产力概念范围大于绿色生产力概念，新质生产力包含了绿色低碳的基本特性，不能实现绿色低碳，显然不是真正意义上的新质生产力，新质生产力本身就是绿色生产力。新质生产力是一种先进的生产力质态，它摒弃了损害、破坏生态环境的发展模式，以创新为驱动推进经济、产业、能源结构绿色低碳转型升级，形成绿色生产力，是高质量发展和中国式现代化的重要支撑。④ 新质生产力具有保护生态环境、促进人与自然和谐共生的内生特点，绿色高质量发展需要新质生产力的驱动和支撑，新质生产力包含了绿色生产力。而绿色生产力也具有新质生产力的诸多特征，绿色生产力更多地从节能环保、绿色低碳的角度考察生产力发展属性。绿色生产力体现为从原材料、能源资源到产品研发、产品设计、生产制造、产品包装、产品营销、产品售后服务、回收再利用等全过程的绿色低碳和节能环保，应采取绿色低碳的新技术、新流程、新方式推进绿色高质量发展，助力碳达峰碳中和目标实现。

---

① 《习近平在中共中央政治局第十一次集体学习时强调：加快发展新质生产力 扎实推进高质量发展》，《人民日报》2024年2月2日。
② 邵然：《"新质生产力本身就是绿色生产力"的内在意蕴》，《社会主义论坛》2024年第4期，第8~9页。
③ 石峰、秦书生：《绿色技术对发展绿色生产力的支撑》，《东北大学学报》（社会科学版）2012年第6期，第477~481页。
④ 王婧、袁惊柱：《新质生产力就是绿色生产力》，《四川日报》2024年2月26日。

五　本章小结

本部分主要从城镇化、创新驱动、低碳经济、生产力、新质生产力等理论进行阐释，为本书研究构建理论基础，并分析这些理论之间的内在关联和可能存在的理论创新点，为新型城镇化低碳创新驱动、高质量发展指明了方向，并提供了重要的理论依据。

第二章 中国城镇化建设的历史演变与阶段性特征

新中国成立后,在中国共产党的坚强领导下,我国开启了工业化、城镇化进程。到20世纪50年代中期,尽管工业发展、城市建设取得一定的进展,但由于多方面原因,城市与农村在管理体制上相对独立,存在城乡差距扩大、城乡二元分割等现象。改革开放以来,中国加快工业化、城市化发展步伐,特别是党的十八大以来,中国实施新型城镇化战略和创新驱动发展战略,大力推进生态文明建设,推进绿色发展、循环发展、低碳发展。立足新发展阶段,贯彻新发展理念,构建新发展格局,面向人民群众对美好生活的期待,中国新型城镇化加快绿色低碳与创新发展步伐,中国新型城镇化进入高质量发展阶段。全面梳理中国城镇化的发展阶段及其特征,特别是总结中国实施新型城镇化战略以来在绿色低碳发展、创新驱动发展等方面取得的重要成就及宝贵经验,对于新发展阶段深入实施新型城镇化战略具有重要的理论研究意义和实践价值。1949~2023年中国总人口数与城镇化率如表2-1所示。

表2-1 1949~2023年代表性年份中国总人口数与城镇化率

年份	总人口数 (年末万人)	城镇人口数(万人)	比重(%)
1949	54167	5765	10.64
1950	55196	6169	11.18
1960	66207	13073	19.75

续表

年份	总人口数（年末万人）	城镇人口数（万人）	比重(%)
1970	82992	14424	17.38
1978	96259	17245	17.92
1980	98705	19140	19.39
1990	114333	30195	26.41
2000	126743	45906	36.22
2010	134091	66978	49.95
2012	135922	72175	53.10
2016	139232	81924	58.84
2018	140541	86433	61.50
2020	141212	90220	63.89
2021	141260	91425	64.72
2022	141175	92071	65.22
2023	140967	93267	66.16

资料来源：《中国统计年鉴2023》，《中华人民共和国2023年国民经济和社会发展统计公报》。

一 城镇化起步与波动发展阶段（新中国成立至改革开放前）

1949年中华人民共和国成立后，中国城镇化开始起步，至改革开放前城镇化经历了曲折、波动发展阶段。我国历经多年的战争灾难，百废待兴，经济社会开始恢复发展，城市化开启航程。新中国成立初期，我国加大失业或无业人口的就业培训与改造，并大力开展能源、材料、交通运输、城市建设等项目，吸纳大量的就业劳动人口，并为这些人口在城市定居创造条件。随后，我国开始社会主义工业化建设，进入了社会主义建设的第一个五年计划时期，推动城市规模扩大，也依托新建的工矿业发展，形成了不少的工矿业新城。1957年底，我国完成了第一个五年计划，城镇化得以较快发展，城市人口逐步扩大发展。1958~1960年，为了加快工业化进程，国家号召全民大炼钢铁，大力发展重工业，农村人口快速涌向城市，并推行人民公社制度，加快工业化、城市化进程。1958~1961年，我国新设城市33座，城市人口由10720万人增加到13073万人，年均增长率也高达6.84%，城镇化率由16.3%提高到1960年的19.75%。①但因一味拔高工业化速度，违背经济发展的内在规律，工业化和城市化严重脱离了农业基础和发展实际，加上又遇上了长达三年的自然灾害，我国的经济发展以及城市化遭遇严重挫折。

1961~1965年，随着经济结构的调整，国家鼓励城市人口到农村发展，中国城市人口倒流农村，并将设镇的人口标准从过去的2000人提高到3000人，城市数由208个精简到171个，城镇化率从24.7%降到18.0%。

在城镇化起步与波动发展阶段，其特征主要表现为我国经济社会开始恢复发展，城市化开启新航程，城市人口和规模经历从逐步扩大发展，到城市人口倒流农村，城镇化步伐受到一定阻碍，城镇化呈现波动反复状态，这与当时的历史条件和经济社会发展状况有关。

二 城镇化快速发展阶段
（改革开放至党的十八大前）

改革开放初期，我国经济社会发展逐步恢复正常，多年曲折、波动、停滞发展的城镇化任务异常艰巨，党和国家对城镇化发展高度重视，提高了城市建设与发展的各种投入力度，不断完善城市基础设施，加快弥补城镇化的历史欠账，城市规模不断得到扩大。1978~1984年，城市人口得以不断增

---

① 《中国城镇化的演变历程》，https://www.guayunfan.com/baike/255769.html，2023年7月17日。

长。1978年，中国城镇化率为17.92%，1984年中国城镇化率达到23.01%。这一阶段的城镇化特征是快速、低成本实现农村剩余劳动力人口转移到城镇，国家提出了以小城镇为重点、积极发展小城市、合理发展中等城市、严格控制大城市的基本方针。

1983年，我国提出要加强小城镇建设，吸引农村剩余劳动力就近就业。1985年前后，伴随着乡镇企业的异军突起与蓬勃发展，"进厂不进城""离土不离乡"成为当时城镇化快速发展的重要特征，小城镇逐渐成为承载当地乡镇企业和转移农业剩余劳动力的重要空间支撑。1992年，国务院放宽建制镇设立标准促进小城镇的发展。1995年4月，国家经济体制改革委员会等11个部委联合发布了《小城镇综合改革试点指导意见》。1997年6月10日，国务院批转了公安部《小城镇户籍管理制度改革试点方案》和《关于完善农村户籍管理制度改革意见》，提出允许已经在小城镇就业、居住并符合一定条件的农村人口在小城镇办理城镇常住户口。2000年7月，中共中央、国务院发布《关于促进小城镇健康发展的若干意见》，指出抓住机遇，适时引导小城镇健康发展。城镇化进入以中小城市和小城镇为重点的快速推进阶段。我国乡镇企业浪潮的衰退、进城务工人数的不断增多、工业化进程的加速带动了城镇化率的迅速提升。

2002年，党的十六大提出，要坚持大中小城市和小城镇协调发展，走中国特色的城镇化道路。2006年，《中华人民共和国国民经济和社会发展第十一个五年规划》明确提出，要以城市群作为城镇化的主体形态。2011年，我国常住人口城镇化率达到51.3%。这是中国城市化发展史上具有里程碑意义的一年，城市常住人口已经超过了农村常住人口，标志着城市化成为继工业化之后推动经济社会发展的新引擎。

改革开放以来中国城镇化进入快速发展阶段，其阶段性特征主要表现为以下几点。

一是以政府为主导力量，城镇化进程加快提速。政府主导下的城镇化道路的积极影响是明显的，城市人口数量快速增多，城市面积和规模不断扩大。城镇化成就显著，但也存在部分地区城镇化速度过快，"摊大饼"式、粗放式发展带来资源配置低效、土地资源浪费等遗留问题。

二是大批农村富余劳动力进城务工，给城镇化建设作出了巨大贡献。广大农村富余劳动力为寻求更多的就业机会和收入水平，在改革开放的春风下，纷纷背井离乡，奔赴珠三角、长三角、京津冀等发达地区就业，成为大中小城市经济社会发展的重要力量。城市化率不断提高，其表现是农村人口大量进入城市。但这些农民工受城乡分割的户籍制度制约，难以真正融入所工作的城镇，难以享受到均等化的基本公共服务，未能成为真正的市民，这导致了土地城镇化快于人口城镇化，形成"半城镇化"现象。

三是小城镇发展的地位与作用凸显。小城镇多，是城乡融合发展的基础单元，在促进地方经济增长、解决就业、增加收入等方面发挥一定的支撑作用。但小城镇因经济实力、财政收入等不足，存在资源集约利用率不高、基础设施建设滞后、公共服务质量不高、环境污染相对严重等问题。这些都表明城镇化为中国经济社会持续发展奠定了坚实基础，作出了重要贡献，但因多方面原因存在，小城镇也难以规避经济、社会、生态等多方面的发展障碍与难题。

三　新型城镇化高质量发展阶段（党的十八大至今）

2012年，党的十八大报告明确提出要坚持走中国特色新型工业化、信息化、城镇化、农业现代化道路。这标志着中国城镇化进入新时代，高质量发展成为新型城镇化建设与发展的阶段性特征。2013年，中央经济工作会议重视城镇化对于现代化建设的重要意义，认为城镇化是我国现代化建设的重大历史任务，并把"加快城镇化建设速度"列为经济工作的重要任务之一。新型城镇化区别于传统城镇化，主要表现为城乡统筹、城乡一体、产城互动、节约集约、生态宜居、和谐发展，体现了各类城市、小城镇以及农村社区的统筹协调、互补联动、融合发展。2013年12月，中央城镇化工作会议召开，这次会议是首次将城镇化提高到中央层面战略高度的一次具有里程碑意义的重要会议。会议明确提出走中国特色、科学发展的新型城镇化道路，核心是以人为本，关键是提升质量，与工业化、信息化、农业现代化同步推进。新型城镇化是以人为本、质量提升、工农互动的城镇发展。

2014年3月，《国家新型城镇化规划（2014—2020年）》指出，城镇化是现代化的必由之路。2021年3月，《中华人民共和国国民经济和社会发展第十四个五年规划和2035年远景目标纲要》明确提出，坚持创新驱动发展，全面塑造发展新优势；完善新型城镇化战略，提升城镇化发展质量；推动绿色发展，促进人与自然和谐共生等战略。2021年，我国常住人口城镇化率为64.72%。

2022年5月，国家印发了《关于推进以县城为重要载体的城镇化建设的意见》，指出县城是我国城镇体系的重要组成部分，是城乡融合发展的关键支撑，对促进新型城镇化建设、构建新型工农城乡关系具有重要意义。

党的十八届五中全会以来，全面贯彻新发展理念，不断深化对我国经济发展阶段性特征和规律的认识，更加强调发展的高质量。党的十九大报告宣告"我国经济已由高速增长阶段转向高质量发展阶段"，党的二十大报告强调"高质量发展是全面建设社会主义现代化国家的首要任务"。2024年3月5日，习近平总书记参加十四届全国人大二次会议江苏代表团审议时指出，"近年来，我国科技创新成果丰硕，创新驱动发展成效日益显现；城乡区域发展协调性、平衡性明显增强；改革开放全面深化，发展动力活力竞相迸发；绿色低碳转型成效显著，发展方式转变步伐加快，高质量发展取得明显成效"。

2024年7月15~18日，习近平总书记在党的二十届三中全会上再次强调，高质量发展是全面建设社会主义现代化国家的首要任务。必须以新发展理念引领改革，立足新发展阶段，深化供给侧结构性改革，完善推动高质量发展激励约束机制，塑造发展新动能新优势。

从以上党中央报告和文件可以看出，当前新型城镇化建设已经进入了高质量发展阶段，主要特征表现为以下几点。

一是"以人为核心"是新型城镇化高质量发展的本质要求。新型城镇化是中国式现代化的必由之路，也是实现人民幸福生活、享受现代城市发展成果的重要路径。高质量发展的出发点和落脚点都是服务于人民群众对美好生活的需要。自2013年12月习近平总书记在改革开放以来中央首次召开的城镇化工作会议上提出"以人为核心"的新型城镇化发展理念以来，坚持以人民为中心的发展理念，实现人口规模巨大的现代化和人的全面发展成为新型城镇化高质量发展的核心议题和题中之义。党的二十大报告强调"推进以人为核心的新型城镇化"，这是坚持以人民为中心、"人民城市人民建、人民城市为人民"重要理念的具体体现，为推动社会主义现代化建设并实现高质量发展提供了根本遵循和科学指导。中国式现代化视域下强调新型城镇化中的"人"而不是"物"成为发展和关注的主体，坚持以人为本，而不是西方资本主义国家的以资为本，更加强调人民群众的获得感、幸福感和安全感，这是全面评价和科学衡量城镇化发展质量、方向和水平的核心指标，推动新型城镇化发展从规模扩张、粗放发展到品质提升、高质量发展的历史性转变。为实现国家富强、民族复兴和人民幸福，新型城镇化建设被赋予新的内涵，坚持以人民为中心的发展思想，围绕人的需求和发展，促使城镇建设更加优化；坚持"房住不炒"理念破解高房价难题，以稳定房价和新的住房政策实现"居有其所"；加强基础设施建设和公共服务均等化供给，打造社区生活圈，提升城市人居环境和生活品质；区域与城乡差距进一步缩小，促进城乡融合发展，推动人才自由流动和集聚，驱动创新创业和发展，让人才能够在城市中获得更好的发展空间；完善社会保障补贴等措施，提高农民工在城镇的生活水平，促进社会公平正义，使人民群众共享有尊严、高品质的城市生活，平等享受改革开放和现代化建设成果。

二是以城市群为主体形态推进新型城镇化高质量发展。《中华人民共和国国民经济和社会发展第十四个五年规划和 2035 年远景目标纲要》明确提出，要"坚持走中国特色新型城镇化道路""以城市群、都市圈为依托促进大中小城市和小城镇协调联动、特色化发展"。如表 3-2 所示，① 以 "19+2 城市群"为支点的新型城镇化战略布局，将对中国高质量发展发挥重大支撑作用，为全球经济增长贡献力量。"19+2 城市群"战略布局由国家发展和改革委员会于 2016 年正式提出，是指京津冀、长江三角洲、珠江三角洲、山东半岛、海峡西岸、哈长、辽中南、中原、长江中游、成渝、关中平原、北部湾、晋中、呼包鄂榆、黔中、滇中、兰州—西宁、宁夏沿黄和天山北坡 19 个城市群，和以拉萨、喀什为中心的两个城市圈，形成了"两横三纵"的战略轴带，支撑和串联起了一个多中心、多层级、多节点的网络型城市群空间格局。

新时代的新型城镇化建设更加重视城市群、都市圈的发展，数量不断增多，规模不断增大，竞争力和发展质量不断增强。从空间布局来看，遵循世界城市化发展一般规律，在城市化的高级阶段，城市群、都市圈发展成为世界城市演化的共同趋势，城市群与都市圈的发展有利于利用有限的国土资源和各类资源，支撑更多的人口聚集和产业发展，实现城市化更高质量发展的目标。近五年城镇化率年均提高 0.93 个百分点，每年都会有超过一千万名的农村居民进入城镇，新市民的规模比较大，也会带来大量发展需求。中国的城镇化率仍然处在持续发展过程中，与发达经济体 80% 左右的水平相比，未来中国城镇化发展还有一定空间，经过多年的努力和高质量发展，中国城镇化率有望实现 75%~80%，部分大中城市已经达到或者超过了 80%。但面向广大人民群众发展不平衡不充分问题，需要更加注重城市空间布局与资源配置的优化，更加强调城镇化的质量、效益和绿色低碳发展。

---

① 方创琳：《改革开放 40 年来中国城镇化与城市群取得的重要进展与展望》，《经济地理》2018 年第 9 期，第 1~9 页。

表 2-2　改革开放以来中国城市群数量及名称变化

单位：个

时间	城市群数量	城市群名称
1980~1990 年	1	长江三角洲城市群
1991~2000 年	3	长江三角洲城市群,珠江三角洲城市群,京津冀城市群
2001~2005 年	10	长江三角洲城市群,珠江三角洲城市群,京津冀城市群,海峡西岸城市群,辽东半岛城市群,山东半岛城市群,成渝城市群,中原城市群,武汉城市群,长株潭城市群
2006~2010 年	23	长江三角洲城市群,珠江三角洲城市群,京津冀城市群,海峡西岸城市群,辽东半岛城市群,山东半岛城市群,成渝城市群,中原城市群,武汉城市群,长株潭城市群,呼包鄂城市群,南北钦防城市群,哈大长城市群,晋中城市群,江淮城市群,关中城市群,银川平原城市群,环鄱阳湖城市群,天山北坡城市群,滇中城市群,黔中城市群,兰白西城市群,酒嘉玉城市群
2011~2015 年	20	长江三角洲城市群,珠江三角洲城市群,京津冀城市群,长江中游城市群,成渝城市群,海峡西岸城市群,辽中南城市群,山东半岛城市群,中原城市群,呼包鄂榆城市群,广西北部湾城市群,哈长城市群,江淮城市群,关中城市群,宁夏沿黄城市群,天山北坡城市群,晋中城市群,滇中城市群,黔中城市群,兰白西城市群
2016 年以来	19	长江三角洲城市群,珠江三角洲城市群,京津冀城市群,长江中游城市群,成渝城市群,海峡西岸城市群,辽中南城市群,山东半岛城市群,中原城市群,呼包鄂榆城市群,北部湾城市群,哈长城市群,关中平原城市群,宁夏沿黄城市群,天山北坡城市群,晋中城市群,滇中城市群,黔中城市群,兰州—西宁城市群

三是依托新质生产力发展和科技创新，转变传统城镇化发展方式，赋能新型城镇化高质量发展。围绕城镇化发展中面临的技术改造与升级、产业结构调整、生态环保等问题，需要着力培育和发展新质生产力，以科技创新驱动产业创新，进而推动新型城镇化的高质量发展。因地制宜发展新质生产力，赋予新型城镇化建设新内涵，也为新型城镇化高质量发展提供坚实生产力基础。新质生产力区别传统生产力，更加强调创新驱动，强调高质量发展。加强技术创新与体制机制创新相结合，以新质生产力发展和科技创新赋能新型城镇化建设，以创新驱动新型城镇化的高质量发展，加快从低成本竞争、投资驱动道路走向创新驱动道路。

四是依托绿色生产力发展赋能生态环境治理与绿色低碳发展。新型城镇化建设区别传统城镇化的最显著的特征，就是践行"绿水青山就是金山银山"理念，大力发展绿色生产力，赋能新型城镇化的生态环境污染治理、生态系统质量提升，实现绿色低碳的高质量发展。特别是面向"双碳"目标和新质生产力发展，新型城镇化建设坚持生态优先与绿色低碳发展的原则，高度重视生态文明建设和绿色生产力发展，将丰富的自然生态优势变成发展优势，提升城市发展质量和生态效益，使经济发展与生态环境保护齐头并进，推动城市经济社会全面绿色转型与高质量发展。

四 本章小结

本部分主要梳理中国城镇化的发展阶段及其特征。新中国成立以来中国城镇化的演变历程主要包括城镇化起步与波动发展阶段（新中国成立至改革开放前）、城镇化快速发展阶段（改革开放至党的十八大前）、新型城镇化高质量发展阶段（党的十八大至今）3个阶段。在城镇化起步与波动发展阶段，其阶段性特征主要表现为我国经济社会开始恢复发展，城市化开启航程。在城镇化快速发展阶段，其阶段性特征主要表现为以政府为主导力量，城镇化进程加快提速；大批农村富余劳动力进城务工，给城镇化建设作出了巨大贡献，但存在"半城镇化"现象。进入新时代，新型城镇化建设进入高质量发展阶段，其特征主要表现为将"以人为核心"作为新型城镇化的本质要求，特别是面向"双碳"目标和新质生产力发展，新型城镇化建设坚持生态优先与绿色低碳发展的原则，依托科技创新、制度创新推动生态文明建设和绿色生产力发展，将丰富的自然生态优势变成发展优势，推动城市经济社会全面绿色转型与高质量发展。

第三章　新型城镇化、新质生产力与低碳创新驱动的内涵阐释

随着我国城镇化率不断提高，新型城镇化的质量和水平也应进一步提高，更好地造福广大人民群众，避免或者破解传统城镇化过程中存在的高能耗、高污染、高排放等诸多问题，应高度重视新质生产力赋予的新内涵，高度重视创新驱动与绿色低碳发展两大核心要义。一方面，新质生产力赋予新型城镇化建设与发展的新契机、新空间，科技创新成为新型城镇化的重要动力和发展引擎。新型城镇化是以科技创新、制度创新为重要驱动力的城镇化，各方面的创新带来了城镇化的新的活力和发展方式的转变。[1] 另一方面，新质生产力也是绿色生产力，新型城镇化的重要特征在于绿色低碳、生态宜居。解决传统发展模式所带来的高能耗、高污染、高排放问题，实现碳达峰碳中和目标，必须贯彻新发展理念，树牢"绿水青山就是金山银山"理念，更加重视创新驱动的引擎作用，更加重视资源和能源的集约利用，更加重视环境污染防控与治理，更加重视生态环境修复，必须选择低碳创新驱动之路。在新阶段，低碳、创新成为中国新型城镇化建设经济转型与高质量发展的新引擎、新增长点，也浸润着新型城镇化的品质与竞争力。因此，提出并构建中国新型城镇化建设的低碳创新驱动模式具有丰富内涵与战略意义。

---

[1] 颜廷标：《实施创新驱动发展战略》，《人民日报》2013年1月15日。

一 何谓新质生产力

习近平总书记在中共中央政治局第十一次集体学习时明确指出，新质生产力是创新起主导作用，摆脱传统经济增长方式、生产力发展路径，具有高科技、高效能、高质量特征，符合新发展理念的先进生产力质态。[①] 如图3-1所示，新质生产力是由技术革命性突破、生产要素创新性配置、产业深度转型升级而催生，以劳动者、劳动资料、劳动对象及其优化组合的跃升为基本内涵，以全要素生产率大幅提升为核心标志，特点是创新，关键在质优，本质是先进生产力。新质生产力是以电子信息、新能源、新材料等为代表的能够催生新兴产业和未来产业的颠覆性技术和前沿技术，代表着人类生产力水平的新发展和新方向。新质生产力的提出，体现了中国共产党的道路自信、理论自信、制度自信、文化自信，为推动生产力跃升和实现中国式现代化提供了新的方案和路径。

与新质生产力概念相对应的是传统生产力。在马克思主义经济学中，生产力是人类为满足自身需求和发展从自然界中获取物质资料并对其进行利用的能力，强调人类对大自然的改造和利用。在西方经济学中，生产力所对应的概念是"Productivity"，即全要素生产率，是指在单位资本量和劳动力水平下所能生产的产品数量。[②] 从政治经济学视角考察，新质生产力是以科技创新为主导，为实现关键性颠覆性技术突破而产生的生产力，是对传统生产力的超越，需要新的生产关系与之适应。[③] 新质生产力是超越传统生产力、符合高质量发展要求的生产力，是高度依靠科学技术、科学管理和资源优化等创新手段，以提高制造效率、降低生产成本、创新产品价值、推动产业升

---

① 习近平：《开创我国高质量发展新局面》，《求是》2024年第12期，第4~15页。
② 钟辰：《准确理解和把握新质生产力的深刻内涵和本质要求》，《学理论》2024年第1期，第7~8页。
③ 周文、许凌云：《论新质生产力：内涵特征与重要着力点》，《改革》2023年第10期，第1~13页。

级和赢得发展优势为目的的新型生产力。① 新质生产力之"新",指新技术、新模式、新产业、新领域、新动能；新质生产力之"质",指物质、质量、本质、品质。新质生产力的特点在"新",关键在"质",落脚点在"生产力"。② 新质生产力区别传统生产力,体现为对"新"和"质"两个元素的重视和关注。"新"的内涵应该是多方面的,能够形成新的生产力格局的因素都可以是新质生产力的题中之义。

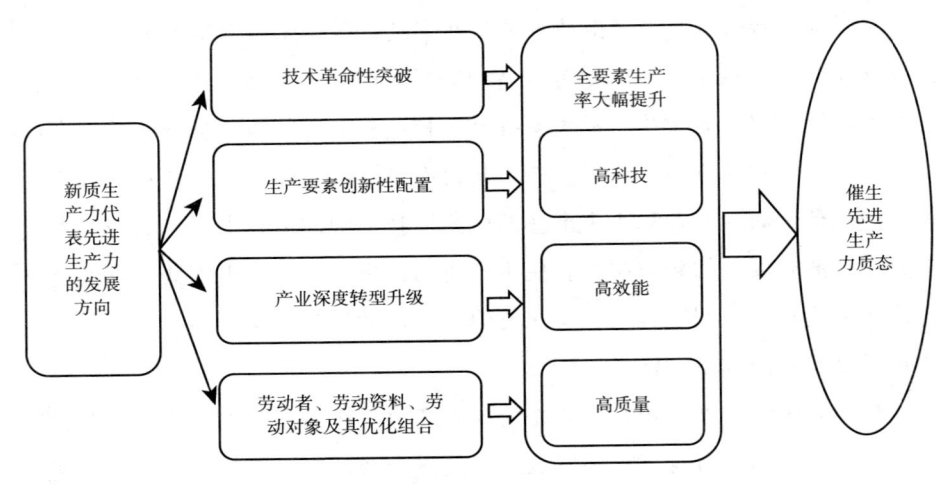

图 3-1 新质生产力的基本内涵

（一）以新理念为重要指引

区别于传统生产力及其生产关系,新质生产力更加强调坚持和贯彻落实创新、协调、绿色、开放、共享的新发展理念。新质生产力是摆脱传统经济增长方式、生产力发展路径,具有高科技、高效能、高质量特征,符合新发展理念的先进生产力质态。如图 3-2 所示,新发展理念与新质生产力存在

---

① 文丰安、黄上珂：《新质生产力助力基于新型城镇化的数字乡村建设审视》,《西南大学学报》（社会科学版）2024 年第 3 期,第 15~26 页。

② 胡莹：《新质生产力的内涵、特点及路径探析》,《新疆师范大学学报》（哲学社会科学版）2024 年第 5 期,第 36~45 页。

紧密的内在逻辑关系，新质生产力是社会生产力发展水平新的质的飞跃，更加契合新发展理念。加快发展新质生产力、推动高质量发展，需要深刻把握新质生产力的新发展理念内涵。[①] 新质生产力中的"新质"与新发展理念的"新"的内涵和要求是一致的。对照经济社会发展实际，加快发展先进生产力新质态，必须全面贯彻新发展理念。推动全社会崇尚创新，增强新质生产力发展动能；注重协调，稳定新质生产力发展步伐；倡导绿色，保障新质生产力发展底色；厚植开放，拓展新质生产力发展空间；推进共享，提升新质生产力发展实效。[②] 培育和发展新质生产力，必须坚持创新、协调、绿色、开放、共享的新发展理念，并将新发展理念的基本要求贯彻到生产力要素配置和经济社会发展全过程，以新理念指导实现生产力各类资源要素的优化配置，推动高素质高技能型劳动者和企业家、数字化智能化赋能的劳动资料和更广范围的劳动对象进行统筹兼顾、优化组合，借助新的资源要素配置提升全要素生产率，推进中国式现代化。

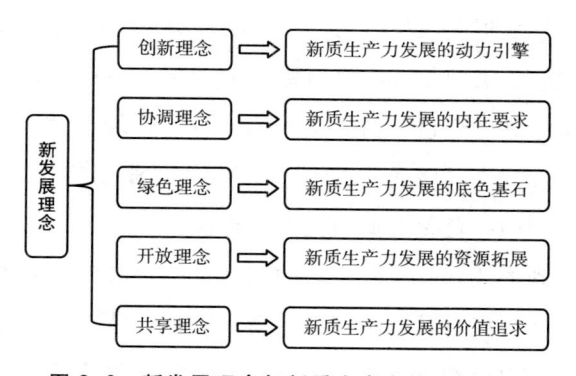

图3-2 新发展理念与新质生产力的逻辑关系

坚持创新理念发展新质生产力，就是要抢抓新一轮科技革命和产业变革的战略机遇，以科技创新为动力引擎提升产业科技含量和竞争力，占领产业

[①] 黄群慧：《新质生产力是符合新发展理念的先进生产力质态》，《人民日报》2024年5月22日。
[②] 蒋永穆、乔张媛：《新质生产力：符合新发展理念的先进生产力质态》，《东南学术》2024年第2期，第52~63、246页。

链高端环节，推动产业高端化、智能化、绿色化发展，实现科技自立自强与经济高质量发展。以科技创新推动产业创新，特别是以颠覆性技术和前沿技术催生新产业、新模式、新动能，发展新质生产力。坚持创新理念发展新质生产力，还要重视产业形态、发展模式、制度、管理等多方面的全面创新。习近平总书记指出，"新质生产力的显著特点是创新，既包括技术和业态模式层面的创新，也包括管理和制度层面的创新"。[①] 新时代，推动新型城镇化建设，必须继续做好创新这篇大文章，推动新质生产力加快发展。

坚持协调理念发展新质生产力，就是要采取统筹协调、优势互补、因地制宜的发展理念和发展模式，根据各自技术优势、区位优势和资源禀赋有选择地发展新产业、新模式、新动能、新道路，实现区域协同、城乡一体化发展，推进城乡要素平等交换、合理配置基本公共服务，推动经济建设与社会建设、经济建设与国防建设等领域的整体平衡，释放发展新活力、新动能。

坚持绿色理念发展新质生产力，就是要以绿色低碳发展为底色和基石推动生产力结构调整，加快培育和发展绿色生产力。习近平总书记强调，"绿色发展是高质量发展的底色，新质生产力本身就是绿色生产力"。以绿色理念为指引，推动发展方式绿色低碳转型，推动产业结构、能源结构优化升级，推动新旧动能向绿色化、低碳化方向转换，从而释放生产力的内在潜力与发展活力，达到解放和发展生产力的重要目的。保护生态环境就是保护生产力，改善生态环境就是发展生产力。新质生产力是以绿色化、低碳化为重要指引的先进生产力质态，以绿色低碳技术创新推动经济社会绿色转型，以绿色发展理念改变传统高能耗、高污染、高排放的发展模式，以高品质生态环境支撑绿色低碳高质量发展，全面推动美丽中国建设，促进人与自然和谐共生的现代化。

坚持开放理念发展新质生产力，就是要以开放发展为先进理念，准确把握国内国际发展大势，统筹和整合国内国际两种创新资源，推动生产力资源

---

① 习近平：《开创我国高质量发展新局面》，《求是》2024 年第 12 期，第 4~15 页。

要素优化配置和质量提升。习近平主席在博鳌亚洲论坛2013年年会上指出，"中国将在更大范围、更宽领域、更深层次上提高开放型经济水平"。开放发展理念，核心是解决发展内外联动问题，目标是提高对外开放质量、发展更高层次的开放型经济。无论是推动发展方式绿色低碳转型，还是加快实现碳达峰碳中和目标，均离不开对外的高水平开放与创新合作，特别是在绿色低碳领域的各方面实现开放与低碳创新合作。只有坚持开放发展，推动内外联动和资源整合，才能在国际比较和竞争中推进低碳技术创新、培养低碳技术人才，使创新发展获得绿色低碳发展的新动能；才能在开拓国际绿色低碳市场中发挥国内国际经济联动效应，使协调发展获得新空间；才能在主动参与全球可持续发展、构建人类命运共同体中积极稳妥推动"双碳"目标，推动绿色低碳发展与生态文明建设，使绿色发展获得新活力；才能在不断扩大同各国互利合作中实现绿色低碳发展，使共享发展获得新基础。一方面，要坚持"引进来"，引进国外先进的绿色低碳技术、优秀的绿色低碳技术人才、先进的绿色低碳管理经验等，为我国所用，服务我国生态文明建设与绿色高质量发展。另一方面，要坚持"走出去"，加快推动绿色"一带一路"建设，把新质生产力、绿色生产力向广大发展中国家推广，推动世界各国互利共赢，实现绿色低碳发展，推动人与自然和谐共生的人类命运共同体建设。

坚持共享理念发展新质生产力，就是要从人的全面发展、共建共享的战略高度发展生产力。新质生产力是以共享为价值追求的先进生产力质态。伴随着社会主义实践在中国的深入开展，社会主义的本质要求就是以人民为中心，面向广大人民群众发展生产力，让人民群众共享发展红利，实现共同富裕。这就从根本属性上决定了新质生产力必然要成为先进生产力质态，必须将共享贯穿其中。创新、协调、绿色、开放最终都是为了给共享发展奠定良好基础，满足人民群众对美好生活的向往。[1] 以更加公平公正的国际新秩序、机会均等的普惠技术，推动经济社会全面绿色转型，更公平地分享新技

---

[1] 蒋永穆、乔张媛：《新质生产力：符合新发展理念的先进生产力质态》，《东南学术》2024年第2期，第52~63、246页。

术、新产业、新模式所带来的收入和福祉，特别是绿色低碳发展、生态系统质量带来的人类社会共同福祉。

培育和发展新质生产力，必须坚持新发展理念，并加快构建与新质生产力相适应的新质生产关系，让各类资源要素优化配置，让各类创新主体活力迸发。

（二）以新技术为重要引擎

发展新质生产力的关键引擎在于科技创新，在于新技术发展。技术是形成生产力体系的重要因素，也是推动生产力发展的关键构件。习近平总书记指出，"科技创新是发展新质生产力的核心要素"。习近平总书记多次强调加快科技创新，实施创新驱动发展战略，建设科技强国，体现了科技创新对培育和发展新质生产力的突出作用。这些论断深刻揭示了科技创新在新质生产力发展中的战略地位，是对马克思主义生产力理论的继承和创新性发展。没有技术创新和科技革命，很难形成真正意义上的新质生产力。以科技创新为支撑的新质生产力发展，是我国应对全球科技革命和产业变革、实现科技自立自强的必由之路，是赢得科技战略主导权、推动高质量发展、建设现代化强国的关键战略。新质生产力之所以"新质"，主要是依靠技术革命性突破实现生产要素创新性配置，提升技术要素对其他资源要素及其组合的催化作用，技术进步推动劳动、土地、资本等要素重新优化组合，发挥乘数效应，提升全要素生产率，实现产品与服务等产出的价值增值。

科技革命带来的新技术、新发明成为撬动经济增长、发展新质生产力的重要引擎。区别于传统生产力的主要方面，新质生产力在于通过不断创新科学技术、资源配置方式、生产组织形式等，创造出更高效率的生产力水平，创新驱动体现在新质生产力发展的全过程。[①] 新质生产力以科技创新为主导，具有信息化、网络化、数字化、智能化、自动化、绿色化、高效化等特征。[②]

[①] 赵爱玲：《新质生产力：中国经济的未来动能》，《中国对外贸易》2024年第4期，第8~10页。
[②] 宋葛龙：《加快培育和形成新质生产力的主要方向与制度保障》，《人民论坛·学术前沿》2024年第3期，第32~38页。

新技术与新型劳动者的深度结合，在提高劳动效率的同时提升劳动者的知识和技能，形成更加符合科技创新需求的高素质人口结构；与自然资源的深度结合，能够拓展资源利用的范围和边界，以数字化、智能化、绿色化改造提高资源配置效率，降低生产成本，促进经济效益与生态效益的良性循环；与资本的深度结合，能够提升资本投放的精准性和普惠性，促进风险控制并提高资金使用效率，推动实体经济发展。[①]

新技术包括多个方面，比如人工智能、大数据、云计算、5G、物联网等新一代信息技术的创新与应用，又如新能源技术、储能技术、电池技术、核能技术、生物技术等的新突破，这些新技术是新质生产力形成与提升的重要动能，新技术的突破与出现将带来生产力的革命性提升，也可能带来传统生产关系的变革与演变。当前传统产业面临资源短缺、环境污染等问题，需要用新技术改造传统产业，向高端化、智能化、绿色化方向转型。5G、自动驾驶、边缘计算、技术民主、人类增强、分布式云等多个新技术潮流引领经济社会高质量发展，成为新质生产力发展的重要元素和关键引擎。科技创新特别是原创性、颠覆性、绿色低碳的科技创新，将加快实现高水平科技自立自强，打赢关键核心技术攻坚战，如5G技术、人工智能技术、自动驾驶技术、边缘计算技术、数字孪生技术等，有效破解当前经济社会发展难题，成为培育和发展新质生产力的新动能。

5G技术开创了新一代变革。华为的《无线网络未来十年十大产业趋势》指出，5G无线网络将支持1000倍的容量增长，连接至少1000亿台设备，其10GB/s的传输速度将带来极低延迟的个人用户体验。5G技术将用于移动通信的放大宽带，5G技术具有更强连接性的特定对象转换，无限的物联网增强空间，更高的灵活性和支撑力等。

人工智能和自动驾驶技术将实现更加轻松、安全、绿色、低碳的无人驾驶，在大数据采集和人工智能分析的指导下，这一新兴技术及其自动制动、变道和其他车载系统自动化等功能逐步简化优化，推动智能驾驶技术发展及

---

① 汪寿阳、刘颖：《揭示科技创新对发展生产力的重要作用》，《人民日报》2024年4月9日。

相关联的汽车产业变迁。

数字孪生是一种超越现实的概念，充分利用物理模型、传感器、运行历史等数据，集成多学科、多物理量、多尺度、多概率的仿真过程，在虚拟空间中完成映射，反映相对应的实体装备的全生命周期过程。美国国防部最早在航空航天飞行器的健康维护与保障等领域提出利用数字孪生技术，通过建立数字空间，构建飞机模型，并通过传感器实现与飞机真实状态完全同步，对飞机飞行相关数据进行采集和分析，并根据飞行结构和过往载荷及时评估是否需要维修。数字孪生技术在产品设计、产品制造、医学分析、工程建设等多个领域实现应用，既能提高产品与服务质量，又能降低能耗与成本。

边缘计算技术作为新兴技术，有效弥合数据存储和计算之间的差距，改善响应时间并节省带宽资源，提高应用效能。边缘计算是在高带宽、时间敏感型、物联网集成这个背景下发展起来的技术，是指在靠近物或数据源头的一侧，采用网络、计算、存储、应用核心能力为一体的开放平台。边缘计算技术能够实现就近提供最近端、最便捷、最瞬时的服务，其应用程序在边缘侧发起，产生更快的网络服务响应，满足行业在实时业务、应用智能、安全与隐私保护等方面的基本需求。对物联网而言，边缘计算技术进步与创新突破，意味着许多控制将通过本地设备实现而无需交由云端，可以就地就近处理，节约响应时间，提升数据处理效率，减少能耗和数据衰减，降低云端负荷。边缘计算技术的创新突破实现了运营、信息、通信三者的融合发展。

低碳技术也是重要的新兴技术领域。低碳技术是指涉及电力、交通、建筑、冶金、化工、石化等部门以及在可再生能源、煤的干净高效应用、油气资源和煤层气的勘查开发、碳捕集与封存等范畴开发的有效掌握温室气体排放的新技术。比如，减碳技术，是指高能耗、高排放领域的节能减排技术，包括煤的清洁高效利用、油气资源和煤层气的勘探开发技术等。又如，无碳技术，包括核能、太阳能、风能、生物质能等可再生能源技术。此外，还有去碳技术，典型的就是碳捕集与封存技术。低碳技术的开发与应用，改变了以化石能源为基础的传统工业文明发展模式，新技术推动了能源革命。

（三）以新产业为重要内容

构建现代化产业体系，推动经济高质量发展，以科技创新引领产业创新，新产业是培育和形成新质生产力的重要内容。2023年9月7日，习近平总书记在新时代推动东北全面振兴座谈会上强调，"积极培育新能源、新材料、先进制造、电子信息等战略性新兴产业，积极培育未来产业，加快形成新质生产力，增强发展新动能"。习近平总书记特别强调了产业领域的"新"，战略性新兴产业是引领未来发展的新支柱、新赛道，要以战略性新兴产业、未来产业等产业发展来形成新质生产力，增强新动能。党的二十大报告围绕建设现代化产业体系作出部署时强调，"推动战略性新兴产业融合集群发展，构建新一代信息技术、人工智能、生物技术、新能源、新材料、高端装备、绿色环保等一批新的增长引擎"。由技术革命性突破催生的新产业，能够摆脱传统经济增长方式、生产力发展路径，是新质生产力的基本载体。[①] 当然，新质生产力、新兴产业发展并不会阻碍传统产业发展，相反二者是相互促进、相互提升的，新质生产力离不开传统产业的支撑，没有传统产业，也就无所谓新兴产业，传统产业的多年积累和强大基础，为推动新兴产业发展、新质生产力发展提供了坚实基础，新兴产业的发展需要传统产业更新升级带来的市场空间以及提供的原材料、零部件、产业基础设施等的支撑作用。另外，新质生产力、新兴产业的发展，为传统产业转型升级增添了新动力、新活力，提供了新空间、新技术、新机遇、新模式。

科技创新最终要实现技术转化与产业化应用。科技创新催生了新产业，新产业推动新质生产力发展。只停留在科技创新阶段，不能转化为产业化应

[①] 张来明：《聚焦推动高质量发展，加快发展新质生产力》，《求是》2024年第9期，第56页。

用，也解决不了实际问题，发挥不了根本性作用，所以需要以科技创新推动产业创新，大力发展战略性新兴产业，推动新质生产力发展。新质生产力是技术、劳动者、劳动对象等的有机结合，是从概念设计、技术研发，到中试阶段，再到产品生产，是全链条的全面创新过程。新产业的知识技术密集、资源能源消耗少、成长潜力大、综合效益好，是具有重大引领带动作用的产业，包括新一代信息技术、生物技术、新能源、新材料、高端装备、新能源汽车、绿色环保以及空天海洋产业等，这些新产业推动了新质生产力发展。新产业的发展为科技创新和产业创新的融合、新型城镇化建设提供了丰富的应用场景和广阔的发展空间，有效改变了传统生产力发展路径，推动了城市经济高质量发展。比如，集成电路、智能网联汽车、新能源、新材料、高端电力、航空航天、生物医药等战略性新兴产业在中国制造业所占的份额逐年上升，为新质生产力发展、新型城镇化建设提供了可持续的发展空间与"弯道超车"的良好机遇。

（四）以新能源为重要支撑

新能源是新质生产力发展的重要内容和重要支撑。传统生产力、传统产业的关键问题在于以传统化石能源为支撑，进而带来了高能耗、高排放、高污染问题，制约了经济社会可持续发展。当今社会，新型城镇化建设、新质生产力发展、现代化产业体系建设，均要求加快传统能源转型升级与替代，加快发展以新能源为重要支撑的现代新型能源体系。新能源在中国"洁煤、稳油、增气、强新、多能互补、智慧协同"的能源战略中起着举足轻重的作用。能源体系在制造能力、基建能力和智慧化能力的推动下，正在由基于能源资源禀赋的能源体系走向基于技术创新的新型能源体系。[①] 随着新能源技术的创新与发展，以太阳能、风能、核能、海洋能、生物质能等新能源为主导的新型能源结构比重不断提升，并最终超过传统能源比重甚至取代传统

[①] 邹才能、李士祥、熊波等：《新能源新兴产业在推动新质生产力中的地位与作用》，《石油学报》2024年第6期，第889~899页。

能源地位，新能源成为新质生产力发展的重要支撑，也是未来经济社会发展中能源消费的主力军。

新能源是指传统能源之外的各种能源形式，比如太阳能、地热能、风能、海洋能、生物质能等。1981年，联合国召开的"联合国新能源和可再生能源会议"对新能源界定为以新技术和新材料为基础，使传统的可再生能源得到现代化的开发和利用，用取之不尽、周而复始的可再生能源取代资源有限、对环境有污染的化石能源，重点开发太阳能、风能、生物质能、潮汐能、地热能、氢能等。新能源一般是指在新技术基础上加以开发利用的可再生能源，包括太阳能、生物质能、风能、地热能、波浪能、洋流能和潮汐能，以及海洋表面与深层之间的热循环等；此外，还有氢能、沼气、酒精、甲醇等。随着能源技术的突破和绿色发展理念的形成，废弃物的资源化利用也可视为新能源技术的一种形式。在"技术创新+双碳目标"前轮牵引、"能源经济+能源安全"后轮驱动的"四轮驱动"下，推动新型能源体系建立与能源结构转型。发展新质生产力，必须高度重视发展绿色低碳的新能源，加快传统能源结构转型升级，开发并利用新能源，才能从源头上节能减排减碳，推动碳达峰碳中和，推动绿色低碳发展，这是培育和发展新质生产力的必然要求。

以新能源为重要支撑的新质生产力发展主要表现在三大方面。[①] 一是以能源技术创新与体制机制创新为重要动力，推动能源产业转型发展，进而推动新质生产力发展。新能源技术创新可以突破能源"卡脖子"技术难题，进一步降低新能源开发和应用成本，创新能源生产与消费的体制机制和制度政策，打通束缚能源产业发展的堵点卡点，破除阻碍能源技术创新的体制机制障碍，加快形成有助于能源产业新质生产力发展的政策制度环境，形成具有全球竞争力的新型能源创新体系。二是优化配置能源体系各生产要素，推动能源新业态、新模式发展。聚焦新能源、绿色低碳、

[①] 魏一鸣：《打造能源新质生产力 促进新型能源体系建设》，《煤炭经济研究》2024年第1期，第1页。

"双碳"产业等不同业态,积极发展先进核电、新型储能、电子燃料等新能源技术,加快培育能源发展的新业态、新模式,推动能源创新链产业链融合发展与强链补链。三是以能源技术创新、能源使用效率提升,加快推进传统能源生产与消费的转型升级。比如,以创新发展、绿色发展为重要理念,加强传统能源生产与消费过程的技术提升、流程改造。推广大型煤气化技术、低压甲醇合成技术等常规绿色技术和碳捕集与封存技术、绿氢与二氧化碳制烯烃技术等突破性绿色技术,推动传统煤化工产业低碳转型。从能源品种、产业链的上中下游、产供储运销各环节全方位推进减污降碳、提升能效,既要重视传统能源安全保障的"压舱石""稳定器"作用,也要加快提升传统能源利用效率,降低能耗和碳排放强度,推动传统能源产业绿色低碳发展,并与新能源产业发展形成联动,助力新质生产力发展。

(五)以新模式为重要架构

中国经济从粗放型向集约型的高质量发展模式转变,从传统的高耗能、高污染的资源密集型生产方式向高科技的资本智力密集型方式转变。新质生产力体现了产业空间优化布局的重要性和经济发展新动能提升的突出价值。新模式体现了生产要素、资源要素的创新性、合理化配置;体现了产业生产、运营、管理模式的结构转型与优化升级;体现了以劳动者、劳动资料、劳动对象及其优化组合的跃升;体现了全要素生产率的大幅提升,进而以结构重组、模式重构实现生产力的解放与跃升。新质生产力中的"质"包含了优质、高质量、高品质、高效率、高效益等特质,由数量型向质量型转变。习近平总书记提出,"视质量为生命、以高质量为追求""高质量发展是全面建设社会主义现代化国家的首要任务"。新质生产力概念的提出彰显了党中央对高质量发展的高度重视,明确了中国式现代化建设的核心动力源。

二 新质生产力赋能新型城镇化的理论逻辑

新型城镇化建设是关系中国式现代化建设全局、经济社会高质量发展的重大战略。党的二十大报告提出，创新是第一动力，坚持创新在我国现代化建设全局中的核心地位，深入实施新型城镇化战略，深入实施创新驱动发展战略。区别于传统城镇化，新型城镇化是指整个区域经济结构的调整与社会发展的转型，事关人们生活的改善，事关城市生态环境质量的提升。新型城镇化与新质生产力具有紧密的逻辑关系。新型城镇化的"新"就是要大力发展新质生产力，以新质生产力发展驱动城市发展方式转型、实现城市科技创新；新质生产力的"新"就是在空间场域的实践上推动以人为核心的新型城镇化建设，满足人民群众对美好生活、美丽生态的需求与期待。

习近平总书记在中共中央政治局第十一次集体学习时指出，"绿色发展是高质量发展的底色，新质生产力本身就是绿色生产力"。必须加快发展方式绿色转型，助力碳达峰碳中和。在新型城镇化建设中，要抓住新质生产力这一"牛鼻子"，发挥绿色低碳科技创新引领作用，搭建新型城镇化建设的绿色产业创新平台，将新技术、新业态、新模式引入到新型城镇化建设过程中，以绿色低碳科技创新驱动纯绿色低碳产业创新，以绿色低碳园区推动城镇产业高质量发展，改造提升传统产业，培育壮大新兴产业，布局建设未来产业，不断推进新型城镇化的绿色低碳高质量发展。

一方面，新型城镇化建设是新质生产力培育、形成和发展的重要场域和空间着力点。目前，大部分人口生活在城市，新型城镇化建设的质量直接关系到新质生产力的发展水平。没有城镇建设的高质量就不可能形成真正意义上的新质生产力，新质生产力的推动与实践需要在新型城镇化这一重要空间场域进行。新型城镇化建设不仅包括推动城乡融合发展，还包括既有城镇空间的更新改造、优化升级，即坚持以人为核心的新型城镇化建设理念，推动实现整个区域空间的高质量发展，这一过程是新质生产力发展的过程，而新型城镇化建设空间也是新质生产力培育、形成和发展的具体场域和空间着力点。新质生产力发展与新型城镇化建设是紧密关联、相互作用的。

另一方面，发展新质生产力是推动新型城镇化建设与高质量发展的内在要求和根本动力。新型城镇化建设需要以培育和发展新质生产力作为重要动能和突破口，只有发展新质生产力，才能在真正意义上改变传统城镇化道路，加快转向高质量发展，推动传统城镇化模式向以人为核心的新型城镇化方向转变。如图3-3所示，新质生产力对新型城镇化建设产生了积极的赋能作用。

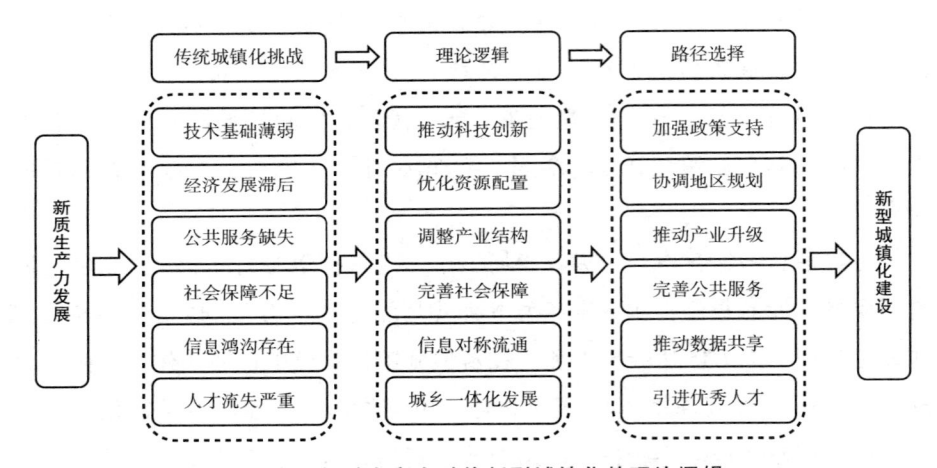

图3-3 新质生产力赋能新型城镇化的理论逻辑

资料来源：张震宇《新质生产力赋能城乡融合：理论逻辑与路径探索》，《重庆理工大学学报》（社会科学）2024年第2期，第11~21页。

面向传统城镇化存在的技术基础薄弱、经济发展滞后、公共服务缺失、社会保障不足、信息鸿沟存在、人才流失严重等诸多难题，新质生产力依托先进技术，推动科技创新，提升经济效率和质量；依托并推动新兴产业与未来产业发展，促进传统产业转型升级，调整产业结构；依托现代信息技术和大数据分析，以及物联网、人工智能等新兴技术的应用，消除"数字鸿沟"，实现信息对称流通和优化资源配置；依托智能设施管理水平和信息技术，创新公共服务模式，优化基础设施建设，完善社会保障制度，推动城乡一体化发展，提升区域发展质量；依托技术创新，推动地理信息系统和物联网技术结合，提高城乡能源使用效率，降低污染物的排放水平，为低碳经济发展提供科学支撑。新质生产力赋能新型城镇化建设，需要加强政策支持，协调地区规划，推动产业升级，完善公共服务，推动数据共享，引进优秀人才。

基于新质生产力赋能新型城镇化的理论逻辑分析，破解传统城镇化的高能耗、高排放、高污染的粗放发展模式，实现真正意义上的新型城镇化，需要大力培育和发展新质生产力。坚持以新发展理念为指导，实施创新驱动发展战略，走出传统意义上的以资源能源高消耗为代价、经济增长与环境污染难以脱钩的增长困境，以新技术、新产业、新能源、新模式等为重要引领实现城镇发展方式转型，推动绿色低碳高质量发展。深入实施新型城镇化战略，以习近平生态文明思想为指引，以低碳创新驱动为关键引擎，以战略性新兴产业和未来产业为重要载体，以满足人民美好生活需要、美好生态需求为核心目标，切实降低城市经济发展的"含碳量"，有效提升城市经济社会的"含绿量"，形成发展新质生产力、推动绿色低碳转型的新动能新活力。

三　新型城镇化建设的低碳创新驱动内涵

全球气候变暖是一个复杂的过程。二氧化碳等温室气体浓度持续升高，成为全球气候变化、温室效应形成、城市环境污染的重要原因。全球气候变化与人类行为高度相关，高能耗、高排放、高污染的生产生活方式直接或间接导致温室气体排放超出自然环境的自我承载力。传统工业化、城镇化模式导致严重的高碳排放、环境污染、生态恶化、生物多样性减少等问题，严重影响了地球生态系统的自我平衡。传统的工业化、城镇化模式颇受社会争议，比如，以重化工业为主导的经济结构、以化石能源为主体的能源结构，导致了资源能源的高强度消耗、生态恶化、环境污染等诸多问题。如何破解这些难题，必须贯彻新发展理念，将培育和发展新质生产力、实施创新驱动发展战略、推进绿色低碳发展等高度结合。以低碳发展、创新驱动为基本要求，提出和构建中国特色新型城镇化的低碳创新驱动模式及其路径具有重要的理论意义和实践价值。

（一）创新驱动是新型城镇化建设的根本动力

科学技术是第一生产力。科技创新驱动是提升新型城镇化建设水平、培育和发展新质生产力、推动高质量发展的核心要素和关键引擎。创新驱动是新质生产力的本质特征。新质生产力的"质"，强调在坚持创新驱动本质的基础上，通过关键性技术和颠覆性技术的突破为生产力发展提供更强劲的创新驱动力。新质生产力的本质是创新驱动，而这种创新驱动的关键在于关键性技术和颠覆性技术的突破。这种关键性技术和颠覆性技术将通过与劳动者、劳动资料和劳动对象的结合实现在生产中的应用，从而产生新的更为强劲的创新驱动力。[①] 在应对全球气候变化、资源环境约束趋紧、人力成本攀升、资金投入需求增大的现实背景下，新型城镇化建设必须改变传统城镇化建设模式，摆脱或降低对资源能源要素投入的过度依赖，逐渐转向依靠创新驱动、依靠创新发展，加快培育和发展新质生产力。传统城镇化模式以资源要素高投入和资源能源高强度消耗为代价，实现城镇规模的简单扩张，结果带来了资源能源高消耗、高排放、高污染，难以维持城镇化的可持续发展。改变传统工业化、城镇化的粗放发展模式，必须深入贯彻创新驱动发展战略，高度重视创新驱动对于新型城镇化的重要推动作用，高度重视科技进步、人力资本提升、管理创新驱动。[②] 如图3-4所示，新型城镇化建设应选择低碳创新驱动之路，就是要树立创新发展和绿色发展理念，以技术创新、制度创新双轮驱动寻求新型城镇化的新增长点和新突破口，能源技术创新、城市产业创新以及生活方式转变等驱动新型城镇化建设走向低碳、创新、协调、开放的高质量发展道路。

[①] 周文、许凌云：《论新质生产力：内涵特征与重要着力点》，《改革》2023年第10期，第1~13页。

[②] 洪银兴：《论创新驱动经济发展战略》，《经济学家》2023年第1期，第5~11页。

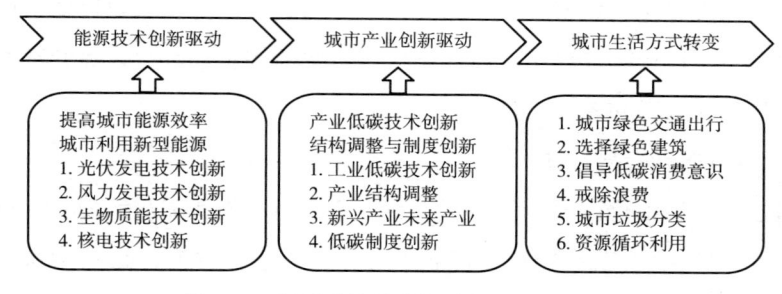

第三章　新型城镇化、新质生产力与低碳创新驱动的内涵阐释

```
┌─能源技术创新驱动─>┌─城市产业创新驱动─>┌─城市生活方式转变─>
         ↑                    ↑                    ↑
┌─────────────────┐  ┌─────────────────┐  ┌─────────────────┐
│提高城市能源效率  │  │产业低碳技术创新  │  │1.城市绿色交通出行│
│城市利用新型能源  │  │结构调整与制度创新│  │2.选择绿色建筑    │
│1.光伏发电技术创新│  │1.工业低碳技术创新│  │3.倡导低碳消费意识│
│2.风力发电技术创新│  │2.产业结构调整    │  │4.戒除浪费        │
│3.生物质能技术创新│  │3.新兴产业未来产业│  │5.城市垃圾分类    │
│4.核电技术创新    │  │4.低碳制度创新    │  │6.资源循环利用    │
└─────────────────┘  └─────────────────┘  └─────────────────┘
```

图 3-4　新型城镇化的低碳创新驱动之路

1. 技术创新的驱动作用

以科技创新和技术进步为驱动力，提升产业链层次和发展水平，提升产品质量和竞争力，进而提升新型城镇化的质量与效益。技术进步与创新有效降低了资源能耗消耗，减少了要素投入成本，提高了生产率，降低了环境污染程度，减少了资源、能源、环境的各种压力。[①] 在城镇能源、产业、建筑、交通等各个领域重视技术创新和现代技术应用，高度重视科技创新在新型城镇化进程中的动力引擎作用，提高新型城镇化建设的技术水平和服务质量。比如，在新型城镇化的能源领域，技术创新不仅意味着提高城市能源利用效率，降低能耗和碳排放强度，而且也意味着要加快新型能源技术创新与开发应用，加快光伏发电、风力发电、生物质能发电、核电等领域的技术创新，提升可再生能源在城市能源消费中的比重。又如，在产业领域，加强工业节能技术创新、推动产业结构调整与优化升级，大力发展战略性新兴产业、未来产业，加强制度创新推进新型城镇化建设。在新型城镇化的建筑领域，改变传统的纯人工搭建模式，采用大型机械如搭积木式地将钢结构、预制板等有机拼接，建筑内部空间按照需要灵活分割，与多项先进技术嫁接，依靠高科技应用和技术创新推进住宅产业化，打造现代绿色建筑，在一定程度上减少了能耗和碳排放，彰显了现代技术创新的重要魅力。再如，依靠现

[①] 王鹏、曾辉：《基于 EKC 模型的经济增长与城市土地生态安全关系研究》，《生态环境学报》2013 年第 2 期，第 351~356 页。

代技术建设智慧化的新型城镇，在交通、生活、工作等多个领域植入现代智能技术手段，运用新一代信息技术驱动城市生活和管理转型，提升新型城镇化的科技创新水平和服务质量。

2. 制度创新的保障作用

加强新型城镇化建设中的体制机制创新、制度创新和政策创新。科技创新和政策创新是实现碳达峰碳中和目标的两个重要方面，缺一不可。2022年6月，科技部、国家发展和改革委员会、国家能源局等九部门联合印发的《科技支撑碳达峰碳中和实施方案（2022—2030年）》提到，构建适应碳达峰碳中和目标的能源科技创新体系，同时统筹科技创新与政策创新，以促进低碳技术产业化。新型城镇化重视制度创新，破解了传统城镇化的户籍、土地、社会保障、行政管理等一系列制度瓶颈。比如，推动新型城镇化建设中的常住人口服务和管理制度创新；加快农民市民化进程，促进人口有序流动和社会融合；加快创新土地管理和住房制度，提高土地利用效率，保障城镇人口的合理性、保障性住房需求；加快新型城镇化的投融资制度创新，吸引社会资本参与新型城镇化建设，参与城镇基础设施建设，破解新型城镇化"资金难"的问题，提高城市基础设施的投资与运营效率，缓解政府财政压力和债务负担。新型城镇化建设坚持创新发展理念，重视体制机制创新，营造了良好的制度环境，充分释放了新型城镇化的发展潜力与活力。

（二）绿色低碳是新型城镇化建设的重要底色

新型城镇化区别于传统城镇化的高污染、高排放发展道路，重要特征和关键要素是绿色低碳。新型城镇化要贯彻新发展理念，选择绿色低碳的发展模式，区别于传统的"高碳"经济模式，其核心要义在于加强各种技术创新、政策创新与制度创新，推动城镇化发展向低能耗、高能效和低碳排放模式转型。[①]

[①] 葛小芳、傅正华：《低碳经济下的技术创新路径选择》，《价值工程》2021年第13期，第6~7页。

新型城镇化以绿色低碳为关键影响因素，真正实现经济增长与碳排放或环境污染的脱钩。脱钩（Decoupling）理论是分析经济增长与环境压力之间关联的理论，即在建设与发展过程中更加重视节能减排、生态保护、环境治理，推动经济增长与环境污染相脱钩。脱钩是指经济增长水平与资源能源消耗、环境污染水平的关联程度。[1] 当经济快速增长时，资源能源消耗强度和环境污染水平增加，表明经济增长与资源能源消耗、环境污染没有实现脱钩；当经济增长时，资源能源消耗强度、环境污染水平能保持稳定或下降，表明两者已经实现了脱钩。脱钩可分为"绝对脱钩"与"相对脱钩"两种形式，[2] 这两者可视作对不同脱钩程度的表述。根据经济发展与环境压力的脱钩状态，新型城镇化的低碳发展有经济发展、环境压力两个层面的目标。在经济发展层面，更加注重发展绿色低碳技术、绿色低碳产业，推动发展方式转变，提升城镇化发展质量与生态效益。在环境压力层面，更加重视节能减排，采用先进的环境治理技术、生态修复技术，推动城市生态环境改善与治理，增加城市生态承载力，提升城市生态环境质量。

（三）低碳创新驱动是新型城镇化建设的题中之义与关键引擎

基于创新驱动、低碳发展的高度结合和有机统一，低碳创新驱动成为新型城镇化建设的本质内涵与题中之义。应对全球气候变化、推动绿色低碳发展、实现碳达峰碳中和目标，都是新型城镇化建设的现实要求。城镇空间因人口、产业、交通、建筑等要素集聚，是能耗、碳排放的主要阵地，因此推动碳减排与绿色低碳发展意义重大。改变传统城镇化模式和粗放发展方式，应该加快城市低碳创新，发展低碳经济模式，同时发展低碳经济需要低碳科技创新作为支撑。[3] 新型城镇化的"新"就是要改变传统高能耗、高污染、

---

[1] 韩燕：《经济发展与资源环境承载力脱钩研究——以甘肃省为例》，《统计与决策》2021年第2期，第121~124页。

[2] 诸大建：《让经济增长与资源环境"脱钩"》，《文汇报》2006年9月5日。

[3] 岳雪银、谈新敏、黄文艺：《低碳技术创新在低碳经济发展中的作用及对策》，《科协论坛》（下半月）2011年第4期，第142~143页。

高排放发展模式，不再片面追求城市规模扩大、经济总量增长，而是选择低碳创新驱动的集约发展、低碳发展的新模式、新道路。所谓低碳创新驱动，是以低碳技术创新、低碳制度创新为驱动力，以降低碳排放、发展绿色低碳产业为重要方向，加快城市发展方式转变与绿色低碳发展，所采取低碳化的创新手段和工具集合。[①] 新型城镇化建设的低碳创新驱动，就是在深入实施新型城镇化战略过程中，坚持以人为本、以生态文明建设为基本目标，加强面向低碳、节能、生态的技术创新和制度创新，培育和发展新质生产力，驱动新型城镇化选择绿色低碳、创新发展的新模式、新道路。新型城镇化建设的低碳创新驱动通过资金投入加强基础研究，推动低碳知识生产、科技创新、基础理论研究、前沿科学研究，推动低碳的自主创新、技术集成、过程优化、成果试制、循环利用，进而形成低碳的能源结构、产业体系、产品生产，推动创新成果推广应用、创新协同发展，最后实现绿色低碳的高质量发展。

从技术层面看，以绿色低碳发展、实现碳达峰碳中和为重要目标，以绿色低碳、生态环保领域的技术突破为核心动力源，构建高能效、低能耗、低排放的创新发展模式。低碳技术创新主要包括减碳技术、无碳技术、去碳技术等。一是减碳技术，主要是以传统重化工领域碳减排技术、煤炭清洁利用技术等为主。二是无碳技术，主要是发展可再生能源的无碳技术。三是去碳技术，也可称之为碳汇技术，主要是碳捕集与封存技术、温室气体的资源化利用技术等。有学者把低碳技术归纳为能源替代、节能、碳隔离（固碳）技术等。[②]

从制度层面看，低碳创新是绿色低碳、生态环保等相关领域的体制机制创新与制度变革，是服务于低碳技术创新、低碳产业发展的有关战略规划、政策法规、制度机制等的创新。

[①] 陆小成：《区域低碳创新的文化制约及其服务体系建设研究》，《华北电力大学学报》（社会科学版）2012年第2期，第6~11页。

[②] 周五七、聂鸣：《促进低碳技术创新的公共政策实践与启示》，《中国科技论坛》2011年第7期，第19~21页。

从涉及的领域来看，新型城镇化的低碳创新驱动体现在多方面、多领域，重点包括经济、政治、社会、文化、生态文明五大领域。在经济层面，通过低碳技术创新和产业创新，大力发展低碳产业，全面开发利用低碳新能源，加快产业结构和能源结构调整；在政治层面，通过低碳发展规划、战略以及具体制度设计和低碳政策安排，构建绿色低碳化的城市治理体系；在社会层面，低碳创新促进社会建设与社会融合，不断改善市民的生存、生活、生产环境；在文化层面，以低碳价值观、低碳道德、低碳消费习惯等为重要内容，构建城镇低碳创新的文化体系；在生态文明层面，通过生态修复、环境治理、植树造林等创新活动，特别是依托生态环保技术、环境修复技术等的创新，提升生态环境质量，构建新型城镇化的生态文明与绿色低碳发展体系。通过五大领域的低碳创新驱动，构建资源集约、绿色低碳、生态宜居的新型城镇化建设模式。

四　新型城镇化建设的低碳创新驱动机理

低碳创新驱动是加快新型城镇化发展方式转变与经济社会全面绿色转型的必然要求。转变发展方式离不开技术创新、制度创新的驱动作用。加强面向绿色低碳、生态环保的城市科技、体制、管理、文化等多个领域的全面创新，有利于加快城市产业结构、能源结构等的转型升级，提升城市科技创新能力，打造低碳创新型城市。新型城镇化建设要改变传统的高能耗、高污染、高排放的发展模式，转变生产生活发展方式，选择绿色低碳的创新驱动模式，这是我国城市在可持续发展框架下应对国际减排压力和自身破解资源能源环境危机的战略选择。构建新型城镇化建设的低碳创新驱动模式，是深入实施新型城镇化战略、创新驱动发展战略、生态文明建设战略，实现"双碳"目标等的高度耦合，是选择低碳创新道路的内在逻辑。

（一）传统城镇化的模式转型

我国新型城镇化战略实施进入新时代，培育和发展新质生产力，要求从粗放型的高碳增长模式转变为集约型的低碳发展模式，从要素驱动转向创新驱动。新型城镇化的低碳创新驱动在机理上来自外部环境治理与内部碳减排的压力叠加。部分地区的城镇化速度过快，特别是土地财政等影响，城市无序膨胀引发土地与粮食安全、环境污染、生态恶化、交通拥堵、房价过高等问题叠加，发生大面积的城市雾霾、水体污染、土壤污染等现象，严重制约了城镇化质量与效益。此外，中小城市和广大的远郊区在推进城镇化过程中，缺少必要的资金、人才、技术、产业的支撑，技术创新能力不足，创新发展缺乏后劲。转变传统城镇化模式，迫切需要高度重视创新驱动的引擎作用，构建低碳创新驱动模式是传统城镇化模式的转型耦合逻辑。

基于以上压力，新型城镇化建设选择低碳创新驱动模式，就是从技术层面加强绿色低碳创新，破解我国传统城镇化道路中存在的高能耗、高污染、高排放难题。一方面，依托低碳技术创新进一步提高我国产业链创新链水平和韧性，通过大力开发和利用光能、风能、地热能、核能等绿色新能源，加快能源替代，提高新能源比重，从源头上降低能耗和碳排放强度，同时通过技术创新，提高产业竞争力和附加值，提高城市化的发展质量和效益，实现绿色低碳高质量发展。另一方面，贯彻新发展理念，树立"两山"理论，依托低碳创新驱动的新型城镇化道路，更加重视绿色低碳的技术创新、城镇规划与空间布局，更加重视生态保护、污染治理与环境质量改善，依托低碳技术创新和低碳制度创新不断推进资源能源集约利用与全面绿色转型，发展新质生产力，构建更加绿色低碳、生态宜居的新型城镇空间，更加有效地破解传统城镇化的生态环境问题，更加有效地应对全球气候变化和环境治理难题。

（二）创新驱动、新质生产力发展与绿色低碳转型的互动耦合

深入实施新型城镇化战略，构建低碳创新驱动模式，就是实现创新驱动、发展新质生产力与推动绿色低碳转型的互动与耦合。以低碳技术创新推动绿色低碳发展，依托低碳创新破解内外压力，发展新质生产力，破解资源环境瓶颈性制约，遵循经济绿色转型与生态环境治理的耦合逻辑，从根本上改变传统城镇化模式，切实提升新型城镇化的质量与效益，这是低碳创新驱

动模式构建的内在逻辑与核心要义。以创新驱动发展新质生产力，实现生产力革命性的解放与发展，破解发展不平衡不充分难题，满足人民群众对美好生活的期待，这是新型城镇化的根本目的和基本宗旨。与此同时，发展新质生产力是通过新型劳动者、新型劳动资料、新型劳动对象之间的物质转化与优化组合，在不破坏自然生态环境的同时，在资源环境可承载范围内，在遵循自然规律、实现人与自然和谐共生的前提下谋求价值增值与高质量发展。解放和发展生产力必然要求保护生态环境，尊重自然规律，维护自然平衡。新型城镇化的低碳创新驱动模式，体现了创新驱动、发展新质生产力与保护生态环境的内在耦合，彰显了"绿水青山就是金山银山"发展理念的内在耦合。这种耦合逻辑必然要求加快面向绿色低碳发展的技术创新，以低碳创新驱动赋能新型城镇化建设的新质生产力发展。

五　新型城镇化建设的低碳创新驱动意蕴

在新型城镇化建设过程中，深入贯彻实施创新驱动发展战略，以低碳创新赋能新质生产力发展，以低碳创新驱动城镇发展方式转型，以低碳创新驱动现代城镇高质量发展，进而促进人与自然和谐共生的中国式现代化建设，具有重要的理论价值和现实意义。具体而言，如图3-5所示，从技术、产业、社会、生态4个维度来看，以低碳创新驱动新型城镇化建设的重要价值意蕴主要表现在以下几个方面。

（一）技术层面：提升城镇创新能力，培育新质生产力的需要

创新是新型城镇化的不竭动力与本质特征。未来，能够掌握核心技术并将核心技术率先在产业中应用的城市，将占据引导全球产业发展的制高点。[①] 新型城镇化建设选择低碳创新驱动模式，就是要高度重视技术创新，

[①] 张晓旭：《新发展格局下推进新型城镇化的重点任务》，《区域经济评论》2022年第3期，第144~150页。

新型城镇化建设的低碳创新驱动意蕴

- **技术层面**：提升城镇创新能力，培育新质生产力。
- **产业层面**：转变城镇发展方式，推动产业低碳转型。
- **社会层面**：彰显以人为本理念，实现城乡融合发展。
- **生态层面**：加强城镇环境治理，推动绿色低碳发展。

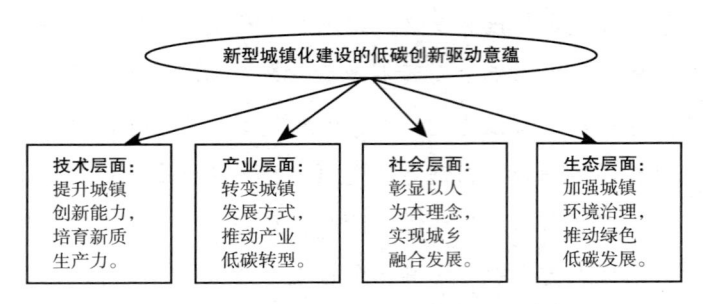

图 3-5　新型城镇化建设的低碳创新驱动意蕴

特别是绿色低碳创新驱动的重要引擎作用，以低碳技术创新促进产业创新，提升城镇化中的产业质量和效益，降低发展成本，进而提升城镇化质量与效益，实现新型城镇化过程中经济、社会、生态、文化等多领域的创新、协调、绿色、开放、共享发展，加快培育和发展新质生产力，推动新型城镇化高质量发展。低碳创新驱动模式的选择，最关键的是靠科技创新的力量，特别是低碳技术创新，促进新质生产力发展。任何经济社会的深刻变革，动力都来自生产力的进步提升。低碳创新驱动包括面向更加科学、绿色、低碳的技术创新和制度创新，更加重视生产要素的优化配置，加强科学管理，提高劳动生产率、资源利用效率，实现经济集约型、内涵式发展，推动新质生产力发展。相关学者用生产函数反映生产过程中投入和产出之间的数量关系，生产函数通常表示为：

$$Y = AF(K, N) \text{ 或者 } Y = AK^{\alpha}N^{\beta}$$

Y、K、N 分别指该经济的总产出、资本存量以及工人数量，变量 A 为全要素生产率，衡量使用资本和劳动力的总体效率，生产率 A 的提高代表能更有效地利用资本和劳动的技术改进以及经济的其他变化。[1] 根据这一公式，可以发现，提高经济产出的影响因素主要有资本、劳动和全要素生产率。假定其他因素不变，则资本存量 K 和工人数量 N 分别增加 ΔK 或 ΔN，

---

[1] 〔美〕安德鲁·亚伯、本·伯南克、迪安·克劳肖：《宏观经济学》（第7版），章艳红、柳丽荣译，中国人民大学出版社，2011，第63页。

产出只能增加 $a_K * \Delta K/K$ 或 $a_N * \Delta N/N$（$a_K<1$，$a_N<1$）；当生产率增长 ΔA 时，产出增加 $\Delta A/A$，产出增长率、投入增长率及生产率增长率之间的关系函数表示为：

$$\Delta Y/Y = \Delta A/A + a_K * \Delta K/K + a_N * \Delta N/N$$

可以发现，生产函数中经济总产出与资本存量、工人数量、全要素生产率之间的关系反映在城市经济发展中，表现为城市要素生产率的提高有效增加了经济总产出，实际上就是依托技术创新、资源要素优化配置等发展新质生产力，推动绿色低碳的高质量发展。低碳创新驱动以高效能、高质量为基本要求，以低碳性、创新性、融合性为基本特点，依托技术进步、管理优化、人力资本投资、资源自由流动、区域协调发展等举措，从根本上提高城镇土地、资本和劳动等要素收益，推动新型城镇化的高水平建设和高质量发展。从这一视角看，依靠科技进步、管理创新等提高要素生产率，实际上也是发展新质生产力，是以科技创新、产业升级、协调发展实现更大空间的新型城镇化建设。

目前，中国在能源开采、供应与转换过程中的输配技术、工业生产技术和其他能源终端使用技术上与发达国家相比还存在较大差距，低碳技术创新水平不高，粗放增长、高碳排放的传统城镇化模式不可持续。可以说，低碳技术水平不高和能源利用技术落后是造成城市能源效率较低和温室气体排放强度较大的重要原因。此外，重点行业落后工艺所占比重仍然较高，先进技术缺乏与落后工艺技术并存，使中国能源效率比较低。如果不能获得先进的、有益于减缓温室气体排放的低碳技术，则会受全球气候变化、温室气体排放、资源能源瓶颈性制约的挑战，粗放型经济增长模式难以为继。中国在世界经济竞争中的地位不断提升，受到的国际压力也不断加大，尤其是在资源能源安全和环境污染等方面的问题日益突出。西方发达国家通过殖民掠夺、资本扩张等多种手段，已经完成工业化、城市化进程，在资源能源消耗方面与中国相比具有弱需求的明显优势。发达国家的技术水平高、资本实力雄厚，并在全球布局产业链，可以转移产业能耗和碳排放压力，依靠资本力量直接享受广大发展中国家的廉价资源型产品。而中国的代加工制造和粗放型经济增长模式承接了发达国家的碳排放和资源消耗的转移,自身的资源能源消耗的硬需求进一步加大了资源能源消耗和生态环境压力。中国不可能选择西方发达国家的资本主义道路,不可能依靠殖民掠夺、资本扩张实现城市化道路,只能依靠自主创新、提升技术水平、关键技术特别是低碳技术创新的驱动作用,大力发展绿色低碳的新质生产力,推进新型城镇化建设,进而实现人与自然和谐共生的现代化目标。

科学技术是第一生产力。新型城镇化建设与发展需要发挥低碳技术创新的驱动作用。低碳技术创新是符合低碳经济发展需要,通过创新提升能效,实现减碳降碳固碳的技术创新模式。[①] 新型城镇化建设面向绿色低碳发展,要更加重视低碳科技、低碳知识、低碳技术应用与转化能力提升,建立城市低碳创新体系和低碳产业体系。以低碳创新促进低碳产业升级,在低碳创新中推动低碳发展,在低碳发展中加快低碳转型,进而形成良性循环,不断提高低碳科技创新能力,促进经济发展方式的转变和绿色低碳竞争力提升。

低碳创新驱动模式重在引导新型城镇化建设过程中各级政府部门、企业、社会组织等重要主体更加重视科技创新与绿色低碳发展之间的内在张力,更加重视技术创新、政策创新、产业创新、管理创新等,破解传统城镇化发展的内在难题。依托技术创新,提升城镇创新能力,正确处理城市规模扩张与城市有机更新、城市经济增长与城市生态改善、城市人口增长与城市质量提升之间的辩证统一关系。比如,在新型城镇化建设过程中,要充分吸引高校、科研院所、科技型企业、金融机构、社会组织等广泛参与,充分利用城镇化所涉及地区的自然生态资源与土地资源的空间区位优势,采取产学研结合、院地合作、协同创新等新方式、新机制,推动科技创新成果在新型城镇化地区的就地转化与产业应用,推动经济社会高质量发展。加快引进适

[①] 周彦霞、秦书生:《低碳技术创新驱动低碳发展探析》,《科技与经济》2013年第4期,第62~66页。

合本地实际情况的高科技产业，积极发展新技术、绿色制造、新能源、生态环保等新兴产业，推动产业创新与优化升级，切实提升城镇化的科技创新能力与产业发展水平。

低碳创新驱动模式有利于提升新型城镇化建设的低碳竞争优势，形成实现"双碳"目标的强大动力。当前，我国很多产业在国际上的竞争力不强，处于全球产业链的中低端环节。缺乏自主创新能力或依靠代加工生产谋求微薄利润的企业，往往陷入低端产业的"比较优势陷阱"。新型城镇化建设需要从要素驱动、投资驱动转向创新驱动。以技术创新特别是低碳技术创新，推动城镇化发展转型，形成并提升低碳竞争优势。同时，低碳技术创新驱动也有助于新型城镇化"双碳"目标的实现。碳达峰碳中和目标的实现关键需要技术突破，需要产业结构与能源结构的转型和升级，需要技术的创新实现源头上的节能减排。

在推进新型城镇化建设过程中，低碳技术创新将破解城镇化建设与"双碳"目标实现的诸多难题。习近平总书记指出，实现碳达峰碳中和目标要坚定不移，但不可能毕其功于一役，要狠抓绿色低碳技术攻关，加快先进技术推广应用。[①] 低碳技术创新有利于构建新发展格局，是推动产业基础高级化和产业链现代化建设的重要动力。新一代信息技术、低碳技术等的创新发展为新型城镇化建设与发展提供了技术动力和发展契机。低碳技术创新推动现代低碳产业发展，降低了产业能耗和碳排放强度，成为产业基础高级化和产业链现代化的重要抓手。低碳技术创新成为建设新型城镇化、实现"双碳"目标的根本动力源。构建现代化产业体系，应以技术创新、制度创新助力内循环活力释放。[②] 依靠新一代智能制造、能源存储、可再生能源、纳米技术等的低碳创新发展，以及低碳创新技术与现代低碳产业的融合发展，推动产业技术创新和转型升级，加快构建新发展格局，推动新型城镇化

[①] 习近平：《正确认识和把握我国发展重大理论和实践问题》，《新长征》2022年第6期，第4~8页。

[②] 高振娟、赵景峰：《创新驱动经济内循环的效应分析与路径选择》，《经济体制改革》2022年第1期，第195~200页。

向更加智能、更加绿色低碳、更加高质量的方向发展，进而助推碳达峰碳中和目标的实现。

（二）产业层面：转变城镇发展方式，推动产业低碳转型的需要

在产业层面，构建低碳创新驱动模式是新型城镇化建设加快发展方式转变、推动产业低碳转型、实现碳达峰碳中和的战略需要。构建低碳创新驱动模式更加强调低碳技术创新的引擎作用，以技术创新推动产业创新，加快产业转型升级，发展战略性新兴产业和未来产业，助力新型城镇化建设提升技术水平、提升产业发展质量与生态效益。长期以来，我国传统经济发展一直遵循比较优势理论，主要遵循以高投入、高消耗、高污染、低效益为基本特征的粗放型经济增长模式，该模式过于强调经济增长，而对资源、能源、环境、社会等因素考虑不够，是以资源能源消耗和环境污染为代价的不可持续的经济发展模式。改革开放以来，我国取得了经济社会发展的辉煌成就，但不少地区的经济高速增长，是以传统重化工产业为主导的经济增长模式，造成了资源能源高消耗、高排放、高污染，生态环境破坏与恶化，使得资源能源与环境问题成为中国推动新型城镇化发展的刚性约束，这种城镇化模式是不可持续的，也是与新型城镇化建设的目标不相适应的。构建新型城镇化的低碳创新驱动模式，表现在产业层面，就是以低碳创新发展新质生产力，推动传统城镇发展方式转变，加快产业转型升级和构建低碳产业体系，提升产业链价值链层级与低碳发展水平，实现新型城镇化的绿色低碳高质量发展。

1.传统粗放型经济增长模式难以持续

粗放型经济增长模式加大了对资源的消耗。自然资源是国民经济发展的重要基础，资源的禀赋、丰富程度及其配置与组合状况影响着国家的产业结构和经济竞争优势，特别是资源型产业和产品直接受到资源状况的影响。依靠简单的初加工所形成的资源型产品，技术含量不高，在市场上的竞争力不强，依靠低价、增量实现微薄利润，这进一步加大了对资源的硬需求和消耗速度。同时，中国人口基数大、发展水平低、人均资源短缺是制约中国经济

高质量发展与新型城镇化建设的长期因素。加强低碳创新驱动是从根本上改变传统粗放型经济增长模式的重要战略选择与新型城镇化高水平建设、低碳高质量发展的关键突破口。

2. 低碳创新驱动城镇发展方式转变

改变传统粗放增长的城镇化发展模式与格局，其突破口和关键点就是要转变发展方式。改革开放以来我国工业化、城镇化提速，城市化率由1978年的17.92%提高到2023年的66.20%，城镇化建设与发展取得了前所未有的辉煌成就，可以预期，中国城市化还未达到拐点，对比发达国家70%~80%的平均城市化水平，中国城市化还将继续提高。与此同时，不少资源型城市、工业型城市包括北上广深等超大城市，不同程度上出现了土地及资源能源浪费、环境污染、城乡发展失衡等严重问题。我国城镇化的快速发展是依靠土地、人口、资源等要素的大量投入来推动的，其实质是粗放型的城镇化模式。破解城市自身发展难题，需要从传统粗放型城镇化模式向紧凑集约、高效绿色的城镇化模式转型，即实现我国城市发展方式的转变。[①] 党的十一届三中全会后，中国开启了加快改革开放、实行经济体制转轨、转变经济增长方式的历史进程，[②] 城市化也跟随这一历史进程持续推进与不断调整。党的十二大报告提出，"把全部经济工作转到以提高经济效益为中心的轨道上来"。党的十三大报告提出，"坚定不移地贯彻执行注重效益、提高质量、协调发展、稳定增长的战略"。党的十四大报告提出，"努力提高科技进步在经济增长中所占的含量，促进整个经济由粗放经营向集约经营转变"。党的十七大报告提出，"促进经济增长由主要依靠投资、出口拉动向依靠消费、投资、出口协调拉动转变，由主要依靠第二产业带动向依靠第一、第二、第三产业协同带动转变，由主要依靠增加物质资源消耗向主要依靠科技进步、劳动者素质提高、管理创新转变"。从需求结构、产业结构、

[①] 陈明生：《产业升级、要素收益提高与我国城市发展方式的转变》，《新疆社会科学》2017年第4期，第45~50页。

[②] 黄家顺、邬沈青：《转变经济发展方式的新内涵与新路径》，《江汉论坛》2014年第12期，第12~16页。

要素结构等方面提出了经济发展方式的"三个转变"。

党的十八大报告提出,"使经济发展更多依靠内需特别是消费需求拉动,更多依靠现代服务业和战略性新兴产业带动,更多依靠科技进步、劳动者素质提高、管理创新驱动,更多依靠节约资源和循环经济推动,更多依靠城乡区域发展协调互动,不断增强长期发展后劲"。从消费需求拉动、现代产业带动、科技进步驱动、循环节约推动、区域协调互动等方面提出了发展方式转变的"五个依靠"。党的二十大报告强调,"加快转变超大特大城市发展方式"。党的二十届三中全会提出,"深化城市建设、运营、治理体制改革,加快转变城市发展方式"。从以上历次报告来看,党中央高度重视发展方式转变,强调提高城镇发展的经济效益和发展质量,为新型城镇化建设与发展方式转变提供重要指引。经过城镇化发展经验的积累,改变传统"摊大饼"式发展路径,加快构建低碳创新驱动模式,实现从规模扩张、数量增长、高碳排放向内涵发展、质量提升、绿色低碳方向转变,加快构建新发展格局,实现人口规模、土地开发强度不断下降,不断提升城市资源环境承载力,是新型城镇化建设之所以"新"、区别传统城镇化模式的重要内容和基本要求。

新型城镇化建设需要发挥低碳创新驱动作用,发展新质生产力,大力构建以低能耗、低污染、零排放、高效益等为特征的集约型、低碳型的经济发展方式。传统城镇化道路主要依靠资源能源消耗,先污染、后治理的灰色之路,而发展低碳经济则是从高碳生产生活方式转变为低碳生产生活方式,实现绿色、低碳、生态发展之路。转变发展方式必须将节能减排压力转化为发展动力,加强低碳创新驱动,实现社会效益、经济效益和环境效益的多赢。贯彻落实全面、协调、可持续的科学发展观,突破资源能源环境瓶颈性制约问题,需要加快转变经济发展方式。加快发展方式转变,实施创新驱动发展战略,就是需要以低碳技术创新为突破口,以加强低碳创新为重要抓手。经济发展不仅包括经济增长,还包括社会效益的增进与协调,生态环境的改善,资源能源的集约化利用以及文化教育、医疗卫生、人民生活质量、幸福指数的改善与提升等多个方面。因此,推动以人为核心的新型城镇化,实现经济发展方式的转变，不能仅仅考虑 GDP 的增长，还要考虑资源能源的节约和环境友好，考虑社会利益和民生的改善。而转变传统经济发展模式，实现经济社会效益与环境效益的双赢，就需要以低碳技术创新为重要抓手，加强节能减排，推动绿色低碳发展。

3. 低碳创新驱动产业迭代升级

低碳创新驱动是技术创新与制度创新、产业创新的多轮驱动。在加强低碳技术创新的同时，加快低碳产业创新，推动绿色低碳发展、生态环境治理等制度与政策创新，有利于破解发展中的体制机制障碍，实现资源要素优化配置，释放生产力活力，推动传统产业转型升级，加快发展绿色低碳产业。低碳创新强调深化改革与低碳制度创新，充分发挥市场"无形之手"的资源配置决定性作用，充分发挥政府"有形之手"的政策引导与制度监督作用。加强传统产业转型升级的制度创新与政策扶持，大力构建绿色低碳产业体系，提高产业质量和绿色竞争力，以制度创新推动产业能耗和碳排放强度降低，实现新型城镇化建设的低碳转型与创新发展。发挥科技创新的乘数效应，加强低碳创新驱动，推动产业结构转型升级，提升社会整体生产力水平，依托技术提升从根本上解决投入结构不够合理、资源能源消耗多、科技贡献率低等问题，以绿色低碳技术提升实现产业高端化升级与新型城镇化建设的低碳高质量发展。

(三) 社会层面：彰显以人为本理念，实现城乡融合发展的需要

在传统城镇化范式下，依靠高投入、高能耗、高污染、高排放的粗放型经济增长模式带来资源能源高消耗、生态环境严重污染以及城乡差距的不断扩大，这导致城镇化过于注重经济增长速度，城镇化质量和效益不高，违背了以人为本、以人民为中心的根本宗旨。传统城镇化受多方面因素的制约，导致只见"物"不见"人"的发展，技术水平低、创新力不足、发展方式粗放、社会建设滞后，直接或间接地导致经济与社会、经济与生态、经济与文化之间的非和谐关系，也导致人与社会、人与自然关系失衡、城乡差距扩大和非协调发展。比如，存在户籍人口城镇化率长期以来低于常住人口城镇

化率，农民市民化门槛高，城乡之间基本公共服务均等化水平低，老旧小区改造进展缓慢等难题。

低碳创新驱动模式注重城市管理、治理创新，注重实现新型城镇化精细管理与资源集约利用、生态环境治理的统筹协调。新型城镇化的"新"在于依托创新驱动，实现从传统的粗放增长、低质量增长模式转型为经济高质量发展、生态环境保护、区域协调、城乡融合的新发展模式，这就需要各级政府部门树立创新、协调、绿色、开放、共享的新发展理念，更加重视资源能源集约利用、绿色低碳发展，更加重视生态环境保护和跨区域协同治理创新，坚持以人为核心的新型城镇化道路，按照让人和城市融入大自然、人与自然和谐共生、自然与社会融合的发展思路，创新城市环境治理制度，加强大气、土壤、水体污染等治理与修复，加强城市绿化、社会生态建设，保护自然生态田园，构建绿色低碳的新型城镇生产生活空间。

低碳创新驱动模式注重在新型城镇化建设中融入创新、低碳、协调等元素。低碳创新驱动以绿色低碳的技术创新、制度改革、管理提升，破解城镇化建设中的历史性难题，融入创新、低碳等理念，以新技术、新业态、新模式引入城镇化建设中。低碳创新驱动加快破解以往的城乡二元化、城镇资源环境承载力不足、生态恶化、环境污染等诸多难题，加快城市发展方式转变，以低碳创新实现绿色低碳发展，以低碳创新推动城镇高质量发展，以低碳创新实现城乡融合发展，以低碳创新实现区域协调、城乡统筹、经济社会与生态的融合发展。

（四）生态层面：加强城镇环境治理，推动绿色低碳发展的需要

在生态层面，低碳创新驱动新型城镇化建设与发展，有利于依托低碳技术创新与突破，从源头上减少能耗和碳排放强度，推动生态环境治理，鼓励植树造林，增强生态碳汇能力，增强城市生态系统稳定性，改善城镇生态环境质量，加快森林城市、花园城市、美丽城市建设，实现碳达峰碳中和目标。城镇化的推进，特别是城市用地的不断扩张，导致城市功能系统中自然生态空间的减少或压缩，降低城市生态承载力，直接影响城市环境质量的改

造与绿色低碳发展。低碳创新驱动有利于新型城镇化的生态环境治理，在城市功能布局与空间优化上，更加注重绿色、低碳、环保，加快人与自然和谐共生的现代化建设。

一是加强低碳创新驱动，既能从产业层面降低能耗和碳排放强度，减少对资源能源的消耗，减少对生态环境的破坏，又能提升生态环保和环境治理的技术水平，破解经济增长、城市扩张与环境污染、生态恶化的"两难"困境，从根本上实现资源集约利用和环境优化，加快推动新型城镇化的绿色低碳发展。

二是树立低碳创新理念，加强土地开发模式和城镇发展模式发展、城镇空间布局创新与转变。低碳创新驱动不仅仅是技术层面的低碳化创新，还包括空间层面、系统层面、制度层面的低碳化创新。比如，在空间布局、资源整合、系统优化方面重视土地的集约化利用、生态环境的保护、能耗和碳排放强度的降低，推动新型城镇化的绿色低碳发展。低碳创新驱动更加重视土地利用、产业发展、居住空间的优化布局与资源整合，避免职住分离现象发生，避免"睡城"现象发生，避免商业区过分强调商业功能，忽视或减少商业区的生活功能实现。

三是在园林绿化、森林碳汇等方面进行综合考虑和优化提升。低碳创新驱动更加重视节能减排、绿色低碳、集约利用的战略高度，更加重视新型城镇化建设中的城市绿化率、森林碳汇能力提升，更加重视留白增绿、大尺度扩大生态空间。在规划设计、园林建设等方面树立绿色、生态、低碳、宜居的发展理念，在城市规划、建设、治理过程中尽可能增加更多的城市绿化面积，多留白增绿，实现人口密度、建筑密度与生态空间相协调和相对平衡，城市空间拥有更多的生态元素和森林碳汇能力，有利于构建田园城市、生态城市、低碳城市和宜居城市。

四是在城镇交通与建筑建设方面，更加重视交通、建筑的低碳发展。加快城市道路交通建设，特别是远郊区县和城乡接合部的交通建设，应将快速公交、地铁线路尽快延伸到城乡接合部和远郊区县，并设立多个停靠点，促进城乡区域协调发展，避免人口或企业在核心区过分集中和扎堆，引导企业入驻交通便利的远郊区县。在城镇建筑上，重视绿色低碳技术应用，使用绿色材料，发展低碳建筑。

五是在城乡融合发展方面，以低碳创新驱动城乡人居环境整治与低碳化改造。以绿色低碳发展理念为指引，新型城镇化建设更加重视城乡统筹协调发展，加快基本公共服务均等化供给，加强城乡一体化基础设施建设和生态环境治理，实现新型城镇化发展方式转变、生态环境治理、绿色低碳发展等的共赢。

六　本章小结

本部分主要研究新型城镇化的低碳创新驱动内涵、内在机理及其战略意义。立足新发展阶段的新型城镇化战略，必须贯彻新发展理念，将深入实施创新驱动发展战略、发展新质生产力、推进绿色低碳发展高度结合。以低碳发展、创新驱动为基本要求，提出和构建中国特色新型城镇化的低碳创新驱动模式及路径具有重要的理论意义和实践价值。

第四章 基于多元主体的新型城镇化建设低碳创新驱动模式构建

创新主体是创新实践活动的发起者、承担者、推进者。不同的主体拥有的资源和能力不同，所发挥的作用不同，创新的实际效果也有所不同。低碳创新主体是全过程动员并参与低碳科技创新活动的实施者、推动者。低碳创新驱动是面向绿色低碳科技创新的复杂系统，低碳创新活动是难以以单一方面、单一主体的力量完成的创新活动，而是涉及多主体、多领域、全方位的综合的创新过程。新型城镇化建设区别于传统城镇化过程，在主体层面，不再仅仅是企业或者政府管理部门的单一主体创新，而是多元主体的利益整合、参与互动过程，主要包括政府、企业、科研院所、社会组织、社会公众等多元主体的资源优化配置与协同推进。

一 政府主导型的低碳创新驱动模式

新型城镇化建设的低碳创新驱动离不开政府决策等的创新引导或主导作用。在面向绿色低碳的科技创新过程中，需要政府在战略规划、决策制定、政策扶持、设施建设、服务完善等多方面提供必要的行政支撑。低碳经济发展是一个较为长期的过程，需要充分发挥政府主导的积极作用。[1]

---

[1] 黄栋、胡晓岑：《低碳经济背景下的政府管理创新路径研究》，《华中科技大学学报》（社会科学版）2010年第4期，第100~104页。

从国外来看，许多发达国家为应对能源耗竭、高碳排放、环境污染、生态恶化等系列问题，提升科技创新竞争力，加强低碳经济发展，从国家战略层面制定低碳科技创新战略与相关政策，将发展低碳经济、推广低碳技术提高到战略高度。[①] 发挥政府主导作用，就是要从创新理念、政府服务职能、创新战略、创新政策等多个方面推动新型城镇化建设的低碳创新发展。

新型城镇化建设本身需要发挥政府的主导作用，低碳创新同样需要发挥政府的政策扶持、资金投入等作用。政府在低碳创新过程中的职能主要在于制定低碳创新战略规划、出台低碳创新鼓励政策、加强低碳创新技术的知识产权保护、加强低碳技术推广应用的市场监管等，而不是对低碳技术创新具体活动的直接参与、干预或包办代替。具体而言，政府主体在低碳创新中的作用主要表现在以下几个方面。

（一）制定低碳创新的战略规划与扶持政策

从政策供给层面考察，政府应该发挥鼓励、引导和支持低碳创新的政策主体作用，加强低碳发展的战略规划制定，加强低碳政策创新与供给。由于低碳创新的高风险、高投入、高效益的外部性和长周期性等特点，需要必要的低碳创新政策扶持、研发经费投入等，鼓励和引导低碳创新活动，提升新型城镇化建设的创新能力和技术水平，实现经济利益与生态环境效益、社会效益与长远效益的统一，弥补市场失效或创新损失。

绿色低碳的制度创新、政策创新，是鼓励和保障低碳创新活动的重要内容。政府主导视域下的低碳创新驱动模式，主要是发挥政府的各类政策引导和扶持作用，如表4-1所示，[②] 制定并完善财政政策、税收政策、金融政策、土地政策、投资政策、资源环境政策、进出口政策等，发挥这些政策之间的协同与关联作用，影响和提升碳生产率，直接或间接地鼓励和扶持低碳

[①] 王靖宇、史安娜：《低碳技术扩散中政府管理的国际经验比较研究》，《华东经济管理》2011年第5期，第19~22页。

[②] 李佐军：《低碳发展的逻辑》，中国财富出版社，2014，第54~55页。

科技创新、低碳科技应用、低碳产业发展等活动，形成低碳创新驱动发展的良好政策环境。

表 4-1 重点领域节能技术现状

政策类型	对碳排放量的影响	对经济发展的影响
财政政策	财政政策通过提供必要的财政投入和资金支持，激励企业和研究机构进行低碳技术研发，如中央财政资金对光伏、风电发电量予以补贴，鼓励新能源产业发展，支持节能技术改造和机制创新，提高能源利用效率，降低能源消费量和碳排放量	面向节能减排，增加（减少）政府支出和转移支付，会提高经济质量和生态效益，增加（减少）总产出
税收政策	对绿色低碳产品、新能源产业等进行税收减免，降低企业节能减排的税收负担，鼓励低碳产业发展，降低碳排放量	降低（提高）税率会增加（减少）总产出
金融政策	通过提供优惠贷款、发行绿色债券、设立绿色发展基金等方式，激励投资者对低碳项目投资，减少对高碳项目投资，降低碳排放量	提高利率、存款准备金率，在公开市场上卖出票据会减少总产出，反之亦然
土地政策	制定土地政策，优化城乡布局，保护耕地资源，避免耕地被非农化，加强生态用地管理，合理规划城市建设用地，降低碳排放量	土地供应充足会为经济增长创造条件，反之，经济发展会受到制约
投资政策	引导资金流向低碳技术和可再生能源项目，投资绿色低碳技术研发和创新，支持绿色、循环、低碳的产业，投资绿色基础设施，提高能源使用效率，降低碳排放	通过审批的投资规模会影响经济增长的速度
资源环境政策	资源环境政策通过推动能源结构优化，增加清洁能源的使用；引导产业结构调整，推动高能耗、高排放产业向低能耗、低排放产业转型，制定严格的环境监管和排放标准，促进清洁生产，限制高碳排放企业的排放量	在资源环境方面制订更为严苛的目标会减缓经济发展的速度
进出口政策	关税税率、进出口配额、出口退税汇率、绿色贸易等政策可以促进环保科技、可再生能源等产业发展，降低碳排放量。鼓励企业采用低碳、节能、环保的生产方式，推动绿色供应链管理，鼓励绿色低碳产品和服务出口，有利于本国能耗和碳排放强度	促进出口、抑制进口的政策会增加总产出，反之亦然

财政政策在推动碳减排和实现碳达峰碳中和目标方面发挥着重要作用。财政政策对碳排放量影响的主要表现为，财政资金通过直接投资和补贴等方式，支持绿色低碳发展。比如，中央财政安排了大量资金支持绿色低碳发展相关项目，推动清洁能源、节能减排等领域的发展。制定绿色采购政策，通过采购绿色低碳产品，建立健全绿色低碳产品的政府采购需求标准体系，推广应用绿色建材和装配式建筑，促进绿色消费，推动市场向低碳转型。发挥财政资金的撬动作用，推动建立多元化资金投入机制，规范有序推进生态环保领域的政府和社会资本合作（PPP）。财政政策支持绿色低碳科技创新，提升绿色低碳技术的研发和应用能力，推动绿色低碳基础能力建设。财政政策支持绿色低碳生活方式和资源节约利用，推动社会形成绿色低碳发展模式。财政政策与其他政策如资源环境政策、产业政策等相互协同，形成合力，共同推动碳减排。财政政策通过多种手段和措施，综合运用资金支持、政府采购等方式，有效推动了碳排放量的降低和绿色低碳转型。

金融政策对低碳科技创新、碳减排具有重要的激励和扶持作用。通过提供优惠贷款、发行绿色债券、设立绿色发展基金等方式，激励投资者对低碳项目和绿色产业投资，减少对高碳项目的投融资；金融机构通过评估和管理与碳排放相关的风险，促使企业采取更环保的生产方式，减少碳排放；通过碳交易市场等机制，形成合理的碳定价，激励企业和个人减少碳排放；为低碳技术研发与低碳产业创新提供资金支持和风险投资；通过信贷政策、保险产品等影响消费者行为，鼓励消费者选择更环保的产品和服务。

土地政策对碳排放量的影响主要表现为制定更加科学合理的土地利用规划，提高土地利用效率，降低碳排放量。土地利用变化是影响碳排放的重要因素之一。土地利用的直接碳排放主要来源于土地利用类型转变和土地经营管理方式变化，如农地非农化、围湖造田等。此外，土地利用的间接碳排放包括聚居区的能源消费、工矿用地的碳排放以及交通用地上的交通工具碳排放等。制定和完善土地政策，优化城乡布局，提高土地使用效率，减少对新土地的开发，降低因土地利用变化导致的碳排放量。制定更加严格的耕地保护政策，保护耕地资源，避免耕地被非农化，减少因土地利用变化而产生的碳排放，维持土壤碳库稳定。加强生态用地管理，保护和恢复森林、草地、湿地等自然生态系统，增强其碳汇功能，吸收并储存更多大气中的二氧化碳。加强土地整治和生态修复项目，改善土地质量，提高土地的生态服务功能，有助于增加土壤碳汇和减少碳源。加强城市土地管理，在城市化进程中，合理规划城市建设用地，推广绿色建筑和基础设施，减少城市扩张对自然环境的破坏，降低城市化过程中的碳排放。此外，制定和完善土地政策与市场机制，构建碳交易等市场化机制，激励土地所有者和使用者采取低碳的土地管理方法，制定和实施有关土地利用的环保法规和标准，限制高碳排放的土地使用方式，促进低碳土地利用模式。

投资政策对碳排放量的影响主要表现为通过引导资金流向低碳技术和可再生能源项目，降低碳排放强度；投资绿色低碳技术研发和创新项目，促进低碳技术的发展和应用，提高能效，减少能源消耗和碳排放；通过投资政策支持绿色、循环、低碳产业发展，推动产业结构优化升级，降低高碳行业比重；投资绿色基础设施，如公共交通、节能建筑和智能电网，提高能源使用效率，降低碳排放；在投资项目审批中，实施环境影响评估制度，确保投资项目符合低碳环保要求。

资源环境政策对碳排放量的影响主要表现为资源环境政策通过推动能源结构优化，鼓励发展风能、太阳能等可再生能源，增加清洁能源的使用，减少对煤炭、石油等高碳能源的消耗，降低碳排放。引导产业结构调整，推动钢铁、化工等高碳行业进行技术改造和升级，推动高能耗、高排放产业向低能耗、低排放产业转型，提高能效和减少碳排放。通过严格的环境监管和排放标准，要求企业在生产过程中减少污染物和温室气体排放，促进清洁生产，限制高碳排放企业的排放量。资源环境政策支持绿色技术的研发和应用，为碳排放提供了市场化的解决方案，推动工业固体废物的综合利用，增强生态系统碳汇功能。资源环境政策通过多种机制和措施，对降低碳排放量产生了显著影响，推动了经济社会向绿色低碳转型发展。

政府加强低碳技术创新与制度创新，进一步提升产业质量和效益，推动产业结构调整与优化升级，推动低碳经济发展。与此同时，产业结构调整特别是低碳产业发展，为低碳技术创新及其转化应用提供重要场景和市场空间，形成良好的低碳市场发展预期，进而鼓励和引导企业积极参与低碳技术创新，形成推动低碳技术与低碳产业联动发展的创新政策体系与低碳市场环境。

（二）完善低碳创新的基础设施与公共服务

低碳科技创新的配套基础设施建设是一个相对宽泛的概念。不仅仅是基础设施本身在能耗和碳排放方面实现低碳化、智能化，而且还包括为低碳技术创新提供相关的实验基地、信息网络、数据中心以及交通、建筑等配套基础设施，是有利于推动低碳创新、减少创新成本、提升创新能力的不可或缺的创新设施和基础条件。低碳创新基础设施主要包括提供低碳科技创新与知识传播的公共实验室、公共图书馆、公共会议室、低碳信息服务平台、数据中心、信息基础设施等，还包括为低碳技术创新提供推广、应用、成果转化的相关基地、交通条件、创新用房等配套设施。这些基础设施建设有利于降低低碳创新成本，营造良好的创新环境，也有利于企业、科研院所协同参与低碳技术创新，助推产学研协同。

低碳创新基础设施也属于新型基础设施。通过科技、通信、网络等多方面技术与设施融合，促进大数据、人工智能、云计算、物联网等新一代信息技术在基础设施建设以及低碳技术创新领域的广泛应用，助推了许多关键性低碳技术突破，也助推了许多低碳创新产品的广泛应用，极大地提高了低碳技术创新效率。各级政府应为低碳创新提供必要的新型基础设施和物质保障条件，改善并优化低碳创新的硬环境。在新型城镇化建设中，政府部门应加快大数据、云计算、人工智能等新一代信息技术在新型城镇化建设中所覆盖的各个区域特别是郊区、城乡接合部、农村地区的广泛应用，加快这些区域的新型基础设施、交通基础设施、科技基础设施、通信基础设施等的配套与建设，既有利于降低这些区域的产业、交通、建筑、居民生活等各个领域的能耗和碳排放强度，也有利于许多新能源技术、低碳节能技术在城乡接合部、郊区、农村地区的广泛使用和推广应用，既推动了低碳技术创新，也实现了低碳创新产品的市场应用，实现供需对接，拉动内需，促进国内循环，进而有利于加快构建新发展格局，推进新型城镇化低碳创新发展。

新型城镇化建设需要政府部门整合社会资源，吸引企业、科研院所、社会资本、社会组织、社会公众广泛参与，加快建设有利于低碳科技创新的各类新型基础设施。新型城镇化提供了基础设施建设、更新、优化的良好契机。一方面，政府部门要加快弥补基础设施短板，特别是老旧小区、棚户区、城乡接合部、郊区以及广大的乡镇地区，要加快相关基础设施建设与完善，减小区域和城乡之间的基础设施建设与公共服务供给差距，让当地老百姓共享新型城镇化发展成果。另一方面，要加快科技基础设施、交通基础设施、通信基础设施、能源基础设施等的更新与建设，为低碳科技及其产品在新型城镇化地区的创新与应用提供基础条件和重要保障。比如，政府部门加快新型城镇化的工业互联网规划与配套设施建设，有利于企业、科研院所利用人工智能、大数据、云计算等新技术进行低碳创新设计，利用工业互联网传输生产设备运行数据，加快生产工艺、生产流程、产品结构等的低碳改进，这本身就有利于企业降低创新和生产成本，从源头上减少资源能源投入，减少能耗和碳排放。又如，政府部门加快新能源基础设施建设，特别是利用工业互联网和相关技术设计，在闲置屋顶、空地、广场、荒山荒坡、滩涂等空间，加快建设分布式与集中式相结合的光伏、风力发电站，既为当地提供稳定的绿色电力，也可通过互联网优化能源供给结构，协同低碳能源生产侧、用户侧的能耗数据，加强低碳能源集中管控，合理制定用能计划，实现智能化、低碳化用能，改变传统能源结构，降低能耗和碳排放强度，助推新型城镇化建设的能源转型与低碳发展。可见，在新型城镇化建设中，政府主导的低碳创新驱动模式对加快新型基础设施建设意义重大，为低碳科技创新提供必要的物质保障和基础条件。

（三）构建低碳创新的文化氛围与社会环境

以创新驱动新型城镇化建设、发展新质生产力、推动绿色低碳发展，都离不开创新文化的滋养和熏陶。习近平总书记高度重视科技创新，更加重视创新文化建设。习近平总书记在党的二十大报告中明确提出，"激发全民族文化创新创造活力，增强实现中华民族伟大复兴的精神力量"。习近平总书记在 2024 年 6 月 24 日召开的全国科技大会、国家科学技术奖励大会、两院院士大会上强调了"八个坚持"，其中"坚持培育创新文化"就是重要经验之一。培育创新文化是发展新质生产力的根基，创新是体现人类主体性的高度自觉的行为，是对客观世界有价值的认识、实践和改造。与其相适应的创新文化是从精神、制度、物质和行为层面激发生产要素与生产关系不断重组的思想动力。① 低碳创新离不开一定的文化氛围。政府主导的低碳创新驱动应重视鼓励低碳科技创新的文化氛围营造与创新生态培育。所谓低碳创新文化，是以低碳价值观、低碳创新理念为主导的创新文化氛围。围绕低碳科技创新及其发展，政府应该重视创新文化建设，积极发挥社会主义核心价值观和主流价值观的引导与培育功能，为全社会树立低碳理念和低碳创新价值观，构筑社会文化基础。整合各种有利于低碳创新的文化因素，组织有关绿色低碳的文化活动，倡导低碳创新和环境保护的行为习惯，鼓励信任、合作、冒险、宽容的低碳创新文化氛围与社会环境。

（四）推动低碳创新的产学研合作与资源共享

在低碳创新驱动模式构建中，如图 4-1 所示，政府在低碳创新中的重要作用还表现为推动政府与企业合作、部委与地方合作、高校与企业合作、企业与金融机构合作、国际合作创新，通过创新项目、创新团队、创新文化等的建设，优化资源配置，为低碳创新搭建知识共享、资源共享平台，加快产学研合作创新、推动低碳创新链、低碳产业链、低碳供应链等"三链融合"。推动企业、高校、科研机构、金融机构、社会组织等多主体开展科技创新的深度合作。② 由于低碳创新的外部性，不能仅仅

---

① 王克修、王露曼：《坚持培育创新文化 加快推动新质生产力发展》，《湖南日报》2024 年 6 月 28 日。
② 黄庆：《高校要融入区域创新体系》，《中国教育报》2008 年 11 月 3 日。

依靠单一企业的力量，需要政府从生态环境治理、经济社会发展绿色转型的战略高度，加强低碳创新的政府引导与资源配置，推动产学研合作与资源共享。加大对低碳技术创新的资金投入，加大低碳技术扩散的政府引导力度，加快产学研合作与资源共享。政府发挥引导或主导作用，整合各行业、企业、金融机构、信息服务机构以及其他创新平台的资源，推动低碳科技创新的产学研合作，搭建良好的低碳创新服务平台，推动低碳创新链产业链供应链融合发展，提升新型城镇化建设的低碳创新能力与发展活力。

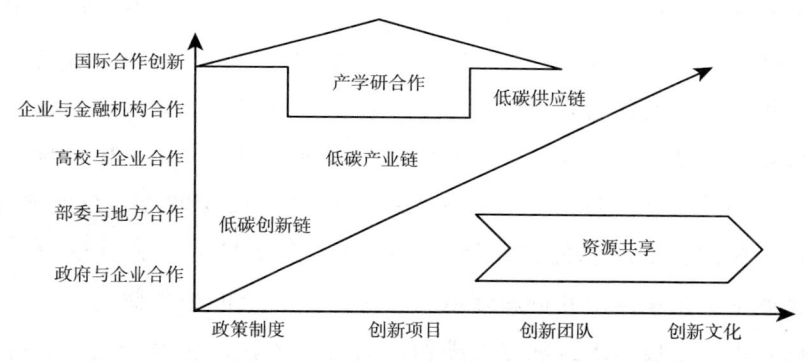

图 4-1 政府在低碳创新驱动中的产学研合作与资源整合作用

二 企业主导型的低碳创新驱动模式

与政府主导不同，在新型城镇化建设过程中，要重视发挥企业的创新主体地位。习近平总书记在党的二十大报告中强调，"强化企业科技创新主体地位"。二十届中央财经委员会第一次会议指出，"要加强关键核心技术攻关和战略性资源支撑，从制度上落实企业科技创新主体地位"。企业面向市场经济，是技术创新与进步的主要推动者、经济运行与实施的主要贡献者、市场需求服务的主要供给者。在激烈的市场竞争中，企业对市场需求反应最灵敏、对消费趋势把握最及时，因而最具有创新愿望、创新紧迫感，是创新的主要实施者、受益者。企业主导型的创新驱动过程，进一步强化企业在创新中的主体地位，让创新离市场更近、离需求更近、离产业更近。构建企业主体型的低碳创新驱动模式，就是要转变部分传统企业的代加工、贴牌生产模式，夯实企业科技创新主体地位。企业重视面向绿色低碳领域的技术提升，增加研发投入，引进低碳科技人才，提高低碳创新能力，提升企业低碳技术竞争力，进而推动新型城镇化建设的创新发展，引领新型城镇化建设的低碳产业革命、低碳经济发展、生态环境质量提升。

在新型城镇化过程中，高度重视企业作为绿色低碳技术供需、绿色市场供需对接的重要主体。发挥企业在绿色低碳市场资源配置中的作用，政府不能代替包办企业创新行为，政府各职能部门主要发挥战略规划、政策引导作用，具体的创新行为主要由企业自主进行。新型城镇化建设的企业主导型创新驱动模式，发挥企业在低碳创新过程中的核心主体地位，开展绿色低碳领域关键性技术攻关，加大绿色低碳科技成果转化与产业应用，在实现节能减排、绿色低碳发展中不断提高企业绿色产品质量和发展效益。企业根据市场需求和创新环境，通过自下而上的创新驱动过程，面向绿色低碳市场发展需求，加强低碳领域的自主创新，加强绿色低碳科技成果转化与应用，主动培育新的低碳产业，促进新型城镇化的产业结构调整与转型升级，实现新型城镇化的绿色低碳创新与高质量发展。企业是低碳创新的主要需求者，也是主要的低碳技术和产品创新的供给者。具体而言，表现在以下几个方面。

（一）加强低碳技术创新投入

企业在低碳技术创新中具有主体性地位，是低碳创新活动的主要投入者。企业的核心竞争力在于技术创新。面向新质生产力发展和低碳创新发展，提升企业自主创新能力需要加大企业研发投入。西方发达国家工业化、城市化、现代化的过程，均是基于一大批企业在技术创新上的投入、突破、应用，依托关键性重大技术研发与创新，占领全球产业链和目标市场的高端环节，实现企业"高额"利润回报，并依托技术创新和龙头企业发展，推动所在区域产业振兴与城市化进程，实现城市经济和国家经济的优化升级、高质量发展。新兴产业的兴起与国家竞争力的提升均离不开企业技术创新的关键作用，离不开企业在某些技术领域的创新突破和全球领先。而企业在技术研发上的投入又是促进技术获得创新与突破的重要因素，政府是难以替代和包办的。当然政府在技术创新方面的政策扶持和引导也是不可或缺的。对于低碳技术创新而言，仍然需要发挥企业的研发投入主体地位和创新领军作用，为国家低碳经济发展和低碳社会建设发挥主体作用。

在低碳科技创新中，应以筹措发展资金为动力使企业成为低碳创新资金投入的主体。在创新中，政府提供一定的创新引导基金是必要的，但更多的技术创新需要企业自身投入必要的研发，并加强低碳技术的运用，降低产品能耗和碳排放强度，推动企业经济利益、社会效益、生态效益高度统一。我国对科技研发投入导向和力度有认识和体制上的偏差，企业在研发投入方面也存在诸多的问题，对于低碳创新而言，必须积极发挥企业在低碳创新投入方面的主体地位。面向碳达峰碳中和目标，推进新型城镇化建设，需要加强绿色低碳领域的技术创新。提升低碳技术创新能力和水平成为未来企业在新型城镇化建设中发挥更大作用、提升绿色市场竞争力的重要砝码。企业作为低碳技术创新的投入主体，也是促进低碳技术发展良性循环的核心力量。低碳技术的重大突破、成果转化及其产业化应用，以及促进低碳技术在市场上获得认可和占据一定地位，需要企业发挥主体作用，加大研发投入，推动低碳技术自身的强大和发达，这样才能取代高碳技术，实现全社会和全球低碳福祉的提升。中国实现后发优势、推动新型城镇化建设和促进绿色低碳发展，需要各类企业结合自身情况和可能突破的重要技术领域，加大研发投入力度，创新机制，深化改革，实现创新突破。建立以企业投入为主体、社会资本积极参与为补充的低碳技术创新多元化投入机制，为低碳技术创新提供足够的经费支持。

（二）推动低碳技术研发与突破

企业最接近市场，最接近客户，对市场需求的响应最为积极和灵敏，也是发起技术创新并推动创新落地的重要实施主体。企业是技术创新行为主体的核心，[①] 是推动低碳技术创新活动的具体实施者、责任主体，因此，在低碳创新中，要积极发挥和尊重企业的核心主体地位。企业主导型的低碳创新驱动模式，就是以企业创新为主体，在低碳技术创新的全过程中发挥企业的主体性作用。企业最接近低碳市场，是绿色低碳产品的生产者，面向社会发展需求，加强社会所需的各类绿色低碳技术研发与突破。特别是在新型城镇化建设中，企业应履行绿色低碳发展的社会责任，面向绿色低碳等领域的关键性问题进行研发与攻关，围绕绿色低碳技术进行创新布局，不断推动新型城镇化的低碳技术发展、低碳技术成果转化、低碳技术产品应用。

（三）加快低碳创新成果应用

企业是低碳创新成果应用和技术推广的重要主体。企业作为技术创新者、产品生产者，不断将低碳技术创新成果应用于具体产业发展和产品生产中。面向绿色低碳的市场需求，企业有强大的动力将低碳创新成果应用于产品和市场。企业主导型的低碳创新驱动模式，就要发挥企业自身接近市场、反应最灵敏的优势，结合顾客需求，加快低碳技术创新成果应用与转化，抢占发展先机，占据市场地位。在市场经济条件下，低碳型企业要获得生存和可持续发展的低碳市场空间，必须时刻加强低碳技术和制度创新，认识到在技术、产品、服务各个层面都可以创新，认识到在研究、开发、管理的整个过程都可以创新，认识到将高碳障碍转变为低碳技术创新的市场机会，将低碳技术创新成果及时有效地运用到产品生产和销售的各个环节，从而依托技术进步实现成本降低、利润增加，以低碳创新赢得低碳市场和发展先机。

[①] 肖广岭：《科技创新与区域发展：以区域创新体系建设为中心》，中国科技出版社，2004，第75页。

作为低碳创新成果的应用主体，企业高度重视低碳市场信息，促进低碳创新成果的有效应用和产业转化。由于企业最接近市场信息，了解市场需求，知道潜在顾客，因此低碳创新离不开企业的积极作用，即将低碳技术应用于低碳产品生产中，将技术转化为消费，转化为财富，转化为社会进步。企业要发挥在产学研活动中的链接与转化作用，促进低碳创新成果的快速转化，进而促进低碳产业链的形成与发展。

三 高校和科研院所主导型的低碳创新驱动模式

高校和科研院所是新知识、新科技、新专业人才的创新源泉，是基础理论研究、基础科学研究的中坚力量。科技创新特别是原始创新的源头在高校。[①] 新型城镇化建设的低碳创新驱动离不开大学和科研院所的知识生产、科技创新作用。科研院所面向新型城镇化战略、创新驱动发展战略、生态文明建设等科技需求，主动开展面向绿色低碳领域的科技创新与人才培养，为新型城镇化提供坚强的科技支撑。高校和各种研究院、研究所是低碳创新的知识源泉，积极发挥高校、研究机构在低碳创新中的突出作用，促进低碳技术人才培养、低碳技术研发与经济发展的紧密结合，助力新型城镇化建设的创新驱动发展。

（一）构建低碳知识生产源

"知识生产源"是指能够产生新知识、新理论、新技术和新方法的机构或组织。这些知识可以是基础性的，也可以是应用性的，知识生产源作为知识创新的源头，为社会的发展和进步提供动力和支持。高校和科研院所作为知识生产源，其作用主要表现为研究与创新、人才培养、学术交流、合作网络等多个方面，如表4-2所示。

---

① 洪银兴：《现代化的创新驱动：理论逻辑与实践路径》，《江海学刊》2013年第6期，第20~27页。

表 4-2　高校和科研院所的知识生产源作用

主要领域	知识生产源作用
研究与创新	拥有专业的研究人员和先进的研究设施,能够进行跨学科的研究和创新活动,产生新的科学发现和技术发明
学术自由	提供学术自由的环境,鼓励学者探索未知领域,提出新的观点和理论
人才培养	通过教育系统培养新一代的研究人员、专业人士和创新者,这些人将成为未来知识生产的主力军
学术交流	高校和科研院所作为学术交流、知识生产的重要场所,通过学术会议、研讨会、出版物等多种形式,促进知识的交流和传播
合作网络	高校、科研院所与产业界、政府和其他学术机构建立合作关系,共同进行研究项目,加速知识的生产和应用
知识传播	通过科技创新、教学、科普活动将知识传授给学生,并通过出版物、网络资源等方式向公众传播知识
知识产权管理	高校和科研院所通常具备知识产权管理的能力,能够保护研究成果,促进其商业化和进一步的研究
社会服务	通过提供咨询服务、专业培训等方式,将知识应用于解决社会问题,服务于社会的发展
咨政建言	研究人员为政府提供决策咨询,通过研究成果服务政策制定,为政府和社会提供政策建议和解决方案
文化传承与创新	高校和科研院所在文化传承和创新中扮演着重要角色,它们保存和传播文化遗产,同时推动文化创新

高校和科研院所作为重要的知识生产源,不仅对学术界产生深远影响,也对产业界、政府政策制定和社会公众有着重要的指导和启发作用。通过高校和科研院所不断的科学研究、知识生产和知识教育活动,推动了知识的积累、创新和应用,为社会发展提供了持续的动力。对绿色低碳领域的知识生产而言,大学和科研院所是低碳知识的生产源,是低碳科学理论研究、低碳科学发明、低碳知识传播、低碳科技创新的重要阵地。低碳知识创新是低碳技术创新的理论基础。根据中国实际情况,知名大学、科研院所大部分集中在超大、特大城市,主要分布在一线、二线城市,而广大的中小城市、小城镇等区域的大学和科研院所相对较少。构建科研院所主导的低碳创新驱动模式应大力鼓励和引导更多的知名高校、科研院所到中小城市、小城镇甚至乡

村地区设立新型研究基地或分中心、分院，为新型城镇化建设与绿色低碳发展提供更多的低碳知识、低碳科学基础以及低碳技术。利用新型城镇化地区的丰富土地资源、自然生态资源等，建立低碳技术实验室或低碳科技转化应用基地，建立新能源技术创新孵化基地，推动低碳科技在欠发达地区的创新应用，提高新型城镇化的科技创新能力和技术应用水平，提高产业技术含量和技术竞争力，真正实现以低碳科技创新驱动新型城镇化发展。从这一点而言，科研院所主导的低碳创新驱动模式将为新型城镇化建设带来良好的发展契机。

（二）搭建低碳知识传播平台

高校和科研院所是知识传播的重要窗口和平台，是学术研究和知识传承的中心，也是个人成长和自我实现的舞台，是科技创新、文化交流、社会融合、知识共享的平台，是科技、社会、文化进步的重要基石，是培养未来人才的摇篮。例如，高校和科研院所面向学术前沿和最新研究成果，举办各类学术会议、研讨会、公开讲座等，将最新的研究成果和知识传播给公众和其他专业人士；通过合作项目、学术访问等方式，促进国内外学术交流，分享知识，促进不同文化和学术背景的学者对话；高校和科研院所的研究人员通过撰写和发表学术论文、出版书籍等，为知识传播作出重要贡献。在新型城镇化建设中，要发挥中心城市高校、科研机构专家云集、创新资源集聚的优势，有效整合科技创新资源，面向新型城镇化覆盖的区域，发挥辐射带动作用，加强低碳科技知识交流、创新互动与技术扩散，也为低碳知识、创新信息的传播与共享提供良好的发展平台。

高校和科研院所作为低碳知识、低碳科技的生产者、传播者，依托自身资源集聚、专家云集、人才培养等优势，形成了传播先进的低碳知识、低碳科技、低碳信息的能力和基础。比如，高校、科研院所的专家教授以及所培养的各类创新型人才服务于新型城镇化建设，加强云计算、大数据、物联网、移动互联网等新一代信息技术、绿色低碳等科技知识的传播与普及，将低碳城市、智慧城市、海绵城市、数字城市等新理念引入城镇化建设，进而助力城镇发展质量和效益提升。以低碳创新驱动新型城镇化建设，应充分发挥高校和科研院所的知识桥梁与传播平台作用,推动低碳知识、低碳技术、低碳信息在新型城镇化建设中传播与共享,打造低碳科技创新与传播推广平台,促进低碳创新链产业链价值链融合发展,实现低碳技术在新型城镇化地区的转化、应用与推广,助力新型城镇化建设的高质量发展。

(三)建设低碳科技孵化器

高校和科研院所作为不可或缺的科技创新主体,拥有丰富的创新资源,具有建设低碳科技孵化器、推动科技成果转化的重要优势。所谓科技孵化器,是指通过技术创新、体制创新、机制创新和组织管理创新,使所有创新要素和系统互动起来,推动科技创新产业化应用和企业孵化。[①] 科技成果转化是实现创新驱动发展的重要手段,离不开科技孵化器的推动作用。以科技企业孵化器作为促进科技型中小企业发展的重要载体,在提供创业环境、技术服务和资金支持等方面起着关键作用。[②] 高校和科研院所为主体,推动了产学研用协同发展,将研究成果、创新技术应用到新型城镇化建设中来,孵化出更多的科技型企业,推动科技成果转化应用,培育新的低碳产业体系,促进新产品开发和技术升级。高校和科研院所面向经济建设主战场,发挥科技孵化器作用,推动产学研协同,推动创新成果转化与产业应用。[③] 科研院所作为低碳科技创新的孵化器,其作用主要体现在以下几个方面。

第一,孵化低碳科技企业。高校和科研院所建立了有效的科技成果转化机制,鼓励科技专家、科研人员面向市场需求,将科技成果转化为实际生产力,创办各类低碳科技型企业和企业集团,承担低碳科技孵化器的重要职能。在新型城镇化建设过程中,科研院所孵化了大量的低碳科技型中小企业,实现了技术供给与技术需求的有效对接,将科研院所的最新低碳科技成果迅速转化为直接的低碳科技生产力,直接为新型城镇化建设的区域经济发

[①] 孔德涌:《科技孵化器的回顾与展望》,《中国软科学》2007年第11期,第4~10页。
[②] 韩彬彬:《科技企业孵化器的企业发展环境建设探究》,《中国中小企业》2024年第5期,第213~215页。
[③] 黄庆:《高校要融入区域创新体系》,《中国教育报》2008年11月3日。

展和节能减排服务,并对区域其他科技企业和低碳创新产生辐射和带动作用。低碳科技型企业因其独特的低碳技术优势和发展模式,具有一定的市场竞争力,为新型城镇化建设培育新动力和新增长点。

第二,孵化低碳科技产业。依托大学和科研院所的创新力量与创新资源,围绕低碳产业链的构建,孵化出众多的填补不同产业环节和链条的新型科技企业,某一重大技术的突破,形成了强大的技术竞争优势和产业发展活力,培育和发展战略性新兴产业。特别是依靠强大的技术优势和竞争力,占领低碳产业链的高端环节,形成和培育低碳产业集群,推动低碳产业链、创新链、价值链融合。比如,山东省实施了"百城百园"计划,政府与科研院所合作,设立绿色技术专场赛,促进科技企业对接创新资源,大力支持建设特色明显、错位发展、绿色低碳的创新型产业集群。

第三,孵化低碳科技园。应对全球气候变暖,我国鼓励发展低碳科技产业,并设立一批国家级的低碳科技产业示范园区,如天津的中新生态城、营口低碳生态科技产业园等,把低碳科技产业链作为新型城镇化低碳创新发展的关键战略。比如,广州民营科技园绿色低碳新城就是低碳科技产学研联盟的产物。华南理工大学、白云区人民政府、招商局集团共建广州民营科技园绿色低碳新城,通过产学研合作联盟充分整合三方优势资源,由白云区人民政府提供土地、政策和产业基础资源,华南理工大学发挥学科、科技和人才方面的优势,招商局集团提供资金、开发建设及营运管理经验,打造具有岭南文化特色、融合绿色低碳产业、低碳居住和商贸服务于一体的低碳新城示范区。低碳新城示范区集聚数百家高新技术研发、服务业、制造业企业,打造适合居住、生活、工作的生态现代服务园区;充分利用华南理工大学在绿色园区规划、建筑设计、城市级节能监控、可再生能源利用、环境污染物处理等领域的国际领先水平的科技成果,建成一个对未来城市建设具有示范作用的低碳园区。[①]发挥低碳科技孵化器功能,着力孵化和打造低碳科技型产业和低碳科技园。

[①] 《官产学研合作打造粤港首个绿色低碳示范城》,http://www.news.scut.edu.cn/newsDetail.jsp?id=83171,2010 年 2 月 9 日。

（四）培育低碳科技创新人才

习近平总书记在党的二十届三中全会中指出，教育、科技、人才是中国式现代化的基础性、战略性支撑。大学和科研院所承担创新人才培养的重要职能。低碳创新不仅是低碳知识、低碳技术的创新，更在于低碳技术人才的培养，科研院所应提供低碳创新方面的高素质人才。新型城镇化建设需要大量的高素质、专业型人才。新质生产力要求具有现代科学技术、现代技能的新型劳动者。新型城镇化建设的低碳创新驱动与新质生产力发展都需要大量高素质、高技能的创新人才。这些人才的培养离不开高校、科研院所的人才教育作用。

新质生产力区别于传统生产力，是以信息化、网络化、智能化、高技术化为重要特点的经济社会生产活动，对劳动者的专业技术、综合素质、创新能力等的要求更高，需要以高素质、专业化的劳动者和学习型、创新型的人才为主体依托。因此新型城镇化建设的低碳创新驱动需要加大低碳科技创新人才的培养。在推动低碳创新中，需要更多的低碳科技创新、管理、服务等各类人才。高校和科研院所面向绿色低碳发展，需要承担为各行各业绿色低碳发展培养所需的低碳科技、管理等领域人才的任务。在新型城镇化建设中，应充分发挥高校和科研院所的人才优势，加强低碳科技型人才培养、低碳科学研究、低碳科技推广和低碳科学普及，为推动城镇化高质量发展提供重要支撑。

四 多元主体协同型的低碳创新驱动模式

当前，新型城镇化建设与科技创新是复杂的系统工程。需要多方力量的参与和多领域资源的整合。科技创新不能只靠企业，需要高校、科研院所和企业的协同，科学家和企业家的协同。[1] 对于新型城镇化建设而言，区别于

---

[1] 洪银兴：《现代化的创新驱动：理论逻辑与实践路径》，《江海学刊》2013 年第 6 期，第 20~27 页。

第四章 基于多元主体的新型城镇化建设低碳创新驱动模式构建

传统城镇化主要依靠政府单一主体的强力推进、企业被动参与的情况，应充分发挥政府、企业、高校、科研院所、社会组织、社会公众等多个主体的参与作用，加快多主体的协同创新。构建新型城镇化的多元主体协同创新驱动模式，如图 4-2 所示，充分体现了自上而下和自下而上的互动特征。

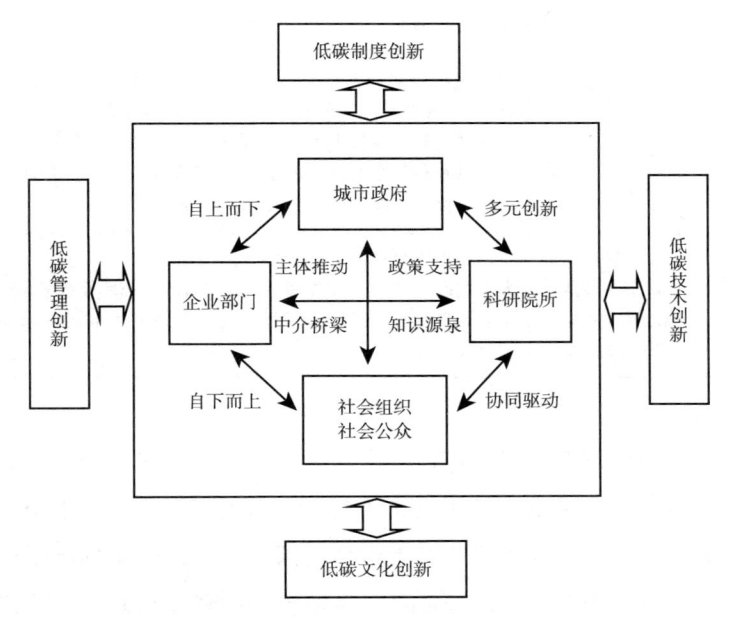

图 4-2 多元主体协同型的低碳创新驱动模式

在多元主体协同型的低碳创新驱动模式中，不再是某一主体发挥单一作用，而是结合具体情况，采取多主体协同作战的模式推动高科技创新。比如政府与企业、企业与高校、政府与科研院所等多种组合与战略联盟，形成了低碳创新的协同合力，推动新型城镇化的低碳创新与高质量发展。有学者研究了江苏省的苏南地区产学研协同创新模式，充分彰显了根据地方实际情况，形成了不同主体之间协同参与的南京模式、苏锡常模式、昆山模式三种不同的协同创新模式，如表 4-3 所示。①

---

① 洪银兴:《现代化的创新驱动:理论逻辑与实践路径》，《江海学刊》2013 年第 6 期，第 20~27 页。

表4-3 苏南地区的产学研协同创新模式

模式	参与主体	主要特征
南京模式	以高校和科研院所为主,企业、政府等协同参与	当地科教资源丰富,拥有南京大学、东南大学、南京理工大学等多个知名高校及其科技园。还有许多高校校办科技企业,与高校有着合作关系。南京市政府、区各级政府出台政策,鼓励人才进入科技园创新创业
苏锡常模式	以政府为主导力量,科研院所、企业等协同参与	当地科教资源相对匮乏,但地方政府财力雄厚,高度重视科技创新,有条件的地方以政府为主体吸引省内外科教资源进入。苏锡常地区先后建设各类大学科教城、科技园区等,为吸引大学、科研院所以及科技企业进驻搭建平台,建立研究院或产学研合作平台,培育一批高科技企业,推动该地区创新
昆山模式	以外资企业为主,政府、科研院所、本地企业等协同参与	当地科教资源相对缺乏,但经济开放度较高,外资企业数量多、技术层次高。鼓励仁宝集团、捷安特、日本NSK等外资企业在昆山建立研发中心,研发产业创新项目,如高世代平面显示项目、液晶模组项目等

一是南京协同创新模式。该模式主要以高校和科研院所为主,企业、政府等协同参与。由于南京市是历史文化名城,高校和科研院所集聚,科教创新资源较为丰富。许多高校均建有大学科技园和各种产学研创新平台。还有许多高校校办科技企业,由高校或科研院所推动的科技创新项目或成立的科技企业众多,极大地促进了该地区的产学研协同创新,提升了当地的科技创新水平。由于南京市是江苏省的省会城市和长江三角洲的重要中心城市,从江苏省到南京市再到下辖区的政府部门均出台了各种科技创新政策,鼓励科技人才、企业、社会资本参与创新创业。面向绿色低碳发展,南京市利用科教资源优势,建立低碳科技协同创新平台,以南部新城为重点区域进行低碳技术创新试点,打造碳中和示范区和零碳未来城。

二是苏锡常协同创新模式。该模式以政府为主导力量,通过吸引南京市等地高校和科研院所建立分校或研究院,吸引科技企业等协同参与。苏锡常地区经济发达,但与南京相比较,当地科教资源可能相对匮乏。地方政府的财力和作用逐渐强大,有条件以地方政府为主体吸引外地的科教资源。政府吸引高校和科研院所建立研究院或产学研协同创新平台,推动该地区创新。

比如，常州市加快建设两湖（滆湖、长荡湖）创新区，苏锡常三地合作构建江苏环太湖科创圈，重塑区域格局，提升城市能级。2022年6月，苏锡常地区发挥政府的引导作用，出台了《苏锡常都市圈发展行动方案（2022-2025年）》，明确提出实施产业科技创新高地共创行动、高端开放合作体系共建行动、城乡深度融合协同推进行动、沿江绿色生态廊道共筑行动等，共建沿沪宁产业创新带，打造"一带一路"交会点建设主力军，完善城镇功能结构，深化城乡融合发展，发展特色协同平台，创新绿色低碳发展模式。

三是昆山协同创新模式。该模式以外资企业为主，政府、科研院所、本地企业等协同参与。昆山市属于江苏省辖县级市，由苏州市代管，当地科教资源相对匮乏，但经济开放度较高，外资企业数量多、技术层次高。昆山市引进大量的外资，发挥外资企业在协同创新中的主导或主体作用，加快建立企业研发机构或创新平台。昆山市政府出台政策，鼓励企业建立自己的研发中心，增强自主创新能力，特别是对境内外高校、科研院所与企业联合建立研发平台实行重点资助。面向绿色低碳发展与新型城镇化建设，昆山市提出做"双碳"行动先行者和推动者，依托昆山绿色技术产业园，与中国科学院大气物理研究所合作建立双碳数据智算中心，加快打造低碳产业集聚区，推动绿色低碳技术应用示范，孵化一批高新技术企业，形成全国低碳绿色发展典范。此外，昆山市政府与上海环境能源交易所（全国碳交易中心）、绿色技术银行、昆山杜克大学共同成立阳澄湖低碳经济绿色发展国际联盟，制定区域碳达峰碳中和路径规划，构建以市场为导向的绿色技术创新体系，探索经济增长与减排降碳协同路径。

以上三种模式根据当地实际情况各有区别，但也有共同点，即重视多元主体的协同参与创新，充分发挥政府、高校和科研院所、企业等不同主体的各自特色与作用，注重科技创新与经济发展的紧密结合，推动产学研形成紧密的合作关系。在多元协同型的创新驱动模式中，各类科技企业包括外资企业主要在增加创新投入、面向市场需求、提升自主创新能力等方面发挥主体作用；高校和科研院所主要在出思想、出点子、知识创新、原始创新、科技转化与应用、孵化新技术等方面发挥主体作用；各级政府主要在提供引导和扶持政策、鼓励创新、搭建创新平台、建立科技园、引导创新投资、加强基础设施建设、推动创新集成等方面发挥不可或缺的主导作用。对于新型城镇化建设与低碳创新发展而言，要重视整合当地资源，发挥政府政策引导、企业、高校和科研院所、金融机构、科技服务组织等积极参与科技创新，形成产学研协同创新的协同效应，推动新型城镇化建设的低碳创新水平提升与低碳高质量发展。

五 本章小结

根据主体不同，新型城镇化建设的低碳创新驱动包括多种模式。一是政府主导型的低碳创新驱动模式，政府在新型城镇化建设与低碳创新中发挥主导作用，包括制定低碳创新政策、建设低碳基础设施、构建低碳创新文化、推动低碳创新合作等。二是企业主导型的低碳创新驱动模式，突出发挥企业在新型城镇化建设中低碳创新主导作用，加大低碳创新投入，开展低碳关键性技术攻关，加大低碳科技成果转化与产业应用等。三是高校和科研院所主导型的低碳创新驱动模式，发挥高校和科研院所的专家作用，积极建设低碳知识生产源、低碳知识传播平台、低碳科技孵化器、低碳科技创新人才培育平台等。四是多元协同型低碳创新驱动模式，即政府、企业、社会组织、公众、高校、科研院所等多元主体协同参与低碳创新。

第五章　基于新质生产力的新型城镇化低碳创新驱动力模型

研究加快推进新型城镇化建设的低碳创新驱动模式，除了研究创新主体，还需要从培育和发展新质生产力的战略高度，进一步分析其创新驱动力的因素，梳理各创新要素之间的互动关系，加快构建适应新质生产力要求的新型生产关系。构建新型城镇化建设的低碳创新驱动力模型，为制定更加科学的新型城镇化建设政策与低碳创新政策提供理论支撑。新质生产力是由技术革命性突破、生产要素创新性配置、产业深度转型升级催生的当代先进生产力，以劳动者、劳动资料、劳动对象及其优化组合的质变为基本内涵，以全要素生产率提升为核心标志。因此，新质生产力表现在劳动者、劳动资料、劳动对象及其优化组合的质变等方面，具体而言，基于新质生产力的视角，考察新型城镇化建设的低碳创新驱动力，主要包括外部推力和内部动力两个方面。从外部来看，主要包括国际层面的碳减排与环保压力，国家层面的节能减排、生态环保压力，国家绿色低碳政策吸引力，城镇公共服务提升等所带来的创新动力，还包括市场层面的绿色低碳产品需求所带来的低碳市场推动力。从内部来看，包括企业通过低碳技术创新获得市场垄断地位的低碳创新内驱力、产学研合作的低碳创新协同力等，如图5-1所示。

一　国内外减排压力

从国际环境来看，我国作为发展中大国，面临应对全球气候变化、履行

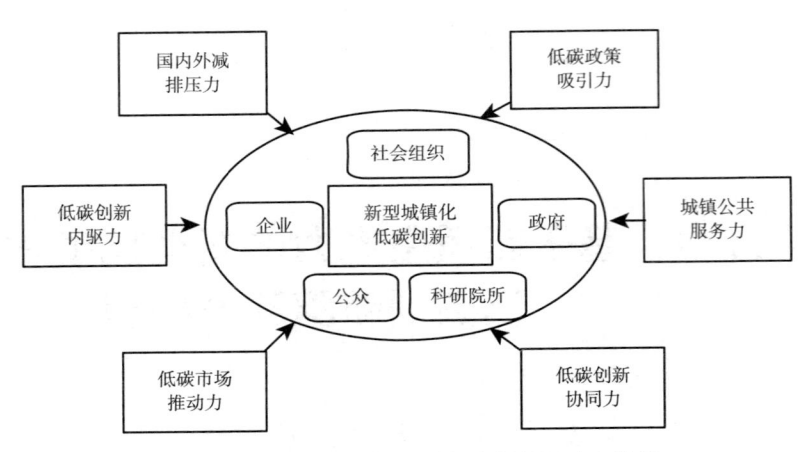

图 5-1　新型城镇化建设的低碳创新驱动力模型

减排国际责任以及本国经济持续发展、节能减排等多方面的挑战与压力。各国或地区对全球气候变化、生态环境保护越来越重视，基于贸易保护主义对进口产品的环保、碳减排要求越来越高。国际社会在节能减排、生态环保方面形成强大的舆论压力，对其他国家产品出口及生产产生影响。我国能耗强度大，环境污染严重，备受国际关注。我国技术水平和环境标准低，受到国际标准限制，如中美贸易战对中国产业发展形成一定遏制。中国作为发展中大国，需要承担一定的节能减排国际责任，但并不能承担超出自身能力范围的责任。从整体上看，我国核心技术对外依存度高，创新力不足，资源环境背负沉重压力。技术创新能力不足严重制约国家竞争力提升，引发严重的生态环境问题。国际社会的节能减排压力成为中国新型城镇化低碳创新驱动的重要外部压力或外部驱动力因素。

基于国际上对全球气候变化、碳排放、环境污染等问题的重视，部分发达国家借用国际贸易中的碳关税和碳壁垒，对发展中国家实施经济制裁，不得不引起更多国家对碳排放和国际关税问题的高度关注。有研究指出，发达国家提出低碳经济的目的之一，是开征"碳关税"，实施国际贸易"碳壁垒"。[①] 针对全球气候变化，对于各国应该承担什么样的责任与义务，目前

---

① 孟赤兵：《发展低碳经济要统一认识》，《中国科技投资》2010 年第 11 期，第 29~32 页。

依然存在许多的争论,即所谓的"低碳陷阱"问题。发达国家经历了长达百余年的工业化进程,"先污染、后治理"甚至"只污染、不治理"、将污染转移至发展中国家的经济发展模式,让西方国家享受了工业化、城镇化的好处,但未承担环境污染的责任。发达国家实施的绿色贸易、"碳壁垒"对于发展中国家而言就是一种制约发展的"碳减排陷阱"。[①] 美国、英国、德国、法国、日本、韩国等发达国家在经济增长过程中,人均碳排放强度呈现急剧上升趋势,随着经济增长到一定水平,碳排放总量实现达峰后,通过经济转型与技术创新,实现碳排放强度降低和绿色低碳发展。[②] 发展中国家要保持一定的经济增长速度,同样需要一定的碳排放空间,人均碳排放量的增加也是符合经济发展规律的。

国际社会针对全球气候变暖、生态环保、碳排放等问题,以及部分发达国家形成的"碳壁垒""碳陷阱",成为迫使发展中国家加强节能减排与低碳创新的外部压力。低碳陷阱可能是真正的经济遏制"陷阱",但也是全球气候变暖、高碳经济模式不可持续对低碳发展的必然要求。发展中国家需要加快创新发展,努力改变被控制、被制约的地位,选择低碳创新道路。[③] 在较高的国际环保减排标准面前,中国必须小心规避某些"环境正义"幌子下的"碳陷阱"。[④] 发达国家垄断了大量的关键性低碳核心技术,亚太经合组织发布的《2008专利统计纲要》显示,可再生能源专利技术的36.7%、20.2%和19.8%分别由欧盟、美国和日本所掌握,机动车污染控制专利技术的48.9%、13.7%和31.4%分别由欧盟、美国和日本所掌握。[⑤]

[①] 王倩、黄蕊、双星:《"碳陷阱":理论辨析与政策导向》,《经济学家》2011年第10期,第45~51页。

[②] 曾宪植:《试论北京发展低碳经济的代价和正负效应——兼论北京发展低碳经济的路径选择》,《低碳经济与世界城市建设——北京自然科学界和社会科学界联席会议2010高峰论坛论文集》2010,第80~83页。

[③] 陆小成、冯刚:《广义虚拟经济视域下低碳创新驱动价值研究》,《广义虚拟经济研究》2015年第3期,第65~71页。

[④] 肖洋:《国际海运减排博弈及中国面临的"碳陷阱"》,《现代国际关系》2013年第6期,第35~39页。

[⑤] 崔玉清:《知识产权保护对低碳技术转让的影响》,《开放导报》2011年第1期,第48~51页。

新型城镇化的低碳创新驱动模式研究：基于新质生产力视角

不少西方发达国家以自己的核心技术为砝码，向发展中国家施压，开展贸易战，设立技术壁垒，从而阻碍发展中国家的发展。发展中国家面临更多经济增长、环境治理、低碳技术创新、绿色低碳发展等难题，需要发达国家提供必要的技术与经济援助。但是，发展中国家难以承受西方国家高昂的转让费用，难以获得更多的低碳技术。[①] 中国新型城镇化建设，必须正视低碳发展的国际机遇、外部挑战和压力，应坚持以人为本和低碳绿色发展理念，加快低碳创新与发展转型。加强低碳技术创新、加快低碳产品生产、降低碳排放成为中国企业在国际贸易中的重要砝码和根本出路。中国如果主动迎接挑战，突破"碳陷阱"，需要加强低碳技术创新，加快布局和谋划低碳技术路线图，加强关键共性低碳技术攻关，抢占未来世界经济制高点。

中国作为发展中国家，先后提出了新型城镇化、创新驱动发展、生态文明建设、绿色低碳发展、碳达峰碳中和目标等重大战略，充分体现了中国主动承担碳减排的社会责任、积极应对全球气候变暖的大国担当与责任。在这一背景下，低碳创新驱动模式的提出是应对全球气候变化和国际减排压力的积极响应，是中国作为负责任的大国履行国际承诺的主动作为。国际社会对低碳技术、低碳产品的严格要求以及国际贸易中的各种碳壁垒成为企业加强低碳技术创新、生产生态低碳产品的重要外部驱动力。在现代国际贸易中，不少发达国家设定的碳关税和碳壁垒，对我国外贸型产业发展、企业"走出去"、经济稳定增长等产生了一定的影响，形成压力机制迫使我国的企业或产业更加重视节能减排，更加重视低碳技术创新，更加重视绿色低碳发展。基于此，来自国际社会的环保和减排压力、发达国家的技术壁垒和贸易战，以及中国国内自身的节能减排、碳达峰碳中和等战略要求，也成为企业节能减排、低碳创新的重要驱动力，推动中国企业在参与新型城镇化建设中，加快改变传统高碳发展模式，选择低碳创新驱动模式，有效实现低碳技术创新与绿色低碳发展。

---

① 陈文剑、黄栋：《我国低碳技术创新的动力和障碍分析》，《科技管理研究》2011年第20期，第21~24页。

二 低碳政策吸引力

低碳政策的引导和扶持是推动新型城镇化建设、鼓励低碳技术创新、发展新质生产力的重要制度保障。政府引导、合理政策供给是新质生产力发展、低碳创新发展的有效保障。生产力决定生产关系，生产关系反作用于生产力，新质生产力需要与之相耦合的新质生产关系，既保持社会秩序的稳定，又充分激发经济创新活力。在新型城镇化建设的低碳科技创新过程中，低碳科技创新是从基础研发到产品应用的系统过程，在低碳科学基础研究与原始创新环节，投入大、周期长、风险高、成果外部性强，离不开政府部门必要的资金和资源投入，需要出台有效扶持政策进行激励创新；在低碳技术创新及其成果转化、产业应用环节，需要政府政策引导和企业风险投资相互配合；在低碳产业发展环节，需要政府维护低碳产品与服务市场秩序，加强必要的政府监管和引导。低碳政策所表现出的吸引力，为推动新型城镇化低碳创新驱动与新质生产力发展提供基础性保障。低碳创新政策鼓励了更多的企业、科研院所、社会组织等参与到新型城镇化的低碳创新中来，主要包括低碳创新发展规划、低碳财政税收政策、低碳科技和低碳产业政策等所形成的良性动力机制。

一是新型城镇化建设的低碳创新发展规划。低碳创新政策所发挥的吸引力作用，主要体现在政府相关部门要在国家低碳政策体系指导下，根据城镇化实际情况制定促进低碳创新的区域规划和低碳产业布局，鼓励和引导更多的企业、科研院所等加强低碳技术创新。当前，城镇化建设与转型发展面临诸多困境，比如传统产业因高能耗、高污染、高排放迫切需要转型，但转型成本高，技术要求高，导致传统产业转型升级难，而新兴产业因技术、资金、人才等因素制约导致进入难、培育难、发展难。为破解这些困境，迫切需要加快低碳创新的顶层设计，完善低碳创新规划与低碳产业布局，推动新型城镇化建设及低碳技术、低碳产业发展，实现企业节能减排，满足消费者对绿色低碳产品的市场需求，通过低碳技术创新获取更多的市场利润和竞争优势。加强低碳创新区域规划与政策扶持，布局低碳产业，引入低碳型企业，促进新型城镇化的低碳创新，加快发展新质生产力。

二是新型城镇化建设的低碳财政税收政策。深入实施新型城镇化与创新驱动发展战略，需要改善传统财政税收政策供给，重视低碳政策创新，建立与新型城镇化相适应的低碳创新财政税收政策安排，减少政府行为和决策的短期倾向，促进政府规划和行为的长期化、可持续化，增强企业对未来发展的预期，稳定低碳创新信心。在政策吸引力方面，从单纯依靠"投资激励"转向"创新激励"，激发内在创新动力。在政策内容方面，主要通过低碳技术创新科研项目经费支持、创新补贴、成果转化免税等重要政策措施，激励企业加大节能减排力度，加大低碳技术创新与产品改造，降低企业生产能耗和碳排放强度，增强新型城镇化建设的企业低碳创新动力与活力。

三是新型城镇化建设的低碳科技和低碳产业政策。主要是加大对低碳基础科学研究的财政投入力度和低碳产业扶持。在低碳产业引导层面，加强经济发展方式转变，促进产业结构调整、优化升级，减少对资源型、高碳型、污染型产业的依赖和产品生产，提高产品技术含量，降低碳排放强度，加大对低碳高新技术产业的引导和布局，加大低碳型产业和企业的引入，同时也加大对传统高能耗产业的技术改造和转型升级，通过低碳产业政策的引导与激励，重点扶持低碳战略性新兴产业，以低碳产业为发展导向促进低碳创新，提高低碳技术创新的政策激励作用。

四是新型城镇化建设的低碳创新人才政策。党的二十大报告突出了创新在我国现代化建设全局中的核心地位，强调教育、科技、人才是全面建设社会主义现代化国家的基础性、战略性支撑。深入实施新型城镇化战略，应制定良好的人才政策，吸引更多的人才参与新型城镇化建设、新质生产力发展和低碳科技创新。新型城镇化建设、新质生产力发展需要一定的新型劳动者、创新人才作为重要支撑。

当前，新型城镇化建设、新质生产力发展、低碳科技创新与低碳产业发展缺乏大量的创新型人才支撑。传统的城镇化建设对科技创新人才需求不

第五章　基于新质生产力的新型城镇化低碳创新驱动力模型

足,新型城镇化建设科技人才却供给不足,各类人才政策也亟待完善。[①] 一方面,大中城市因资源集聚形成虹吸效应,导致人才过于集中,同时就业结构不合理导致大学生、研究生难以找到合适工作。另一方面,城乡接合部、郊区、乡村甚至许多中小城市、县城等因教育、医疗、社会保障等公共服务水平不高,就业机会少,工资待遇低,难以留住优秀人才,因此,推进新型城镇化建设与创新驱动发展缺乏必要的人才支撑。破解这些难题需要地方政府进一步创新人才政策,加强新型城镇化所需要的多层次、各方面、跨领域的各类创新人才培养与发展。

好的政策可以吸引人、留住人,为新型城镇化建设和新质生产力发展夯实人才基础。新型城镇化建设和新质生产力发展需要大量创新人才,优秀人才大有可为,应进一步完善新型城镇化建设的低碳创新人才政策。一是要进一步提高新型城镇化的创新人才吸引力、凝聚力、创新力,政府部门应该重视创新人才在新型城镇化建设与新质生产力发展中的突出作用,提高认识,厘清职责,健全新型城镇化建设中创新人才政策导向,建立低碳创新人才培养体系,增加低碳科技创新投入。二是要加快改革和完善科技创新的教育体制机制,推动城乡教育、科技、人才一体化融合发展,完善创新人才补贴政策,加快提升新型城镇化中的教育质量和人才结构,特别是要重视应用型、创新型人才培养和选拔。新时期扎实推进我国新型城镇化进程的关键在于创新型人才培养,本科应用型人才的培养更是重中之重。[②] 三是要建立低碳创新人才激励机制,鼓励更多的大学生、研究生以及社会优秀人才投身新型城镇化建设的重点领域、重点行业、城乡基层和中小微企业等,以新型城镇化建设为契机推动城乡融合发展,弥补基础设施和公共服务短板,提升创新人才的社会地位与待遇,增强获得感和幸福感,增强人才吸引力和凝聚力。

[①] 朱志浩:《新型城镇化背景下科技创新人才培育存在的问题与对策——以河南省为例》,《河南农业》2019年第30期,第43~45页。
[②] 倪筱珈、赵先超、龙楚怡:《面向新型城镇化建设的应用型本科创新人才培养模式探索》,《新疆职业教育研究》2019年第1期,第26~30页。

三 低碳市场推动力

技术创新起源于技术推动还是需求拉动？这是经济学家们长期争论的一个问题。[①] 技术创新应该既有技术自身创新突破所带来的推动力，也有市场需求变化拉动和强化的技术创新，两者往往相互作用形成了重要驱动力。对于绿色低碳技术创新而言，绿色低碳消费需求拉动以及绿色低碳市场推动，是鼓励和引导低碳技术创新的重要驱动力。从市场层面看，新型城镇化低碳创新的驱动力，主要来自消费升级、绿色低碳市场发展及绿色低碳产品带来的较高利润所形成的市场推动力。由消费、投资与出口组成的需求因素是经济发展的表象动力，但本质来说，投资与出口与人的最终消费有关，经济转型升级归根结底是人类最终消费需求拉动的。[②] 随着人们生活水平提升和消费升级，对高质量、绿色低碳的生活消费需求日益强劲，市场对低碳产品的偏爱以及低碳产品所获得的利益，是新型城镇化低碳创新行为选择的重要驱动力。企业对利益、市场需求的追求，是引导企业创新行为的重要指南针。随着低碳经济发展和低碳市场的形成，越来越多的消费者青睐低碳型、绿色型、生态型产品，低碳产品的市场需求及其所形成的市场推动力会鼓励更多的企业加强低碳技术研发和低碳产品生产。低碳市场所带来的强大推动力或吸引力，在于潜在的低碳市场需求者对于低碳技术、低碳产品的偏爱，绿色低碳产品所带来的良好社会形象以及顾客忠诚度，将给企业加强低碳技术创新赋予强大的市场需求驱动力。激烈的市场竞争、有利可图的市场推动和需求引导，吸引更多企业主动进行低碳技术创新，主动节能减排，主动进行绿色低碳产品生产，这是低碳科技创新、新质生产力发展的重要新动能。

绿色低碳市场的市场竞争激烈，成为推动企业低碳创新的重要动力。市

[①] 贾理群、刘旭、汪应洛：《新熊彼特主义学派关于技术创新理论的研究进展》，《中国科技论坛》1995年第5期，第38~41页。

[②] 刘治彦：《城市经济转型升级动力机制分析》，《企业经济》2020年第2期，第2、5~11页。

场经济的自由竞争特征是推动区域各行为主体特别是企业加强低碳创新的重要力量。受节能减排和低碳发展的市场需求与绿色产品市场竞争压力，企业必须加强低碳技术创新。企业与企业之间的竞争日益激烈，迫使企业要想超越竞争对手、占领市场的垄断地位和高额利润，仅仅依靠传统的高投入、高消耗、拼资源、低成本等粗放型的生产模式，很难占据产业链的高端，很难提升核心竞争力，因此这种市场竞争机制的持久存在，可以促使企业加强低碳技术、制度、管理等方面的创新。企业在某一低碳技术领域的突破性创新成功，对其他企业形成了竞争压力，但也会鼓励其他企业加强技术创新，不断提高自身的低碳创新能力，进而获取新的竞争优势。这种自由的市场竞争机制有利于提升企业低碳创新动力与活力，率先创新成功的企业获得新的竞争利润和市场份额，有效打破原有的市场竞争格局和利益分配剧变，也使得其他企业的竞争地位下降、技术或者产品价值贬值，进而使其他企业处于被动和落后地位。这使得其他企业也纷纷采取应对措施，加强创新或者模仿他人，提升自身的竞争实力。公平的市场竞争机制将促进企业不断地学习和创新，市场竞争是促进企业低碳技术创新的重要动力，是新型城镇化进程中加快低碳创新驱动的无形推力，迫使企业及相关利益主体产生加强低碳创新的紧迫感、危机感和压力感，提高低碳创新能力和创新效率。

四 低碳创新内驱力

内驱力作为心理学领域的重要概念。最早由心理学家威廉·詹姆斯（William James）提出，内驱力体现的是由个体的需要和目标激发的一种内在力量。内驱力表现为来自社会个体内在的、心理驱动的强大动力，推动个体积极主动地选择或实施某些行为，从而激励自我实现既定目标和个人价值。内驱力的激发和运用对于个体的创新、成长和发展具有重要意义。低碳创新的驱动力不仅来自国内外环境的压力与挑战，更重要的是来自创新主体自身、创新系统内部的内驱力，来自企业、高校、科研院所等重要主体对于低碳科技创新可能带来的长远利益、发展效益、未来目标的内部动力。如

图 5-2 所示，一方面，面对全球气候变化、国际碳减排要求、国内碳减排要求所带来的外部环境压力，以及国际低碳市场需求、国内低碳市场需求、国家支持创新政策等所带来的外部环境拉力，形成外驱力推动创新主体进行创新。另一方面，对绿色低碳发展市场前景预期、利益期待等在外在动机、内在动机、目标理想、生物性驱动力的作用下形成了强大的创新内驱力。对于城镇化进程中的各类企业而言，来自对低碳技术、低碳产品、低碳产业等创新后可能带来的潜在低碳市场利润预期，形成了强大的创新内驱力。这种内驱力区别于传统动力，表现为对低碳技术、新兴技术、低碳市场的极大关注、良好前景预期和高度重视，是推动低碳科技创新、发展新质生产力、推动新型城镇化建设的重要动力。新型城镇化加快实现从要素驱动型经济增长向质量型、低碳型、创新型经济发展转变，企业从技术领先、市场占领、品牌构建等出发，主动进行低碳技术创新，开发低碳产品，推动绿色低碳型城镇建设。低碳创新内驱力主要表现为以下几方面。

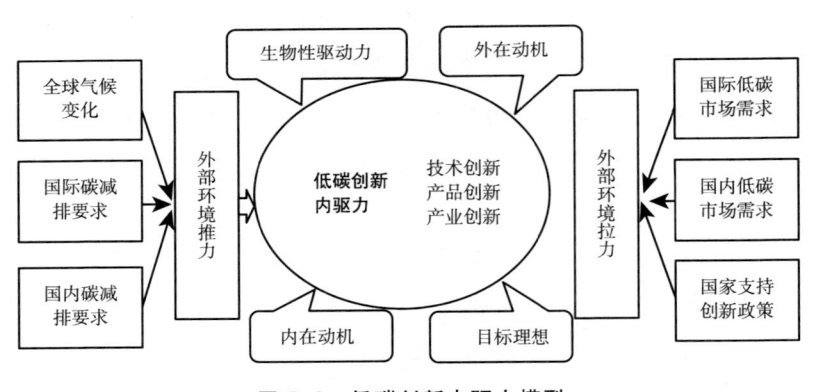

图 5-2 低碳创新内驱力模型

（一）低碳技术创新的驱动力

低碳技术创新的驱动力是创新主体基于低碳技术创新强烈意愿所形成的内生动力，既包括创新可能带来的丰厚利益回报，也包括创新带来的巨大社会效益及可能给予创新主体更高的社会认同、社会荣誉、社会尊重等回报。

具体而言，主要包括为低碳技术创新所进行的项目设计、融资、投资、风险评估以及利益分配等，整合创新资源和多方力量共同推进低碳技术创新合作带来的利益回报，还包括低碳技术创新的风险控制机制和低碳创新人员激励等保障机制。低碳技术创新不仅在于促进技术研发，关键在于低碳技术的扩散、传播与使用。根据内生增长模型理论，技术变迁内生于经济增长过程，技术变迁的动力源于市场价格信号的灵敏反应，内生于经济增长过程的技术创新需要足够的经济刺激和利益诱导，技术创新的过程也是经济增长的过程。根据这一理论，低碳技术创新的驱动力需要发挥低碳市场的自由竞争、低碳产品价格、低碳产品市场份额的有效引导作用，通过有效的战略布局和良好的市场机制构建，促进低碳绿色产品市场形成，通过低碳经济发展形成低碳技术创新的强大吸引力，进而促进新型城镇化的低碳创新发展。

低碳技术创新的驱动力，主要包括低碳技术创新、扩散、应用所带来的内在利益驱动。企业通过创新突破，以先进的、低成本的低碳技术提升产品的知识含量和技术含量，降低碳排放强度，增加了低碳产品的顾客忠诚度和市场竞争优势，促进低碳产品增值，从而为创新主体带来丰厚而稳定的利益回报和较高的社会价值回报，抢占市场领先或垄断地位，激励和引导企业更加重视低碳技术创新。通过占领与扩大绿色低碳产品的市场份额、培育新型低碳产品市场，获取更多的绿色消费者，形成低碳创新的强大内驱力。可以说，低碳技术创新内驱力、减少资源能源消耗量和降低环境污染程度同时提高了经济收益，通过节能减排技术和绿色低碳技术替代高能耗、高污染、高排放技术，降低能源消耗强度和碳排放强度，优化能源结构和产业结构，促进经济发展方式的转变，推动新型城镇化创新发展。

（二）低碳产品创新的驱动力

低碳产品创新是直接面向绿色低碳市场的创新，有利于节能减排的产品均可以称之为低碳产品。在绿色低碳材料使用、工艺流程改进、能耗减少、碳排放减少等各个方面进行创新，从而提升企业产品低碳竞争力。绿色低碳市场的推动力和绿色低碳产品的吸引力，成为企业进行低碳技术创新的强大驱动力。企业低碳创新的驱动力从根本上来说，是绿色低碳市场的繁荣发展、绿色低碳产品的需求增加，吸引了更多的企业加强低碳技术创新。绿色低碳市场的推动力与绿色低碳产品的吸引力，鼓励企业主动进行低碳技术创新、低碳产品生产，进而形成新的产品市场、新的低碳产业和新的经济增长点，又进一步鼓励和增强企业低碳技术创新的信心和利益预期。

（三）低碳产业创新的驱动力

低碳产业创新也是新质生产力发展的重要内容。由低碳产品生产形成的绿色低碳的新型产业体系，成为新型城镇化低碳创新驱动的新动力。产业创新实际上是经济创新发展或产业结构优化，通过产业创新和结构升级，加强传统产业绿色转型，发展绿色低碳产业，实现低端产业向高端产业转型升级，实现低效益型经济向高质量型经济转变，实现由高能耗高碳型产业向绿色低碳产业转变。从世界城市化发展一般规律看，产业结构调整呈现"工业型经济"向"服务型经济""低碳型经济"转变、从以高碳的重化工产业为主向以绿色低碳的现代服务业为主转变的总趋势。我国新型城镇化建设不是传统意义上的工业化、城市化过程，而是面向世界城市化潮流和绿色低碳转型趋势，进一步加快产业结构、能源结构调整，推动面向绿色低碳的产业技术创新，大力发展绿色低碳的现代新兴产业和新能源产业，加快发展方式的绿色低碳转变，进一步鼓励和引导绿色低碳技术创新，培育和发展新型低碳产业体系。区别于传统城镇化，新型城镇化依托产业结构调整与创新，形成了低碳创新的重要驱动力。主要表现为以下几点。

第一，依托科技创新提升传统服务业，大力发展现代服务业。一方面，新型城镇化要实现从土地城镇化、"半城镇化"向人的城镇化转变，应加快推动城乡融合发展，弥补生活服务、公共服务等方面的短板，加快发展面向民生改善、基础设施建设等方面的生活型、社会型服务业。比如，基于对优质的教育服务业、医疗保障、文化体育、交通运输、住宿餐饮等服务的旺盛需求，应该加大供给和服务。随着人民群众生活水平的提高，人们已经不满足低层次、基本保障型的生活服务，更需要较高层次、优质高效、有更多获得感和幸福感的社会服务，应该深化社会服务业发展的体制机制改革，激活社会力量参与服务业发展活力，大力发展多层次、多样化、优质化、低碳化的社会服务业，既能增加就业、解决民生问题，又能促进内需，还能提高政府财政收入，有助于社会融合高质量发展。另一方面，要大力发展现代知识密集型、技术密集型的生产性服务业，促进服务业与其他产业高度融合、高端发展。深入实施新型城镇化战略，激发低碳产业创新的内在动力，鼓励社会资本、社会组织、社会力量参与，政府应放松准入门槛，降低交易成本，降低面向民生的各种税收，提高社会参与生活服务供给的积极性、创造性和主动性，大力发展现代生产性服务业，进而增加就业岗位，提高城镇居民收入水平，同时提高城镇化的服务业创新水平与竞争力。

第二，积极培育新兴产业，构建现代低碳工业体系。新型城镇化要大力加强低碳产业体系构建与创新，形成从传统产业向现代产业转型升级带来的创新驱动力，大力发展新质生产力。把握世界新技术革命的方向和全球产业分工格局，在新型城镇化建设中加强低碳技术创新，培育和发展低碳产业，适应不断发展的要素禀赋结构和比较优势，积极发展新一轮经济增长的朝阳产业、战略性新兴产业、未来产业，加快构建现代低碳工业体系，推动产业结构升级。

第三，改造传统农业模式，构建现代低碳农业体系。新型城镇化不仅仅是农民变成市民的过程，而且是城乡高度融合和一体化发展的过程，是农业、农村、农民与城镇发展有机结合的过程。如何实现这种融合，需要发挥科技创新、产业创新的牵引与驱动作用，改变传统农业单一发展模式，加强农业与新一代信息技术、现代工业、现代服务业、现代物流业等的高度融合发展，依托绿色低碳等科技创新力量，发展农业新质生产力，这既是农业发展的创新动力，也是新型城镇化的重要创新路径。以低碳科技创新驱动农业结构转型，形成强大的产业链创新动力，成为驱动新型城镇化高质量发展的重要动力引擎。比如，推动农业技术的重大创新与突破，优化农业生产力布局，优化调整农产品品种结构、质量结构、区域结构和市场结构，纵向延伸农业产业链，横向拓展农业功能，实现一二三产业深度融合与创新发展，增强农业科技创新力和产业竞争力，为新型城镇化的高质量发展提供动力支撑和坚实基础。通过科技创新与产业创新，土地流转、要素入股、劳动力就业、产销对接等多种形式，培育新型农业经营主体，用现代化产业体系提升农业现代化水平，用现代经营方式推进农业高质量发展，为新型城镇化过程中城乡融合发展注入强大动力。

五　城镇公共服务力

城镇公共服务力是为新型城镇化发展及低碳创新提供良好公共服务的基本能力，是衡量政府社会建设能力的重要尺度、测评政府绩效的重要指标和依据。公共服务力主要是地方政府提供公共服务、帮助企业解决问题、增进民生福祉的服务能力，包括政府提供基本公共服务的种类、数量、质量和覆盖范围，在社会保障、基本医疗和公共卫生、公共安全、基础教育、基本住房、居民就业、收入分配、公共交通、环境保护、文化体育等方面向公众提供优质服务的能力。公共服务力是基层领导干部必须具备的建设服务型政府、提高公共服务效能的基本能力。[①] 由于低碳创新更多的是有利于公共利益、改善生态环境、提升经济效益的正外部性行为，需要代表公共利益的政府机构为低碳创新提供必要的政策支持、财政投入、公共服务等。新型城镇化建设的低碳创新驱动在服务与协同方面离不开必要的公共服务供给。公共服务是政府代表和维护公共利益的基本职能。代表和维护公共利益的重要职责在于为低碳创新活动提供必要的公共服务，降低交易成本，营造公平、有序、和谐的低碳创新环境，弥补市场失灵，承担和履行政府作为低碳创新重要主体的基本职责。

欧洲的"创新环境"学派强调创新环境、创新服务的重要性。该学派

---

① 王秋菊、孙立樵：《略论基层领导干部公共服务力存在的误区与提高途径》，《辽宁行政学院学报》2008年第1期，第13~14页。

强调从本地化角度讨论地域的"嵌入性"或"根植性"的社会文化环境，本地环境是使创新机构能够创新并能和其他创新机构协同创新的环境，强调创新环境、创新公共服务的网络性。在新型城镇化建设中，各级政府应致力于加强公共服务供给，完善基础设施建设，为高校、科研院所、企业、社会组织等参与低碳科技创新、低碳产业发展提供基础保障和基本条件。地方政府依托公共服务和基础设施建设，降低创新成本，使低碳创新活动具有嵌入性，形成有利于鼓励低碳创新的社会网络和服务环境，从而提高公共服务力。具有本地文化嵌入性和形成文化网络的低碳创新环境，不仅包括各种基础设施的硬环境建设，需要政府进行投资和加强公共服务供给，提升公共服务质量和水平，也包括文化、市场、法治等软环境建设，这些均具有公共产品的特性，应重视挖掘本地特色社会历史文化，充分发挥文化亲和力的纽带作用，加强企业的"根植性"以及基于本地的相互信任，不断完善市场体制，建立公平合理的低碳技术交易平台，激励企业间的合作与创新，优化低碳创新的政策制度环境等，切实提升地方政府服务于低碳科技创新、新型城镇化建设的公共服务力。

六　低碳创新协同力

低碳创新协同力是推进科技创新与实践发展所必须具备的能力，具体表现为在科技创新及产学研合作中的信息共享、资源共享、沟通顺畅的基本能力。低碳创新是一项多主体参与、多要素集成的系统工程，离不开政府、企业、高校、科研院所、金融机构、社会组织以及公众等多个主体的协同参与和共同推动。合作创新带来的协同力是提升低碳科技创新能力与水平的重要动力源。由于低碳技术创新投入高、周期长、难度大，风险高，单一的创新主体很难获得成功，因此合作创新有利于减少低碳创新成本，促进低碳创新资源的整合、知识扩散和共享。在低碳创新过程中，企业之间建立技术联盟并开展创新活动，不但可以共同承担某些低碳技术的巨额研发费用，还可以达到知识共享、信息交流、人力资源和技术优势互补的协同效应，对合作双方的低碳技术创新能力提升具有重要意义。在低碳创新中，政府、企业、高校、科研院所、中介服务机构、公众等主体的协同创新及相关技术、制度、文化的创新激励与互动，形成了创新合力即低碳创新的重要驱动力。新型城镇化建设需要整合各方面资源，加强政府、企业、高校、科研院所、中介机构、公众等的协同创新，形成低碳创新协同力。

七 本章小结

基于新质生产力的视角，构建新型城镇化的低碳创新驱动力模型，主要包括外部推力和内部动力两个方面。从外部来看，在国际层面，主要表现为全球气候变化、碳减排与生态环境保护等带来的创新挑战与压力，国际贸易中的碳关税和碳壁垒对中国新型城镇化低碳创新产生的压力；在国家层面，主要表现为国家鼓励绿色低碳创新的政策吸引力、提升城镇公共服务等所带来的创新动力；在市场层面，主要表现为绿色低碳产品需求所带来的低碳市场推动力。从内部来看，主要表现为作为创新主体的企业，追求低碳技术创新、低碳产品创新所带来的低碳创新内驱力，企业与科研院所等合作形成的低碳创新协同力。

第六章 国外城市化中创新驱动与低碳发展的经验比较

发达国家开启城市化运动较早,以创新驱动城市化进一步提速,以绿色低碳驱动城市化质量提升,并在建设与发展中积累了许多成功经验。在全球化、信息化和网络化背景下,以创新为核心驱动力的新时代已经开启,城市内部产业生产、人口消费及空间演进等发展内涵、作用形式和组织机制都在发生改变。[①] 国外许多城市坚持创新与绿色低碳发展,推动城市经济、社会、生态、文化等各领域建设不断完善与优化,许多成功的转型发展经验为中国推进新型城镇化建设提供参考和借鉴。本章主要对英国伦敦、美国纽约、德国鲁尔、日本东京、日本九州等典型城市和地区在加快科技创新、环境治理、低碳发展等方面的经验进行分析,并提出对中国推进新型城镇化建设的重要启示。

一 英国伦敦城市化经验:从"雾都"到"绿都"

伦敦作为英国首都和全球著名的大都市,城市化运动较早。伦敦的城市化运动伴随工业革命在全球率先推进而展开,伦敦周边地区的不断城市化及都市圈建设,使得城市规模不断扩大,城市化空间由封闭转变为放射

---

① 孙文秀、武前波:《创新驱动下城市经济社会空间的转型与重构》,《活力城乡 美好人居——2019中国城市规划年会论文集》2019,第80~91页。

状发展趋势，最后形成圈域型城市化发展格局。伦敦在早期城市化过程中，多方面的原因特别是传统高能耗、高排放产业的集聚，导致城市环境污染日益严重。工业革命之后，伦敦主要依靠煤炭等传统能源，城市人口不断增多，交通不断发展，城市运行用电、火车运输、工厂生产、居民生活等能源消费主要依靠煤炭，城市燃煤总量不断攀升，煤炭燃烧后带来高排放、高污染等现象，烟尘、二氧化碳、氯化氢氟化物、二氧化硫等物质排放到大气后进行化学反应，废气附着在烟尘上，凝聚在雾滴中，烟尘与雾混合变成黄黑色的烟雾，严重影响城市环境和市民生活。1813年12月，伦敦出现浓重的烟雾现象。1873年12月，伦敦曾经发生大雾天气，死亡人数比平时上升40%。1948年11月，伦敦再次发生了致使死亡率攀升的大雾。1952年12月5～9日，伦敦发生严重的大气污染事件，城市被大量工厂排放的烟雾笼罩，导致交通严重瘫痪，市民发病率、死亡率急剧增加，大烟雾导致死亡人数多达4000人，该事件被称为"伦敦烟雾事件"，成为20世纪十大环境公害事件之一，在国际上的影响极大。伦敦因此曾经被冠以国际"雾都"。随后，伦敦针对严重的环境污染问题，调整城市化发展战略，重点加强传统产业转型、结构调整、技术创新与绿色低碳发展，经过多年的努力，伦敦终于成为"绿都"。英国伦敦的城市化进程即技术创新驱动城市产业转型升级的过程，展现了空间规划合理、交通体系完备、服务功能健全、创新驱动低碳转型等重要特点，许多经验值得参考借鉴。

（一）伦敦城市化的三阶段：制造中心—服务型城市—创意城市

从世界城市化的一般规律，即人口不断集聚和第二、第三产业不断发展两个方面来看，在人口方面，伦敦城市化的过程就是人口不断往伦敦地区集聚的过程。大伦敦主要由伦敦城、内伦敦和外伦敦组成，从空间格局来看，伦敦实施四个"同心圆"的空间规划设计，以"伦敦—利物浦"为轴线，涵盖了伦敦、伯明翰、谢菲尔德、曼彻斯特、利物浦等大城市及周边中小城镇建设，打造形成伦敦都市圈，① 伦敦200多年的人口城市化过程，主要沿着城市化、郊区化、逆城市化和再城市化4个阶段进行演化，如表6-1所示。② 伦敦城市化进程中人口规模的演变，实际上与该地区的产业结构演变有密切关系，主要表现为伦敦从作为全球制造业中心的重化工阶段，逐渐转变为作为全球服务业中心的后工业化阶段。大约20世纪60年代，伦敦开始了从重化工阶段向后工业化阶段的经济转型过程，加快打造服务型城市和创意型城市。③

表6-1 伦敦人口城市化的阶段性特征

阶段	时期	主要特征
城市化	1760~1851年	城市人口尤其是内伦敦的人口持续增加，且内伦敦地区人口增长速度远快于外伦敦地区
郊区化	1851~1961年	大伦敦人口增长减缓，人口由内伦敦区域向外伦敦区域扩散，内伦敦人口从1851年的236万人增加到1901年的454万人，而后下降，1961年降至320万人，而外伦敦人口则从1851年的33万人增长到1901年的205万人，到1961年达到498万人
逆城市化	1961~1991年	大伦敦都市区人口总体处于负增长状态，且内伦敦人口持续外迁至小城镇和农村区域。伦敦的逆城市化格局持续时间长达30年，直到20世纪90年代初期才有所转变
再城市化	1991年至今	大伦敦都市区通过创新创意发展，吸引人口流入，伦敦进入再城市化阶段，内伦敦人口从1991年的227万人增长到2018年的362万人，外伦敦人口从1991年的402万人增长到2018年的538万人

① 伦敦都市圈由内至外可分为四个圈层：第一层为中心层，被称为内伦敦，包括金融城和内城的12个区；第二层是伦敦市区，包含内、外伦敦所属的20个市辖区；第三层是伦敦大都市区，包括伦敦市及其邻近的11个郡；第四层是伦敦都市圈，包括伦敦、伯明翰、谢菲尔德、曼彻斯特、利物浦等数个大城市和众多中小城镇，是产业革命后英国主要的生产基地和经济核心区。
② 崔丹、李国平：《集聚、分散与重构：国际大都市人口发展新态势》，《光明日报》2021年11月11日。
③ 周振华：《伦敦、纽约、东京经济转型的经验及其借鉴》，《科学发展》2011年第10期，第3~11页。

1. 全球制造业中心的繁荣与衰落历程

伦敦有2000多年的建城史，工业革命后伦敦大力发展以重化工业为主的传统工业，特别是20世纪20~30年代，伦敦相继发展新兴工业，成为世界制造业中心。第二次世界大战以后，因重化工业所带来的高能耗、高污染、高排放等环境污染问题，中心城区的房产价格上涨，住房成本高昂，产业和人口外迁，伦敦作为世界制造业中心不断衰落。1952年12月5~9日，伦敦发生严重的"伦敦烟雾事件"，成为20世纪十大环境公害事件之一。从1961年开始，因环境问题严重，伦敦重化工业逐渐衰落，进入了人口和产业向周边地区迁移的逆城市化阶段。特别是到了20世纪60年代后期和20世纪70年代初期，伦敦大量工厂关闭，有近20万人失业，部分企业不断向伦敦之外的地区转移，伦敦经济也开始萧条。

2. 加快产业转型，打造服务型城市

为加强环境治理，从20世纪80年代开始，伦敦将许多重化工业逐步迁出了伦敦中心城区，重点发展服务业，打造服务型城市。大伦敦政府对旧城加强环境治理与产业转型，鼓励科技创新和低能耗的服务业发展，自1984年起，伦敦地区的商务服务业、银行、证券业等第三产业快速发展，第三产业的就业机会和就业岗位增加。伦敦将重化工业等产业逐渐转移到里丁、斯拉夫、布拉克尼尔等诸多新城镇，通过建设新城镇为伦敦产业外迁、发展新兴产业提供新的发展空间。在新城镇建设中，伦敦通过完善交通体系、加强基础设施建设、发展现代服务业等方式增加就业岗位，不断提高新城的"反磁力"作用，吸引中心城市人口向周边新城迁移，不断提高新城的服务能力和发展水平。伦敦通过产业转型升级，推动就业人口从制造业转移到服务业，通过产业创新和加快服务业发展，成为世界知名的服务型城市。伦敦产业结构从以传统工业为主转向以金融、贸易、旅游等服务业为主，商业、金融业、高科技产业等部门提供的就业岗位占到伦敦全市就业岗位的1/3。伦敦金融、商业服务行业占英国国内生产总值的16.4%。此外，零售业、旅游业等是伦敦重要的服务业，伦敦成为全球重要的专业服务中心。

3. 发展文化创意产业，打造创意型城市

发展创意产业是推动城市转型与高质量发展的重要抓手和坚强支撑。而创意产业是全球城市的支柱产业之一，也是城市软实力、国际竞争力、品牌影响力提升的重要支撑。

经过多年的转型发展，伦敦金融服务、商务服务等服务业发展取得一定的规模和成效，但后续多方面的因素，导致创新滞后、增长乏力。在此背景下，伦敦政府提出了加大创新和创意经济发展，发展文化创意产业，构建创意型城市的计划，推动伦敦再城市化与创新转型。进入21世纪，伦敦重视城市的创新发展，发展诸如出版业，广告营销，信息技术、软件和计算机服务，电影、电视、录像、广播和摄影，博物馆、画廊和图书馆，音乐、表演和视觉艺术等现代创意产业。创意产业融入了新的知识、创意、文化元素，提升了伦敦城市魅力与发展活力，带来了大量的就业岗位，推动了伦敦的再城市化和城市复兴。伦敦城市化进入创新创意阶段，着力发展创意型产业，提升产业活力与消费动力，打造"伦敦创造"城市和世界"创意之都"。伦敦拥有丰富的历史文化资源，其文化与创意产业发展全球领先。伦敦是世界上最具文化气息的城市之一，拥有世界一流的文化资源、机构和人才，电影、时尚、设计、音乐、游戏等产业均名列前茅。

伦敦发展创意产业是打造全球创意之都的重要抓手，伦敦先后制定了文化创意发展战略，采取了促进创意产业发展的多项政策扶持措施和具体实施行动。伦敦经济委员会发布了《不走寻常路的文化》(*Culture off the Beaten Track*) 报告，明确提出要大力支持小型文化组织，进一步夯实文化创意底座。小型文化组织是指各类规模比较小、运行机制灵活的小型画廊、小型剧院、小型音乐会、小型博物馆等，这类文化组织充分发挥其小而巧、小而活的优势开展具有创意的文化活动，吸引伦敦市民和游客参与，推动文化创意产业发展。伦敦为了支持小型文化组织和文化创意产业发展，制定了一系列的扶持政策，比如帮助小型文化组织建立组织网络、活动场所和各类服务平台，给小型文化组织公平地分配必要的文化扶持财政资金，加强小型文化组

织与文化研究机构、文化创意中心的合作等。

据《伦敦市长文化战略草案》的数据，伦敦文化创意产业从业人员达到52.5万人。2005年伦敦创意产业人均产值约为2500英镑，到2012年奥运会时，伦敦创意产业的产值达到300亿英镑，贡献率超过金融业。伦敦创意产业规模不断壮大，2015年总增加值（GVA）约为420亿英镑，[①] 如表6-2所示。据统计，文化创意产业就业约占城市总就业的1/6，2018年经济产出达到470亿英镑。文化创意产业是伦敦近年来增长最快的产业之一。[②]

表6-2 2015年伦敦创意产业总增加值（GVA）及占英国该部门的比例

单位：百万英镑，%

创意产业门类	伦敦创意产业 GVA	伦敦占英国该部门的比例
广告营销	4146	43.50
建筑业	1671	42.40
手工艺产业	82	32.30
设计：产品、图形和时装设计	1215	42.40
电影、电视、录像、广播和摄影	8592	49.50
信息技术、软件和计算机服务	15953	44.90
出版业	5679	54.10
博物馆、画廊和图书馆	502	27.80
音乐、表演和视觉艺术	4173	61.20
总计	42013	47.40

伦敦还重视区域合作，协同推动创意之都建设。2017年，伦敦与北肯特、南埃塞克斯等地区的创意组织合作，提出泰晤士河口创意生产走廊的发

---

① 陈芭名、张春华：《伦敦文化创意产业对北京建设国际消费中心城市的借鉴启示》，《数据》2022年第7期，第60~62页。
② 《打造全球创意之都：伦敦文化创意产业战略新布局》，https://sghexport.shobserver.com/html/baijiahao/2022/09/20/858810.html，2022年9月20日。

展框架，力求打造世界级的创意和文化生产中心。2023年10月，伦敦发起了"伦敦创造"（London Creates）活动，推动伦敦大都市形成世界上最具创造力的首都。目前，伦敦创意产业提供了约110万个就业岗位，创意产业产值占整个英国创意产业产值的一半以上。伦敦还投资了6亿英镑建设位于伊丽莎白女王奥林匹克公园东岸的文化和教育中心，设立12个创意企业区，助力伦敦建设世界"创意之都"。[①] 目前，伦敦市在创意产业的有效推动下，再次成为全球重要的经济、金融、贸易、高新科技中心，也成为全球文化艺术交流和信息传播中心，伦敦在全球城市中的创新力和引领力不断提升。

（二）伦敦城市化的驱动力：科技创新—绿色转型—低碳能源

1. 加快科技创新驱动，推动城市转型发展

从伦敦的城市化进程来看，这个过程是产业不断由重化工业到现代服务业转型的过程，也是依托科技创新不断推动城市化、依托创新创意推动城市转型发展的过程。科技创新助推了伦敦的创意产业发展与城市转型。英国各级政府重视科技创新，不断增加研发投入，科技预算增幅每年约为7%，并建立技术战略委员会，发挥政府在科技创新中的引导作用，助推产业质量提升与创新发展，进而实现城市的创新驱动发展。伦敦政府重视科技创新，采取多种政策鼓励企业创新，增加研发投入，给予创新方面的政策优惠，为创新企业提供贷款担保和风险投资等，加快技术产业化步伐；伦敦也鼓励高校科研人员、学生进入企业创新项目，推动产学研合作等，依托科技创新实现城市转型与创新发展。伦敦为治理环境污染，特别重视绿色低碳技术创新，比如设立了1亿英镑的绿色基金，鼓励更多资本投入低碳技术创新，提高废物处理能力和能源利用效率，大力发展绿色低碳产业。

2. 加快城市绿色转型，打造现代"绿都"典范

伦敦通过产业疏解、产业绿色转型、发展方式转变、科技创新以及城

[①] 《国际大都市战略2023｜伦敦：聚焦文创产业，打造零碳城市》，https：//m.thepaper.cn/baijiahao_25820384，2023年12月28日。

171

市绿化建设等多种手段，加快"雾都"治理，逐渐成为现代化的"绿都"。一是伦敦颁布《清洁空气法案》，在伦敦城区设立无烟区，禁止使用产生烟雾的燃料，通过一系列严格的法规政策有效控制大气污染。二是加大传统产业疏解力度，将发电厂等高能耗、高污染企业迁移到外地，从源头上减少能耗和污染物排放量，降低产业排放强度，打造绿色清洁的产业结构。三是在伦敦城区加快产业转型升级，大力发展低能耗、低污染、绿色低碳的现代服务业，大力发展绿色交通体系，大力发展绿色低碳能源产业，构建低碳产业体系，从源头上减少排放和污染。四是加强城市绿地建设，提高城市绿化率。在伦敦城外打造环城绿带，城市绿地、绿色建筑和环城绿带建设不断提高了伦敦城市环境质量，将伦敦打造成为现代化的"绿都"典范。

3. 加快能源结构转型，发展低碳能源体系

伦敦政府为加强环境污染治理，从调整能源结构入手，提高能源利用效率，降低能源消耗带来的各种污染，制定了许多的新能源政策，鼓励了绿色低碳能源的开发与使用。英国从国家层面陆续出台了一系列推动雾霾治理、提高能源利用效率、发展绿色低碳能源的相关战略规划，比如2004~2009年，先后制定了《能效：政府行动计划》《气候变化行动计划》《低碳建筑计划》《退税与补贴计划》《英国能效行动计划2007》《国家可再生能源计划》《低碳转型计划》等计划。2012年，英国出台了《能源法案》，明确提出要加强能源消费结构调整和转型，大力发展低碳经济。支持低碳能源基础设施建设，建立低碳制造业供应链，使以化石能源为主的能源结构转变为多元化的低碳能源结构；出台财政刺激政策，鼓励家庭和企业淘汰更新老设备，改用节能设备；还支持可再生能源和核能利用技术、碳捕集与封存技术的多元化能源技术架构建设，以防止经济发展出现能源短缺瓶颈。这些战略规划为伦敦加强雾霾治理、开发和使用绿色低碳能源提供了依据。伦敦在此基础上进一步加强低碳绿色能源战略实施，结合自身特点制定更加具体的绿色低碳能源战略计划，从英国政府到伦敦政府对绿色低碳能源的开发和利用有效缓解了雾霾污染程度。

伦敦制定了《能源战略》，明确提出要加强伦敦二氧化碳排放控制、低碳经济建设、低碳能源供应，建设"零碳"伦敦等，还确立了2010~2025年伦敦能源供应体系建设框架，如图6-1所示。[①] 伦敦的《能源战略》与《伦敦经济发展战略》《应对气候变化战略》《水资源利用战略》《废弃物管理战略》《改善空气质量战略》《伦敦发展计划》等战略协同作用，提出"将伦敦建设成为生态、宜居、繁荣的可持续发展示范性世界城市"的愿景目标。

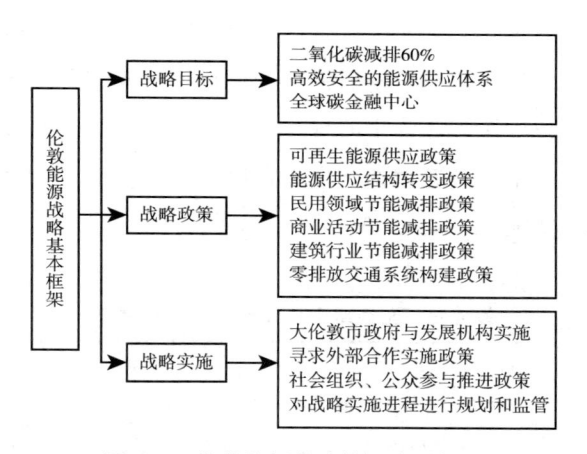

图6-1 伦敦能源供应体系建设框架

伦敦重视开发和使用绿色低碳能源，提出了系列雾霾治理政策措施，并取得了一定的成效。截至2016年10月，伦敦空气中的一氧化碳、二氧化硫、臭氧等有毒气体含量均处于安全标准以下。[②] 伦敦能源结构转型有效推动了城市环境污染治理和生态系统质量提升，绿色低碳能源不仅成为全球能源转型的重要方向与发展潮流，也成为引领城市化绿色低碳发展的重要趋势。

[①] 刘学之、刘成、马婧：《伦敦能源战略对北京建设世界城市的启示》，《环境保护》2012年第7期，第79~82页。

[②] 高尚涛：《伦敦治霾经验：立法减排与能源优化》，《前线》2017年第2期，第77~80页。

二 美国纽约城市化经验：从制造型城市到服务型城市

纽约是美国第一大城市，也是最大的商业港口，交通区位优势明显。纽约有曼哈顿、布鲁克林、皇后区、布朗克斯、斯塔滕岛五个行政区。纽约作为世界发达城市，在城市化进程中一直高度重视科技创新、绿色发展的重要作用。纽约的城市化与其工业化和优越的港口区位优势密不可分。纽约的产业主要以轻工业为主，重点发展服装制造业、糖加工业、机器制造业等。随着贸易口岸等功能提升，纽约不断推进城市化与产业转型，从以一般制造业为主的城市转型为以服务业为主的现代化城市。如表6-3所示，① 纽约城市化进程呈现人口聚集和快速增长，再到人口向郊区外迁，最后到人口缓慢回流与再城市化等特征。

表6-3 纽约城市化演变的阶段性特征

阶段	时间段	特征
第一阶段	1800~1910年	外来人口进入城市聚集，城市人口不断增长，各类企业不断增多
第二阶段	1911~1950年	中心区人口过度膨胀，不少产业和人口向郊区扩散。中心区曼哈顿和中间区布鲁克林人口减少，周边的皇后区、布朗克斯等人口增长
第三阶段	1951~1980年	人口向周边城市转移，城市整体人口止增转降，各区人口表现为先中心区降、郊区略增，随后均转为下降
第四阶段	1981年至今	人口缓慢回流，城市整体平稳增长，同时各区人口也均有小幅增长

（一）以产业转型推进城市化：从制造业到服务业的结构演进

纽约的城市化进程与产业转型紧密关联。在纽约城市化的300多年的历史中，先后进行了第一次、第二次工业革命，推动纽约城市工业不断转型升

---

① 《世界级城市人口变迁：过去的纽约和未来的北京》，https://www.sohu.com/a/155709621_670998，2017年7月9日。

级，城市人口和产业规模不断扩大，纽约逐渐成为美国的制造业中心。第二次世界大战结束后，由于多方面的原因，随着全球城市产业变迁，纽约制造业开始衰退，先后经历了 30 多年的由制造业向服务业演进的产业转型过程。20 世纪 60 年代，美国经济学家沃尔特·罗斯托（Walt Whitman Rostow）根据美国工业化与城市化发展的阶段性特征，提出了著名的经济成长阶段论（The Theory of Stage of Economic Growth）。后来，罗斯托在《经济成长的阶段》《政治和成长阶段》等书中提出了经济成长的六个阶段理论，即传统社会、准备起飞、起飞、走向成熟、大众消费、超越大众消费，并指出美国经济社会发展将进入"大众消费阶段"。根据这一理论，美国的工业化、城市化进程发生了重大转型，制造业被服务业取代。而纽约作为美国制造业中心，在产业转型和城市化进程中更具有典型性和引领性，成为引领美国制造业转型、服务业率先发展的先行者。1970 年，纽约服务业增加值占纽约 GDP 的比重已达到 76%，2000 年，该比重高达 90%。当然，纽约在城市化过程中，并没有完全放弃制造业，如服装、印刷出版、化妆品等产业依然保留一定比重，始终居于美国首位。在纽约的城市化进程中，产业结构由以制造业为主转型为以服务业为主，城市产业高端化转型，特别是金融服务业、计算机服务业、医疗服务业、教育服务业、广播电视文化服务业等产业升级，推动了纽约城市化的成功转型，比如，纽约依托华尔街成为全球金融中心。纽约依托产业转型、技术创新、提升产业竞争力与城市影响力，推动了城市化的快速发展与转型升级。

（二）以新城建设推动郊区化：产业调整的空间拓展

纽约产业的郊区化拓展与新城建设，直接推动了城市化进程。纽约随着城市化推进，城市边界不断拓展，中心城区的人口、产业、交通、建筑等过度密集，导致过度城市化现象发生，增加了产业成本，降低了资源环境承载力，直接导致企业不得不寻找成本更低的郊区发展。从纽约来看，其郊区化开始于 19 世纪末，20 世纪初加快推进，不少制造业企业向郊区扩散，带动就业人口向郊区迁移，中心城区的产业和人口不断减少。纽约制造业部门的就业人数从1961年的140万人下降到1981年的68万人；1985年只有57万人，占当年纽约就业总人数的比重不到1/5。随着纽约城市郊区化发展，许多公司总部、制造业企业搬迁到郊区发展。1965年，纽约的公司总部达128个，1976年已减少到84个。[①] 第二次世界大战后，郊区化给纽约带来了较大影响，企业外迁郊区，工业园区、写字楼、商贸中心、购物中心等不断完善，加快郊区新城建设与乡村经济繁荣。郊区化及新城建设也为纽约城市化推进及城市边界拓展、纽约大都市圈建设奠定了重要基础。当然，纽约城市的郊区化不可避免带来了中心城区产业的空洞化，企业外迁带动了中心城区就业人口流出。

（三）以大都市圈推动再城市化：强化创新驱动形成旧城回流效应

随着城市化浪潮推进，纽约城市的产业郊区化以及中心城区的"空洞化"问题并存，纽约进入大都市圈推动再城市化阶段。20世纪70年代中后期，纽约实施"旧城复兴"计划。"旧城复兴"力求增强中心城区、老城区各方面的吸引力，防止其"空心化"或衰退，包括采取有效措施稳定土地价值，建设适合中等收入家庭购买的住宅，改善内城基础设施和生活环境，吸引纽约市人口回流内城地区，推动中心城区复苏、增值。在这一阶段，最初是纽约市的少数白人中产家庭选择迁入内城，消费人群增多，带动了曼哈顿区和整个城市产业和人口的回流。"旧城复兴"计划以及产业升级的有效推进，大力推动了高新技术产业和服务业发展，重塑了纽约产业结构，带动了城市中心就业人口和产业增加值增长。"旧城复兴"带来产业的成功转型和就业人口增长，纽约由传统工业化城市转变为以生产性服务业为主的后工业化城市，并适应了国际大环境的发展需要，纽约城市实现经济繁荣、就业率增长、房地产市场兴旺，纽约的城市服务功能进一步增强，中心城区以及整个纽约市人口得到较快增长。1980年，纽约中心城区就业人口显著增加。

[①] 周振华：《伦敦、纽约、东京经济转型的经验及其借鉴》，《科学发展》2011年第10期，第3~11页。

2012年纽约人口约有1957万人,纽约人均收入达到31796美元。[①]

随着"旧城复兴"计划的实施以及周边城市的发展壮大,纽约的再城市化以及大都市圈发展进程加快,纽约逐渐成为大都市圈的中心城市。1920~1950年,纽约城市向周边郊区扩展。自1950年起,纽约加快科技创新、交通体系建设、通信设施完善等,推动城市发展与产业升级,郊区化与"旧城复兴"实现纽约大都市圈的空间拓展。纽约、波士顿、费城和华盛顿四大都市依托发达的交通体系、通信网络、产业链等,形成美国著名的大都市圈、城市群。各城市依据自身产业功能明确分工,其中,纽约是全球金融中心和全球科技创新中心。[②]

纽约城市化的创新驱动力表现在多个方面。

一是纽约城市化发展离不开创新驱动的引领。纽约高度重视科技创新、产业创新的驱动与引擎作用。2009年,纽约实施城市发展长远愿景,发布《纽约经济多样化项目发展计划》,提出加大重点科技领域的投资与创新,围绕绿色、制造、时尚等科技领域进行产业培育与战略布局。2010年,纽约市提出了"应用科学"计划,大力培养应用科学人才,激发创新理念,孵化高技术企业。纽约率先提出建设"全球科技创新中心"的战略目标,大力发展科技创新产业。纽约制定了全球城市创新中心路线图,推动城市创新驱动发展。比如,纽约市经济发展公司和康奈尔雅各布斯理工学院联合推出《试点:纽约市——纽约打造全球都市创新中心路线图》,帮助设立科技企业及拓展其业务。创新中心路线图主要包括以下几点:鼓励科研机构的创新人员与本地大学开展紧密合作;制定"基于挑战"的采购方法实现采购现代化,允许各机构提出各自试图解决的问题及不同的技术解决方案;建立由一组加速器和专门的试点站点组成的试点网络;为城市创新型初创企业提供各类资源及服务。[③]

---

① 孙瑜、罗仲伟:《世界城市的城市化与产业转型——基于纽约与北京的比较》,《区域经济评论》2015年第5期,第126~134页。
② 孙瑜、罗仲伟:《世界城市的城市化与产业转型——基于纽约与北京的比较》,《区域经济评论》2015年第5期,第126~134页。
③ 《国际大都市战略2023丨纽伦巴东等六城值得借鉴的十大战略》,https://m.thepaper.cn/baijiahao_25792032,2023年12月26日。

二是营造高技术产业发展的创新生态，推动科技创新与其他产业的高度融合。纽约依托信息技术创新，为新媒体、金融服务、互联网等领域提供解决方案，整合科技、文化、人才、信息等资源，加快金融业、服务业等产业创新，推动金融业和商务服务业发展与繁荣，将纽约打造成世界金融中心、总部经济中心和文化创意中心。

三是加强城市资源集约利用、生态环境保护与绿色低碳转型。纽约以"绿色城市"为重要理念，建立城市规划体系，以旧城改造为契机推动空间绿化，加快建设城市绿色建筑。比如，2008年，纽约出台鼓励市民进行屋顶绿化的减税措施，规定屋顶绿化面积超过50%，即可以减免地产税。纽约还制定了城市大树地图，目前已拓展到15万棵大树，帮助居民认识树木对城市生态改善的重要作用。纽约鼓励大力开发利用新能源，打造绿色交通导向的安全城市。2018年，纽约绿色出行比例为64%，公共交通出行比例为32%。纽约城市化进程中充分体现了创新、绿色、低碳等重要理念，值得学习借鉴。如表6-4所示，纽约分别于2007年、2011年、2015年、2019年、2023年制定了多项绿色城市建设战略规划。①

表6-4 纽约市绿色城市建设战略规划

年份	战略规划	主要内容
2007	PlaNYC:A Greener, Greater New York	规划提出采取有效措施实现"降低30%以上温室气体排放量"的城市转型目标。创建适应气候变化影响的工作流程;更新纽约市联邦紧急事务管理局的"100年洪泛区地图"、提供优惠的洪水保险等
2011	PlaNYC Update April 2011: A Greener, Greater New York	减少和追踪温室气体排放;评估气候变化的脆弱性;增加城市建筑和自然环境的韧性;保护公众健康免受气候变化带来的危害
2015	One New York:The Plan for a Strong and Just City	减少温室气体排放,2050年实现温室气体排放量比2005年减少80%的目标。社区、建筑、基础设施和海岸线能够承受气候变化的影响

---

① 《国际大都市战略2023 | 纽伦巴东等六城值得借鉴的十大战略》，https://m.thepaper.cn/baijiahao_25792032，2023年12月26日。

第六章 国外城市化中创新驱动与低碳发展的经验比较

续表

年份	战略规划	主要内容
2019	OneNYC 2050：Building a Strong and Fair City	实现碳中和与100%清洁电力供应；提高社区、建筑、基础设施和滨水区的韧性；争取气候问责和环境正义
2023	PlaNYC：Getting Sustainability Done	保护纽约免受气候威胁，减少碳排放；提高纽约市民生活质量；推动城市绿色转型，打造绿色经济新引擎

《PlaNYC：实现可持续发展》（PlaNYC：Getting Sustainability Done）作为纽约市一系列 PlaNYC 气候行动计划中的第五个计划，如表 6-5 所示，明确提出了实现纽约城市绿色转型与可持续发展的规划目标，涉及洪水、酷热、碳排放、绿地、水道、交通、食品、绿色经济、废物与循环经济等领域以及具体措施，明确提出要加强城市公共健康、生活质量和环境正义建设，以保护纽约免受气候威胁作为规划发展的首位目标，实现家庭能源援助计划，加大绿色空间建设力度，增加森林地区投资、鼓励发展清洁绿色低碳交通、提供气候变化教育和培训计划等，加快推动城市绿色低碳转型发展。[①]

表 6-5 纽约《PlaNYC：实现可持续发展》规划目标与措施

目标	具体领域	规划措施
减少城市气候威胁，降低碳排放	洪水	制定海岸线资产的洪水恢复标准；提高全市雨水基础设施服务水平，保护城市海岸线及脆弱的内陆社区；启动探索住房流动性和土地收购的行动计划
	酷热	为所有新建建筑配备制冷基础设施；改革纽约家庭能源援助计划，加大资金扶持力度；实现 30%的树冠覆盖率
	碳排放	开发融资工具，确定激励措施，提高能源使用效率，减少建筑碳排放

---

① 《国际大都市战略 2023｜纽伦巴东等六城值得借鉴的十大战略》，https：//m.thepaper.cn/baijiahao_25792032，2023 年 12 月 26 日。

179

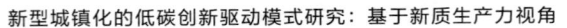

续表

目标	具体领域	规划措施
提高纽约市民生活质量	绿地	加大绿色空间建设力度,增加森林地区投资,改善森林健康状况
	水道	改进废水处理过程,改善城市水道运行状况,最大限度地减少下水道溢流现象
	交通	鼓励更清洁的交通方式,实现可持续交通
	食品	减少食品采购、食品相关机构和商业烹饪的碳排放量
推动城市绿色转型	绿色经济	提供气候教育和培训计划,创设绿色经济工作岗位,支持创业和行业创新,加速绿色经济转型
	废物与循环经济	收集有机材料并转化为能源和可重复使用的资产,将曾经在回收过程中被认定为废物的产品融入循环经济

三 德国鲁尔城市化经验：从产业整治到城市更新

鲁尔区位于德国西部的北莱茵—威斯特法伦州，拥有将近 600 万人口和 4000 多平方公里的面积。鲁尔区共有 53 个城市及城镇，多特蒙德、埃森、杜伊斯堡 3 个城市的人口最多。从历史上看，鲁尔区是德国乃至欧洲最大的工业区之一，一直以采煤、钢铁、机械制造、化学等重工业为主导产业，曾对全球工业发展产生重要影响。19 世纪 50 年代，鲁尔区近 300 座煤矿同时运营，鲁尔区当时也成为欧洲乃至世界上最大的重工业区之一。19 世纪 70 年代，鲁尔区煤矿业等产业发展迅速，吸引了大量的外地人口就业，超过 300 万人居住在鲁尔区，多特蒙德、埃森、杜伊斯堡成为当时比较著名的工业型城市。第二次世界大战结束后，鲁尔区的炼油、石油化工、电气、电子等产业发展迅速。鲁尔区的工业成为西德战后经济重建的重要基础，生产了德国 80%的煤炭、2/3 的钢铁，工业产值曾一度达到全国工业产值的 40%。[①]

---

① 《破茧重生：德国鲁尔区从辉煌走向辉煌，成为重工业基地转型的榜样》, https://baijiahao. baidu.com/s?id=1729813115652107000&wfr=spider&for=pc，2024 年 6 月 1 日。

鲁尔区经历了城市老化、工业衰退等难题,一度引发经济和社会危机。20世纪50年代起,鲁尔区的钢铁和煤炭工业走向萧条,工业发展也陷入了结构性危机,产生了一系列经济与社会问题。① 鲁尔区重化工业集聚带来环境污染、用地紧张、交通拥挤等问题,迫使许多企业向德国南部转移。② 德国鲁尔区也曾经暴发比较严重的雾霾危机,随后德国加强了城市环境治理和产业结构调整,城市实现了绿色低碳转型。德国鲁尔区的城市化进程,伴随着环境危机产生及环境治理,到城市产业结构调整、绿色低碳发展,最后实现了城市的绿色低碳转型。为促进城市转型与产业振兴,鲁尔区加强产业整合、统筹规划、资金投入、科技创新、环境优化、基础设施建设等,加快了城市化绿色转型发展。具体而言,政策措施主要包括以下几个方面,如表6-6所示。③

表6-6 德国鲁尔区城市化的雾霾危机及其治理

主要过程	时间	雾霾危机及其治理政策措施
雾霾危机	1962年12月	鲁尔区首次遭遇雾霾危机,当时部分地区空气中二氧化硫浓度高达5000微克/米^3
	1964年	莱茵和鲁尔区空气中二氧化硫的平均浓度为206微克/米^3
	1979年1月	鲁尔区空气中的二氧化硫的浓度严重超标,德国历史上首次雾霾一级警报拉响
	1985年1月	鲁尔区发出雾霾三级警报,空气中弥漫着刺鼻的煤烟味,能见度低,城市车辆禁行,重工业生产暂停
	1988年	鲁尔区80%的发电厂安装烟气净化设备,不符合排放标准的发电厂在1993年之前关闭
制定严格法律法规	1974年	联邦德国出台《联邦污染防治法》,制定严格排放标准

---

① 李晟晖:《矿业城市产业转型研究——以德国鲁尔区为例》,《中国人口·资源与环境》2003年第4期,第97~100页。
② 胧明:《德国鲁尔区工业文明探秘》,《国际人才交流》2022年第3期,第64~68页。
③ 刘学敏、赵辉:《德国鲁尔工业区产业转型的经验》,《中国经济时报》2005年11月24日。

续表

主要过程	时间	雾霾危机及其治理政策措施
研发低碳减排技术	2008年	欧盟投票通过《工业排放指令》，促进企业研发健康技术，治理工业废气排放问题；对鲁尔区工业排放严格控制
	2011年1月	欧洲对部分柴油发动机非道路机械执行新排放标准，柴油发动机必须配备微粒过滤器；加快相关减排技术研发
调整优化产业结构	1960~2010年	鲁尔区改造传统产业，发展新兴产业，培育高新技术产业；1960年鲁尔区61%的就业人口集中在第二产业，2010年第三产业的就业人口比重达到72%

（一）以产业整治和雾霾治理为突破加快城市低碳发展

为了治理城市环境污染特别是雾霾等难题，鲁尔区加强了矿区环境整治，加快城市传统产业调整与转型升级。鲁尔区设立统筹规划机构，指导矿区整治和城市转型。1920年，德国政府颁布法律，成立了鲁尔煤管区开发协会。1969年，鲁尔煤管区开发协会制定了《鲁尔区域整治规划》，制定了《煤矿调整法案》等相关政策和法规。德国政府加大规划实施力度，避免了资源枯竭后企业倒闭、职工安置转岗等所带来的诸多社会问题的冲击。传统产业的合理转型和规划引导，有效地实现传统产业提升和更替，促进城市化转型发展。鲁尔区加强传统产业整治，加快雾霾治理，从多方面采取有效措施，城市空气质量得到有效改善。1964年，莱茵和鲁尔区空气中的二氧化硫的浓度为206微克/米³，2007年下降到8微克/米³。鲁尔区空气质量改善，得益于德国的产业整治、交通尾气治理、大气污染治理，以及欧共体对环境污染建立统一防控标准并出台了一体化的环境治理政策。

（二）以新能源产业为引擎促进城市能源低碳转型

鲁尔区加快能源转型，大力发展新能源产业，促进城市低碳转型。德国是较早提出并大力发展光伏等新能源产业的欧洲国家。德国通过制定政策法规、补贴保障以及鼓励新能源企业积极参与技术创新，推动了德国新能源产业发展与城市能源低碳转型。早在1990年，德国通过了"十万屋顶"的光伏项目，光伏产业得到快速发展，在全球光伏市场占有一席之地。2000年，德国制定《可再生能源法》，建立可再生能源发电的固定上网电价制度，为太阳能、风能等新能源开发提供重要的政策保障。2011年，日本福岛核事故给世界各国发展核电以警钟，德国宣布在2022年前关闭所有核电站，并对《可再生能源法》进行修正和完善，制定了能源低碳转型的具体目标，提出到2050年，可再生能源占全国电力消费的80%以上。2019年，德国提出2038年全部淘汰煤电产业，还制定了气候一揽子计划，提出2050年实现碳中和。2021年，德国政府表示，德国将争取最早在2045年实现碳中和。

近年来，德国依托光伏等新能源的开发利用，有效推动能源结构转型，也加快了城市绿色低碳转型。发展新能源有效增加就业，降低本国能耗和碳排放强度，助推德国碳减排、碳中和目标实现。德国早在1990年实现了碳达峰目标。德国持续发展新能源产业，加大新能源技术创新与推广，推动德国碳达峰后排放量持续降低，为碳中和目标的实现提供关键支撑。德国煤炭发电占比持续下降，风力发电、光伏发电持续上升，2019年，德国可再生能源发电量已经占德国总发电量的42%。[①] 德国光伏发电量在德国总发电量中的比重不断攀升、持续增加。德国光伏等新能源产业的快速发展，让更多市民享受到绿电的实际好处。光伏等新能源产业的创新发展，形成了产业规模经济效应，进一步推动德国光伏等产业的成本不断降低，提升了光伏等新能源产业竞争力和市场影响力。2021年，德国光伏发电占总发电量的9%。2022年，德国通过运行光伏系统向电网输送了5430万兆瓦时的电力，同比增加了20%。2022年，德国入网电力中的11%由光伏发电产生的。2023年3月，德国在建筑物屋顶上安装了260万个光伏系统，额定功率总额约为70600兆瓦。根据德国公用事业协会统计数据，2023

---

① 秦炎：《德国可再生能源法再度修订，能否实现2030年目标？》，http://iigf.cufe.edu.cn/info/1012/3464.htm，2020年9月6日。

年，德国使用的电力首次有一半以上来自可再生能源，可再生能源发电量占总用电量的53%。这一比例相比2022年46%的比例有所增加。从具体的发电量来看，2023年，德国总发电量为5080亿千瓦时，其中2670亿千瓦时来自可再生能源。进一步证实了可再生能源在德国电力结构中的重要地位。此外，德国计划到2030年可再生能源将提供全国80%的电力，到2035年将实现大部分脱碳电力供应。德国加快制定和完善鼓励新能源发展的扶持政策，不断推动新能源产业发展，有效降低对进口能源、传统能源的依赖，提高国家能源安全。

基于德国高度重视新能源发展的良好政策环境和建立的相对强大的产业基础，鲁尔区加快能源和产业的低碳化转型，为改变传统能源结构和产业结构提供了重要支撑。鲁尔区加快创新发展，改变经济发展缓慢格局，大力发展新能源、绿色物流、新型化学、健康工程和生物制药等低碳产业，推动城市低碳转型。鲁尔区积极发展新能源产业，大面积开发建设光伏发电厂、风力发电厂。如格尔森基尔欣发电厂就是规模比较大的新能源开发基地，该发电厂积极发展低碳清洁、可循环利用的煤化工产业和天然气化工产品。鲁尔区加快构建绿色低碳的新能源系统，减少对传统煤炭资源的依赖，降低碳排放强度。此外，鲁尔区的地方政府部门，注重向企业、社会组织、当地市民宣传环保知识、低碳科技知识，高度重视城市生态环境保护和植树造林，推动了城市的绿化美化，增加了森林碳汇，多管齐下共同促进了城市低碳转型，实现了绿色低碳发展。

（三）以基础设施建设和"棕地"修复为保障推动城市更新

鲁尔区将基础设施建设和相关配套服务作为城市更新的重要基础工程。当地政府加强交通、供水、供电等基础设施建设，完善物流等相关配套服务，拥有约3000家物流企业，建成由公路、铁路和水运构成的综合型交通网。加强技术创新，鼓励企业建立技术创新中心，配备专家顾问团，提高技术创新能力，帮助企业解决发展中的难题，为企业转型提供教育培训、技术辅导、金融项目等专业化服务。特别是对创业初期中小企业提供包括用地、税收、人才、信息、技术等多方面的辅导服务，新创企业相关人员在技术创新中心可以进行长达 2 年的实习和创业培训。在基础设施和服务配套建设方面，加强环保设施建设，重视对城市的环境治理和生态修复。鲁尔区以建立蓄水池等方式治理水污染，减少水资源浪费，提高水资源利用效率，为城市转型与绿色发展提供良好的水资源环境。

此外，鲁尔区加强对工业遗存的修复和再利用，推动城市更新与再城市化。鲁尔区政府和民众重视对城市工业遗存、被工业污染的"棕地"进行生态修复和文化改造，以扩大城市的生态空间。鲁尔区对城市中的工业污染"棕地"进行大规模修复整治，加快治理土壤污染问题，改善当地生态环境，提升城市环境质量，同时将修复整治的工业污染地块进行了战略"留白"。德国的《联邦建筑法》以及其他城市土地规划条例，均强调了要加强工业污染地块的修复，并将其用作城市的存量土地，以服务未来城市空间发展的土地需求，不再新增城市建设用地。[①] 鲁尔区在推进城市改造和产业振兴过程中，提出了著名的 IBA 计划，即国际性城市规划与建筑设计展览，将工业废弃地视为城市的文化遗产，留住城市的历史记忆，将废弃的旧厂房建筑及其他工业遗产改造成工业遗产博物馆、文化休闲场地，与城市更新、旅游开发、区域振兴紧密结合，提升城市文化内涵和历史底蕴。鲁尔区将不少的工业污染地块进行生态修复和治理，改造为城市森林、文化公园、学校、展览馆等公共空间，提升了城市资源环境承载力，改善了城市生态环境，也促进了工业遗存的文化保护与传承。

四　日本东京城市化经验：从产业转型到都市圈建设

东京是国际公认的世界城市，在国际大都市发展中，通过与横滨、千叶地区形成环状布局的制造业区域，实现了工业化和城市化进程。东京在城市

[①] 温丹丹、解洲胜、鹿腾：《国外工业污染场地土壤修复治理与再利用——以德国鲁尔区为例》，《中国国土资源经济》2018 年第 5 期，第 52~58 页。

化过程中，重视产业转型升级，并从空间优化的战略高度，加强东京都市圈（也称首都圈）建设和环境污染治理，推动城市化的绿色低碳转型。

（一）以制造业转型为抓手，推动城市化的产业升级

日本东京的城市工业化进程经历了初级工业化阶段、重化工业化阶段、高加工度化阶段、知识技术高度密集化阶段4个发展阶段，如表6-7所示，东京通过产业提升成功实现城市转型。东京制造业以金属加工和机械产品制造为主，在20世纪60年代达到高峰，后由重化工业化阶段向知识技术高度密集化阶段转型。

表6-7 东京主要工业化阶段的产业特征和典型产业

阶段	时间	产业特征	典型产业
初级工业化阶段	19世纪80年代~20世纪30年代	劳动力密集，占地、耗能、用水、污染比较少	纺织、食品
重化工业化阶段	20世纪50年代~60年代	资本密集，占地、耗能、耗水、环境污染严重	钢铁、化工
高加工度化阶段	20世纪70年代~80年代	资本密集，占地、耗能、用水较少	机械
知识技术高度密集化阶段	20世纪80年代以后	知识、技术密集，占地、耗能、用水少；创新水平高	信息、新材料、新技术

东京作为日本的首都，政治、经济、文化等中心作用和功能不断强化，东京存在用地紧张、土地价格攀升、生产成本高等约束，传统制造业的竞争优势不断缺失，老工业区不断建设高层建筑用于商务办公和居住，因此，加快传统制造业转型非常必要。19世纪80年代到20世纪30年代，纺织业和食品业是东京的两大主导产业，推动东京工业发展。20世纪40年代后期到50年代，是东京的战后重建阶段，钢铁、化工、机械等成为重要的工业部门。20世纪60年代，钢铁和化工业在工业中的比重逐渐降低，技术含量、附加值较高的一些行业增长较快，在工业中占有较高的比重。20世纪70年代，东京进入高加工度化阶段，也称为加工阶段高度化，即在重工业化过程

中由以原材料工业为重心的结构向以加工工业为重心的结构转变的过程。加工工业更加强调精细化、流程再造化、技术提升化，不断提升加工效率和产品质量。20世纪80年代后，出版印刷业、电气机械和运输机械业的比重持续增加。从东京制造业演化与发展过程看，初级阶段主要是以提供日用品和消费品为主，重化工业阶段则是重化工业比重在工业结构中不断增高的过程，高加工度化阶段则是产品深加工和技术含量提升的过程。在知识技术高度密集化阶段，由传统粗放型的发展模式转变为高精尖的高端精益化生产模式，各工业部门越来越多地采用高新技术，以知识技术密集为特征的尖端工业逐步兴起。[①]

在制造业转型过程中，工业向东京周边区域集聚和布局，核心区重点布局企业研发部门和服务业，周边区域大力发展高端的技术加工业。如东京大田机械产业集聚区位于日本东京城区的南部，与国际机场临近，重点发展高端的现代技术产业，以电子设备、精密仪器、机床和汽车等为主导产业，聚集了佳能、理光、三菱等知名大企业，这些大企业通过技术创新和产业提升，增强了产业竞争力。

随着东京的工业化、城市化不断推进，制造业比重呈现下降态势。许多低端制造业不断外迁，位于东京核心区的制造业侧重高端制造环节，不断加大技术含量和知识创新力度，发展层次不断提升，对东京城市经济和区域发展的支撑与拉动效应不断显现，竞争力更强。1965~1975年，东京重视工业设施外迁和周边区域的设施建设，并在核心区加强服务业发展，加大对服务配套设施的投入力度，大力发展服务业，核心区的工业增加值不断下降，由工业占主导地位的产业结构转变为服务业占主导地位的产业结构，并成功实现制造业与服务业的互动。20世纪70年代大力发展生产性服务业，20世纪80年代中期金融业得到快速发展，金融业与生产性服务业的融合进一步强化，提高了金融资本和知识资本对产业发展的促进和催化作用。1977~1985

[①] 刘秉泰、卢明华、李涛：《东京工业结构演化模式及其驱动力研究》，《世界地理研究》2003年第1期，第86~92页。

年，东京生产性服务业领域的就业贡献不断加大，生产性服务业就业增长了71%。信息、研发、广告业等领域的就业增长了134%，房地产业就业增长了124%，法律服务业增长了30.7%，会计业增长了43.1%。20世纪90年代东京服务业就业占比为60%以上。① 制造业服务化和服务业发展加速了城市转型。服务业发展以其占地少，耗能、耗水少，就业高，经济效益好，环境污染少，成为国际公认的绿色低碳产业，对于城市低碳转型和绿色发展具有重要的推动作用。

（二）以都市圈规划为战略，推动城市化的环境治理

日本政府及东京都政府重视都市圈规划制定，通过首都圈发展、产业疏解、环境治理、城市绿化环带建设等推动城市化向绿色低碳转型，提高资源能源利用效率，减少浪费和污染，提高城市生态环境质量，构建绿色宜居的现代化大都市。

一是制定首都圈规划，加强城市功能的空间优化，推动再城市化的绿色低碳转型与城市更新。20世纪50年代末，日本相继制订了首都圈整备、近畿圈整备、中京圈开发整备等规划，推动城市空间优化。日本每10年对三大都市圈规划进行修订和完善，都市圈规划高度重视城市转型和绿色低碳发展。1999年11月，日本国会众议院基于东京工业过度集中、大气污染严重、水质降低等大都市病问题，提出疏解过于集中的东京都的解决方案，规划建设首都圈城市带，把中央政府机构和职能机构迁出首都圈。东京都市政厅则提出加强首都圈内现有功能的优化、改善和提升，利用现有产业基础和资源条件，在周边进行功能转移和近距离实现城市功能疏散，避免长距离迁都所带来的更多资源能源成本。随后，东京都市政厅编制完成"首都圈规划构想"，主要是强化东京的首都地位，提升现有产业活力，不断优化和改善住宅环境和条件，加强与周边地区的联系，提升城市竞争力和影响力。无

---

① 周振华：《伦敦、纽约、东京经济转型的经验及其借鉴》，《科学发展》2011年第10期，第3~11页。

论是迁都还是在城市周边进行功能疏解均为加快核心城市转型和绿色发展引起了社会各界的关注,并提出了切合实际情况的解决方案,例如,核心城区功能优化和改善、周边区域功能转移和承接、城市绿化环带建设等均是城市转型与绿色发展的重要经验。

二是从工业排放治理到尾气排放治理,不断改善城市生态环境质量。为破解环境污染难题,避免环境公害事件的再次发生,日本政府高度重视城市雾霾治理,提出了一系列的解决方案和法律法规。日本调集专家对大气污染源进行研究,调查发现,大气污染主要是由于工厂排放废气与机动车排放尾气形成了光化学烟雾。针对这两部分的污染来源,日本花了近50年时间进行治理。

针对工厂废气治理,从日本制定的法律来看,前期主要是针对工厂的,如1958年的《工厂排污规制法》、1962年的《烟尘排放规制法》等,重点治理工厂有毒气体排放,提高企业的排放标准,有效治理工厂废气排放污染问题。日本政府于1968年制定《大气污染防治法》。日本还加强减排的技术创新,设立科研专项鼓励研究机构进行工厂烟囱有害物去除装置研究,鼓励企业购买和安装减排降废的新设备和新原料。

在对工厂的废气排放进行有效治理之后,日本再次对机动车尾气排放进行治理。日本政府重视脱硫减排的汽车装置研究,不断淘汰耗油高、排放量大的汽车。日本汽车厂商研发清洁能源汽车,鼓励推广电动车、油混动力车。同时,日本通过大力修建城市轨道交通网、电车系统来减少机动车的使用强度,有效降低了汽车尾气的排放。[①]

三是加强城市绿化带建设,鼓励市民参与城市绿化美化。东京依托绿化环带建设构建绿色、生态、宜居的都市圈。如第一次首都圈整备规划建设5~10公里宽的绿化环带,提升城市资源能源和环境承载力。第四次首都圈整备规划发展"首都副都心",以疏散和分解核心区的部分行政功能和产业功能,减少核心区拥挤程度和资源能源压力。为了治理城市

---

① 林夕:《他山之石:日本曾经如何治理雾霾》,《生命时报》2014年3月11日。

环境污染，东京政府及群众高度重视城市绿化美化工作，东京政府明确规定，新建大楼必须配备一定面积的城市绿地，必须搞楼顶绿化，鼓励大面积种树，提高绿化体积和空间绿化效果。这一点对中国超大、特大城市功能疏解、城市化转型、城市更新、城市绿化等工作具有重要的借鉴意义和参考价值。

（三）以低碳技术创新为引擎，推动城市化的低碳社会构建

从日本层面看，日本政府一直比较重视技术创新，特别是在绿色低碳领域日本具有全球技术竞争力。依托较高的低碳技术创新能力，日本政府较早提出了低碳社会构想。2008年，日本前首相福田康夫倡导"为低碳社会的日本而努力"，提出打造低碳社会的"福田蓝图"。日本政府为了实现二氧化碳排放量削减14%的目标，加大节能减排工作力度，提出"零污染电源"发电量在全部发电量中所占比重超过50%。从东京层面看，东京作为日本首都，制定了《东京气候变化战略：低碳东京十年计划的基本政策》《东京气候变化战略：进展与展望》《10年后的东京：东京在变化》等一系列推动东京绿色低碳发展的战略规划，出台了多项有关低碳技术创新、低碳经济发展的政策措施。东京政府部门积极与企业、高校、科研院所加强合作，在建筑、交通、家庭、循环利用、低碳信息化、新能源等多领域加强创新合作，大力研发和利用光伏、风电、生物质能源、海洋能等绿色低碳能源，利用低碳信息化技术推动节能减排，加强对现有建筑节能翻新改造，积极推广"零耗能住宅"，打造低碳建筑、低碳交通、低碳社区。东京积极培育低碳产业，将健康产业、新能源产业、信息传播产业、航空业及机器人等作为重点发展领域，加强这些领域的技术创新，加快建设智慧能源城市。东京面向工业、交通、建筑等主要碳排放部门，加强减排技术创新，引进先进低碳技术，提升产业技术水平和能效，推动城市低碳发展。东京还加强低碳技术跨区域的互联互通，推进首都圈的低碳发展管理，加快构建低碳型大都市。

（四）以轨道交通网为纽带，推动城市化的低碳发展

东京在城市化与转型发展过程中，发挥轨道交通网的纽带作用，推动城市资源要素的跨区域优化配置，提高城市通勤率，降低对汽车等的通勤依赖，一定程度上降低了城市交通能耗与碳排放强度，也推动城市化的绿色低碳发展。东京是亚洲最早发展地铁的城市，东京都市圈已经建成全世界最密集的轨道交通网，东京都市圈绝大部分的客运依赖轨道交通，轨道交通的乘客占到86%。东京通过构建环都市圈轨道网，优化了城市交通条件，为城市产业发展和功能实施提供了良好的基础设施，提高了交通运行效率，一定程度上降低了城市能耗和环境污染程度。发达的环都市圈轨道网有效地缓解了城市高峰拥堵现象，减少城市交通压力，有效控制汽车数量，发达的运输能力和长距离的快捷地铁实现了城市之间的联动。

环都市圈轨道网建设实现了东京都市圈的空间结构整合和经济关联，避免区域之间的发展壁垒和过大的区域差距，对于东京都市圈土地利用、资源能源利用、交通设施优化均发挥良好的互动效应。东京都市圈的轨道网建设带动产业、基础设施、文化、生态环境等多方面的整合，减少城市建设和汽车发展所产生的温室气体，也进一步提升和完善"首都副都心"功能，成功实现核心城市功能疏散和分解，减少东京核心区的资源能源压力和环境负荷，既有效解决交通问题，又有效实现城市化的绿色低碳发展。

五 日本九州城市化经验：从煤炭产业转型到生态环保城市

九州地区位于日本的西南部，包括福冈、佐贺、长崎、熊本、大分、宫崎、鹿儿岛、冲绳8个县。九州地区拥有丰富的煤炭资源，煤炭探明储量为42.7亿吨，占日本全国储量的49.7%。1887年，日本在九州开发筑丰煤田，1901年建立八幡制铁，标志着九州工业区的形成。20世纪第二个十年前后，九州地区成为以煤炭、钢铁、化工、造船等为中心的重化工业基地。20世

纪50年代，日本确立"贸易立国"的发展战略，基础工业、原材料产业逐步让位于新兴的加工业，加之石油逐渐取代煤炭成为主要能源，九州地区经济走向衰退。从20世纪60年代开始，经过20多年的努力，九州地区从重工业基地成功转型为高科技产业和新兴工业基地，九州经济重新焕发活力。

日本九州是以煤炭资源为依托发展起来的工业地区，历史悠久。但20世纪60年代，日本能源政策发生改变，产业高级化、资源集约化、排放低碳化等经济发展要求迫使九州加快城市转型与产业更替，对资源能源型企业进行关闭，对许多煤炭企业进行转型或停工。九州城市化过程中，基于当时的政策制约以及环境、资源能源、交通等方面的发展要求，九州地区选择环保型城市转型模式，实施城市复兴与转型的战略构想。主要包括以下几个方面的措施。

（一）以调整煤炭政策为抓手加快城市产业转型

20世纪50年代以后，国际上的廉价石油对九州煤炭产业造成强大冲击，煤矿被迫关闭，政府基于资源能源危机和环境污染的考虑，加大对煤炭企业的关闭力度。日本政府多次制定和修改煤炭产业政策，1961年以来先后制定《产煤地域振兴临时措施法》《特定萧条产业安定临时措施法》《特定产业结构改善临时措施法》等相关法律。

受国际环境和国内政策影响，日本煤炭产量由1949年的3730万吨下降到20世纪80年代、90年代的1000万吨。1986年，日本政府制定第八次煤炭生产调整政策，决定阶段性缩小国内煤炭生产，最终形成大概1000万吨供给规模。煤炭工业的合理化政策使日本国内煤炭产量从1986年的1520万吨下降到1991年的793万吨，日本国内煤炭生产量仅占国内煤炭总需求量的1/10。煤矿的就业人数从1986年的约2万人减少到1991年的7500人。

在后来的煤炭政策调整中，日本政府从战略转型的角度加大对煤炭产业的宏观调控。日本鼓励包括煤炭企业在内的各类企业加快转型发展，进行多元化、规模化、集约化经营，积极开拓知识密集、技术密集、绿色低碳的新兴产业领域。日本政府放弃对煤炭行业代价高昂的保护政策，通过财政援助和政策引导等多种方式，促进产业转型和城市复兴。九州在日本煤炭政策的影响下，鼓励发展现代工业，以政府买单形式对失业煤炭工人进行再就业培训。通过系列政策和财政扶持，九州地区的传统煤炭产业实现转型，大力发展现代高新技术产业，推动城市转型发展。

（二）以绿色低碳产业为基础构建生态环保型城市

日本九州地区在城市化过程中，以绿色、循环、低碳为基本理念，选择绿色循环经济模式，加快绿色低碳产业培育与发展，促进资源能源的集约型利用和循环利用，减少环境污染和资源能源消耗强度，构建生态环保型城市，主要采取以下措施。

第一，在政府管理层面，制订《公害对策基本法》，把环境修复与产业调整、国土整治相结合，大力发展循环经济，制定绿色低碳产业政策，推动城市绿色低碳转型。九州地区政府加大对城市转型和绿色低碳发展的投入，加强绿色低碳技术创新，以技术创新和提升实现对传统重工业的改造和转型，建立零排放的循环工业系统，构建资源能源集约化和低碳化发展的生态转型体系。重视绿色环保政策法律的引导和调控作用，大力促进绿色低碳环保产业发展，制定低碳零排放发展计划，对高碳排放企业征收碳排放税，要求企业完成减排指标，通过政府政策强制力和有效引导促进城市转型和建设环保型城市。1998年，九州环境产业产值为2.3万亿日元，占日本全国同类产业产值的10.6%。[1]

第二，在企业生产层面，加快构建废弃物减量化、资源化、循环化的处理系统，对各种生产生活废弃物实现循环利用和低碳排放。垃圾是放错地方的资源和宝贝，必须进行回收再利用。应采用先进的技术手段和再加工利用系统对垃圾进行再加工，为其他产业生产提供原料，实现废弃物零排放。如对废弃塑料品再加工成手套、领带和西装等产品，实现循环利用，对废旧汽

---

[1] 郝景亚、王建川：《徐州作为煤炭资源型城市产业转型的研究——日本九州产业转型的启示》，《江苏商论》2012年第5期，第147~150页。

车经过多道工序加工成新汽车。对生活垃圾实现20%回收，70%以上用于垃圾发电，为城市居民提供能源。通过精细化生产和完善的回收再加工系统，实现整个城市的垃圾零排放、生产废物循环利用，有效降低了资源能源消耗强度，减少碳排放和环境污染，促进环保型城市建设。

第三，在居民消费层面，实施环保积分制度，促进绿色消费。引导全社会和城市居民购买和消费绿色环保型产品，给予购买价5%~10%的环保积分，以积分返点形式进行奖励，引导居民积极消费绿色低碳产品，提高绿色低碳产品的市场份额，也为绿色产品生产企业提供消费市场，促进整个城市的零碳排放和环境保护。

第四，在交通出行层面，鼓励使用环保车，促进环保产业发展。鼓励社会购买和乘坐绿色低碳的混合动力车等环保车，建立政府、企业、居民及其他社会组织的联动机制，对购买使用环保车的企业、社会组织或居民个人进行税收减免，鼓励绿色低碳出行，减少交通出行所带来的能源消耗和碳排放。以绿色交通为重要领域，加强政府、企业和社会各界合作，减少环境污染和破坏，加强环境治理，大力发展绿色环保交通产业，促进环保城市建设与发展。

（三）以低碳新能源开发为突破推动城市绿色复兴

九州地区重视绿色低碳新能源产业发展。强力关闭许多高能耗高污染的煤矿企业，大力发展风能、太阳能、氢能、潮汐能、地热能、核能等新能源，减少对不可再生资源的依赖和消耗，降低了碳排放强度。

日本是世界上主要能源消耗大国，而且其能源严重依赖进口，但日本重视发展低碳新能源产业，重视节能技术发展，提高能源利用效率，大幅降低对传统能源的依赖，增强经济抗风险能力，并充分利用节能及新能源开发技术优势，加快新能源发展，抢占全球新能源市场。在太阳能产业方面，尽管发展历史比较短，但发展迅速。日本石化能源经销商计划在九州发展太阳能发电事业，在北九州市的一处已拥有的闲置地建设输出功率为2000千瓦的太阳能发电站，在鹿儿岛县等地建设5座太阳能发电站，生产出的电力将全部售给九州电力公司，同时将开展太阳能电池板的生产、销售、施工管理等配套业务，日本住宅设备关联企业芝浦集团在熊本县建设输出功率为3300千瓦的太阳能发电站。日本京瓷在九州鹿儿岛县建设输出功率达到7万千瓦的大型太阳能发电站。日本九州电力公司则加强太阳能技术创新，重点发展跟踪式太阳能发电，通过高端技术使太阳能面板可以跟随太阳方向的变化而移动，使接收太阳光照的时间增加，有效提高太阳能发电效率。

九州提出城市绿色复兴构想，对开发新能源加大资金投入力度，鼓励城市居民在屋顶安装光伏系统，加强绿色建筑建设，启动"月光计划"，加强燃料电池研发，大力发展燃料电池产业，并制定有效的新能源产业发展政策和制度措施，鼓励新能源发展。九州还重视培育和发展生物制药、新材料、新能源、信息技术产业，这些产业属于技术密集、绿色低碳型环保产业。同时，九州对绿色低碳中小企业加强培育和扶持，在资金、项目、信息、人才等多方面给予实际性的帮助，促进新能源产业的持续发展，降低对传统能源的依赖，降低碳排放强度，促进城市环境保护和绿色转型发展。

六 国外城市化、创新驱动与低碳转型的经验启示

不同国家或地区的实际情况不一样，因此城市化呈现一定的差异性，但总结这些城市在城市化与城市转型过程中的特点，也可以发现共同的发展规律。部分国外典型城市在城市化过程中，通过创新驱动转型、绿色低碳发展，实现了成功转型与再城市化，不少国家和城市已经实现碳达峰，并向碳中和目标进军。因此，应总结国外典型城市的城市化经验，为中国特色新型城镇化建设提供重要借鉴与政策启示。

（一）总结国外城市化、创新驱动与低碳转型的基本规律

基于以上国际典型城市和地区在推进城市化过程中所表现的共同规律，

国外城市经过上百年的发展，已经基本完成了城市化进程，通过城市化、郊区化、逆城市化、再城市化等转型过程以及都市圈、城市群发展，以科技创新为驱动力，以产业转型为主线，以绿色低碳发展为要求，以文化创意为方向，已经基本实现了城市现代化转型与高质量发展。主要表现为以下几方面。

1. 国外城市化的演进与工业化、产业转型高度契合

国外城市化的演进与转型发展均与该国的工业化、产业转型高度契合，并伴随产业结构的不断优化升级，实现了城市化的高端跨越与高质量发展。比如，伦敦、纽约、东京等城市均经历了制造业衰退、第三产业迅速扩张、科技创新能力增强、绿色低碳产业与文化创意产业迅速发展等过程，成为城市化演进与经济增长的重要阶段性特征。国外典型城市的城市化与产业转型同时推进，产业转型主要是传统工业的外迁或者衰退，第三产业特别是生产性服务业包括金融、商务、贸易等的快速发展，实现城市产业链提升。

2. 国外城市化的重要驱动力来自科技创新与制度创新

总结典型城市的城市化规律，可以看出城市无论是产业转型升级，还是竞争力提升，均离不开科技创新与制度创新所带来的驱动力。大部分城市在加快传统制造业转型的过程中，重视科技创新的力量，大力发展科技型企业，推动产业结构调整与转型升级，依靠科技创新实现由传统的高能耗、高污染的重化工产业向技术密集的现代制造业、高新技术产业转变，制造业服务化是重要特征与规律。制造业服务化与生产性服务业、金融业、文化创意产业的高度融合，促进制造业内部结构优化升级，提高附加值和科技创新含量，提升竞争力，成功实现城市化的高端转型。

城市化与产业转型均是在政府的规划、战略、政策的创新与引导下实现的。在产业结构调整与转型过程中，传统产业衰退而新兴产业培育较慢，可能带来经济增速放慢、失业人口增加等问题，经济运行呈现相对不稳定性。国外典型城市在推动产业转型过程中重视制度创新，充分发挥政府机制与市场机制的互动作用，实现再城市化与经济社会转型。政府加大对城市产业转

型的规划引导、政策扶持力度，政策创新与制度创新是城市化与产业转型升级的重要推动力。"旧城复苏"计划就是实现再城市化的重要制度创新。比如，伦敦在城市化过程中，发挥政策创新作用，加强政策引导和财政扶持，对新兴产业进行税收减免、融资支持、增加科技投入等，重视产业转型与收入分配结构、人口结构、城市空间结构的互动和协调，使城市转型成功度过"阵痛期"，成功实现创新驱动发展和城市转型。

3. 国外城市化的重要方向是绿色低碳、文化创意与服务均等化发展

伦敦、纽约、东京等城市的转型、再城市化过程表现出更加重视绿色低碳发展、重视文化创意产业发展的特点。国外城市化进程中，第三产业特别是生产性服务业迅速增长，依托科技创新、产业创新驱动，大力发展绿色低碳产业和文化创意产业。产业转型依托科技创新的动力作用，加大对高能耗、高污染产业的治理与转型，加大传统产业外迁或者转型升级，大力发展低能耗、低污染的低碳服务业和文化创意产业，实现了城市经济社会的绿色转型与创新发展。国外典型城市的再城市化过程，也离不开加强基础设施建设，加强交通设施建设，提供相对均等化的基本公共服务，破解城市不同区域之间、不同城市之间的发展不平衡问题。伦敦在城市化过程中，总的趋势是制造业部门收缩与服务业部门扩大，中心城区的工厂关闭和外迁，制造业公司总部外迁及中产阶层人士移居郊区等，人口愿意外迁和移居到郊区，归因于伦敦在交通、教育、医疗、就业等各方面的配套设施和公共服务相对完善。便捷的交通体系、覆盖各城区的均等化公共服务有效破解了各城区之间发展不平衡的问题。

4. 国外城市化的高级形态是都市圈与城市群的形成与发展

国外典型城市经历了多年的城市化演变，积累了丰富的发展经验，并表现出都市圈、城市群的发展态势。如伦敦、东京、纽约等城市均已形成现代化都市圈和城市群。以纽约城市化为例，如表 6-8 所示，[①] 纽约都市圈发展

---

① 《国外主要大都市圈发展简况》，https：//view.inews.qq.com/a/20220411A05S4S00? startextras = undefined&from = ampzkqw，2022 年 4 月 11 日。

先后经历了四个阶段,至今美国纽约、波士顿、费城和华盛顿四大都市均已经发展为跨越数州,具有全球科技竞争力、创新引领力、经济影响力、文化软实力的世界级城市群。这一共同规律也将在中国特色新型城镇化建设中表现出来,都市圈与城市群建设也是新型城镇化的重要内容和发展方向。

表6-8 纽约城市化的都市圈与城市群发展阶段

阶段	时间	主要特征
城市孤立分散阶段	1870年以前	城市人口增多,城市规模持续扩大,但城市之间联系薄弱,城市孤立分散发展
都市圈初步发展阶段	1870~1920年	随着产业转型升级,城市规模扩大,城市数量增加,以纽约为核心的区域城市发展轴线形成,区域城市化水平提高,周边中小城市紧密联系起来
都市圈快速发展阶段	1921~1950年	进入工业化后期,中心城市规模继续扩大,向周边郊区扩展,并通过交通和产业联系,区域性城市体系进一步发展壮大
纽约都市圈与城市群发展成熟阶段	1951年至今	现代交通体系建立,科技创新的驱动力强,网络通信技术革命压缩了城市间的时空距离,都市圈与城市群的产业形成相对完整的创新链、产业链、价值链,同质化竞争少,协同创新效应明显,城市群的空间范围扩大,都市圈的枢纽功能走向成熟

(二)比较中国城市与国外城市创新驱动与低碳转型的异同点

1. 经济基础与地理空间的区别

国外典型城市如伦敦、纽约、东京等,基本经历了多年的城市化进程,经济基础相对好,发展水平高,市场机制成熟,依靠科技创新、服务产业和文化创意实现城市化与创新发展。中国大多数区域城市化起步比较晚,少数城市如北京、西安、广州、武汉等是历史名城,但大多数城市是在新中国成立后才正式开启城市化进程,而且经济基础较薄弱,产业发展相对滞后,科技创新能力较弱,区域发展差距较大。因此,经济基础上的

第六章　国外城市化中创新驱动与低碳发展的经验比较

差异是中国城市化与国外城市化比较的最重要特征。在地理空间上，国外许多城市的城市化发展都是借助良好的地理区位条件和交通枢纽作用得以推进的。中国在推进新型城镇化过程中，不少城市的地理区位和交通条件依然较为薄弱。

2. 两大机制与责任边界的区别

城市化的推进离不开政府机制和市场机制两大机制的相互作用以及责任边界的有效分工。国外城市化进程中，政府发挥创新驱动的引导作用并提供了有力保障，市场机制始终是推动发展转型的主导力量，政府作用或者影响相对较小，而市场机制或企业力量相对较强。这与中国城市化形成较为明显的区别。中国城市化的推动离不开政府的强有力作用，政府主导是中国城市化的主要特征和主导力量，市场机制不够完善，市场作用不够明显是重要现实特征。因此，要全面、准确认识政府机制、市场机制的责任边界的合理区分，城市化既离不开政府的引导和扶持作用，也离不开市场在资源配置中的决定性作用。政府不能替代市场，市场也不能替代政府，要明确政府与市场两种机制的活动边界，政府需要为市场机制运行提供条件和保障，要加强转变政府职能，优化服务职能，同时完善市场机制作用，中国新型城镇化要发挥好政府与市场两大机制的协同互动作用。

3. 功能条件与空间战略的区别

不同的国家和不同的城市，其功能定位是不同的，城市化的空间发展战略也是有区别的。中国新型城镇化建设不能盲目照搬照抄国外模式。比如，部分发达国家经济实力雄厚，技术创新能力强，所以在科技创新驱动与绿色低碳转型发展等方面走在前列。与国外发达国家或地区的城市化相比，中国大多数区域或城市还没有完成工业化、城市化进程，科技创新能力较弱，工业化基础薄弱，加强节能减排、绿色低碳发展任务重。中国新型城镇化面临着稳增长、保就业、促转型、节能减排等多重压力，因此在城市化的功能条件、空间战略等方面与发达国家典型城市相比还有一定的差距。

199

（三）国外经验对中国新型城镇化的重要启示

国外城市化对中国新型城镇化建设、创新驱动发展、绿色低碳转型等方面提供了重要的经验借鉴与政策启示。国外城市化的上百年历史进程表明，要以科技创新为动力，面向生态环境治理、绿色低碳转型等基本要求，坚持科技创新、环境治理、绿色低碳转型的融合发展，推动城市化的创新驱动与可持续发展，主要的经验借鉴与政策启示表现在以下几个方面。

1. 加强传统产业转型与城市空间优化的协同推进

借鉴国外城市化发展经验，中国特色新型城镇化建设与发展，要遵循全球城市化的一般规律，加强传统产业转型与现代新兴产业培育、城市空间优化的协同和融合发展，推动新型城镇化建设的空间优化。伦敦、东京等许多城市在发展过程中，同样面临着环境污染、交通拥堵、人口膨胀、产业衰退等多方面"城市病"的困扰。应重视产业结构调整，依托产业创新、科技创新、城市规划创新，把产业结构调整与城市空间结构调整有机结合起来。

一方面，加快传统产业的结构调整与转型升级，通过对传统高能耗、高污染、高排放产业的淘汰、搬迁、腾退、转型，加快引入和培育现代知识密集型、技术密集型新兴产业，大力发展现代服务业、文化创意产业、绿色低碳产业等，并在城市功能与空间布局上加强城市功能的战略调整，推动城市转型、城市更新与城市高质量发展。

另一方面，完善基础设施建设和弥补公共服务短板，要加强基础设施建设，改善生态环境，加强现代交通体系建设，减少城乡、区域差距，打通"最后一公里"，加强中心城区与远郊区、中心城市与周边中小城镇的交通、产业、服务等的联系，由单核发展转变为多中心、一体化发展，促进城市功能和产业转移均衡发展。以伦敦、纽约等城市为例，这些城市在再城市化过程中，加强多中心建设、新城建设、都市圈与城市群建设的战略调整与空间布局，通过合理的产业结构和区域分工、完善的交通基础设施和公共服务供给，缓解中心城市发展中产生的"城市病"难题。对中国新型城镇化建设的重要启示在于，要借助城市化契机，重视产业结构调整与城市空间优化的协同推进，加快疏解中心城区功能，推动城乡融合发展，推动区域协同发展，加快打造高水平的现代化都市圈和城市群空间格局。

2. 加强科技创新与制度创新的协同推进

国外许多国家和地区在推进城市化过程中，并没有明确提出创新驱动战略，但重视创新，特别重视科技的引擎作用和制度政策的引导作用，是国外城市化推进的重要动力和显著特征。借鉴国外经验，中国特色新型城镇化建设，要以深入实施创新驱动战略为重要契机，将科技、创新融入新型城镇化的全过程，科技创新与制度创新是新型城镇化之所以"新"的本质特征，没有创新，新型城镇化与传统城镇化就没有本质区别，推进城镇化将失去动力。中国新型城镇化建设与发展要发挥好创新的驱动和引擎作用。

一方面，坚持以科技创新为动力，发挥社会资本和市场机制作用。中国新型城镇化建设要加快实施创新驱动发展战略，促进科技与经济社会紧密结合，要将科技、人才、信息、政治等要素资源转化为促进城镇化创新驱动的正能量与生产力，加快建设创新驱动的现代化城镇。充分发挥企业科技创新的主体作用，鼓励企业开展科技创新，支持各级高新技术研发中心等创新平台建设，推进产学研合作。

另一方面，要重视制度创新，发挥政府政策的引导作用。发挥中心城市的资源优势，制定产业振兴、旧城复兴、新城建设、都市圈建设等战略规划，开展伦敦式的"新城运动"，加强基础设施与公共服务供给，推动区域均衡发展。新型城镇化建设过程中，要重视战略规划和政策引导作用，在新城或欠发达地区增加教育、医疗、文化体育、交通等基础设施与公共服务建设，促进人口、产业、资本、信息等向新城疏解，促进区域协调发展、城市功能均衡分布。

3. 加强绿色低碳发展与生态环境治理的协同推进

国外典型城市在城市转型与再城市化过程中，坚持以绿色低碳发展为前提，加强生态环境治理。借鉴国外经验，中国新型城镇化建设要转变发展方式，加强节能减排、生态环境治理、绿色低碳发展的协同推进，加快构建绿色低碳的现代化新型城镇。中国新型城镇化面临大气污染、生态恶化、土壤和水体污染等系列难题，借鉴伦敦将"雾都"打造为"绿都"的环境治理经验，就是从源头上加强能源和产业转型，大力发展低碳产业和可再生能源产业，加大城市污染治理和城市绿化建设，转变发展方式，推动城市节能减排与绿色低碳发展。新阶段，全面推进美丽中国建设，美丽城镇建设是重要内容，中国新型城镇化建设要面向美丽中国建设、生态文明建设、碳达峰碳中和目标，必须加强绿色低碳发展与生态环境治理的协同推进，加快构建绿色低碳的现代美丽城镇格局。

七　本章小结

本部分主要介绍英国伦敦、美国纽约、德国鲁尔、日本东京、日本九州等典型城市和地区的城市化历程、主要做法和阶段性特征，并比较分析国外典型城市在城市化、创新驱动、低碳转型等方面的重要经验，进而提出对中国新型城镇化建设的重要经验借鉴与政策启示。国外经验对中国新型城镇化的重要启示为，面向生态环境治理、绿色低碳转型、碳达峰碳中和目标等基本要求，应以科技创新为动力，加强传统产业转型与城市空间优化、科技创新与制度创新、绿色低碳发展与生态环境治理等的协同推进，实现中国新型城镇化的低碳创新驱动与高质量发展。

第七章　中国新型城镇化、创新驱动与低碳发展的现状及其成就

新中国成立以来，我国城镇化发展取得了巨大的成就。在党的坚强领导下，从新型城镇化的启动、波动发展到快速发展再到高质量发展，中国仅仅用了70多年的时间，城镇化建设与发展取得了历史性的突破与辉煌成就。如表7-1所示，中国城镇化率快速提升，2022年，城镇化率已经达到65.22%。有研究指出，中国城镇化发展为推动世界城镇化的历史进程作出了重大贡献。1980年中国城镇化率达到19.39%，超越低收入国家19.10%的水平；2009年达到48.34%，超越中等收入国家47.2%的水平；2014年达到55.75%，超越全球53.5%的平均水平。[①] 2023年，中国城镇化率继续提升，到达66.16%，城镇化仍然处在持续发展过程中，未来还将进一步提升。中国在制度调整与改革创新的实践中走出了一条中国特色的新型城镇化发展道路，抵御住了来自"伪城镇化"的冲击，通过"去伪存真"提高了城镇化发展质量。[②] 特别是党的十八大以来，以习近平同志为核心的党中央确立实施了以人为核心的新型城镇化战略，实施创新驱动发展战略，推动绿色低碳发展，持续推动经济实现质的有效提升和量的

[①] 刘长庚、吴迪：《习近平关于新型城镇化重要论述的逻辑体系》，《湘潭大学学报》（哲学社会科学版）2021年第6期，第20~25页。

[②] 方创琳：《改革开放40年来中国城镇化与城市群取得的重要进展与展望》，《经济地理》2018年第9期，第1~9页。

合理增长，为经济社会全面绿色转型、全面建设中国式现代化强国提供了强大动力和坚实支撑。

表 7-1 2011~2023 年中国的城镇化率

单位：%

年份	城镇化率
2011	51.83
2012	53.10
2013	54.49
2014	55.75
2015	57.33
2016	58.84
2017	60.24
2018	61.50
2019	62.71
2020	63.89
2021	64.72
2022	65.22
2023	66.16

资料来源：2011~2022 年数据来源于《中国统计年鉴 2023》，2023 年数据来源于国家统计局。

一 中国新型城镇化、创新驱动与低碳发展的基本现状

（一）城镇人口持续增加，新型城镇化规模扩大

从城镇常住人口看，我国城镇常住人口逐步增加。中国城镇化率从 1949 年的 10.64% 增长到 2011 年的 51.83%，用了 62 年。2011~2021 年进一步加快城镇化速度，2021 年达到了 64.72%，用了 10 年时间，未来还将继续增长。2022 年继续上升到 65.22%。2023 年中国城镇化率达到了 66.16%。按照此态势发展，中国城镇化率将继续提升，如果按照每年 1 个

百分点提升，有望在 2027 年超过 70%，部分发达地区城市化率将达到 80%~90%，基本达到发达国家城市化水平。不过，中国城镇化率所表现的主要是城镇常住人口的增长，还不是真正意义上的城镇户籍人口的增长。与发达国家城市化率超过 75% 或 80% 的水平相比，中国城镇化率还有一定的提升空间，中国城镇化的进程还没有结束。

新中国成立以来，中国城镇常住人口的持续增加，表明我国城镇化速度是较快的，成效较为明显。同时，中国在推进新型城镇化建设中，加快了户籍制度改革与创新，明确提出放宽落户条件，城区常住人口 300 万以下城市的落户限制基本取消，城区常住人口 300 万以上城市的落户条件大幅放宽。[①] 通过建立和完善外来人口的城市居住证制度，加快推进以居住证为载体的基本公共服务均等化供给机制，实现教育、医疗、基本养老保险等基本公共服务的城乡融合与全覆盖，吸引了外来人口在城镇扎根与发展，体现了以人为核心的新型城镇化建设目标宗旨。同时，城市常住人口不断增加，也在一定程度上促进城乡融合发展，推动农业转移人口市民化成效显著，超 1 亿名农业转移人口和其他常住人口在城镇落户的目标顺利实现，85.8% 的随迁子女在流入地区能够接受义务教育。

从城镇数量与规模看，与新中国成立初期相比，我国各类城镇数量大幅增加，城镇规模持续扩大，特别是超千万人口的城市不断增多。2012 年底，全国设市城市 657 个，包括直辖市 4 个、地级市 285 个、县级市 368 个。根据《中国统计年鉴 2022》数据，截至 2021 年底，中国地级区划数为 333 个，地级市区划数为 293 个，县级区划数为 2843 个，其中，市辖区 977 个，县级市 394 个，县 1301 个，自治县 117 个。与 2012 年相比，地级市、县级市数量有所增加。我国初步形成了以大城市为依托、中小城市为骨干、小城镇为基础的多层次城镇体系。根据 2014 年国务院下发的《国务院关于调整城市规模划分标准的通知》，城区常住人口 500 万以上 1000 万以下的城市为

---

① 《公安部：城区常住人口 300 万以下城市 2022 年全面取消落户限制政策》，https：//baijiahao.baidu.com/s?id=1727891012427459818&wfr=spider&for=pc，2024 年 8 月 27 日。

特大城市，城区常住人口1000万以上的城市为超大城市。截至2022年底，我国人口超过千万的城市有17个，重庆常住人口数量超3000万人，上海、北京、成都人口数超2000万人。重庆、上海、北京、成都、广州、深圳、天津7座城市为超大城市，城区常住人口超过1000万人。武汉、西安、郑州、杭州、东莞、长沙、青岛7座城市为特大城市，城区常住人口超过500万人但不足1000万人。如表7-2所示，重庆是中国常住人口最多的城市，也是唯一人口在3000万人以上的城市。

表7-2 2021~2022年中国代表性城市常住人口变动情况

单位：万人

排名	城市	2022年	2021年	增减
1	重庆	3213.30	3212.00	1.30
2	上海	2475.89	2489.43	-13.54
3	北京	2184.30	2189.00	-4.70
4	成都	2126.80	2119.20	7.60
5	广州	1873.41	1881.06	-7.65
6	深圳	1766.18	1768.16	-1.98
7	武汉	1373.90	1364.89	9.01
8	天津	1363.00	1373.00	-10.00
9	西安	1299.59	1287.00	12.59
10	苏州	1291.06	1284.78	6.28
11	郑州	1282.80	1274.20	8.60
12	杭州	1237.60	1220.40	17.20
13	石家庄	1122.35	1120.47	1.88
14	临沂	1099.31	1101.95	-2.64
15	东莞	1043.70	1053.68	-9.98
16	长沙	1042.06	1023.93	18.13
17	青岛	1034.21	1025.67	8.54

资料来源：《2022年千万人口城市数据出炉，武汉超天津，长沙超青岛》，https://baijiahao.baidu.com/s?id=1765930594442582926&wfr=spider&for=pc，2023年5月15日。

2022年人口增量排名前三的城市分别为长沙、杭州、西安，2022年，长沙较2021年增加18.13万人，杭州较2021年增加17.20万人，西安较2021年增加12.59万人。人口减少量排名前三的城市分别为上海、天津、东莞。2022年，上海较2021年减少13.54万人，天津较2021年减少10.00万人，东莞较2021年减少9.98万人。

随着我国经济社会快速发展，城镇数量和空间规模不断扩大，不同等级城市充分发挥各自的功能与作用，推动城市高质量发展。超大、特大城市的创新引领与辐射带动作用不断彰显，中小城市经济实力不断增强，小城镇在解决当地就业、缩小城乡差距、完善基础设施建设和提高公共服务水平等方面作用突出。随着城镇数量与规模扩大，城市的规模集聚效应得到充分体现，新型城镇化的整体规模效应、城乡协调发展作用不断增强。

（二）加快城市群与都市圈发展，构建新型城镇空间格局

从城镇空间格局看，新型城镇化加快推动了多个城市集群发展，以城市群、都市圈为主体的空间格局不断彰显。为推动中国特色新型城镇化建设，国家先后出台了京津冀协同发展、粤港澳大湾区建设、长三角一体化发展、成渝地区双城经济圈建设等国家战略。全国多地加快城市轨道交通发展，以城际铁路、市郊铁路、城际公交一体化为依托推动以中心城市为主导的都市圈建设，便捷的交通通勤网压缩了时空距离。发达的轨道交通网、公路网以及现代通信网络等基础设施的建设与完善，推动了新型城镇化的空间格局持续优化。超大城市、特大城市以及各类大中小城市之间的协同发展效应不断凸显，城市群、都市圈的区域协调发展，进一步提升了新型城镇化的集群经济效应，城市空间形态从单一城市、单中心发展格局转向城市群发展格局，并成为引领区域经济高质量发展的重要动力源。城镇空间格局得到进一步优化，城乡融合发展持续推进，城乡一体化基础设施建设、基本公共服务供给均等化水平得到持续优化。

（三）发挥科技创新的驱动作用，提升新型城镇化创新能力

创新是新型城镇化建设与发展的重要驱动力。近些年来，中国在新型城镇化建设过程中，依托科技创新取得举世瞩目的成就。中国新型城镇化与创

新驱动发展战略高度结合，从顶层设计、创新成果转化到商业模式创新，不断提升新型城镇化的科技创新能力，以体制机制创新不断释放城市发展动力，推进城镇化规模扩大和质量提升。创新驱动是新型城镇化区别传统城镇化的本质特征，也是新型城镇化建设取得辉煌成就的基本经验总结。没有创新，新型城镇化就难以推进，许多发展中的难题就难以破解。新中国成立以来，中国共产党领导全国人民，从向科学进军到建设创新型国家，依托科技创新与发展，不断提高城镇化规模与质量，取得了举世瞩目的显著成绩，实现了从过去的追踪跟跑逐步向并跑和领跑发展的历史性转变。

从科技创新看，我国工业化、城镇化过程也是科技进步与科技发展的过程史。1956年，党中央发出了"向科学进军"的伟大号召，制定了《1956-1967年科学技术发展远景规划》。1949~1978年，我国已建立了比较完整的科研开发体系，培养了大批优秀科技人才。1978年，全国科学大会召开，确立了"科学技术是第一生产力"的战略思想，先后实施攻关计划、星火计划、火炬计划、"863"计划等一系列科技创新计划。1995年，党中央从国家战略层面推动科技创新，提出实施科教兴国战略。2006年全国科学技术大会发布《中共中央 国务院关于实施科技规划纲要增强自主创新能力的决定》，提出"到2020年使我国进入创新型国家行列"的重要目标。党的十七大把提高自主创新能力、建设创新型国家作为国家发展战略的核心和提高综合国力的关键。2012年12月，习近平总书记在广东考察时指出，要大力实施创新驱动发展战略，加快完善创新机制。2013年2月，习近平总书记在甘肃调研考察时强调，实施创新驱动发展战略，是加快转变经济发展方式、提高我国综合国力和国际竞争力的必然要求和战略举措。①2015年11月，习近平总书记指出，我们将大力实施创新驱动发展战略，把发展着力点更多放在创新上。②2022年，习近平总书记在党的二十大报告中强调，坚持创新在我国现代化建设全局中的核心地位，并对加

---

① 习近平：《在甘肃调研考察时的讲话》，《人民日报》2013年2月6日。
② 习近平：《发挥亚太引领作用，应对世界经济挑战》，《人民日报》2015年11月19日。

快实施创新驱动发展战略进行部署。习近平总书记强调，深入实施科教兴国战略、人才强国战略、创新驱动发展战略，开辟发展新领域新赛道，不断塑造发展新动能新优势。习近平总书记关于创新驱动发展战略的重要论述，为高水平科技自立自强、加快科技强国建设指明了前进方向，提供了基本遵循。

依托科技创新与科技事业的快速发展，新型城镇化的科技创新能力和创新水平不断提升。在新型城镇化过程中，科技创新驱动加强，科技经费投入快速增加，科技队伍不断壮大，人员素质不断提高，创新体系建设取得重要进展。特别是科技企业在科技活动中的主体地位日益显现，通过发展方式转变、理念创新、管理创新、制度创新、文化创新等，推动新型城镇化发展质量不断提升。加快科技创新与突破，大力发展科技型产业。加强体制机制创新，通过改革为发展提供强劲的动力，从依靠规模经济的发展方式向创新经济转变，并向生产力全要素深度渗透，将产业、数字、人才、科创、资本和空间等创新要素有机融合，提升新型城镇化各类资源要素配置能力，促进新产业、新业态孵化落地，推动城镇化经济高质量发展。

（四）打好三大污染攻坚战，持续改善生态环境质量

在新型城镇化建设与发展中，以习近平同志为核心的党中央对生态文明建设高度重视，对改善生态环境质量决心坚定，把绿色发展纳入新发展理念，把污染防治纳入三大攻坚战，新型城镇化建设与生态环境质量改善取得新成效。党中央作出了坚决打好污染防治攻坚战的决策部署，坚持绿色发展，实施大气、水、土壤污染防治三大行动计划，生态环境质量总体改善。截至2020年底，"十三五"规划纲要确定的细颗粒物（PM2.5）未达标地级及以上城市浓度下降比例、地表水质量达到或好于Ⅲ类水体比例、单位GDP二氧化碳排放降低比例等9项生态环保约束性指标已圆满完成，全国生态环境状况指数呈上升趋势，生态环境质量保持稳定。截至2023年底，进一步深化体制机制改革，深入打好污染防治攻坚战，扎实推进蓝天、碧水、净土保卫战，加强固体废物和新污染物治理，加快健全

现代环境治理体系，切实推动绿色低碳高质量发展，积极推进美丽中国建设。

1. 打赢蓝天保卫战，天空越来越蓝

环境就是民生，蓝天就是幸福。中国新型城镇化战略实施，始终坚持绿色发展理念，积极应对气候变化，加强大气污染防治，采取调整产业结构、优化能源结构、发展绿色经济等一系列举措。"十三五"期间，以大气污染防治为抓手，我国散煤治理体系不断完善，工业散煤削减近 2 亿吨，重点区域 35 蒸吨/小时以下燃煤小锅炉已基本清零；民用散煤共削减约 7000 万吨，完成清洁取暖改造约 3500 万户。① 中国可再生能源领域专利数、投资、装机和发电量连续多年稳居全球第一，可再生能源投资连续五年超过 1000 亿美元。② 2023 年 5 月 29 日，生态环境部发布《2022 中国生态环境状况公报》和《2022 中国海洋生态环境状况公报》，2022 年全国环境空气质量稳中向好，地表水环境质量持续向好，土壤环境风险得到基本管控，自然生态状况总体稳定。北京制定打赢蓝天保卫战三年行动计划，腾退一般制造业和污染企业，聚焦柴油货车、扬尘和挥发性有机物等重点领域，空气质量明显改善。2022 年，北京市 PM2.5 平均浓度降至 30 微克/米³，已经实现"十连降"。2024 年前三季度，北京市 PM2.5 平均浓度为 29 微克/米³，比上年同期下降 9.4%；优良天数为 208 天，比上年同期增加 16 天。山西大同坚决打好污染防治攻坚战，建设"熊猫光伏电站"装机规模 50 兆瓦，25 年内可提供 18 亿千瓦时的绿色电力，相当于节约煤炭 61 万吨、减少二氧化碳排放 134 万吨，实现从"煤都黑"到"大同蓝"。中国加强"散乱污"企业整治，关闭淘汰落后产能，构建绿色经济结构，坚决打好蓝天保卫战，为全球应对气候变化、推进绿色低碳发展注入新动力。

2. 打响碧水保卫战，水质越来越清

我国深入实施水污染防治行动计划，扎实推进河长制和湖长制，消除城

---

① 北京大学能源研究院：《中国散煤综合治理研究报告 2021》，2021。
② 《生态环境部：中国试点碳市场累计成交量 4.06 亿吨　规模为全球第二》，http://env.people.com.cn/n1/2020/0925/c1010-31875281.html，2022 年 9 月 25 日。

市黑臭水体，加强水体污染防治。2022年，长江干流持续3年全线达到Ⅱ类水质，黄河干流首次全线达到Ⅱ类水质，水环境质量持续好转。[①] 北京以落实"水十条"为抓手推进河长制，设立各级河长5900余名，完成全市141条段、约665公里黑臭水体的"清河行动"工程，密云水库最高蓄水量突破26亿立方米，创20年来新高，永定河断流25年后首次通水。[②] 黑龙江坚决打赢劣Ⅴ类歼灭战，推进水源水质达标替代工程，深入治理黑臭水体。海南海口市统筹推进市域水污染治理。云南全面打响以洱海保护治理为重点的水污染防治攻坚战。北京市水环境质量总体稳定，国考断面优良水体比例稳步提高，无劣Ⅴ类水体，动态达到国家目标要求。全国打响碧水攻坚战，水生态环境治理取得明显成效。

3. 打好净土保卫战，生态越来越美

习近平总书记指出，"强化土壤污染管控和修复，有效防范风险，让老百姓吃得放心、住得安心"。全国各地贯彻落实土壤污染防治法，做好土壤污染风险管控与修复，定期监测土壤及地下水环境，采取防渗防腐措施，有效防止土壤污染。北京市制定净土三年计划，强化土壤污染源头管控，土壤环境质量总体保持稳定，受污染耕地安全利用率为90%以上，污染地块安全利用率为90%以上，并因地制宜，留白增绿，大尺度扩大绿色生态空间，建设森林城市。比如，北京市丰台区以"五位一体组合拳"，推进土壤污染防治工作。丰台区把土壤污染防治作为重要的民生工程、民心工程，以"抓重点、分区治、精细管"的基本思路，解决突出土壤污染问题，实现减污降碳协同效应，让青山绿水蓝天成为大国首都的底色。[③]

上海先后出台重点监管单位土壤等11项规范，对3000多家重点行业企业用地开展土壤污染状况调查，布设76个土壤环境质量监控点和100个土

[①]《新时代中国调研行 | 长江干流水质连续三年保持Ⅱ类》，https://www.gov.cn/yaowen/liebiao/202307/content_6891218.htm，2023年7月6日。

[②]《"河长制"推动水环境改善，北京142条黑臭水体全部完成治理》，https://baijiahao.baidu.com/s?id=1716569513670310111，2021年11月16日。

[③]《净土持久战 | 丰台区"五位一体组合拳"推进土壤污染防治工作》，https://www.sohu.com/a/487369533_121106842，2021年9月2日。

壤与农产品质量协同监测点，形成"环境修复+开发利用"的上海方案。①

陕西制定净土保卫战工作方案，保障农用地和建设用地土壤环境安全，管控土壤环境风险，大面积兴建防风林带，将4万多平方公里的毛乌素沙漠变成绿洲，创造良田165万亩，每年减少黄河输沙量4亿吨，成为防沙治沙的世界奇迹与绿色发展的全球典范。中国坚持生态优先与绿色发展，加强土壤污染防治与生态修复，创新环境管理体制机制，生态环境质量总体得到改善。

二 中国新型城镇化、创新驱动与绿色低碳发展的宝贵经验与世界意义

党的十八大以来，中国实施新型城镇化战略，在创新驱动、绿色低碳发展等方面取得了辉煌成就，总结这些成就与背后的原因及重要经验，主要表现为在领导主体上始终坚持党的领导，发挥政府机制与市场机制的互动作用；在发展目标上，始终坚持以人为核心，坚持以人民为中心的发展思想；在发展动力上，始终坚持创新驱动，不断提高城镇化质量；在发展方式上，始终坚持绿色低碳发展，改变传统高能耗、高污染、高排放的粗放发展方式，选择绿色低碳的生产生活方式，持续增强生态环境质量。

从世界意义看，中国推进以人为核心的新型城镇化建设，取得了世界性的伟大成就，在国际上具有重要的示范意义和宝贵的经验。在中国共产党的坚强领导下，坚持以人民为中心的发展思想，深入实施创新驱动发展战略，以创新作为中国新型城镇化实现健康持续、高质量发展的重要秘诀，有序推动人类有史以来最大规模的城镇化进程，构建完善的城镇化体系，都市圈与城市群成为新型城镇化的主体形态，加快城乡一体化的基础设施建设与基本公共服务均等化供给，不断改善人居环境，不断提升城镇化的综合效益和发

---

① 《打赢净土保卫战，上海构起土壤污染防治"四梁八柱"》，https://www.sohu.com/na/420307962_120244154，2020年9月23日。

展质量，为其他国家特别是发展中国家的城市化提供中国智慧、中国方案。中国特色新型城镇化道路取得历史性成就，发生了历史性变革，成为具有世界意义的国家标杆，为世界其他国家的城镇化建设提供了宝贵经验，作出了巨大贡献。具体而言，中国新型城镇化、创新驱动与绿色低碳发展的宝贵经验及世界意义，主要表现在以下几个方面。

（一）坚持党的领导，推动政府与市场双向发力

新中国成立以来，在党的坚强领导下，中国城镇化尽管历经许多曲折与波动，但始终保持螺旋式上升与发展趋势。特别是党的十八大以来新型城镇化取得的辉煌成就，最为重要的宝贵经验在于始终坚持党的正确领导，不断推动政府与市场双向发力，处理好政府与市场的关系。中国共产党在新型城镇化建设与发展中发挥了坚强的领导作用。党的全面领导是中国新型城镇化建设的最大优势，是实现新型城镇化创新驱动、绿色低碳、可持续发展的根本政治保证。许多重大战略部署、政策出台、规划制定与实施都离不开党的领导。破解城镇化建设难题、推进新型城镇化战略实施、加强城镇化创新驱动和绿色低碳发展，必须坚持党的领导，不断提高党领导新型城镇化建设能力。这是新型城镇化建设取得辉煌成就的根本原因，也是确保新型城镇化建设得以推进和稳步实施的基本经验总结，主要表现在以下几个方面。

一是强化政治领导，推动新型城镇化建设战略谋划。党中央高瞻远瞩，从国际国内发展形势出发，从战略布局的高度与时俱进地提出了新型城镇化战略，为推动中国城镇化转型、高质量发展加强战略谋划。

二是强化思想领导，推动新型城镇化建设凝聚共识。党的领导体现在从思想、理念、价值观等层面不断凝聚共识、加强社会动员，为积聚力量和资源，推动新型城镇化顺利实施形成思想保证。

三是强化组织领导，推动新型城镇化建设战略实施。战略实施能力是党领导新型城镇化建设的关键支撑。好的规划、战略、政策、制度必须依靠强有力的实施力或执行力，战略目标才能得以实现，否则就是一纸空文。党领

导新型城镇化建设取得辉煌成就，在组织领导方面，始终加强党的政策宣传与执行，以强有力的决心和信心确保新型城镇化战略的深入实施。

四是强化法治思维，推动新型城镇化建设依法治理。党领导的新型城镇化各项战略、规划、政策等的贯彻落实，必须从管理、管制走向法治轨道，各项规划、政策、制度必须在符合宪法和法律的要求下制定，同时在执行过程中要采取法治手段，依靠法治方式推动新型城镇化建设与发展，比如城镇化进程中依法推进农民工市民化、依法破解城镇发展难题、依法统筹城乡发展、依法治理环境污染等。

要充分发挥政府机制与市场机制的协同互动作用。一方面，中国城镇化建设与发展取得辉煌成就，离不开中央到地方各级政府的积极推动与政策引导作用。比如，在城镇化建设过程中，城市政府在完善基础设施、提高公共服务质量、提高行政效率、培育市场环境等方面发挥重要作用，为城镇化发展提供重要的政策与服务保障。改革开放以前，在计划经济体制下形成了城乡隔离的二元经济社会结构，政府对城镇化过程中一切经济社会活动进行计划供给，统购统销，严重制约了城镇化过程中各主体的积极性和主动性，高度集中的计划经济体制制约着城镇化发展进程，城镇化滞后于工业化。改革开放以后，随着市场经济体制建立，充分发挥市场机制作用，不断激活城镇化建设中各方面的积极性，政府作用得到更加高效的发挥。另一方面，改革开放以来，市场经济体制的建立及市场化改革，充分发挥了市场在资源配置中的决定性作用，强化政府职能转变，弥补政府失灵。特别是党的十八大以来，在新型城镇化建设过程中，政府尊重和顺应城镇化发展的内在规律，重在法规政策引导、公共服务供给、市场环境营造与监管等，充分发挥市场作用，实现由政府包办代替转变为市场主体与政府主导相结合。新型城镇化建设与经济发展两者相辅相成、相互促进，需要政府机制与市场机制两方面互相作用、互相促进。

（二）坚持以人为核心，推动城乡融合与空间优化

2019年11月，习近平总书记在上海考察时提出了"人民城市人民

建，人民城市为人民"的重要理念，充分彰显了以人民为中心的发展思想和"人民至上""以人为本"的执政理念，为建设以人为核心的中国特色新型城镇化指明了方向，提供了根本遵循，这也是中国城镇化建设取得辉煌成就的重要原因和基本经验总结。中国城镇化建设取得巨大成就，特别是新型城镇化坚持以人为核心，坚持生态优先、绿色发展的理念，取得了重要的历史性成就。坚持以人为核心的新型城镇化建设经验，主要体现在以下几个方面。

一是坚持以人为核心，推动农民市民化进程。习近平总书记指出，"城镇化是现代化的必由之路"。城镇化是推动城乡融合结构、人口就业结构、经济产业结构的历史变迁过程。解决好人的问题是推进新型城镇化的关键。党的十八大以来，我国深入推进以人为核心的新型城镇化战略，坚定不移走中国特色新型城镇化道路。[①] 推进以人为核心的新型城镇化，核心就是要解决好人的问题，推动农民市民化，把增进人民福祉、让民众共享发展成果作为城镇化工作的根本出发点和落脚点。也就是说，要把城乡居民是否满意、人居环境是否改善、发展成果是否共享作为衡量城镇化质量的首要标准。新型城镇化建设坚持以人为核心，不断破除制约城乡要素自由流动和高效配置的体制机制障碍，为建成现代化经济体系提供人力资源支撑和空间载体保障。

坚持以人为核心，不断推动农民市民化进程，包括两方面含义：一方面，农业转移人口向城镇集聚，能享受到更加公平、更加高质量的公共服务，享受到现代化、高水平、全方位的城市服务和生活品质；另一方面，进入城镇的农业转移人口能够分享城镇化的发展成果，更加和谐融入现代城镇社会，让更多的农民共享城镇化发展红利。坚持以人为核心，推进农民市民化，有利于推动新型城镇化的劳动力供给，挖掘城镇化内需潜力，扩大内需和消费规模，激活发展动能，为经济持续发展提供重要支撑，实现共同富裕。随着新型城镇化战略的持续深入推进，常住人口城镇化率将持续提升，

---

① 《新型城镇化取得明显成效》，《经济日报》2022年4月29日。

农民市民化水平及发展质量将进一步增强。这是新型城镇化建设坚持以人为核心的重要经验，不断推进农民市民化，让更多的人享受现代城市发展成果。

以陕西省为例，陕西省高度重视新型城镇化建设与农民市民化推进工作，陕西省人力资源和社会保障厅等9部门联合印发《陕西省开展县域农民工市民化质量提升行动实施方案》，适应乡村振兴、新型城镇化、城乡融合发展等战略要求，顺应县域农民工流动变化趋势，推进以县城为重要载体的城镇化建设，促进县域农民工市民化质量总体提升。2023年，陕西省大规模开展农民工职业技能培训，乡村振兴重点帮扶地区培训脱贫劳动力1.5万人次以上，培养高级工以上高技能人才和乡村工匠300名左右，将返乡农民工作为高素质农民培育对象，实施"头雁"工程，培育高素质农民10000余人。陕西省深入实施以人为核心的新型城镇化战略，多措并举持续扩大县域就业机会和就业岗位，不断增加县域公共服务覆盖面和供给水平。① 新型城镇化坚持以人为核心，让进入城镇的新移民拥有充分的就业机会，能够享受平等的权益、更好的服务和更高的福祉。新型城镇化建设坚持以人民为中心的发展思想，坚持从社会全面进步和人的全面发展出发，在住房、教育、医疗、社保等领域加快改革，促进公共服务均等化，推动城镇基本公共服务覆盖常住人口，给予进城农民工更多的关心关爱，让进城农民工及其家庭真正融入城市，持续推动农民工市民化，切实提升人民群众获得感和幸福感。

二是坚持城乡融合发展，不断缩小区域发展差距。习近平总书记指出，"推进新型城镇化，一个重要方面就是要以城带乡、以乡促城，实现城乡一体化发展"。② 新型城镇化区别于传统城镇化带来"钢筋+水泥"的土地城镇化模式，是要彻底打破城乡分割、城乡对立的二元结构，牢固树立城乡统

---

① 《陕西人社等九部门扎实开展县域农民工市民化质量提升行动》，https://rst.shaanxi.gov.cn/newstyle/pub_newsshow.asp?id=1028559&chid=100079，2023年3月14日。
② 《在河南兰考县委常委扩大会议上的讲话（二〇一四年三月十八日）》，载中共中央文献研究室编《做焦裕禄式的县委书记》，中央文献出版社，2015。

筹、融合协调的发展理念，实现城市与乡村功能互补、协同互动的融合发展。

以四川省为例，四川省大力实施县城补短板强弱项工程和县城新型城镇化建设"五大行动"，深化国家县城新型城镇化建设示范，推进县城基础设施、公共服务向周边乡镇及广大农村地区延伸，切实推动新型城镇化建设与城乡融合发展，有效缩小区域、城乡、工农等发展差距。比如，达州市开江县通过补齐县城短板弱项，近3年新增常住人口3.3万人。依托资源禀赋和区位条件，四川支持大城市周边小城镇发展，对接城市需求、服务城市发展，借力发展现代都市农业和多元乡村经济，逐步将周边小城镇发展成为功能明确、协作配套的卫星镇。① 四川省还加强乡村路网与交通主骨架高效衔接，开展县域商业建设行动，推进县城公共服务向乡村覆盖。四川省在新型城镇化建设中还充分发挥节点城市作用，支持有条件的镇发展成为县域副中心，实现农业转移人口就近就地城镇化。比如，成都市郫都区三道堰镇作为首批省级百强中心镇，依托丰富的旅游资源和区位优势，打造多个旅游景区。② 新型城镇化坚持城乡融合发展理念，协同推进城市和乡村现代化建设，新型城镇化建设和乡村振兴相互促进，特别是以县域为基本单元，推进城镇公共服务向乡村覆盖，推进城镇基础设施向乡村延伸，促进农业农村现代化，改善农村人居环境，提升生活品质，实现城乡一体化发展，进而从根本上避免传统城镇化的城乡分割等弊端，不断推动社会公平正义，实现城乡融合发展。

三是坚持空间优化，推动都市圈和城市群协调发展。城镇化是实现农业人口向非农产业转移、向城镇转移的过程，结果是城镇人口和城镇数量增加、城镇规模扩大，当城镇人口和规模达到一定的上限或者在一定区域过度集聚，必然会产生新的发展问题，诸如人口膨胀、交通拥堵、住房紧张、生

---

① 王若晔、余如波：《发展县域经济，加快县城建设 把县域打造为城乡融合发展"桥头堡"》，《四川日报》2023年3月21日。
② 《三道堰镇荣获首批"省级百强中心镇"荣誉》，http://www.pidu.gov.cn/pidu/xxbs/2022-06/28/content_9283483ed468402d9746962f221e973f.shtml，2022年6月28日。

态恶化等城市病难题。新型城镇化建设区别于传统城镇化，其重要经验在于坚持空间优化，持续改善新型城镇化的空间布局。

一方面，新型城镇化提出并强调要充分发挥中心城市的辐射带动作用，要减少中心城市对周边地区的"虹吸效应"。总结中国城镇化发展经验，从重点发展小城镇、积极发展小城市，转变到发挥中心城市辐射带动作用，推动大中小城市与小城镇协调发展。中心城市要发挥人才、技术、产业等资源要素集聚优势，加强对周边地区的辐射带动、帮扶互助，避免中心城市的"虹吸效应"以及"大树脚下不长草"现象发生，切实推进以县城为重要载体的新型城镇化高水平建设与高质量发展，适应当地居民就地城镇化的需求，切实推动区域协调发展与城乡融合高质量发展。

另一方面，新型城镇化坚持城市群协调发展理念，优化城市群内部空间结构。新型城镇化战略实施以来，国家对城镇化的空间布局进行了合理安排，突出城市群在区域协调发展中的重要作用。《国家新型城镇化规划（2014-2020年）》明确提出，"城镇化是推动区域协调发展的有力支撑""以城市群为主体形态，推动大中小城市和小城镇协调发展"。加强城市的软硬件建设，构建层级有序、规模合理、分布协调的城镇空间体系，促进资源有效利用与区域协调发展。

（三）坚持创新驱动发展，加快新型城镇化的新质生产力发展

创新是新型城镇化高质量发展的关键动力。坚持创新驱动发展，不断培育和形成新型城镇化的新质生产力，推动城镇化的高质量发展。我国城镇化发展历程表明，应通过创新、改革，加强技术创新和制度改革，不断破解阻碍城镇化发展的体制机制问题，促进城镇化高质量发展，这是新型城镇化建设的重要经验总结。立足新阶段，深入实施新型城镇化战略，必须发挥大数据、云计算、人工智能等新一代信息技术的创新与引导作用，必须加强产业技术创新与突破，发展新质生产力，切实提升新型城镇化的产业质量和经济效益，推动新型城镇化高质量发展。高铁技术、现代通信网络技术、先进制造技术、新能源技术、新材料技术等的重大创新与突破，不仅缩小不同城镇

之间的时空距离，也推动不同城镇之间产业创新集聚发展，推动产业与市场供需对接。从制度创新层面看，中国城镇化进程也是体制机制创新与改革的过程，城市化与制度变革紧密关联。比如市场化改革与制度创新，释放生产力的内在张力，推动传统农业转型升级，一二三产业融合发展，乡镇企业兴起、技术进步，社会主义市场经济体制的建立与完善，都促进了城市发展和小城镇兴起，推动现代都市圈和城市群发展，加速新型城镇化高质量发展进程。坚持创新驱动发展，切实提升新型城镇化建设质量，这是新型城镇化高质量发展的基本经验与重要法宝。

（四）坚持绿色低碳发展，持续加强城市生态环境治理

党的十八大以来，以习近平同志为核心的党中央高度重视生态文明建设，大力推动绿色低碳循环发展。特别是在新型城镇化建设中，坚持人与自然和谐共生，推动城镇生态修复、环境保护与污染治理，加快建设绿色低碳、生态宜居的新型城镇空间。这是区别于传统城镇化的重要特征，也是新型城镇化建设取得辉煌成就的重要经验总结。

推进以人为核心的新型城镇化建设，需要树立低碳创新理念，加快转变传统发展方式，破解传统城镇化的诸多难题，基本经验就是要坚持绿色低碳的创新发展，持续加强生态环境保护与治理。在新型工业化、城镇化过程中，既要发展经济，也要保护生态环境，要坚持"绿水青山就是金山银山"的发展理念，科学划定生态红线，加强生态环境治理，减少资源能源消耗，将绿色低碳发展理念融入新型城镇化建设各个方面，建立低碳产业发展、低碳生活消费、绿色生态环境的新型城镇空间，助力实现碳达峰碳中和目标。

一是坚持绿色低碳发展，构建城镇低碳产业体系。统筹考虑资源环境承载力、推动绿色低碳发展，是新型城镇化的重要底色和发展基石。新型城镇化区别于传统城镇化的重要特征和基本经验在于加快培育和建设低碳产业体系，从源头上节能减排，提高产业质量和效益，通过创新提升产业技术水平和竞争力，推动产业绿色转型与升级。

以天津市滨海新区中新天津生态城建设为例，该区域在推进新型城镇化建设中，坚持生态优先、绿色发展的基本理念，以智能科技服务、文化健康旅游、绿色建筑等为主导产业，吸引了一汽丰田新能源汽车、华慧芯、科大讯飞、华峰测控等一批智能科技龙头企业落户。该生态城高度重视风、光、地热等清洁能源开发与利用，打造"生态宜居"型智慧能源新城，建设多业态绿色能源共建平台和能源数据服务平台，系统提升清洁能源消纳率达到100%，电能占终端能源比例超过45%。吸引和培育3000余家绿色建筑企业及机构落户，推广装配式建筑、被动式建筑的应用，探索超低能耗建筑、零能耗建筑、木结构建筑、模块化建筑技术，形成了"房地产—智能制造—节能服务"上中下游完整产业链。积极发展影视动漫、图书发行、广告传媒、游戏制作、网红电竞、在线文学等文化产业集群，文化产业年营业收入超过320亿元。[①] 中新天津生态城坚持绿色低碳发展，打造了城市可持续发展样板，探索了新型城镇化绿色低碳道路。

天津市滨海新区中新天津生态城建设成为新型城镇化建设中推动绿色低碳产业发展的典型案例，改变传统城镇化中产业低端、竞争力不强、高碳排放等发展格局，新型城镇化以绿色低碳的新技术、新能源、新业态为抓手和突破口，加快培育和发展低碳产业体系，实现创新链产业链价值链提升，进而提升新型城镇化的产业竞争力和绿色发展水平。

二是坚持绿色低碳消费，构建城镇低碳生活方式。城镇化人口、交通等要素的过度集聚，易产生大量垃圾，新型城镇化吸取西方发达国家和城市在环境污染等方面的教训，重视和坚持绿色低碳消费，不断构建城镇低碳生活方式，选择绿色低碳的新型城镇化道路。

三　本章小结

本部分主要探讨了中国新型城镇化、创新驱动与低碳发展的基本现状，

[①] 《〈中新天津生态城市白皮书（2022）〉发布》，https://www.eco-city.gov.cn/m1/stcxw/20230620/48761.html，2023年6月20日。

总结中国实施新型城镇化战略以来在绿色低碳发展、创新驱动等方面取得的重要成就及宝贵经验。从城镇常住人口看，我国城镇常住人口逐步增加。从城镇空间格局看，新型城镇化加快推动了多个城市集群发展，以城市群、都市圈为主体的空间格局不断显现。从世界意义看，在中国共产党的坚强领导下，中国新型城镇化建设与低碳发展坚持以人民为中心的发展思想，深入实施创新驱动发展战略，不断提升城镇化的综合效益和发展质量，为其他国家特别是发展中国家的城市化提供中国智慧、中国方案。

第八章　新型城镇化建设与低碳创新驱动的主要难题

中国城镇化建设取得许多辉煌成就，但也有不少问题亟待解决。如人口城市化滞后于空间城市化，半城市化带来严重的社会问题。[①] 立足新阶段，深入推进新型城镇化战略与创新驱动发展战略，加快构建低碳创新驱动模式，还存在不少的瓶颈性制约。在有序推进碳达峰碳中和目标背景下，结合中国新型城镇化、创新发展、绿色低碳发展等工作实际，重点从观念、技术、产业、能源、政策、社会等多维度进行分析，中国新型城镇化低碳创新驱动存在的难题主要表现在以下几个方面。

一　低碳创新意识不强，创新政策与机制不够完善

（一）低碳创新意识不强，对传统城镇化模式存在路径依赖

意识、观念影响和决定行为。传统城镇化过程中的粗放型发展模式带来严重的城市病问题及其他发展弊端。新型城镇化的"新"关键在于坚持以人为核心，贯彻落实绿色低碳发展、创新驱动发展等重要的国家战略。深入实施新型城镇化战略，需要加快发展方式转变，需要树立"绿水青山就是

[①] 蔡继明：《中国的城市化：争论与思考》，《河北经贸大学学报》2013年第5期，第10~14页。

第八章　新型城镇化建设与低碳创新驱动的主要难题

金山银山"的理念，需要树立低碳创新理念。目前，部分地区面向绿色低碳发展的创新意识不强，对传统粗放型城镇化模式存在严重的路径依赖性，这直接制约了新型城镇化的创新驱动发展。城市决策者对经济转变发展方式的内涵、重要性、建设路径缺乏必要的认识。[1]

低碳创新理念是对传统发展思维和发展方式的变革。中国在新型城镇化过程中承受着资源能源与环境等方面的瓶颈性制约，高碳发展模式已经行不通。绿色低碳、创新驱动应成为新型城镇化建设、转变发展方式和现代化经济体系构建的核心理念。不少人对新型城镇化、绿色低碳发展、转变发展方式、创新驱动发展等的重要性认识不到位。在政府层面，部分地方政府对于节能减排有初步的概念，但是对低碳技术创新和低碳制度创新的重要性缺乏足够的认识。比如，部分地方对新型城镇化、绿色低碳发展、生态文明建设、创新驱动的重要性认识不足，行动的积极性不够，工作的主动性不强，严重制约新型城镇化的低碳创新驱动及其发展质量和效益。长期以来，许多企业绿色创新意识普遍薄弱，[2] 企业过于注重利润最大化，对节能减排还不够重视，认为低碳创新与低碳发展仅仅是政府或社会的责任。企业作为技术创新的真正主体，缺乏绿色低碳的发展理念，缺乏低碳技术创新意识，企业在低碳技术创新领域缺乏先知先觉，对传统落后技术存在固化观念，绿色低碳的技术创新与转型发展意识缺失。

（二）低碳创新的体制障碍突出，制约新型城镇化新质生产力发展

新型城镇化建设需要构建有利于低碳创新驱动发展的体制环境，但科技创新体制不够完善，制约新型城镇化建设与新质生产力发展。国家高度重视科技创新，充分发挥"科学技术是第一生产力"的作用，但部分地方政府

---

[1] 毕军：《后危机时代我国低碳城市的建设路径》，《南京社会科学》2009年第11期，第12~16页。
[2] 王晓萍、翁夏燕、周海波：《"双碳"目标下制造业绿色创新发展——多元主体协同驱动视角》，《价值工程》2023年第4期，第4~7页。

和职能部门并没有从体制机制上打通科技创新各个环节，没有充分发挥科研人员的创新积极性和主动性，科技体制和运行机制还有待完善。[①] 创新体制机制、创新制度和利益机制不健全，产学研协同创新机制不完善，导致创新成本高，企业容易出现短视行为，以牺牲资源和环境为代价追求经济利益。企业因成本、资金等多方面考虑，缺乏足够的动力加强低碳技术创新，低碳技术改造投入不足，导致节能减排、污染治理乏力。大多数企业重当前，轻长远，重经济利益，轻生态效益，缺乏对低碳技术创新的足够重视，缺乏完善的体制保障。

（三）低碳创新政策缺失，对新型城镇化缺乏保障作用

党中央和国务院高度重视新型城镇化与绿色低碳发展，并先后出台了一系列的战略规划与相关政策。但由于多方面因素的影响，有的创新政策存在碎片化问题，对低碳技术创新的激励效果有待提升。低碳科技创新政策缺乏专门的体系化设计。[②] 低碳技术创新面向生态文明建设和生态环境改善，外部性和公益性比较强，需要政府部门出台有吸引力的激励政策鼓励，仅靠企业单一力量进行技术创新很难。在新型城镇化建设中，许多地方不重视低碳技术创新，有关创新政策严重缺失，特别是面向创新的市场机制不够完善，创造要素流动不畅，创新动力不足。目前，各级政府在鼓励低碳技术创新等方面的政策还不够完善，政策之间联动性不强，低碳政策执行力度不够，这些也严重制约了低碳技术创新。与低碳技术创新过程紧密相关的配套政策不够完善，比如与低碳技术引进、低碳技术转让、低碳产业发展、低碳产品生产、低碳产品消费、低碳产品采购等相配套的政策措施缺位，制约了低碳技术的创新及推广应用。

---

① 杨大玮：《自主创新理论研究——构建中国特色国家创新体系》，西南财经大学学位论文，2007。
② 谭显春、郭雯、樊杰等：《碳达峰、碳中和政策框架与技术创新政策研究》，《中国科学院院刊》2022年第4期，第435~443页。

第八章　新型城镇化建设与低碳创新驱动的主要难题

（四）低碳创新的知识产权制度不完善，制约新型城镇化质量提升

完善的知识产权保护制度、发达的技术市场、多元的专利代理和风险投资公司等的共同推动，为企业从事技术创新活动提供重要的制度保障和服务支撑。当前，尽管我国面向技术创新等加强了知识产权制度建设，在知识产权转化运用上也取得了一定发展，但知识产权制度及其实施机制还不够完善，各类创新主体之间的协调性还存在不足，知识产权转化的经济效益还不够高，支持实体经济发展的作用发挥还不够充分，仍然存在准备转化机制不畅、与市场需求结合不紧密等问题。[①] 我国有关低碳创新的知识产权保护力度不够，有法不依、执法不严、违法不究等问题严重阻碍了低碳技术创新发展。知识产权保护制度不够完善，导致低碳技术创新缺乏长久、稳定的激励机制，未能形成保护企业家利润、保护创新成果的政策机制和规则。

（五）低碳创新的市场机制不够完善，制约新型城镇化建设活力

在市场经济体制下，自由竞争所形成的压力为企业加强技术创新提供了重要驱动力，但市场机制不够完善，存在"劣币驱逐良币"、同质化竞争等现象，在一定程度上制约了企业参与技术创新的积极性和主动性，制约了新型城镇化建设活力与创新动能。在成本相对较高的绿色低碳技术创新方面更是如此。一方面，从要素市场看，要素价格扭曲，难以反映市场的真实供求关系，一定程度上"保护"或"鼓励"不重视创新的落后企业，削弱了企业通过技术创新降低成本的内在动力。另一方面，从市场结构看，市场条块分割以及地方保护主义、部门垄断等现象的存在，扭曲了创新的市场环境。此外，行业部门的创新管理缺失导致内耗严重。对于新型城镇化建设与发展而言，低碳技术创新的有关政策、制度、体制机制及市场环境不完善，全国

[①] 马一德、韩天舒：《对标新质生产力要求，完善知识产权治理体系》，《前线》2024年第5期，第36~39页。

225

统一的碳交易市场建设不完善，严重制约了低碳技术创新动力与活力，难以为新型城镇化的低碳创新驱动发展形成制度保障作用。

二 低碳技术创新能力不足，对新型城镇化的引擎作用不凸显

技术创新是推动新型城镇化高质量发展的根本动力。但由于多方面因素影响，企业面向节能减排、绿色低碳、生态环保领域的低碳技术创新能力不足，创新水平低，企业缺乏有市场竞争力的核心技术，难以成为撬动新型城镇化跨越式、低碳化、高质量发展的重要引擎。中国作为高品质能源匮乏经济体，传统能源消费比重高，产业能耗和碳排放强度大，低碳技术相对落后，制约了产业转型升级和竞争力提升。[①] 技术创新特别是低碳创新能力不足，是目前新型城镇化建设所面临的较为普遍问题。

（一）低碳技术创新投入不足

推动新型城镇化建设，积极稳妥推进碳达峰碳中和，需要进行大量的低碳技术研发和创新投入，但低碳技术创新及其转化应用周期长，在短期内难以带来直接的经济回报和更多的创新风险，企业、社会资本的研发投入动力不足。目前，低碳技术创新投入主要依靠的是政府拨款和财政性研发项目投入。政府财政科技投入不断增加，但与经济社会快速发展、新型城镇化建设的需要相比还有较大的差距，研发经费的投入还不能适应低碳技术创新的要求。企业和社会资本、社会组织对低碳技术创新的研发投入少，没有形成有效的低碳技术创新投入、转化、应用的发展机制。低碳技术在实现转变发展方式、推动新型城镇化建设与绿色低碳发展中的引擎功能没有充分发挥。

---

① 李旭辉、陶贻涛：《"双碳"目标下中国绿色低碳创新发展测度、区域差异及成因识别》，《中国人口·资源与环境》2023年第1期，第124~136页。

（二）低碳创新服务不够完善

创新服务是面向科技创新，通过市场机制为企业创新所提供的各种服务，主要是指科技服务业。创新服务是运用现代科技知识、现代技术和分析研究方法，以及经验、信息等要素向社会提供智力服务的新兴产业。创新服务既包括服务企业和产业发展的科学研究、科技创新本身，也包括为科技创新提供的各种信息、咨询、法律等服务，包括专业技术服务、技术推广、科技信息交流、科技培训、技术咨询、技术孵化、技术市场、知识产权服务、科技评估和科技鉴定等活动。我国服务业发展比较晚，面向科技创新的服务业发展更是滞后，创新服务的市场化、社会化水平较低，服务功能还远不能满足科技、经济发展需要。面向绿色低碳科技创新的服务更是比较匮乏。从创新服务看，金融、风投等机构对低碳技术项目支持力度不够，围绕低碳技术创新的相关服务环节还不够完善，制约了低碳创新进程。针对低碳技术创新及其技术转化、产业孵化等的创新创业投资相关服务机构数量少、实力弱，社会资本、中介服务机构参与低碳技术创新领域的渠道不畅、载体不健全，组织不力、服务缺失、创新不够、转化乏力、应用面窄等均影响了低碳技术创新能力的提升，对新型城镇化创新驱动发展的引擎作用发挥不足。

（三）创新主体地位缺失

从创新主体看，企业、高校、科研院所等作为低碳技术创新的重要主体在绿色低碳领域的技术创新布局严重缺失。新型城镇化建设需要具有强大技术创新能力的企业、科研院所及其低碳创新项目进入，不能简单依靠传统产业或者传统技术发展路径进行推动。但不少的企业在新型城镇化建设中，未能选择具有良好市场前景的绿色低碳技术领域进行创新，比如面向节能减排、"双碳"目标实现中的新能源技术等，企业缺乏这方面的创新动力和市场敏感性。企业在绿色低碳创新链中自主创新能力不足，难以成为新型城镇化创新发展的动力源和重要引擎，未能成为低碳技术创新的主导力量。不少企业特别是中小企业更加偏向于代加工、贴牌生产等低端产业环节，没有把技术创新作为企业竞争、企业盈利的核心手段，大都缺乏自己的科研团队、创新机构，自主创新能力不足，技术引进消化吸收能力弱，拥有自主知识产权和核心技术的企业不多，制约了企业核心竞争力的提升。

（四）关键性技术被"卡脖子"

从关键技术看，许多被"卡脖子"的关键性技术难以突破。我国工业发展长期依靠高投入、高能耗、高污染产业，许多核心技术受制于人。在原创性技术、颠覆性技术、关键核心技术等领域研发投入不够，前瞻性引领不够。有研究指出，中国正面临着在关键核心技术领域被"卡脖子"的风险与挑战，关乎国家经济发展和安全稳定，这些关键性技术必须成为中国科技创新的优先攻关方向和关键任务。目前，中国被"卡脖子"需攻克的八大技术领域如表8-1所示。①

表8-1　中国被"卡脖子"需攻克的八大技术领域

领域	被"卡脖子"技术表现
半导体及集成电路技术	半导体及集成电路作为信息技术的基础，在电子信息产业中扮演重要角色，但中国难以实现自主创新和大规模量产，严重依赖进口，制程工艺、设计能力、先进装备等方面依旧受制于人
航天及航空发动机技术	航天及航空发动机技术是支撑航空航天事业发展的关键核心技术，我国存在技术瓶颈，严重依赖进口，我国在先进涡扇发动机、高推重比发动机等领域仍有较大差距
新能源及新能源汽车技术	新能源及新能源汽车技术是应对气候变化、推动绿色低碳发展的关键，我国在动力电池、电机驱动、智能网联等核心技术上依旧存在较大差距
人工智能及量子计算技术	我国在人工智能、量子通信等领域取得了一定进展，但与世界先进水平相比，在基础理论研究、关键核心技术、产业化应用等方面仍存在较大差距
生物医药及医疗器械技术	我国在创新药物研发、高端医疗设备制造等方面取得了显著进步，但与发达国家相比，在基础研究实力、创新能力、产业化水平等方面仍有较大差距
节能环保及先进材料技术	我国在清洁能源、节能减排、先进材料等领域取得了积极进展，但在一些前沿技术和关键共性技术上仍存在较大差距

---

① 《中国目前被卡脖子需攻克的8大技术》，https：//baijiahao.baidu.com/s？id=1806162353632719824&wfr=spider&for=pc，2024年8月6日。

续表

领域	被"卡脖子"技术表现
海洋工程及深海探测技术	我国在海洋工程及深海探测技术等方面取得了一定进步,但与发达国家相比,在核心技术、装备、产业化水平等方面仍存在较大差距
农业生物技术	我国在农作物品种选育、动物健康养殖等方面取得了一定进展,但在基因编辑、人工智能农业等前沿技术上仍有较大差距

以清洁能源技术为例,全球议程理事会（Global Agenda Council）于2015年确定了清洁能源领域具备高潜力发展价值的15项短期和中长期技术,如表8-2所示,[①] 其中,大部分核心技术仍掌握在美国、欧盟、日本等发达经济体中。当前,尽管我国在绿色低碳技术方面取得了一定的创新与重大突破,但关键领域的核心技术依然受制于人,技术的"空心化""卡脖子"问题尚未得到根本解决。中国具有"富煤、少气、缺油"的资源特征,面向绿色低碳发展的节能减排技术短板依然明显,比如产业在全球价值链中处于低端位置,高碳能源结构以煤炭为主等,与碳中和目标下的产业结构、能源结构以及技术要求相比,还存在一定差距。[②] 可以说,新阶段深入推动新型城镇化战略实施,加强低碳能源、低碳材料等技术创新,不仅为新型城镇化建设提供重要创新突破口,也为相关新兴产业、高科技产业发展提供了技术支撑,是新型城镇化高质量发展的重要领域。

表8-2 清洁能源领域具备高潜力发展价值的15项短期和中长期技术

短期技术（需要在5年内加速部署的技术）	中长期技术（尚未进入市场,但在未来5~15年内具有显著发展潜力的技术）
太阳能光伏技术	先进储能技术
风能技术	碳洗涤技术（碳捕集和地质封存、碳捕集和利用）
第三代核能技术	先进核反应堆技术
超超临界蒸汽循环碳捕集与封存技术	下一代电力电子技术

---

① 郭滕达、魏世杰、李希义:《构建市场导向的绿色技术创新体系:问题与建议》,《自然辩证法研究》2019年第7期,第46~50页。
② 李小勇、于小航:《加速绿色低碳科技攻关》,《经济日报》2023年7月28日。

续表

短期技术（需要在5年内加速部署的技术）	中长期技术（尚未进入市场,但在未来5~15年内具有显著发展潜力的技术）
建筑物能效技术	下一代生物燃料技术
运输能效技术	氢技术
高效工业流程技术	先进地热技术
—	海洋能源技术

  目前，许多地区在推进新型城镇化建设中，不重视新能源、新材料等技术创新，在低碳技术创新投入、研究机构引入、低碳创新平台建设、低碳创新项目投资等方面缺乏力度。比如光伏发电、风电成本已经与传统能源开发成本持平，有的明显低于传统能源成本，这为新型城镇化的新能源开发利用提供良好的机遇与条件。相关研究数据显示，中国加大光伏发电等新能源技术研发和重大突破，推动新能源发电成本大幅度下降。2021年，全球光伏装机成本较2010年下降约82%，陆上风机与海上风电装机成本分别下降35%和41%，发电成本也大幅下降。[①] 中国在风电领域实现了显著增长和转型，风电装机容量从2007年的4千兆瓦增至2021年的329千兆瓦。这一增长不仅体现在装机容量的增加，还体现在成本的降低上。美国能源部报告显示，2021年美国风电项目的平均安装成本较往年也大幅下降，但仍保持在每千瓦1500美元，约每瓦10.86元人民币。中国风力涡轮机装机成本出现"历史性突破"，大幅下降至每瓦2元人民币。得益于技术进步和规模效应，中国的风电装机成本已经降至美国的1/5。[②] 可以相信，随着新能源开发的大规模推进，新能源创新链产业链价值链融合发展，未来新能源等低碳技术创新将进一步推进，光伏发电、风电成本将进一步降低。但许多地区包括相对偏远的县、乡镇等对新能源开发、低碳技术创新与应用、低碳产业发展缺乏认识，缺乏加强新能源技术创新及新能源开发利用的积极性和主动性。在

---

① 程维妙：《中国推动全球太阳能光伏装机成本11年降约82%》，《新京报》2022年11月9日。
② 《历史性突破！该项目中国装机成本降至美国五分之一》，https://www.thepaper.cn/newsDetail_forward_26881942，2024年3月3日。

一定程度上将制约未来新型城镇化的创新、跨越式发展，也制约了这些区域的城乡融合、绿色低碳转型发展。

新型城镇化建设的过程也是技术创新及应用发展的过程。新型城镇化为技术创新及场景应用提供了新的发展空间、新的市场机遇。但科技创新能力不足，技术供给存在明显短板，在绿色低碳科技创新成果转化、产业应用与产品推广等方面滞后，这些都严重制约了新型城镇化的低碳创新与高质量发展。一方面，新型城镇化进程中，许多地区或城市未能发挥其创新资源集聚优势并向新城或远郊区辐射，在重点技术创新领域未能发挥新城或远郊区的应用场景、消费市场等作用，未能有效将创新能力转化为产业动力，未能将创新能力转化为现实生产力，制约了城镇化质量与效益提升。另一方面，在传统城镇化过程中，尽管取得一定的发展成效，但是也存在许多瓶颈性制约。有的地区发展民宿、文化旅游等产业，尽管投入比较大，改造效果明显，但由于客流少、受季节性影响大、同质化竞争、缺乏实质性的创新元素等多方面的原因，不少地方的民宿、文化旅游业发展遇到"天花板"效应难以持续，发展后劲不足。一些资源型地区城镇化动力衰减、创新不足、产业滞后，与其创新能力下降密切相关，特别是在面向生态文明建设、绿色低碳发展时，未能找到低碳技术创新的突破口和着力点。基于这些瓶颈性制约因素的存在，在推进生态文明建设、推进绿色低碳发展、实现碳达峰碳中和目标的背景下，不少地区在推进新型城镇化建设与发展中不重视低碳技术创新，不重视绿色低碳技术产品推广应用；有的企业只重视绿色低碳产品的生产与制造，如想办法引进光伏发电、风电产品制造项目，但这些项目需要一定的资金投入和产业基础作为支撑；有的企业不重视在本地区广泛推广和使用光伏发电、风电产品及相关服务业发展，制约了新型城镇化的低碳创新驱动发展。

（五）低碳创新人才严重短缺

从创新人才看，新型城镇化面临低碳技术人才短缺困境。新型城镇化建设的"新"来自新理念、新技术、新业态、新模式，核心动力来自技术创新、体制机制创新、管理创新。而创新的主体是高素质、高学历、高技术人才。随着城市群、都市圈的发展，发达城市或地区的优质公共服务、更多的就业机会和工资待遇，将周边地区和欠发达地区的人才源源不断地吸引到发达城市、中心城区。而远郊区、偏远县城、落后乡镇农村地区缺乏足够的人才支撑，出现就业的结构性失衡。

目前，大部分县城、乡镇、农村地区的创新型人才严重匮乏，这影响了新型城镇化建设与低碳创新能力提升。新型城镇化建设过程中由于多方面原因存在，特别是远郊区县、边远乡镇等欠发达地区难以吸引和留住优秀的创新型人才，技术创新、技术转化、技术应用、产业发展等领域缺乏高素质、高技能型人才，一定程度上制约了新型城镇化的持续推进与创新发展。比如，光伏发电、风力发电、生物质能发电等新能源产业，新能源汽车以及其他相关的绿色低碳产业均需要大量的低碳技术人才，基础设施、公共服务相对落后的远郊区、县城、偏远乡镇和广大农村地区缺乏懂技术、会管理、能营销的人才。低碳技术人才培育与新型城镇化发展严重脱节，阻碍了低碳技术创新能力提升，阻碍了新型城镇化的创新发展。此外，高素质、高学历人才分布不均衡，相对欠发达地区或远郊区缺乏高技能、高学历的各类创新人才，创新人才与新型城镇化创新发展严重脱节。

三 产业和能源结构不合理，传统城镇化存在"碳污同源"问题

（一）低碳产业发展滞后，城镇化产业调整升级缓慢

新型城镇化建设与发展，需要一定的能源和产业作为支撑与基础。传统城镇化建设与发展主要依靠的是高能耗、高污染、高排放等重化工产业，造成能耗和碳排放居高不下等环境污染难题，存在"碳污同源"问题。[1] 有的

---

[1] 王保乾、徐睿：《科技创新促进碳减排系统效率评价及其影响因素》，《工业技术经济》2022年第5期，第29~35页。

第八章　新型城镇化建设与低碳创新驱动的主要难题

仅仅依靠土地财政、发展房地产来驱动城镇开发建设，绿色低碳、高科技型产业发展严重不足，难以支撑城镇化的高质量发展，这种模式也是不可持续的。从产业结构看，如表8-3所示，全国产业结构从2008年的10.2∶47.0∶42.9转变到2022年的7.3∶39.9∶52.8。多年来，第一、第二产业比重均有所减少，第三产业有所增加。目前，促进我国经济增长的主体是第三产业，但第二产业比重也较大，知识密集型、技术密集型低碳产业少，产业结构还不够合理。

表8-3　2008~2022年全国三次产业结构比重

单位：%

年份	第一产业	第二产业	第三产业
2008	10.2	47.0	42.9
2009	9.6	46.0	44.4
2010	9.3	46.5	44.2
2011	9.2	46.5	44.3
2012	9.1	45.4	45.5
2013	8.9	44.2	46.9
2014	8.6	43.1	48.3
2015	8.4	40.8	50.8
2016	8.1	39.6	52.4
2017	7.5	39.9	52.7
2018	7.0	39.7	53.3
2019	7.1	38.6	54.3
2020	7.7	37.8	54.5
2021	7.2	39.3	53.5
2022	7.3	39.9	52.8

资料来源：《中国统计年鉴2023》。

在新型城镇化建设与发展过程中，存在产业结构失衡问题。工业化、城镇化、农业现代化不协调，不少城市产业结构不合理，特别是资源型城市严重依靠资源型产业，一旦资源耗竭，将带来城市衰退风险，有的城市已经面临资源枯竭和产业结构转型难题。不少城市或地区依靠高能耗、高排放型产业发展，导致资源环境难以支撑。此外，部分城市在城镇化建设过程中，依靠某些单一缺乏技术含量和技术竞争力的低端产业，且城市与农村的产业互动不够，产业链不够完善，高附加值、创新型、绿色低碳型的产业发展滞后，也制约了城镇化的高质量发展。新型城镇化建设迫切需要改变传统的不合理产业结构，加强绿色低碳产业的政策调整和创新。

以京津冀地区为例，该地区高碳产业依然占重要地位，低碳产业发展迅速但占比不高。2021年，京津冀地区三次产业构成比由2013年的6.2∶35.7∶58.1提升至2021年的4.5∶30.6∶64.9。[①] 其中，第三产业发展较快，但第二产业仍占30%以上的比重，该地区高能耗、高碳型的传统工业还占一定比重，影响了京津冀地区的节能减排和"双碳"目标实现。北京、天津形成了以第三产业为主的经济结构，特别是北京以疏解非首都功能为"牛鼻子"，加快传统高能耗产业的关停并转，大力发展知识密集、技术密集的高精尖产业，产业结构不断优化，如表8-4所示，2021年北京第三产业占GDP的比重为81.7%，2022年北京第三产业产值达到了34894.3亿元，占比高达83.9%。尽管北京、天津加大产业结构调整和优化升级，但产业技术水平还不够高，创新能力不够强，特别是传统产业的技术改造、节能减排等还需要进一步推进。

表8-4 2010~2022年北京地区生产总值构成

单位：%

年份	地区生产总值	按产业分			按行业分	
		第一产业	第二产业	第三产业	#工业	#建筑业
2010	100.0	0.8	21.6	77.6	17.4	4.4
2011	100.0	0.8	20.7	78.5	16.6	4.3
2012	100.0	0.8	20.3	79.0	16.2	4.2
2013	100.0	0.8	19.7	79.5	15.8	4.1
2014	100.0	0.7	19.3	80.0	15.4	4.2

---

① 《京津冀高质量发展深化拓展》，《中国信息报》2022年3月2日。

续表

年份	地区生产总值	按产业分			按行业分	
		第一产业	第二产业	第三产业	# 工业	# 建筑业
2015	100.0	0.6	17.8	81.6	14.0	4.0
2016	100.0	0.5	17.3	82.3	13.4	4.0
2017	100.0	0.4	16.9	82.7	13.0	4.1
2018	100.0	0.4	16.5	83.1	12.5	4.2
2019	100.0	0.3	16.0	83.7	12.0	4.2
2020	100.0	0.3	16.0	83.7	11.7	4.3
2021	100.0	0.3	18.0	81.7	14.3	3.9
2022	100.0	0.3	15.9	83.9	12.1	3.9

资料来源：《北京统计年鉴 2023》。

河北加快产业结构调整，如表 8-5 所示，第三产业比重不断提升，从 2010 年的 39.2%上升到 2020 年的 51.0%，但 2021 年、2022 年又有所下降，分别为 49.5%、49.4%。河北的第一、第二产业比重逐步下降，产业结构逐步优化，但与全国相比，第三产业占比仍低于全国平均水平。以钢铁为例，河北是我国钢铁大省，钢铁行业占本省规模以上工业总产值、营业收入和利润的比重均超过 25%。根据国家统计局公布 31 个省（区、市）粗钢产量数据，2020 年，河北粗钢产量为 24976.95 万吨，位居第一。2021 年，河北粗钢、生铁和钢材产量分别为 22496.45 万吨、20202.98 万吨和 29559.38 万吨，占全国的比重均约为 22%。2022 年，河北省粗钢产量为 21194.54 万吨，继续排名全国第一。多年来，河北形成的高耗能、高排放、高污染的传统重工业支撑了河北经济建设，既是河北立身之本也是转型之难。近年来，河北加大对钢铁、石化、煤炭等传统高耗能产业的结构调整和转型升级，河北经济进入转型阵痛期。[①] 作为工业大省，河北偏重于以钢铁行业为代表的重工业，高新技术产业发展滞后，对自然资源的依赖程度较高，污染严重，

---

① 《河北：钢铁第一大省转型，财政形势何去何从？》，http://www.jzx88.com/ios/pages/wxshare/news_detail.html? id=92810&newsType=4，2023 年 12 月 20 日。

经济发展质量和效益比较低，直接或间接制约了京津冀地区的新型城镇化建设与低碳转型发展。

表 8-5 2010~2022 年河北地区生产总值构成

单位：%

年份	地区生产总值	按产业分			按行业分	
		第一产业	第二产业	第三产业	#工业	#建筑业
2010	100.0	13.7	47.0	39.2	41.6	5.6
2011	100.0	12.6	48.1	39.3	42.7	5.5
2012	100.0	12.6	47.3	40.1	41.9	5.6
2013	100.0	13.0	46.0	41.0	40.6	5.6
2014	100.0	12.6	45.5	41.9	39.9	5.8
2015	100.0	11.7	43.7	44.6	38.0	5.8
2016	100.0	10.8	43.3	45.9	37.8	5.7
2017	100.0	10.2	41.7	48.1	36.0	5.9
2018	100.0	10.3	39.7	50.0	33.6	6.2
2019	100.0	10.1	38.3	51.6	32.3	6.1
2020	100.0	10.8	38.2	51.0	32.4	5.9
2021	100.0	10.0	40.5	49.5	35.0	5.6
2022	100.0	10.4	40.2	49.4	34.6	5.7

资料来源：《河北统计年鉴 2023》。

（二）传统能耗占比高，低碳能源开发利用滞后

中国作为发展中大国，人口多、基础薄弱、起步晚，工业化、城镇化还未完成，对能源消费需求大，传统高碳能源占比高，绿色低碳能源占比较低，实现能源绿色转型与能源革命的任务重、压力大。如表 8-6 所示，中国能源消费总量大，从 2008 年的 320611 万吨标准煤逐年增长到 2022 年的 541000 万吨标准煤，年均增长 3.81%，目前能源消费总量还未出现拐点，预计未来将持续攀升。

表 8-6　2008~2022 年中国能源消费总量及构成

单位：万吨标准煤，%

年份	能源消费总量	能源消费总量构成			
		煤炭	石油	天然气	一次电力及其他能源
2008	320611	71.5	16.7	3.4	8.4
2009	336126	71.6	16.4	3.5	8.5
2010	360648	69.2	17.4	4.0	9.4
2011	387043	70.2	16.8	4.6	8.4
2012	402138	68.5	17.0	4.8	9.7
2013	416913	67.4	17.1	5.3	10.2
2014	428334	65.8	17.3	5.6	11.3
2015	434113	63.8	18.4	5.8	12.0
2016	441492	62.2	18.7	6.1	13.0
2017	455827	60.6	18.9	6.9	13.6
2018	471925	59.0	18.9	7.6	14.5
2019	487488	57.7	19.0	8.0	15.3
2020	498314	56.8	18.8	8.4	15.9
2021	525896	55.9	18.6	8.8	16.7
2022	541000	56.2	17.9	8.4	17.5

资料来源：《中国统计年鉴 2023》。

中国能源消费结构长期以煤炭、石油、天然气等传统能源为主，2022年，煤炭、石油、天然气分别占 56.2%、17.9%、8.4%，煤炭仍是第一大能源品种，煤炭等传统能源消费带来的高能耗、高排放、高污染问题难以根治，能源消费结构不节能、不清洁、不低碳，光伏发电、风力发电、生物质发电等新能源消费量尽管在不断提升，但比重还不大，配套电网设施不够完善，新能源产业发展有较大提升空间。与此同时，中国能源消费结构还存在"不安全"问题，能源进口总量占比高，油气对外依存度高达 62.8%。[①] 我国作为富煤、缺油、少气的发展中大国，对煤炭等能源消费的依赖度高，煤炭消费比重大，碳排放强度大，我国在应对气候变化、节能减排和环境污染

[①] 邹才能、何东博、贾成业等：《世界能源转型内涵、路径及其对碳中和的意义》，《石油学报》2021 年第 2 期，第 233~247 页。

治理方面任务艰巨。

在新型城镇化建设与新质生产力发展中，一方面，传统能源结构不够合理制约了新型城镇化建设与发展，需要采用新技术、新模式加快传统能源转型升级，比如提高能源利用效率，减少浪费，同时采用绿色低碳技术、循环经济模式等推动传统能源低碳化开发与利用。另一方面，加快新能源技术创新，以大力开发和发展低碳新能源作为新型城镇化低碳创新驱动的重要突破口。以低碳技术创新为引擎加快绿色低碳新能源的开发与利用，推动能源替代。能源替代是推动节能减排、实现绿色低碳转型发展的关键战略。研究表明，如果将中国的煤炭消费每降低1个百分点，代之以水电或核电，则中国温室气体的排放总量将减少1.14%；用含碳量比较低的天然气或石油替代煤炭，煤炭消费量每降低1个百分点，碳排放量也将分别减少0.46%和0.28%。[1] 加强能源替代意义重大，我国的能源结构长期存在着过度依赖煤炭等传统能源问题，能源结构的优化对能源需求总量影响大。

中国在新能源的开发利用领域发展较快，但还有较大提升空间。中国重点用能行业的许多环节尚存减排空间，是能效提高与绿色低碳发展的重要方向，重点领域节能技术现状如表8-7所示。[2]

表8-7　重点领域节能技术现状

技术类型		技术内容	所处状态	主要应用场所
农业领域	种植业	稻田甲烷减排技术	技术推广;建立专利保护	种植
		农田氧化亚氮减排技术	理论研究阶段	
		农作物秸秆还田固碳、能源化利用技术	传统技术规模化应用	废物利用
	畜牧业	畜禽粪便管理温室气体减排技术	传统技术规模化应用	

---

[1] 李峰、吕业清等：《经济转型与低碳经济崛起》，国家行政学院出版社，2010，第32~33页。
[2] 沙涛、李群、于法稳主编《中国碳中和发展报告（2023）》，社会科学文献出版社，2023，第114~115页。

续表

技术类型			技术内容	所处状态	主要应用场所
农业领域	渔业		零碳排放船舶	小规模示范	捕捞
			渔业综合养殖碳汇技术	小规模示范	养殖
工业领域	钢铁		氢能炼钢技术	技术基础薄弱	钢铁制造
			内部除尘技术	规模化应用	残渣处理
			高炉渣等废料综合利用技术	传统技术规模化应用；需要研发新型综合利用技术	
	水泥		新型干法水泥技术	关键指标达到国际先进水平；规模化应用	水泥制造
			纯低温余热发电技术	技术基础薄弱	残渣处理
	纺织		新型双缸无管路印染技术	关键指标达到国际先进水平；建立专利保护	织物制造
			印染废水分离技术	规模化应用	废水处理
交通领域	汽车		自动驾驶技术	低级自动辅助系统规模化应用；高级自动驾驶系统小规模示范	新能源汽车
		电池储能技术	碱性电池	自主研发；规模化应用	
			燃料电池	需要进一步技术研发	
建筑领域	绿色建材		绿色保温隔热、防水材料	小规模示范；需要进一步技术研发	建造材料
	建筑节能		智能建筑、光储灵活集成、微电网、分布式能源供应	小规模示范；需要进一步技术研发	建筑用能
			热能减排技术	小规模示范	建筑供暖

农业领域碳排放量稳定，但经营方式相对落后，亟待加强农业生产技术创新，提高能效和减排水平。工业、交通、建筑等领域碳锁定效应明显，重点领域碳减排处于由传统技术向低碳化改造的中期阶段，绿色低碳技术推广亟待提速。传统技术在中国钢铁、水泥、纺织等领域已经有一定的应用，但

新型减污降碳节能技术仍然存在成本高、效果不够明显等现象，有关技术有待提升，成本有待降低。氢能炼钢技术对于钢铁行业而言是节能减排的重要技术选择，但受到制氢环节尚未脱碳、储运成本高等的影响，新型减污降碳节能技术的市场竞争力较弱，尚未进行大规模应用。[①]

目前，不少地区或城市的能源消费结构还不够优化，高碳能源消耗带来的碳排放强度大，环境污染非常严重，而绿色低碳新能源比重较低，严重制约了能源结构转型，进而影响经济转变发展方式与"双碳"目标实现。以绿色低碳技术创新驱动新型城镇化建设任重道远。比如，我国许多地区的地热能比较丰富，但并没有得到很好的勘探和开发。不少地区光照时间长，但太阳能的利用还不够广泛，太阳能路灯、太阳能热水器没有广泛使用，风能资源也没有得到更多的开发和使用，农村沼气在郊区也没有全面普及，从整体上看，清洁、低碳的新能源在能源消费结构中的比重较低。

以京津冀地区的新型城镇化建设为例，相对全国其他地区而言，京津冀地区城镇化水平较高，城镇化发展更加成熟。但在传统能源消费方面总量大、碳排放强度大，是全国资源环境与发展矛盾相对尖锐的地区。在能源结构方面，京津冀能源对外依存度较高，主要依靠外部传统能源供应，外输能源保障压力大。能源结构以传统化石能源如煤炭、石油等为主，能源利用方式粗放，清洁高效利用水平较低。[②] 传统能源在京津冀城市群能源结构中的比重依然较高。根据《北京统计年鉴2023》数据，北京能源消费总量呈持续攀升趋势，如表8-8所示，从2010年的6359.49万吨标准煤上升到2019年的7360.32万吨标准煤，达到历史最高点，2020年有所减少，为6762.10万吨标准煤，2021年稍有回升，达到7103.62万吨标准煤，2022年下降为6896.89万吨标准煤。北京煤炭消费占能源消费总量的比重持续下降。

---

① 沙涛、李群、于法稳主编《中国碳中和发展报告（2023）》，社会科学文献出版社，2023，第114~115页。

② 刘晓慧：《优化京津冀能源结构需要综合施策》，《中国矿业报》2017年3月6日。

表 8-8　2010~2022 年北京能源消费总量及构成情况

单位：万吨标准煤，%

年份	能源消费总量	占能源消费总量的比重					
		煤炭	石油	天然气	一次电力	电力净调入(+)、调出(-)量	其他能源
2010	6359.49	29.59	30.94	14.58	0.45	24.35	0.09
2011	6397.30	26.66	32.92	14.02	0.45	25.62	0.33
2012	6564.10	25.22	31.61	17.11	0.42	25.38	0.26
2013	6723.90	23.31	32.19	18.20	0.35	24.99	0.96
2014	6831.23	20.37	32.56	21.09	0.41	24.03	1.54
2015	6802.79	13.05	33.79	29.18	0.40	21.71	1.88
2016	6916.72	9.22	33.14	31.88	0.66	23.37	1.73
2017	7088.33	5.06	34.00	32.00	0.65	26.15	2.14
2018	7269.76	2.77	34.14	34.17	0.61	25.68	2.63
2019	7360.32	1.81	34.55	34.01	0.67	25.79	3.17
2020	6762.10	1.50	29.27	37.16	0.84	26.96	4.26
2021	7103.62	1.44	28.66	36.15	0.90	28.70	4.15
2022	6896.89	1.02	23.06	38.92	0.92	31.73	4.35

资料来源：《北京统计年鉴 2023》。

2022 年北京市煤炭、石油、天然气等三大传统能源消费分别占能源消费总量的 1.02%、23.06%、38.92%，三大传统能源占北京能源消费总量的 63.00%。尽管三大传统能源之和占北京能源消费总量的比重不断下降，并且结构不断向绿色低碳发展，但能源消费结构转型还任重道远，传统能源的高碳排放特征，导致减碳降碳压力依然较大。

如表 8-9 所示，天津能源消耗从 2015 年的 8319.38 万吨标准煤逐渐下降到 2022 年的 8121.77 万吨标准煤，其中工业耗能从 2015 年的 5681.52 万吨标准煤逐渐下降到 2022 年的 4995.43 万吨标准煤，工业能耗占天津市能源消耗的主导地位。

表 8-9 2015~2022 年天津能源消耗基本情况

单位：万吨标准煤，亿千瓦小时

年份	能源消耗	工业领域能源消耗	电力消耗	工业领域电力消耗
2015	8319.38	5681.52	851.13	592.45
2016	8078.28	5359.73	861.60	585.73
2017	7831.72	5033.38	857.00	557.94
2018	7973.29	5111.58	939.23	620.16
2019	8240.70	5304.75	964.30	628.90
2020	8104.60	5199.31	972.76	625.67
2021	8205.69	5120.97	1025.87	650.24
2022	8121.77	4995.43	1057.17	645.35

资料来源：《天津统计年鉴 2023》。

从河北来看，河北省的产业结构偏重钢铁、建材、石化、电力等行业，产业结构不够优化。[①] 近些年来，河北省加快能源结构、产业结构的转型升级，但传统能源、传统产业依然占一定比重。如表 8-10 所示，河北省能源消费总量从 1980 年的 3120.50 万吨标准煤上升到 2022 年的 32538.48 万吨标准煤，其中，煤炭占全省能源消费总量的绝大部分，1980 年煤炭消费量占全省能源消费总量的 85.00%，占比最高为 2000 年的 90.94%，2022 年尽管稍微有降低，但也占到全省能源消费总量的 73.44%，2022 年石油和天然气分别占河北省能源消费总量的 6.61%、8.24%。河北省能源消费偏煤的结构特征决定了河北省在城市化过程中节能减排压力巨大，从源头上减少能耗和碳排放强度任重道远。

表 8-10 1980~2022 年代表性年份河北省能源消费总量及构成

单位：万吨标准煤，%

年份	能源消费总量	占能源消费总量的比重			
		煤炭	石油	天然气	一次电力及其他能源
1980	3120.50	85.00	12.90	1.90	0.20
1990	6124.22	90.34	7.91	1.32	0.43
2000	11195.71	90.94	8.17	0.84	0.05

---

① 刘俊卿、苗正卿：《河北重化工之重》，《中国经济和信息化》2013 年第 19 期，第 42~47 页。

续表

年份	能源消费总量	占能源消费总量的比重			
		煤炭	石油	天然气	一次电力及其他能源
2010	26201.41	89.71	7.75	1.51	1.03
2011	28075.03	89.09	8.12	1.66	1.13
2012	28762.47	88.86	7.48	2.04	1.62
2013	29664.38	88.69	7.22	2.23	1.86
2014	29320.21	88.46	6.98	2.54	2.02
2015	31036.73	88.83	5.99	3.13	2.05
2016	31458.05	87.33	6.23	3.42	3.02
2017	32082.56	86.05	6.14	3.94	3.87
2018	32185.24	83.61	6.47	5.49	4.43
2019	32545.43	81.96	5.86	6.61	5.57
2020	32782.76	80.51	5.67	7.00	6.82
2021	32590.07	76.58	6.63	7.59	9.20
2022	32538.48	73.44	6.61	8.24	11.71

资料来源：《河北统计年鉴2023》。

京津冀地区在推进城镇化过程中，传统能源消费转型滞后，绿色低碳的新能源消费占能源消费总量的比重低，一定程度上制约了京津冀地区的绿色低碳发展。面向绿色低碳的新能源技术创新能力不足，对新能源的开发利用尽管有了一定基础，但新能源占比较低，新能源开发利用的规模、强度、覆盖面等还不够，对太阳能、风能、地热能的开发、应用、推广严重不足，制约了京津冀地区的能源低碳高质量发展与经济社会绿色转型。尽管京津冀三地的低碳产业有一定的基础和规模，但低碳产业链还不够完善，低碳产业比重低、竞争力弱，未能在区域绿色低碳转型中发挥重要的支撑和引领作用。如保定的光伏产业特别是光伏制造业具有一定的规模，但是该地区的光伏产品在北京、天津等周边地区的推广应用依然较少。

四 创新资源整合不力，社会参与创新水平低

从社会环境看，新型城镇化是畅通城市与乡村发展循环的重要战略选

择，是挖掘内需潜力、繁荣国内市场的重要桥梁，是关联技术、生产、生活等要素供给与供需对接的空间载体，是整合社会各方面力量与资源、鼓励各方积极参与创新发展的过程。但在新型城镇化建设与创新驱动发展战略实施中，存在资源整合力度不够，社会参与创新积极性不高等难题。

（一）创新资源的战略整合与辐射带动难

新型城镇化区别于传统城镇化道路，面向绿色低碳转型与创新发展需求，离不开社会各方面的资源整合。部分地区在推进新型城镇化建设中，由于体制机制、观念、技术、规划等多方面因素，难以很好地发挥中心城市或发达地区的辐射带动作用，优质资源过度集聚于中心城市，中心城市形成"虹吸效应"对周边地区优秀人才的吸引，可能导致中心城市的周边地区"大树脚下不长草"。难以充分整合中心城市的创新资源，在创新发展、低碳发展方面缺乏有效的资源整合与利益协调机制，缺乏发达的信息共享与合作互动机制。

（二）近期利益与长远目标之间的统筹协调难

从近期利益考虑，不少地区考虑到 GDP、政绩考评等因素，难以从长远利益出发选择更好、更可持续、更绿色低碳的发展战略。特别是面向经济基础薄弱、技术水平低的地区推动新型城镇化建设，加强低碳创新发展，地方政府、企业需要投入大量的人力、物力和财力，显著增加成本，有可能失去短期的经济增长和竞争优势。资金实力不足或目光短浅的部门或企业，往往难以有意愿和动力开展低碳创新与转型发展。从长远和战略的眼光看，绿色低碳发展是必然趋势和未来竞争优势，也是发展新质生产力、推进新型城镇化建设的必然要求，但让企业增加额外的成本直接面临现实问题，可能在短期内导致企业竞争力下降、投资力下滑以及企业产品改造带来机会成本增加。新型城镇化的低碳创新与绿色转型的过程很痛苦，面临更多的风险和挑战，需要统筹近期利益与长远目标实现、局部利益与全局利益的关系。以超大特大城市为例，超大特大城市的高校和科研院所密集，科技创新资源丰富,但资源分布不够均衡,中心城区与远郊区、城乡接合部等之间的差距较大,在科技创新、产业发展、人口分布、基础设施、公共服务等方面均存在发展不平衡现象,城乡差距较大,直接导致城镇化建设与发展存在利益统筹的困难。中心城区追求经济利益,集聚了大量的科技、信息、教育、医疗、行政等资源,这些资源受到部门利益的限制,难以分散和统筹协调到其他欠发达区域。

(三)局部与全局、城乡之间的统筹协调难

新型城镇化建设面临的较大问题是区域经济发展不平衡、城镇化水平存在差异。中心城区与其他远郊区县、城市与城乡接合部、农村之间存在非均衡发展格局。长期以来,超大特大城市及其城市群基于自身的资源集聚优势,创新资源、基础设施、公共服务等相对丰富和发达,对周边地区以及欠发达的县城、乡村地区的人才等形成了"虹吸效应",导致资源、资本、信息、人才等要素过度集聚在超大特大城市,形成了"大城市病"。而城市周边的郊区、县城、乡村长期以来建设投入少、基础设施不完善、公共服务水平不高、人才流失严重,直接或间接导致这些地区创新不足、发展滞后。"大城市病"与中小城市发展动力不足并存,农民工因户口制度等多方面原因难以在城市扎根落户,城镇化发展水平低、城镇化质量差、农民市民化进程缓慢、城镇化体系不够完善成为当前亟待解决的难题。

以京津冀地区为例,在城镇化体系上存在大城市规模大、中等城市数量少、小城市规模小、特色城市不多等现状,以城带乡、城乡融合的能力较弱。① 如表8-11所示,京津冀三地的城镇化人口从2005年的1286万人、783万人、2582万人分别增长到2022年的1913万人、1160万人、4575万人,其中,河北城镇人口占京津冀比重从2005年的55.5%增长到2022年的59.8%。

---

① 孙世芳:《破解当前城镇体系突出问题》,《经济日报》2022年7月1日。

表 8-11　2005~2022 年代表性年份京津冀三地城镇人口情况比较

单位：万人，%

年份	全国	京津冀	北京	天津	河北	河北城镇人口占京津冀比重
2005	56212	4652	1286	783	2582	55.5
2010	66978	5921	1686	1034	3201	54.1
2011	69927	6121	1745	1079	3297	53.9
2012	72175	6301	1793	1124	3384	53.7
2013	74502	6496	1836	1160	3499	53.9
2014	76738	6672	1878	1180	3614	54.2
2015	79302	6885	1898	1193	3795	55.1
2016	81924	7079	1905	1202	3973	56.1
2017	84343	7216	1908	1178	4130	57.2
2018	86433	7327	1909	1161	4258	58.1
2019	88426	7457	1913	1168	4376	58.7
2020	90220	7574	1916	1175	4483	59.2
2021	91425	7636	1916	1165	4554	59.6
2022	92071	7648	1913	1160	4575	59.8

资料来源：《河北统计年鉴 2023》。

如表 8-12 所示，京津冀三地的城镇化水平存在一定差距，北京、天津两地保持较高的城镇化水平，2022 年分别达到 87.6%、85.1%，高于全国约 20 个百分点。河北尽管 2022 年达到了 61.7%，但依然比全国城镇化平均水平低 3.5 个百分点。河北的城镇化水平还有一定的提升空间，京津冀三地在基础设施、公共服务等方面存在诸多困难。

表 8-12　2005~2022 年代表性年份京津冀三地城镇人口比重情况比较

单位：%

年份	全国	京津冀	北京	天津	河北
2005	43.0	49.3	83.6	75.1	37.7
2010	49.9	56.6	86.0	79.6	44.5

续表

年份	全国	京津冀	北京	天津	河北
2011	51.8	57.8	86.2	80.5	45.6
2012	53.1	58.8	86.3	81.6	46.6
2013	54.5	60.0	86.4	82.3	48.0
2014	55.8	61.1	86.5	82.6	49.4
2015	57.3	62.8	86.7	82.9	51.7
2016	58.8	64.3	86.8	83.3	53.9
2017	60.2	65.5	86.9	83.6	55.7
2018	61.5	66.6	87.1	84.0	57.3
2019	62.7	67.7	87.4	84.3	58.8
2020	63.9	68.6	87.5	84.7	60.1
2021	64.7	69.4	87.5	84.9	61.1
2022	65.2	69.7	87.6	85.1	61.7

资料来源：《河北统计年鉴2023》。

不少地区受资源、地理区位、交通条件等诸多因素影响，城镇化的空间布局不尽合理，推进新型城镇化与区域发展平衡、绿色低碳发展等目标要求有一定的困难。城镇基础设施建设不完善，各地的基本公共服务供给差异大，形成中心城区与周边区域的较大差距。中心城区交通、产业、就业、住房等压力大，而周边区域或远郊区、城乡接合部、农村地区的基础设施和公共服务设施明显落后，对产业和就业人口缺乏吸引力，难以满足新型城镇化建设与低碳发展要求。受多方面因素影响，中心城市的房价高、教育医疗费用高，导致生活成本高、贫富悬殊、社会底层固化等。"市民化"程度严重不足，"半城镇化"问题突出，在马太效应作用下，区域发展差距扩大，贫富悬殊。以北京为例，如表8-13所示，2015~2022年，北京市居民家庭生活情况均得到有效改善。

表 8-13　2015~2022 年北京市居民家庭生活基本情况

项目	2015	2016	2017	2018	2019	2020	2021	2022
全市居民家庭生活基本情况								
人均可支配收入（元）	48458	52530	57230	62361	67756	69434	75002	77415
人均消费支出（元）	33803	35416	37425	39843	43038	38903	43640	42683
居民家庭恩格尔系数（%）	22.4	21.5	20.2	20.2	19.7	21.5	21.3	21.6
人均住房建筑面积（平方米）	33.23	34.02	34.23	34.86	34.52	34.56	35.59	35.85
城镇居民家庭生活基本情况								
人均可支配收入（元）	52859	57275	62406	67990	73849	75602	81518	84023
人均消费支出（元）	36642	38256	40346	42926	46358	41726	46776	45617
居民家庭恩格尔系数（%）	22.1	21.1	19.8	20.0	19.3	21.0	20.8	21.1
人均住房建筑面积（平方米）	31.69	32.38	32.56	33.08	32.54	32.60	33.40	33.63
农村居民家庭生活基本情况								
人均可支配收入（元）	20569	22310	24240	26490	28928	30126	33303	34754
人均消费支出（元）	15811	17329	18810	20195	21881	20913	23574	23745
居民家庭恩格尔系数（%）	27.7	26.9	24.7	23.8	25.3	28.5	28.3	27.4
人均住房建筑面积（平方米）	43.03	44.50	44.89	46.26	47.19	47.08	49.61	50.16

资料来源：《北京统计年鉴 2023》。

如图 8-1 所示，2015 年北京农村居民家庭人均可支配收入比城镇居民家庭少 32290 元，2022 年少 49269 元。2015 年北京农村居民家庭人均消费支出比城镇居民家庭少 20831 元，2022 年少 21872 元。从北京城镇居民家庭人均住房建筑面积看，从 2015 年的 31.69 平方米逐年增加到 2022 年的 33.63 平方米，与农村居民家庭的差距加大，城市房价高、住房紧张是制约城市生活成本的重要因素。此外，超大城市人口多，市民诉求纷繁复杂，公众利益分层明显，社会底层固化及阶层冲突将从隐性转向显性。中心城市因人口等要素高度集聚，容易造成重大传染病等的传播，市民生命健康容易受到威胁，生产、交通、建筑等领域安全事故频发，城市安全治理成本高。

构建以人为核心的新型城镇化，必须破解传统城镇化模式所带来的诸多难题或弊端，坚持"人民城市人民建、人民城市为人民"的基本理念，加

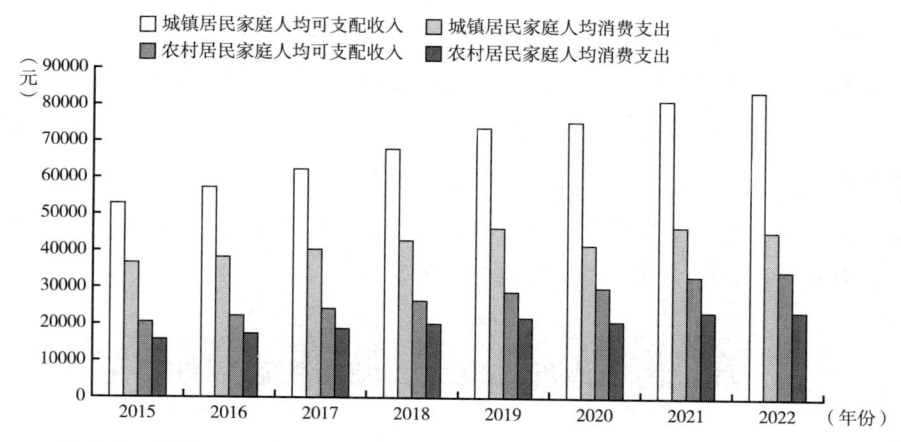

图 8-1　2015~2022 年北京城市与农村居民家庭人均可支配收入和消费支出

快体制机制创新、技术创新，实现资源要素的优化配置，构建更加均衡、绿色、低碳的新型城镇化发展新格局。

（四）社会参与创新动力不足，低碳生活方式转型滞后

社会资本、社会组织、社会公众对创新的重要性以及如何参与低碳创新的认识不到位，参与低碳创新、低碳发展的动力不足，积极性不高，参与渠道和机制还不够完善。许多人认为创新仅仅是企业干的事情，是政府管的事情，同时也缺乏基本的专业知识和技术水平，参与绿色低碳领域的技术创新与产业创新的积极性和主动性不强，缺乏参与低碳创新的平台与机制。实际上，绿色低碳技术创新也是与城镇化建设和发展紧密相关的，与社会公众的个人生产生活紧密相关的。社会组织、社会资本、社会公众等社会力量是低碳创新的重要组成部分，也是低碳技术推广应用、低碳技术市场接受与发展的重要主体，从关键核心技术到普适性技术都需要考虑节能减排、绿色低碳等因素影响。目前，社会各界对绿色低碳技术创新的参与意识薄弱、参与动力不足，严重制约了新型城镇化与低碳创新驱动发展。

社会力量是低碳生活、低碳消费市场的主体。但传统的高碳消费习惯和消费模式严重制约了生活方式转型与低碳创新发展。低碳消费观念、绿色消

费习惯直接引导购买行为,在购买产品中是否选择绿色低碳产品,直接或间接影响绿色低碳产品生产,进而形成利益传导影响企业绿色生产和低碳技术创新行为。高碳消费引导高碳产品生产,低技术、低成本等竞争优势挤压低碳产品的市场空间。不少社会工作对低碳创新、低碳生产、低碳产品不够重视,存在抵制或排斥等消费心理,难以养成绿色低碳生活习惯,也严重制约了新型城镇化的生活方式转变与绿色低碳发展。

五 环境污染治理难度大,城市生态韧性不足

在传统城镇化过程中,存在不少问题与发展困境。一方面,存在人地分离、城乡二元结构问题,土地城镇化快于人口城镇化。不少地区在推进城镇化的进程中更加重视房地产开发,有限的城市土地资源被大量占取、低效利用,建成的许多房子因无人居住而成为"鬼城""空城",与此同时,不少城市外来人口买不起房、融入不了城市社会。[①] 另一方面,城镇化中大量引进高能耗、高污染、高排放型重化工产业,以资源能源高强度消耗和生态环境严重污染为代价,来谋求短期的经济增长与经济繁荣,结果导致生态恶化、环境污染日益严重。我国许多地区在推进城镇化过程中,不重视生态环境保护,甚至为了追求GDP增长目标,忽视了生态环境修复,忽视了绿色低碳发展。中心城市交通、建筑等能源消耗、碳排放强度大,导致环境污染严重、生态恶化、生物多样性减少,城市生态系统脆弱,提升城市生态韧性乏力。生态韧性是指生态系统在遭受外界干扰时,生态系统主动维持、适应以及重构的能力。[②] 以资源能源高强度消耗和生态环境严重污染为代价,谋求城市短期的经济增长与经济繁荣,这会导致生态恶化、环境污染严重、生态韧性缺失。有研究指出,城镇功能的错位

[①] 宣晓伟:《过往城镇化、新型城镇化触发的中央与地方关系调整》,《改革》2013年第5期,第68~73页。

[②] 陶洁怡、董平、陆玉麒:《长三角地区生态韧性时空变化及影响因素分析》,《长江流域资源与环境》2022年第9期,第1975~1987页。

和以破坏环境为代价的城镇化模式可能会导致碳排放强度的增加。① 随着人口集聚和生活消费排放增多，大城市普遍存在垃圾"围城"、绿色消费滞后等难题。垃圾围城成为全球趋势，城市生产生活所产生的垃圾若处理不当，将成为超大城市生态环境治理的重要难题。当前，超大特大城市生活垃圾产量约占全国垃圾总量的35%，年生活垃圾量平均增速为7%，个别城市增速超10%。从城市绿化与生态空间拓展来看，城市交通、建筑、产业、市民生活等空间增多一定程度上挤压了城市自然生态空间，甚至对原有自然生态系统产生强烈的冲击和挤压。这种"多打一"的建设模式，埋下了许多"城市隐患"。②

不少城市依托土地财政，将更多的生态用地、农业用地转变为工业用地或建设用地，导致城市生态空间少，环境承载力严重下降。不少地区的工业生产、矿山开采、大规模建筑物建设导致了区域生态承载力持续下降，高能耗、高排放导致了生态环境污染，环境治理与生态修复成本高、难度大，城镇化的生态空间受到严重挤压，成为新型城镇化建设与创新发展的主要难题之一。城市面临着空气污染、水资源短缺、生物多样性减少等生态环境问题，这些问题不仅破坏了城市自然景观，也削弱了城市生态系统的自我平衡能力，降低了城市生态系统韧性。

以京津冀地区的新型城镇化建设为例，该地区在长期发展过程中，受地形和地理环境等的影响，污染物排放与扩散不利于自我净化。同时，部分地区对生态环境的治理与保护相对滞后或者重视不够，导致了一定时期的大气污染、水土污染等系列问题，造成城市资源能源耗竭和生态环境污染，降低城市资源环境承载力。京津冀地区在城镇化建设中，城镇常住人口持续增多，大量农村和农业用地转化为城市用地，过度开发资源，开垦土地，生态用地减少，制约着新型城镇化的绿色低碳发展。如表8-14所示，从京津冀三地废气中主要污染物排放情况来看，2022年河北的二氧化硫、氮氧化物、

---

① 龚翔、朱万春：《低碳经济环境下物流业网络构建对城镇化发展的影响》，《生态经济》2021年第3期，第101~105页。

② 马彤：《转变城市发展方式推进海绵城市建设》，《城乡建设》2022年第19期，第5页。

颗粒物排放最多。京津冀三地二氧化硫排放量分别为 0.11 万吨、0.65 万吨、14.62 万吨，河北远高于北京和天津。京津冀三地氮氧化物排放量分别为 7.42 万吨、8.84 万吨、75.45 万吨，河北远高于北京和天津。京津冀三地颗粒物排放量分别为 0.41 万吨、0.90 万吨、23.65 万吨，河北依然远高于北京和天津。

表 8-14　2022 年京津冀地区废气中主要污染物排放情况

单位：万吨

地区	二氧化硫	氮氧化物	颗粒物
北京	0.11	7.42	0.41
天津	0.65	8.84	0.90
河北	14.62	75.45	23.65

资料来源：《中国统计年鉴 2023》。

如表 8-15 所示，从 2022 年京津冀三地废水中主要污染物排放情况看，化学需氧量分别达到了 4.45 万吨、15.20 万吨、152.78 万吨，河北最高。此外，对于氨氮、总氮、总磷、石油类、挥发酚等指标，均表现为河北排放量最高。因此，应减少该地区的污染物排放水平，加强能源技术创新，提高能源利用效率和水平，从源头上减少污染物排放，依托低碳技术创新和政策制度创新，加强生态环境污染治理，引导和推动该地区的绿色低碳发展。

表 8-15　2022 年京津冀三地废水中主要污染物排放情况

地区	废水中主要污染物排放量					
	化学需氧量（万吨）	氨氮（万吨）	总氮（万吨）	总磷（万吨）	石油类（吨）	挥发酚（吨）
全国	2577.62	81.86	316.52	34.51	1557.6	45.2
北京	4.45	0.20	0.95	0.04	5.2	0.0
天津	15.20	0.21	1.66	0.16	7.2	0.0
河北	152.78	3.31	12.68	1.47	110.0	5.2

资料来源：《中国统计年鉴 2023》。

从城市绿化与生态空间拓展来看，传统城镇化过程中高能耗、高排放、高污染的产业发展，导致较为严重的资源能源耗竭、环境污染、生态环境恶化、生态空间严重被挤压、城市绿化建设滞后等系列问题，也是制约新型城镇化绿色低碳创新发展的重要难题。不少地区在推进城镇化过程中，人口集聚、城市建筑和交通用地不断扩张，城市绿化发展空间严重不足，绿地总量偏低，难以体现绿色、生态、自然的城市景观。受部门利益驱动，过分重视经济利益而忽视城市在生活、生态、生存等方面的宜居和绿色要求，忽视城市自然景观、清新空气、绿色低碳环境对市民工作、生活、学习的重要性，房子越建越多、越建越高，没有较好的空间规划、集约利用和底线约束，会严重影响城市历史文化和生态环境的维护与保存。

新型城镇化区别于传统城镇化，最为显著的特征在于更加重视环境污染的防控与治理，更加重视生态环境质量的提升与改善，更加重视绿色低碳发展。而环境污染的防控与治理、绿色低碳发展的关键支撑，还是需要面向生态环保、绿色低碳的技术创新与制度创新。加强环境污染防控与治理的相关低碳技术创新、治理政策创新和制度创新尤为迫切，推动新型城镇化的低碳创新驱动发展任务艰巨。

六 本章小结

结合中国新型城镇化、创新驱动发展、绿色低碳发展等工作实际，在有序推进碳达峰碳中和的"双碳"目标背景下，中国新型城镇化低碳创新驱动存在许多难题，主要表现为：低碳创新意识不强，创新政策与机制不够完善；低碳技术创新能力不足，对新型城镇化的引擎作用不凸显；产业和能源结构不够合理，传统城镇化存在"碳污同源"问题；创新资源整合不力，社会参与创新水平低；环境污染治理难度大，城市生态韧性不足。

第九章　新质生产力视域下新型城镇化建设的低碳创新驱动路径选择

习近平总书记在党的二十届三中全会上指出,"城乡融合发展是中国式现代化的必然要求。必须统筹新型工业化、新型城镇化和乡村全面振兴,全面提高城乡规划、建设、治理融合水平""健全推进新型城镇化体制机制,构建产业升级、人口集聚、城镇发展良性互动机制""必须深入实施科教兴国战略、人才强国战略、创新驱动发展战略""健全绿色低碳发展机制"。这些重要论述为深入实施新型城镇化战略,指明了方向,提供了遵循。新征程上持续深入实施新型城镇化战略,实施创新驱动发展战略,培育和发展新质生产力,推动绿色低碳发展,推进美丽中国建设,应加快构建低碳创新驱动模式,选择科学的创新驱动与新质生产力发展路径。在新型城镇化建设中,以低碳创新驱动为重要引擎加快培育和发展新质生产力,应坚持以人民为中心的新型城镇化导向,全面贯彻落实新发展理念,以科技创新引领加强新型要素供给、现代化产业体系建设、新型能源体系建设,持续深化改革进而塑造与新质生产力发展相适应的新型城镇关系。在当前科技创新提速、产业变革深入拓展、碳达峰碳中和稳妥推进的新形势下,全面推进美丽城镇、美丽城市建设,推进以人为核心的新型城镇化建设,应选择科学路径加快低碳创新驱动、培育和发展新质生产力,推动低碳高质量发展。

一 完善低碳创新规划与政策，加快科技创新体制改革

（一）树立低碳创新理念，深刻认识低碳创新驱动的战略意义

思想和理念是行动的指南。习近平总书记强调，"理念是行动的先导，一定的发展实践都是由一定的发展理念来引领的。发展理念是否对头，从根本上决定着发展成效乃至成败"。[①] 思想认识到位，才有行动的积极性和主动性。新质生产力、新型城镇化建设，到底"新"在哪里？首先应该是转变思想理念，体现了创新、协调、绿色、开放、共享等的发展新理念、新思路、新格局。许多地区在推进新型城镇化建设与发展中，限于传统城镇化发展方式的路径依赖与固化僵化思维的约束，难以对低碳创新、绿色低碳发展有更加深刻、更加全面的认识。贯彻新发展理念，其中就包含了创新发展、绿色发展等重要理念，低碳创新理念不是新名词或新概念，而是创新发展与绿色发展的有机结合，推进新型城镇化建设与发展，应选择创新发展与绿色发展的道路，首先在思想理念上，需要具有低碳创新的基本意识或理念，才能指导低碳创新行为及有关规划制定。

树立低碳创新理念，应以"五个转变"为理念指引，强化低碳创新的战略意识和规划统筹。着眼思维转变，提高思想认识，深刻把握新型城镇化发展规律，切实纠正和转变过时、不合理的传统发展理念，推动新型城镇化建设在经济、社会、文化、生态、空间五大领域的全面转型，如图9-1所示。一是从传统粗放经济向现代高质量经济转变，即实现由粗放型经济增长向集约型、创新型、内涵式发展转变，以科技创新引领现代化产业体系建设，大力发展科技密集型、知识密集型、绿色低碳型产业，培育和发展新质生产力，推动传统产业"迭代"、新兴产业"抢滩"、未来产业"占先"。

[①] 习近平：《论把握新发展阶段、贯彻新发展理念、构建新发展格局》，中央文献出版社，2021，第475页。

二是从传统管制型社会向韧性治理型社会转变，即实现从单一主体、全能管控的传统管制模式向以人为本、共建共治的韧性治理型模式转变，彰显多元主体参与、强化危机管理与韧性治理的社会协同效应。三是从文化内涵缺失、千城一面向文化创新引领转变，即实现从文化趋同、千城一面的传统文化发展模式向传承城市历史文化、注重文化创新创意的现代文化发展方式转变。四是从环境污染向绿色低碳、生态宜居转变。五是从"大城市"向"大都市"、城市群转变，即实现从单中心集聚、"摊大饼"式的传统城市发展模式向提升超大特大城市能级和创新力、辐射带动周边发展的城市群协同发展模式转变。以"五个转变"为重要理念和前进方向，提高思想认识，强化顶层设计，将转变发展方式、韧性治理纳入城市总体发展规划、新型城镇化建设战略规划和高位统筹，提升城市韧性治理能力，推动发展方式转变与低碳高质量发展。

```
                    ┌─── 从传统粗放经济向现代高质量经济转变 ───┐
                    │                                          │
     新型            ├─── 从传统管制型社会向韧性治理型社会转变 ─┤
     城镇化          │                                          │
     建设           ─┼─── 从文化内涵缺失、千城一面向文化创新引领转变 ─┤
     理念的          │                                          │
     "五个转变"      ├─── 从环境污染向绿色低碳、生态宜居转变 ──┤
                    │                                          │
                    └─── 从"大城市"向"大都市"、城市群转变 ───┘
```

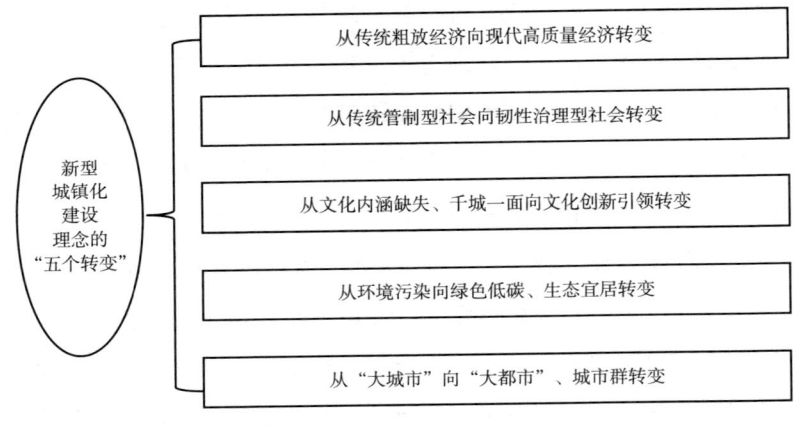

图 9-1　新型城镇化建设理念的"五个转变"

以"五个转变"为指引，加强各级政府、企业、社会组织、社会公众等多主体的低碳创新思想教育和低碳科技知识培训，树立低碳创新理念，持续推进新型城镇化建设与绿色低碳发展。提高对科技创新、绿色低碳发展的重要性的认知，提高对低碳创新、低碳发展的理解度和认同度，进而在实际推进中更加主动自觉。各级政府、企事业单位、社会组织和社会公众均能树立低碳意识、低碳政绩观、低碳创新观、低碳消费观。[①] 这样才有可能打破现有的思维桎梏和制度障碍，构建低碳经济政策保障体系，进而使低碳城镇化建设顺利进行。[②] 在推进新型城镇化建设中，应高度重视低碳创新的本质内涵，深刻认识低碳创新对于发展方式转变、创新驱动发展、绿色低碳发展的重要引擎作用。

（二）构建"双碳"评价指标体系，制定低碳科技创新规划

一是根据新型城镇化的地区差异，加快研究制定适合地方实际的新型城镇化建设碳达峰碳中和评价指标体系。习近平总书记在党的二十大报告中强调，"立足我国能源资源禀赋，坚持先立后破，有计划分步骤实施碳达峰行动"。碳达峰碳中和是一场经济社会系统性变革，是一项复杂工程和长期任务，不可能一蹴而就、毕其功于一役。2024年7月，国务院办公厅发布《加快构建碳排放双控制度体系工作方案》明确提出，将碳排放指标及相关要求纳入国家规划，建立健全地方碳考核、行业碳管控、企业碳管理、项目碳评价、产品碳足迹等政策制度和管理机制，并与全国碳排放权交易市场有效衔接，构建系统完备的碳排放双控制度体系，为实现碳达峰碳中和目标提供有力保障。在新型城镇化建设中，积极稳妥、统筹有序推进碳达峰碳中和工作，既不能搞"碳冲锋"，又不能搞运动式"减碳"，应加快研究构建面向新型城镇化建设的碳达峰碳中和评价指标体系，完善碳达峰碳中和"1+N"政策体系。在新发展阶段，新型城镇化建设面临"双碳"目标要求，应将"双碳"目标纳入新型城镇化建设规划之中，"双碳"既要作为新型城镇化建设的目标要求，也要作为可持续发展的重要契机和转型动力。需要加快研究新型城镇化建设中碳达峰碳中和的具体标准和指标体系，进而指导和推动新型城镇化建设与"双碳"目标实现。各城镇地区因资源禀赋、功能定位、经济社会基础等存在差异，新型城镇化建设应坚持先立后破原则，开展

[①] 陈晓春、蒋道国：《新型城镇化低碳发展的内涵与实现路径》，《学术论坛》2013年第4期，第123~127页。

[②] 弋振立：《中国可持续发展必由之路》，《光明日报》2010年4月25日。

地区能耗、碳排放、空气质量达标等方面的综合评估，完善各城镇温室气体排放相关的数据统计，加快制定各城镇碳排放评价通则，进而有计划、有步骤地制定各城镇碳达峰碳中和的具体目标、实施方案及保障措施，确保实现"双碳"目标的工作不是"口号"，也不是"运动"，而是指导新型城镇化建设与"双碳"目标实现的科学指南，确保新型城镇化建设能在发展中促进低碳转型，在低碳转型中实现高质量发展。

二是加快现代城市规划转型，制定新型城镇化低碳科技创新规划。我国重视能源、气候变化、绿色低碳发展等领域的技术创新，制定了不少发展规划，特别是五年规划。如表9-1所示，① 从"十一五"规划到"十四五"规划，均有对能源及其技术创新的战略规划与部署。根据国家"十四五"规划重点及要求，新型城镇化建设应加快制定低碳科技创新专项规划，对下一代电池、新能源汽车、氢能和燃料电池等进行技术创新规划与空间布局。

表9-1 中国"十一五"至"十四五"规划中的技术发展和关键能源创新重点

时期	一般创新方式	能源创新的关键重点领域
"十一五"规划	加大技术制造力度，促进出口	核能、煤炭、汽车、新材料
"十二五"规划	重视国内市场和制造业创新	太阳能、风能、电动汽车、充电技术
"十三五"规划	在优先技术领域寻求创新	下一代可再生能源、储能、新能源汽车、智能电网、建筑能效
"十四五"规划	保持制造业优势，重视突破性创新	下一代电池，新能源汽车，氢能和燃料电池，先进生物燃料，碳捕集利用与封存，智能数字系统

推进新型城镇化建设，关键是要发挥低碳技术创新的驱动作用，强化规划引领。西方发达国家在推进城镇化建设与发展中，通过制定低碳规划，实施"零排放城市和区域规划"，有效构建空气清新、经济低碳、环境友好的城镇化发展空间。要利用新型城镇化战略实施带来的良好发

---

① 国际能源署：《中国能源体系碳中和路线图》，中信出版社，2024，第266~267页。

展契机，利用新型城镇化所释放的空间活力和发展动力，加快低碳技术创新战略布局。深入实施新型城镇化战略，需要进一步细化和完善相关发展规划，引导新型城镇化的经济社会可持续发展。应重视传统城市规划与现代城市规划的区别与联系，基于绿色低碳发展、创新驱动发展以及实现碳达峰碳中和目标的要求，加快现代城市规划转型，制定和完善低碳创新规划。在规划内容上，传统城市规划注重城市的物质空间增长，过于关注城市产业和经济增长。而现代城市规划则要求面向低碳创新发展，空间规划应向满足社会发展需求、生态环境需求、绿色低碳发展导向的规划创新转型。[1]

传统城镇化的许多规划决策存在失误，缺乏足够的前瞻性或预见性，规划实施不到位，导致城市"摊大饼"、资源能源承载力不足、生态环境恶化等系列城市病问题出现。[2] 应对气候变化，破解高碳排放、环境恶化等城市病问题，推进新型城镇化建设与发展，需要从实现"双碳"目标、绿色低碳发展的战略高度，加强规划转型，制定低碳创新发展规划。新型城镇化建设与发展规划，需要解决经济发展与生态环境之间的矛盾问题，高度重视低碳技术创新、低碳制度创新的重要支撑作用，依托面向绿色、低碳的创新规划，促进新型城镇化的低碳创新发展。

深入推进新型城镇化，有序推进碳达峰碳中和目标实现，应避免以资源、能源、环境为代价的粗放式发展，应选择低碳、创新型的发展道路。立足新发展阶段，贯彻新发展理念，构建新发展格局，推动高质量发展，新型城镇化建设应更加注重以资源能源环境的承载力和城市容量为刚性约束。制定低碳创新、低碳发展的新型城镇化发展规划和实现"双碳"目标的具体方案与技术路线图，推动绿色低碳技术创新与制度创新，加快绿色低碳产业发展，加快布局城市绿色低碳空间，以低碳创新驱动新型城镇化高质量发展。

---

[1] 张洪波、陶春晖、庞春雨等：《全球气候变化影响下的低碳城市规划创新体系》，《四川建筑科学研究》2012年第5期，第302~305页。

[2] 李婷：《宜居城市的要素构架研究》，《城市建设理论》2014年第16期，第587页。

（三）出台低碳创新扶持政策，完善碳排放权交易机制

一是加快制定低碳技术创新的各项鼓励性、引导性政策。在推进新型城镇化建设中，出台鼓励低碳技术创新的相关扶持性政策措施，设立低碳创新基金，构建多元化创新投入机制，强化政策引导，完善创新配套设施和公共服务，推动信息共享，降低低碳创新成本。鼓励性、引导性的创新政策能够发挥技术创新的正外部性，提高技术供给的溢出效应。聚焦绿色低碳关键技术实现新突破，面向国家"双碳"目标和国际碳减排科技发展前沿，聚焦前沿性和颠覆性低碳技术创新，加大对新能源开发、智能电网、二氧化碳捕集与利用、储能等重点技术的研发投入以及政策支持，充分发挥城市绿色低碳技术创新供给溢出效应。[1] 要加快制定鼓励低碳技术创新与应用的有关配套政策，制定低碳技术发展路线图。构建低碳技术创新服务政策体系，推进低碳技术创新战略联盟建设，建设一批具有较强低碳技术推广服务能力的中介服务机构和公共服务平台。

二是加快建立和完善新型城镇化建设碳排放权交易机制。发挥财政、金融、法律等多种手段的综合作用，推动碳减排相关立法工作，建立健全适合地方特点的碳排放权交易机制，碳排放权交易机制为新型城镇化建设提供更好、更加科学的利益补偿。广大县城、乡镇、农村等地区生态碳汇资源丰富，通过发展太阳能、风能、生物质能、地热能等新能源产业，挖掘节能减排潜力，为碳达峰碳中和目标实现提供了重要支撑。因此，有必要通过碳交易平台与相关配套政策，建立新型城镇化的清洁发展、碳金融、生态补偿等长效机制，吸引更多的企业、社会资本参与碳减排、碳交易，进而直接或间接地鼓励更多的企业、社会组织、社会资本参与到低碳科技创新、低碳发展、新型城镇化建设等活动中来。通过碳交易机制，为新型城镇化建设提供更好的路径选择和利益补偿、资金投入机制，进而助推新型城镇化建设与

---

[1] 孙博文、杨霄斐：《绿色低碳技术创新的区域协同路径——基于新熊彼特创新理论的技术供需互动机制视角》，《环境经济研究》2024年第2期，第63~90页。

"双碳"目标实现。

三是完善低碳技术创新的知识产权保护制度。知识产权保护直接关系到新质生产力发展,关系到科技创新能力和经济发展水平提升,制度的完善程度对技术创新具有重要影响。知识产权保护制度既是保护科学技术和文化艺术成果的重要法律制度,也是鼓励和推动技术创新的重要政策工具。[1] 完善知识产权保护法律体系与执法体制,加强关键核心技术、新兴产业领域知识产权法治保障,是培育和发展新质生产力的必然要求。[2] 当今世界正经历百年未有之大变局,各国竞争的核心领域在于科技和人才的竞争,而科技和人才的竞争最终是知识产权的竞争。谁在某技术领域拥有自主知识产权,谁就能在这一领域取得控制权和主导权,知识产权已经成为当今世界最重要的核心资源。知识产权制度及其竞争成为彰显国家综合国力竞争的重要方面。鼓励和引导科技创新,必须制定更加公平的竞争制度体系,营造公平竞争、自主创新的生态环境。知识产权保护制度的本质是鼓励建立在技术创新基础上的公平竞争。因此,加快构建面向全球科技竞争的知识产权强国,应考虑新技术、新形势带来的种种变化,特别是面向节能减排、绿色低碳的技术创新,及时调整不适配的创新政策和法规,不断完善知识产权保护制度,持续营造尊重和保护知识产权的生态环境。

(四)深化科技体制改革,打通束缚新质生产力发展的堵点卡点

习近平总书记指出,"发展新质生产力,必须进一步全面深化改革,形成与之相适应的新型生产关系"。发展新质生产力,必须深化经济体制、科技体制改革,构建与新质生产力相适应的体制机制,并在此基础上,为形成新型生产关系创造条件。[3] 发展新质生产力,必须进一步深化改革,破除束

---

[1] 盛辉:《知识产权保护制度与企业技术创新》,《技术经济与管理研究》2008年第4期,第29~32页。
[2] 马一德、韩天舒:《对标新质生产力要求,完善知识产权治理体系》,《前线》2024年第5期,第36~39页。
[3] 姜长青:《统筹推进首都新质生产力发展高地建设》,《前线》2024年第5期,第48~51页。

缚生产力质变的制度藩篱，鼓励有利于生产力质变的制度创新，加强管理和制度层面的创新，形成与之相适应的新型生产关系，科技体制改革是其中的重要一环。① 要深化经济体制、科技体制改革，着力打通束缚新质生产力发展的堵点卡点，建立高标准市场体系，创新生产要素配置方式，让各类先进优质生产要素向发展新质生产力顺畅流动。实施创新驱动发展战略是一项系统工程，要加快科技体制改革步伐。② 梳理科技创新各个领域、各个环节、各个层次的体制机制障碍，减少行政审批，减少制度障碍，依托体制机制改革，释放科技创新驱动的"制度红利"与"创新红利"，减少和消除各种阻碍科技创新的强势利益集团和垄断行业设置的"壁垒"与"障碍"。

一是深化新型城镇化建设的科技体制改革。习近平总书记指出，"城市管理中的一些问题，主要原因在于体制机制不顺，因此必须通过深化改革来解决"。③ 深入推进新型城镇化建设与创新驱动发展战略，一方面，应加强科技体制改革宏观统筹，强化战略规划、政策制定、环境营造、公共服务、监督评估和重大任务实施等职能，增强科技政策与其他政策的衔接性、协同性、一致性。④ 另一方面，面向新质生产力发展，应消除新型城镇化建设的科技创新体制机制障碍，加快构建符合新技术发展规律的科技创新体制机制。比如，研究新型城镇化建设中如何适应大数据、人工智能、云计算、生物科技、新能源等新兴前沿科技创新与发展的要求；加快制定鼓励和支持新兴技术创新发展的有关制度和政策；强化知识产权保护，保障中小企业作为科技创新主体在新技术的研发、成果转化与产业应用中的合法权益，提高其创新收益的可确定性，以完善的科技制度防范创新风险。又如，研究新型城镇化建设中如何深化科技评价制度改革，促进科技成果转移转化和产学研用更好融合，加快构建有利于关键核心技术攻关和颠覆性技术创新的体制机

---

① 刘庆：《深化科技体制改革 推动新质生产力发展》，《群众》2024年第8期，第45~46页。
② 《习近平：实施创新驱动不能等待观望懈怠》，http://news.163.com/13/1001/15/9A44EEN300014JB5.html，2023年11月10日。
③ 习近平：《论坚持全面深化改革》，中央文献出版社，2018，第226页。
④ 张明喜：《全面深化科技体制改革实现高水平科技自立自强》，《科学管理研究》2023年第3期，第54~60页。

制等。

二是发挥新型城镇化建设的新型举国体制优势。科技创新的资本投入大、周期长、风险高，收益的不确定性大，新型城镇化建设作为国家重大战略，需要更好地发挥新型举国体制优势，从国家层面加快制定适应新型城镇化建设的科技政策与治理制度，在"0到1"的核心技术攻关时期更好发挥政府作用，通过直接投资、设立专项资金或引导基金等为原始技术研发提供资金支持；在"1到N"的发展阶段，吸引超大特大城市的科技成果到中小城镇转化和落地见效，通过税收优惠、贷款贴息等方式，鼓励引导社会资本加大投入，切实提高科技成果转化效率。要加强对各类科技资源的分类指导和统筹协调，推动中央和地方、部门和行业、中心城区与周边地区、远郊区县和乡镇等的创新协同与机制联动。整合新型城镇化建设中各方面创新资源要素，构建利益共赢、发展共享的长效机制，鼓励以社会资本参与、多元化发展、创新驱动为基本理念，促进科技创新体制机制改革与创新。改革和优化新型城镇化建设中的创新资源配置方式，打通各种堵点卡点；鼓励资源要素自由流动，释放科技创新与科技改革活力；增强低碳科技协同创新效应和低碳技术溢出效应，推动新型城镇化低碳高质量发展。

三是加快构建面向新型城镇化的低碳创新体系。构建低碳创新驱动模式，目的在于建立新型城镇化的低碳创新体系。区别超大特大城市和中心城市具有高校云集、科研院所密集等资源集聚优势，城乡接合部、远郊区县、乡镇等地区在推进新型城镇化建设中，面临的最大难题是创新资源少，创新能力不足。新征程上的新型城镇化建设，需要加快吸引和集聚更多的创新资源与创新要素，构建面向新型城镇化建设与绿色低碳高质量发展的低碳创新体系。深入推进新型城镇化建设，要打破行业垄断、打破国企壁垒、打破所有制限制，推动产学研用协同，加快构建面向绿色低碳发展、培育新质生产力、以市场为主导的低碳技术创新体系。要鼓励国有资本、私人资本的多元化合作与融资，构建不同所有制、不同资本组合、不同运营模式融合的低碳创新体制机制，整合多方面的资源与力量，提高低碳科技协同创新活力，推动新型城镇化的低碳创新与高质量发展。

二 破解"卡脖子"技术难题，培育和发展绿色新质生产力

新型城镇化建设需要依靠创新驱动和技术支撑。新质生产力以技术创新为本质特征和基本要求。习近平总书记在主持二十届中共中央政治局第十一次集体学习时指出，"绿色发展是高质量发展的底色，新质生产力本身就是绿色生产力"。习近平总书记的重要论述，深刻阐明了新质生产力与绿色生产力的内在联系，为加快城市发展方式绿色转型、以新质生产力赋能城市高质量发展提供了科学指引。培育和发展新质生产力，必须加快绿色科技创新和先进绿色技术推广应用。[①] 在美丽中国建设、实现碳达峰碳中和目标背景下，深入推进新型城镇化建设，要破解"卡脖子"技术难题，加快绿色低碳等领域关键技术攻关，以低碳科技创新发展绿色生产力，以低碳科技创新加快培育和发展绿色新质生产力。充分发挥创新驱动的引擎作用，并将新型城镇化所覆盖的空间或区域作为技术创新的主阵地、试验田和战略实施高地，引入高校、科研院所以及科技创新型企业建立低碳研发中心或低碳创新基地。围绕节能减排、绿色低碳、生态环保等领域开展低碳科技创新研究，破解"卡脖子"技术难题，不断提升低碳技术创新能力，为新型城镇化低碳创新驱动与高质量发展提供强大的技术支撑。

（一）加强低碳技术创新，推动新质生产力战略布局

利用新型城镇化的战略契机以及转型发展中释放的区位优势、空间活力，加快新质生产力的战略布局。充分发挥新型城镇化所覆盖的城乡接合部、远郊区县、乡镇等地区，这些地区土地成本相对较低，具有新质生产力战略布局的比较优势和增长潜力，应推动这些区域实施低碳科技创新工程，

[①] 张新宁：《新质生产力本身就是绿色生产力——不断厚植高质量发展的底色》，《人民日报》（理论版）2024年4月11日。

加快布局低碳技术创新基地，加强相关脱碳、零碳、负排放技术发展的全局性战略部署。比如，聚焦光伏技术、先进储能技术、风能技术、先进地热技术、生物质能技术、碳捕集和地质封存技术等领域，融合数字经济、新一代信息技术，加快新质生产力的战略布局和创新突破。在新型城镇化建设与发展中，要重视和加快推进颠覆性技术创新，促进低碳技术创新理论与实践相结合。加快低碳产业链关键核心技术攻关，实现关键技术自主可控，加快制定面向碳达峰碳中和目标实现的创新驱动实施方案。

重点围绕被"卡脖子"技术领域，利用新型城镇化建设所覆盖的城乡接合部、远郊区县、乡镇等地区空间，有目标、有计划地布局新的低碳技术研究机构或低碳技术创新基地，并利用新机构、新模式、新机制集中攻克被"卡脖子"的关键性技术，不断推动新型城镇化的低碳创新发展。以数字化、智能化、绿色化、融合化为标志的新一轮技术革命，催生了一系列新技术、新产业、新模式，必将对全球城市化发展产生深刻影响，也为中国特色新型城镇化建设与创新发展带来良好发展契机。新发展阶段，实现新型城镇化的低碳创新驱动发展，要利用新一轮技术革命和高质量发展的良好契机，加强低碳知识、低碳理论、低碳科技等基础研究，为低碳技术创新建立理论基础。新型城镇化建设要注重低碳技术要素创新与新质生产力转化，创新并提升生产技术、能源技术，优化生产流程，打造低碳经济新增长极，力争经济发展与碳排放的强脱钩转型。[①] 立足新型城镇化建设的实际情况、空间区位特征、资源能源禀赋，加快构建低碳技术创新战略联盟，搭建支撑低碳产业发展的高端技术研发平台，引进培育低碳技术攻关团队，在主导产业和战略性新兴产业相关领域开展关键技术攻关研究，重点引进国外先进低碳技术，建成一批低碳技术产业化基地。

要提升新型城镇化建设的新型基础设施、装备条件、科研经费等方面的经费投入力度。重视面向绿色低碳技术创新、新质生产力发展的新型基础设

[①] 曾鹏、刘锦洋：《京津冀县域新型城镇化与低碳发展时空耦合及规划响应》，《小城镇建设》2022年第9期，第70~78页。

施建设，数据基础设施建设尤为关键。针对新型城镇化建设中特别是许多欠发达地区、广大乡村地区的数据资源不够发达，数据、信息等要素流动障碍多，"数字鸿沟""信息鸿沟"普遍存在等问题，应重点加强新型城镇化建设的数据等新型基础设施建设，推动数据在智能制造、商贸流通、交通物流、金融服务、医疗健康等重点领域的应用。推动新质生产力的战略布局，面向新型城镇化建设，加强场景需求牵引，打通流通障碍、提升供给质量，推动数据要素与其他要素结合，催生新产业、新业态、新模式、新应用、新治理，促进我国数据基础资源优势转化为经济发展新优势。[①] 大学和科研院所应以新型城镇化建设为重要应用场域和服务对象，发挥自身人才、科技等创新资源要素集聚优势，积极参与低碳技术创新，积极参与新型基础设施建设，推动关键核心低碳技术攻关与产业应用，助力新型城镇化的低碳创新发展。

（二）增强创新主体地位，发展企业新质生产力与提升低碳竞争力

习近平总书记指出，"强化企业创新主体地位，构建上下游紧密合作的创新联合体，促进产学研融通创新，加快科技成果向现实生产力转化"。企业作为经营主体，是科技创新活动的主要组织者和参与者，也是发展新质生产力的重要支撑。企业作为市场的行为主体和市场机制的作用对象，是创新知识生产和成果转化的中心，对生产力的更新换代发挥着主力军作用，对发展新质生产力、推动高质量发展发挥着重要的战略支撑作用。新型城镇化建设离不开企业的创新主体地位夯实与技术创新能力提升。企业缺乏技术创新能力，必然难以推动城镇化建设，也难以在激烈的市场竞争中立足。当前，不少地区或城乡区域在推动新型城镇化建设中乏力，企业的创新主体地位没有充分发挥，大多数企业主要是技术复制、技术模仿和简单生产再加工，缺乏一定的自主创新能力，在激烈的全球科技竞争中缺乏话语权。新质生产力是新质

---

① 盛朝迅：《新质生产力的形成条件与培育路径》，《经济纵横》2024 年第 2 期，第 31~40 页。

劳动者、劳动资料、劳动对象及新质生产要素的组合，是高水平的现代化生产力，是实现高质量发展和中国式现代化的重要物质技术基础。面向绿色低碳科技创新，需要进一步提高企业的创新主体地位，不断增强企业科技创新能力，培育和形成新质生产力，提升企业绿色低碳发展的核心竞争力。

一是推动企业关键性技术攻关，破解"卡脖子"技术难题。我国高度重视夯实和提高企业的创新主体地位。"十四五"以来，企业研发经费投入占全社会的比重超过77%，企业创新主体地位进一步稳固。截至2023年底，我国国内拥有有效发明专利的企业达42.7万家，较2022年增加7.2万家。国内企业拥有有效发明专利290.9万件，占国内发明专利点数的比重增至71.2%，首次超过七成，创新实力进一步凸显。[①] 当前，我国在绿色低碳等重要领域技术的对外依赖度高，基础理论、材料、工艺、设备和器件等持续累积不够。迫切需要企业加强关键核心技术攻坚，进一步完善"揭榜挂帅"制度机制，吸引企业参与低碳技术研发，破解绿色低碳等领域的技术被"卡脖子"难题，以低碳技术创新驱动新质生产力发展，进而不断增强企业在全球低碳产业链中的核心竞争力，推动新型城镇化建设的高质量发展。

二是强化企业创新主体地位，构建产业链上下游深度融合机制。党的二十届三中全会指出，强化企业科技创新主体地位，建立培育壮大科技领军企业机制，加强企业主导的产学研深度融合，建立企业研发准备金制度，支持企业主动牵头或参与国家科技攻关任务。强化企业科技创新主体地位，需要整合各方面的创新资源与力量，需要政府、企业、科研院所、金融机构、社会组织、中介服务机构等共同参与，形成协同创新共同体。面向新型城镇化建设与低碳技术创新，发挥科技型骨干企业在市场需求、集成创新、组织平台等的优势和引领支撑作用，牵头组建体系化、任务型的低碳创新联合体，培育具有产业生态主导力的低碳"链主"企业，加快构建企业为主导的产业链上下游深度融合机制，强化企业低碳科技成果转化的主体地位，构建健

---

① 《中国国内企业拥有有效发明专利290.9万件 占比首超七成》，https://baijiahao.baidu.com/s? id=17882392106216650890，2024年1月16日。

全产学研成果对接和产业化机制，加速推动高校、科研院所等产生的低碳科技成果在企业转化并实现产业化。特别是积极响应绿色低碳产品市场的需求，围绕重要产业链开展关键核心技术攻关，围绕未来产业加大高精尖技术和前沿技术开发，选择低碳、节能的技术和产品进行协同创新与联合攻关，推动产学研用深度融合，构建产业链上下游协同创新机制，推动新质生产力发展与低碳创新竞争力提升。

三是增加企业低碳技术创新投入，推动科技创新与产业创新融合。一方面，鼓励企业、政府部门加大低碳技术创新投入，鼓励企业承担国家重大科技专项、重点研发计划、自然科学基金等重大科技项目和关键产品攻关，把产业体系和创新体系更好地融合起来，从制度上落实企业科技创新主体地位，鼓励企业加大创新投入。另一方面，激发数据、技术等要素价值，推进科技、金融与产业融合发展，多资本、多渠道、多方式鼓励和推动各类科技型创新创业，特别是要吸引更多的社会资本参与绿色低碳科技创新，参与新型城镇化建设战略实施。比如，充分发挥技术创新基金、中小企业发展专项资金、创新券等对科技型中小企业发展的促进作用，建立合理的利益分配、股权分红等机制，增强创新投入的收益回报稳定性和确定性，吸引社会资本、金融机构、社会组织等积极参与低碳技术创新投入，发展低碳创新型企业，加快培育和发展新质生产力，提升企业国际低碳科技竞争力。

（三）推动成果转化与产学研用协同发展，打造新质生产力发展新增长点

借助新型城镇化建设契机，加快推动低碳科技成果转化、产业应用与产学研用协同发展，加快打造和培育新质生产力发展新增长点。

一是出台和优化科技成果转化扶持政策，加大对绿色低碳科技成果转化的资金投入，鼓励和支持新型城镇化建设中的大、中、小企业建设高水平低碳技术研发中心与低碳科技孵化器，争取将低碳科技成果转化为行业标准，提高低碳技术研发、产品创新、利用和转化科技成果的能力，推动各类科技成果有效转化和落地应用。

二是出台和优化产学研用协同发展的合作创新政策,引导企业树立绿色、低碳、开放、合作的创新理念,在低碳科技创新过程中不断重视合作,积极促进产学研用协同发展,推动低碳科技成果的转化应用。面向绿色低碳技术创新、战略性新兴产业、未来产业等的发展,构建企业与高校、科研院所合作的交叉学科研究平台与协同创新基础平台,鼓励企业与高校或科研院所合作攻关,强化新型城镇化建设的"教育—科技—人才—产业—政策"高水平互动与循环发展,推动绿色低碳科技创新及其成果应用,实现低碳技术产业化、规模化应用,增强产业链韧性和弹性。

三是深入落实高新技术企业认定等税收优惠政策,鼓励科研院所向企业转移低碳科研成果,支持科研院所在新型城镇化建设所涉及的城乡接合部、远郊区县、乡镇等地区建立研究分院、分中心、分基地,创办有特色的低碳科技型企业,发展各类新型源头技术创新机构和新型研发组织,为新型城镇化建设的新质生产力发展提供科技支撑。比如,在太阳能、风能、生物质能、地热能等新能源领域和储能技术领域,加快构建面向低碳技术创新的产学研协同创新平台,推动新能源技术、储能技术等在新型城镇化建设中的转化与应用,打造新型城镇化的新能源技术、储能技术创新策源地。

四是以绿色低碳科技创新推动低碳产业创新深度融合。加快发展新质生产力,推进现代化低碳产业体系建设,不断塑造新型城镇化发展新动能。要以低碳科技成果转化、产学研用协同发展为重要支撑,低碳科技创新与低碳产业创新深度融合、提高全要素生产率是生产力变革、发展新质生产力的重要表现形式,是构建现代化低碳产业体系、培育低碳经济新增长点的重要引擎。党的二十大报告提出,要推动战略性新兴产业融合集群发展,推动现代服务业同先进制造业、现代农业深度融合,促进数字经济和实体经济深度融合。推动新型城镇化建设的低碳创新驱动发展,必须以低碳科技创新为重要驱动力和创新引擎,充分利用新型城镇化的空间优势、区位优势、自然资源禀赋优势等,更好激发新型城镇化的绿色创新发展活力、重塑产业形态、优化产业结构、创新产业模式,推进产业智能化、数字化、低碳化、融合化、创新化,加快构建现代化低碳产业体系。关键在于推动低碳科技创新与低碳产业创新深度融合，推动低碳新兴产业与传统高碳产业深度融合，推动数字经济、低碳经济与实体经济深度融合"三个"融合，不断夯实新质生产力发展的低碳产业基础，加快培育和打造新型城镇化发展新动能、新赛道、新增长点。

第一，推动低碳科技创新与低碳产业创新深度融合。新质生产力是由技术革命性突破、生产要素创新性配置、产业深度转型升级而催生的。推动新型城镇化建设、发展新质生产力必然要告别传统技术体系、摆脱传统增长路径、符合绿色低碳高质量发展要求，推动科技创新与产业创新深度融合，使更多的科技创新更好地面向产业、面向市场、面向需求，特别是以绿色低碳科技创新驱动绿色低碳产业创新发展，提升新型城镇化的产业发展质量和效益，加快形成绿色生产力。

第二，推动低碳新兴产业与传统高碳产业深度融合。基于历史逻辑，传统高碳产业从无到有为推动我国工业化、城镇化发展作出了历史性贡献，积累了一定的工业基础和物质财富。但面向新时代节能减排、绿色低碳发展需求，传统高碳产业并不是一定要在短时期内淘汰，而应给予一定的时间周期进行转型升级，新质生产力并不是不要传统产业，而是应将新质生产力更好地与传统产业转型升级紧密结合，特别是采用绿色低碳技术对传统高碳产业进行改造升级，推动低碳新兴产业发展与传统高碳产业转型升级进行耦合协同。比如，大力开发利用新能源，从源头上加强传统高碳产业的节能减排，推动传统高碳产业更多更好地开发利用新能源，将传统能源消费型产业转化为现代低碳能源型产业，同时在研发设计、生产制造、销售服务等各个环节充分利用绿色低碳新兴技术，优化生产流程，强化绿色智能制造，使传统产业不再高能耗、高排放、高污染，而是依托绿色低碳技术创新华丽转身为现代绿色低碳产业，不仅能强化传统产业"压舱石""稳定器"的战略作用，也能重塑传统产业发展新动能、新赛道。

第三，推动数字经济、低碳经济和实体经济深度融合。推动数字经济、低碳经济与实体经济融合，能够打破传统产业的边界和局限，催生新的生产方式和商业模式，为新型城镇化建设、新质生产力发展提供更广阔、更智能、更低碳的市场空间，提升低碳经济竞争力。数字经济本身也是绿色低碳经济、高科技经济，依托人工智能、物联网、云计算等新一代信息技术，推动新型城镇化建设中的产业数字化、数字产业化。

依托数字化、智能化技术的深度嵌入推动数实融合。对传统产业的生产技术和生产方式进行全方位、全链条、全过程的数字化、智能化改造，优化流程、降低成本、减少排放，推动传统产业数字化智能化转型升级，形成新的生产力格局。推动数实深度融合，要加快建设和健全数字基础设施，数据中心、算力中心等新型基础设施建设是新型城镇化建设、新质生产力发展的基础条件。要加大对工业互联网、算力基础设施、大数据中心等新型基础设施的支持力度，为新型城镇化数字经济发展提供坚实的技术支撑，促进实体经济转型升级。针对新型城镇化建设中数字等现代基础设施建设存在的区域发展不平衡、资金投入不足、配套设施建设滞后等难题，要加大面向数字等现代基础设施建设规划与投入，加快建设区域数字基础设施一体化发展机制，完善区域数字合作共享机制，发展工业互联网，打造低成本、高适配性的数字技术平台，赋能新型城镇化低碳创新驱动与高质量发展。

推动低碳经济和实体经济的融合。在发展新质生产力过程中，绿色低碳经济发展既是要求，更是机遇和方向。实体经济的复苏、振兴与可持续发展，必须面向绿色低碳发展要求，采取绿色低碳循环经济发展模式，加强绿色低碳改造，比如利用低碳新能源技术充分开发利用新能源，降低实体经济的碳排放强度，实现低碳高质量发展。同时也利用新能源技术创新、新一代新型技术创新成果，积极参与到节能减排、清洁发展、碳交易等过程中来，充分享受绿色低碳发展带来的红利，提升实体经济的低碳经济竞争力。以低碳经济与实体经济融合加快构建绿色低碳、耦合共生的现代化产业生态系统，增强新型城镇化的新质生产力发展新动能，也助力碳达峰碳中和"双碳"目标实现，推动人与自然和谐共生的现代化建设。

（四）加快低碳技术人才培养，形成与新质生产力相适应的人才结构

党的二十届三中全会公报指出，深化人才发展体制机制改革。实施更加积极、更加开放、更加有效的人才政策，完善人才自主培养机制，加快建设国家高水平人才高地和吸引集聚人才平台。新质生产力的培育与发展，离不开与新质生产力相适应、相匹配的高素质人才培养与建设。人才是生产力的重要主体，发展新质生产力需要高水平的创新人才和高素质的新型劳动者。相较于传统生产力，新质生产力是由技术革命性突破、生产要素创新性配置、产业深度转型升级而催生的当代先进生产力。高精尖的重大科技创新，特别是颠覆性技术和前沿技术的重大科技突破是新质生产力的主要特点和发展基点。技术革命、技术创新、科技突破离不开战略科学家、开展基础研究和解决关键核心技术的科技领军人才、应用新型科技成果的技能人才以及大量的区别传统简单代加工的高素质、专业化的新型劳动者。新质生产力的高科技质态离不开知识密集的劳动者，生产要素的创新性配置离不开锐意创新、敢为人先的劳动者。在新型城镇化建设与低碳创新驱动发展中，离不开低碳技术创新人才、低碳管理人才的发展，需要以高技术的创新人才、高素质劳动者塑造新型生产关系，激发新质生产力的新动能，进而推动新型城镇化建设。

一是要加快低碳技术人才的引进与培养。教育、科技、人才是中国式现代化的基础性、战略性支撑。深入实施新型城镇化建设与创新驱动发展战略，要重视低碳技术人才、低碳管理人才等要素的集聚作用。要推动低碳创新教育、低碳科技创新、低碳人才培养一体化发展，实施更加积极、更加开放、更加有效的低碳创新人才发展政策，完善人才自主培养机制，创新和优化引才聚才机制，加快建设国家高水平低碳创新人才高地和吸引集聚人才平台，为新型城镇化建设提供基础性、战略性支撑。一方面，应加大新型城镇化建设的低碳科技创新人才培养，构筑人才"蓄水池"。面向新型城镇化建设新需求，优化学科专业布局，加快培养和储备一批适应新时代绿色低碳高质量发展需求的高水平创新型、复合型人才。另一方面，应深入推进职业教育，鼓励企业与高校、科研院所合作，建立产学研相结合的人才培养机制，加快高技能人才培育，完善以公共实训基地为平台的市场化运作的岗前培训机制。采取更加有吸引力的优惠政策和人才保障机制，加大高层次人才引进。比如，制定合适的人才引进政策，建立人才职称互认、家属就业、子女

第九章　新质生产力视域下新型城镇化建设的低碳创新驱动路径选择

入学、医疗服务等系列的人才保障制度，提供便利的科研环境和人才发展环境，吸引国内外优秀人才投身新质生产力发展和现代化产业体系建设，助力新型城镇化地区的各类企业吸引和留住高层次、高技术优秀人才。在新型城镇化建设过程中，需要加大适应新质生产力发展和科技创新的新型劳动者的引入、专业化人才培养，特别是要吸引或引入超大特大城市的高学历、高素质、应用型的创新人才进入城乡接合部、远郊区县、乡镇等地区进行创新发展，推动新型城镇化建设与绿色低碳高质量发展。

二是面向新型城镇化建设、绿色低碳发展的实际需要，加快建设具有中国特色的工程师培养体系。培养大批德才兼备的卓越工程师，关乎国家和民族发展大计。2024年1月，"国家工程师奖"评选表彰之际，习近平总书记强调，"面向未来，要进一步加大工程技术人才自主培养力度，不断提高工程师的社会地位，为他们成才建功创造条件，营造见贤思齐、埋头苦干、攻坚克难、创新争先的浓厚氛围，加快建设规模宏大的卓越工程师队伍"。自主培养卓越工程师是加快发展新质生产力的先决条件。卓越工程师致力于关键核心技术攻坚，具有高远的价值追求、突出的技术创新能力和工程实践能力，是与发展新质生产力要求相适应的战略人才力量。[1] 在新型城镇化建设所涉及的城乡接合部、远郊区县、乡镇等地区与大学合作共建卓越工程师学院，依托各卓越工程师学院等办学载体，形成系统性、常态化的校企协同育人格局，通过体系重构带动要素重建、流程再造和能力重塑，构建资源共享网络、交流合作平台、质量保障体系。聚焦新型城镇化建设的各类资源统筹，用好校企优势人才培养资源，探索和完善校企联合培养机制，推动卓越工程师培养工作不断出人才、出机制、出成果。[2] 推动实现产教融合培养新时代卓越工程师的战略部署，把大学的一流实验室设在企业中，让企业的顶尖平台建在大学校园里，打造类企业级的工程师技术中心。发扬工匠精神和创新精神，提高人才的技术创新能力。完善青年创新人才发现、选拔、培养机制，更好地

---

[1] 王云鹏：《构建中国特色卓越工程师自主培养体系》，《中国高等教育》2024年第10期，第24~27页。
[2] 江宇辉：《加快培养新时代卓越工程师》，《学习时报》2024年6月21日。

保障青年科技人员待遇。加强应用型人才培养和水平提升,构建高校和企业联合培养复合型人才机制,打造与新质生产力发展相匹配的新型人才梯队。

三 推动产业转型与提升韧性,构建现代化低碳产业体系

在产业维度,要以低碳技术创新推动产业创新,加快传统产业转型升级,提升产业体系韧性,大力发展绿色低碳产业,构建现代化低碳产业体系。如图9-2所示,从产业创新的驱动力、产业结构的高端化、产业集聚的向心力三个方面发力,让城市产业在应对风险挑战中保持定力、彰显韧性。优化中心城市及周边区域产业分工和生产力布局,推动应用场景和技术项目合作,以创新链带动产业链,共建上下游衔接的产业链和供应链体系。①抓住新一轮科技革命和产业变革机遇,以提升中心城区产业引领力、

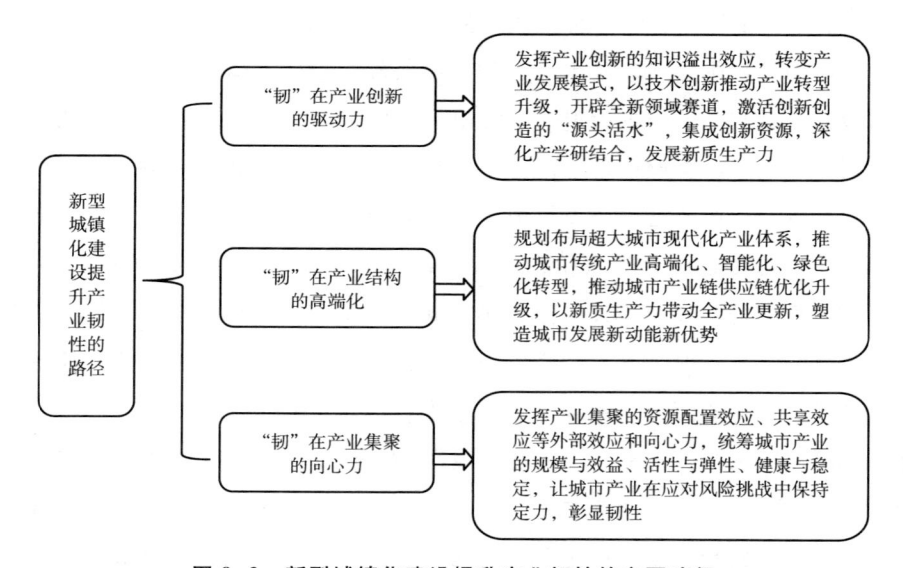

图 9-2 新型城镇化建设提升产业韧性的主要路径

---

① 贺勇:《加快建设现代化首都都市圈推动协同发展取得新成效》,《人民日报》2023年3月27日。

增强周边区域辐射带动力为主攻方向,加快发展方式转变,健全提升产业链供应链韧性和安全水平制度,推动新型城镇化建设中的低碳创新链、低碳产业链、低碳供应链融合发展。

(一)以低碳技术创新推动传统产业转型升级

新质生产力与传统产业并不是相互对立的矛盾体,而是紧密关联的发展共同体。习近平总书记明确指出,"发展新质生产力不是要忽视、放弃传统产业,要防止一哄而上、泡沫化,也不要搞一种模式"。要统筹推进科技创新和产业创新,加强科技成果转化应用,推动传统产业转型升级,发展战略性新兴产业,布局建设未来产业,加快建设现代化产业体系。支持企业用数智技术、绿色技术改造提升传统产业。传统产业是生产力发展的重要载体和基础条件,任何时代、任何发展阶段都存在传统产业,没有传统产业也就无所谓新兴产业。与此同时,传统产业是现代产业发展的重要基石和关键保障,传统产业经过新技术融入、转型优化、改造提升,可以变成现代高科技产业。许多新兴产业所需要的各种资源要素以及产业发展基础均是来自传统产业的多年积累和发展。传统产业不能简单等同于低端产业。有的传统产业已经形成一定的规模优势和市场发展空间,但在能耗、碳排放等方面强度大,应依托绿色低碳技术创新驱动,进一步发展新技术、新能源、新产业,培育和发展新质生产力,提高能源替代、节能减排与流程再造,传统产业的转型升级将为新型城镇化建设带来更加稳定、安全、高质量的发展机会。

一是以低碳技术创新赋能传统产业转型升级。随着工业化、信息化、城镇化的不断推进,传统产业发展模式不再适应新形势、新市场需求。传统产业往往以资源能源消耗、环境污染为代价获得微薄利润,以传统能源、传统重化工产业为主导,技术水平不高、节能减排能力不强,因而不能适应绿色低碳发展要求。要加强绿色低碳技术创新与转化应用,依托绿色低碳的新技术推动传统产业转型升级。以低碳技术引进、改造与创新,在基础零部件、基础元器件、基础材料、基础软件、基础工艺和产业技术基础等领域,加快技术攻关和科技成果应用,不断提高传统产业的创新链产业链价值链融合与提升，提高产业技术含量和产业附加值，以低碳科技创新及科技成果转化为支撑形成新质生产力，改造提升传统产业，加快构建低碳的现代化产业体系。

二是以数智技术应用推动传统产业转型升级。中央经济工作会议指出，广泛应用数智技术、绿色技术，加快传统产业转型升级。传统产业转型升级离不开新一代信息技术、数字技术的创新与融合。数智化是新型工业化、新型城镇化的鲜明特征，是传统产业转型升级的关键引擎。数智技术应用通过深化劳动分工、优化劳动力供给结构，提升生产力各要素功能，形成新质生产力。① 相较于传统技术和传统产业，数智技术本身科技含量高，且生态环境影响小，有利于降低企业能耗和碳排放强度、提升企业生产效率、提升产品品质，推动传统产业数字化、智能化、低碳化转型。比如，创新并广泛使用大数据、云计算、人工智能、5G、工业互联网等新一代数字技术，对生产制造全流程、全要素、各环节进行数字化赋能，优化能源调度和精准实施梯级利用，以科学数据支持大模型开发，加快改造传统产业链生产链供应链，推进人工智能全方位、深层次赋能新型工业化、新型城镇化和传统产业改造。加强数智技术基础设施建设与创新投入，对传统产业数字化示范车间及智能生产示范厂建设给予必要的财政补贴和税收优惠。将企业的数字化投入列入研发费用，纳入研发加计扣除和高新技术企业研发费用归集范畴，享受相关的税费减免政策，引导传统产业和企业充分利用大数据、云计算、互联网、智能制造等数字化手段，推动传统产业转型升级与数实结合，鼓励企业加快数字化、智能化、低碳化转型。

三是以新业态新模式推动传统产业低碳化高端化转型。新业态新模式的运用改变了传统产业的生产链供应链服务链结构，借助互联网、电子商务、大数据等数字化工具赋能，精准匹配市场消费需求，为顾客提供高效便捷、绿色低碳的市场服务。一方面，新业态增加优质产品和服务供给，丰富消费者选择。新业态推动传统产业植入新内容、新产品、新理念，面向市场需求

---

① 杜传忠：《新质生产力：高质量发展新动能》，《施工企业管理》2024年第1期，第38~40页。

不断转变生产方式和供给结构，更好地满足和适应市场需求变化。另一方面，新模式促进消费潜力释放，激发消费新需求，加快适应新质生产力和新型生产关系发展的需要。随着工业化、信息化、城镇化的不断推进，传统产业发展模式不再适应新形势、新市场需求，依托绿色低碳的新业态、新模式推动城市传统产业转型升级，加快构建低碳的现代化产业体系。

（二）引入新技术加快构建低碳产业体系

当今世界正处于百年未有之大变局。新一轮科技革命和产业革命的孕育兴起，正在和中国新型城镇化、创新驱动发展战略、绿色低碳发展形成历史性交汇。必须紧抓新一轮科技革命的机遇，加快引进绿色低碳的新技术，加快培育低碳产业体系。低碳产业是加快发展方式转变、推进生态文明建设、推进绿色低碳发展、实现碳达峰碳中和目标的重要支撑。"低碳产业"是以低能耗、低污染、低排放为特征的产业；低碳产业体系就是所有以低能耗、低排放为基础的产业构成的集合体。[①] 低碳创新驱动模式的选择离不开低碳新技术、低碳新产业的创新与支撑，而低碳新技术、低碳新产业是培育和发展新质生产力的关键性要素。低碳产业体系的构建不仅仅是发展战略性新兴产业，也包括以新技术推动传统产业转型升级，进而形成适应绿色低碳发展要求的现代低碳产业。

在新型城镇化建设中，依托低碳的创新链、产业链、价值链整合，大力发展氢能、人工智能、生态环保、绿色制造、新能源汽车、生物医药等现代新兴产业，推动低碳工业与现代服务业、现代农业的融合发展，加快构建更具韧性、更具竞争力、更具绿色低碳的低碳产业链体系。要制定低碳产业规划，加强低碳技术创新与产业优化升级相结合。在新型城镇化的产业空间布局上，要将低碳产业作为主导产业进行培育与发展，坚持以自主创新为核心，推动产业向高端延伸，完善低碳产业链条，推动制造业的整体升级与低

---

① 李平：《低碳产业体系的构建与政策建议》，《生态经济》（学术版）2013年第2期，第285~289页。

碳转型，促进低碳技术创新成果产业化和推广应用，形成低碳产业集群效应，彰显新质生产力发展新动能新活力。

（三）发展低碳创新型的现代服务业

新型城镇化建设要加快实现从传统服务业向高附加值、高就业、高技术的现代服务业转型，坚持政府引导、企业主导、市场运作、社会参与，以低碳技术创新为驱动力做大做强现代服务业。以低碳技术创新支撑的现代服务业重点包括低碳餐饮、低碳旅游、低碳金融、低碳科技服务业、节能服务业等领域。

一是发展低碳餐饮。低碳餐饮是改变传统的以追求奢侈、浪费为价值的不良餐饮习惯，运用低碳、绿色、安全、健康、节能、环保的价值理念，倡导低碳消费。尽可能减少餐饮业对资源消耗、生态环境产生的消极影响，实行清洁工艺生产，集中使用水、电、气，降低能耗，做好餐饮过程污水、废气和垃圾的处理工作，做到低碳排放。低碳餐饮还包括避免和减少使用一次性发泡餐具，采购绿色、低碳、健康食品、饮品，减少过度包装，采用环保无污染材料等。低碳创新型的餐饮服务业就是要以低碳技术为支撑，在整个餐饮服务业发展中体现科技创新的引擎作用，以低碳技术创新实现餐饮服务过程中的节能减排、绿色低碳发展。

二是发展低碳旅游。低碳旅游是避免旅游各环节人为对生态环境系统的破坏，在实施旅游活动中应尽可能节约资源能源，减少生态环境污染，保护自然环境，确保生态环境与旅游的可持续发展，实现人与自然和谐共生。低碳旅游是旅游业在全球气候变化、资源能源危机、生态环境恶化的背景下提出的一种新型的旅游发展模式。2008年，国家发布的《关于旅游业应对气候变化问题的若干意见》明确提出发挥旅游业优势，坚持绿色发展，自觉节能减排，主动减缓对气候变化的影响。2009年12月，《国务院关于加快发展旅游业的意见》提出倡导低碳旅游方式。2021年2月，《国务院关于加快建立健全绿色低碳循环发展经济体系的指导意见》提出推进旅游、文化等产业深度融合，健全绿色低碳循环发展的生产体系。低碳旅游倡导绿色低碳发展理念,在旅游中运用低碳技术实现从目的地、景区、交通、航空、餐饮、住宿等整个旅游相关联活动的节能减排和绿色低碳发展,从旅游目的地建设规划到游客交通、酒店住宿选择等均体现绿色低碳发展和创新发展思路,实现人与自然和谐共生,增进人类生态福祉。

三是发展低碳金融。金融为科技创新提供融资支持,科技为金融创新提供巨大空间。应加快构建包括政策性金融、银行中介、资本市场在内的科技金融支持体系助力低碳产业发展。[①] 绿色低碳金融是指金融机构和组织运用相关的金融产品和服务推动低碳技术创新、低碳产业发展。在引导资金流向、配置社会资源中要考虑生态保护和污染治理,以金融为杠杆,促进低碳经济发展,引导资本投资于低碳领域,促进低碳产业发展。2024年1月,习近平总书记在主持中共中央政治局第十一次集体学习时明确指出,"发挥绿色金融的牵引作用,打造高效生态绿色产业集群"。2024年2月19日,习近平总书记主持召开中央全面深化改革委员会第四次会议时强调,"要健全支持绿色低碳转型的财税、金融、投资、价格政策和相关市场化机制,为绿色转型提供政策支持和制度保障"。2024年的政府工作报告提出,"完善支持绿色发展的财税、金融、投资、价格政策和相关市场化机制"。2024年4月,中国人民银行联合国家发展和改革委员会等多个部门印发《关于进一步强化金融支持绿色低碳发展的指导意见》,明确提出推动金融系统逐步开展碳核算,鼓励金融机构利用绿色金融或转型金融标准,加大对能源、工业、交通、建筑等领域绿色发展和低碳转型的信贷支持力度。发展绿色低碳金融,建立和完善绿色信贷、绿色债券、绿色基金、绿色保险、绿色信托、碳金融等在内的多层次低碳绿色金融市场体系,在推进新型城镇化建设、推动绿色低碳技术创新与低碳产业发展、加快实现"双碳"目标等方面发挥重要的牵引和金融杠杆作用。以绿色低碳金融为重要杠杆支持低碳技术创新与低碳技术转化应用,创新低碳金融服务产品支持低碳产业发展。

---

① 贾林娟:《安徽省低碳产业发展的科技金融支持体系研究》,《齐齐哈尔大学学报》(哲学社会科学版)2018年第8期,第18~22页。

四是发展低碳科技服务业。低碳科技服务业是指以促进经济社会绿色低碳发展为目标，采用绿色低碳、生态环保的技术和服务模式为企业、科研院所、政府及其他组织提供科技服务的服务业。科技服务业主要是面向科技创新、科技成果转化、科技咨询等相关活动的服务，包括信息技术、数字化技术、高拟真技术、数字孪生、高速计算技术等新兴技术，检验检测认证服务、技术转移服务、知识产权服务、信息技术外包等技术先进型服务。具体而言，低碳科技服务业主要涉及的领域包括技术研发与转让、技术咨询与服务、低碳信息服务、低碳技术教育培训与科普等，如表9-2所示。科技服务业作为科技创新与产业变革的重要桥梁，在推动新型城镇化建设与低碳科技创新中发挥着至关重要的作用。低碳科技服务业是促进低碳研究开发以及科研产业应用所需要的服务性机构和服务性活动的总和，涉及科技资源的投入、科技产出以及中间过程，旨在促进低碳技术和产品的研发，将低碳科技的"潜价值"转化为现实生产力。[①] 低碳科技服务业既包括低碳科学研究、低碳技术创新、低碳技术转化等活动的服务环节，也包括面向绿色低碳发展的所有相关技术与经济活动的服务。面向绿色低碳创新、绿色低碳发展的科技服务业发挥自身的信息、人才、平台、咨询等多方面突出优势，为低碳科技、低碳产业发展提供桥梁纽带作用。

表9-2 低碳科技服务业的主要服务领域

服务领域	服务内容
技术研发与转让	为企业、科研院所从事低碳技术创新提供各类中介服务，包括节能减排、清洁能源、绿色材料等方面的技术创新；开发和推广各类绿色低碳技术成果等
技术咨询与服务	为企业提供低碳转型的咨询服务，包括碳排放核算、环境评估、低碳解决方案设计等
低碳信息服务	提供碳排放数据管理、监测和分析服务，帮助企业和政府进行决策支持
低碳技术教育培训与科普	开展低碳知识普及和专业技能培训，提高公众和从业人员的低碳意识和能力

---

① 陶雷：《浅论低碳经济发展中的科技服务业》，《科技管理研究》2012年第19期，第133~136页。

五是发展节能服务业。国家鼓励节能服务业发展，促进低碳经济发展，促进低碳服务业的繁荣。发展节能服务业是推进节能减排、绿色低碳发展的迫切需要，是促进企业创新、降能耗、降成本、提效益的重要手段。可以说，节能服务业承担着改造和提升整个社会的节能减排使命，为低碳技术创新、低碳产业发展、低碳社会建设等方面提供重要的节能减排服务，促进新型城镇化的低碳高质量发展。节能服务业通过合同能源管理（EMC）模式，为企业提供节能改造和运行维护服务，加强环境监测与治理，提供污染监测、废物处理和环境治理等服务，帮助企业减少环境污染。做大做强节能服务业，应坚持市场导向，突出创新驱动，强化政策引导，壮大市场规模，做强市场主体，推进服务业态和模式创新，营造良好发展环境，完善政策激励及保障措施等。[1] 节能服务还包括服务于绿色物流，优化物流过程，减少运输过程中的能源消耗和碳排放；服务于绿色建筑，提供节能建筑设计、施工和运营管理服务，降低建筑能耗等。在新型城镇化建设中，面向绿色低碳高质量发展要求，应大力培育和发展节能服务业，重点以培育节能服务公司、创新服务机制、提升服务能力为突破口，构建节能服务体系，通过合同能源管理、节能设备租赁、节能项目融资担保等方式，为企业节能减排与绿色低碳创新发展，提供全过程的节能减排、绿色低碳服务。

（四）发展低碳创新型的现代高端农业

新型城镇化建设包括城乡融合发展、农业农村的现代化建设等重要内容。新质生产力发展为农业现代化提供了新动能。新型城镇化是城乡融合、一二三产业融合发展的创新驱动发展过程，也是传统型、高碳型农业模式向现代型、低碳型农业模式转变的过程。对于农业而言，新型城镇化离不开以新质生产力发展赋能的乡村振兴、农业现代化转型的高质量发展。农业现代化在本质上是农业发展的技术变迁与模式演进，是生产力发展的动态演进，

---

[1] 张云鹏、修勤绪、周雅男等：《关于加快发展节能环保服务业的政策建议》，《中国能源》2019年第11期，第19~22页。

涉及技术形态、农民形态、产业形态和城乡形态多个维度。从趋势而言，劳动者、劳动资料、劳动对象的演变，呈现了农业生产力发展各个阶段的新形态，这不仅改变了传统农业生产模式，更为农业发展注入了新的动力源泉，标志着农业现代化的前沿变革。① 应依托低碳技术创新及成果转化、产业应用，推动现代农业的转型升级，培育和发展低碳创新型的现代科技农业，以新质生产力赋能新型城镇化建设、城乡融合发展和农业高质量发展。

一是以新能源推动现代高端农业转型。比较城市化程度较高的中心城区，在远离中心城区的城乡接合部、远郊区县、乡镇等地区具有广阔的空间和大面积闲置的屋顶、场地、荒滩荒地，具有发展光伏发电、风力发电等的资源优势和成本优势，应依托"新能源+""光伏+""风电+"农业的新模式新机制，降低能耗和碳排放强度，推动农业能源结构的低碳化转型与高质量发展，培育和形成农业领域的新质生产力，改变农业能源消费结构。一方面，农业所在农村地区，点多面广，拥有发展光伏发电、风力发电、生物质能发电等新能源开发利用优势，大力发展新能源，为现代农业和农村发展提供新的经济支撑。另一方面，新能源的大面积开发和利用，从源头上减少了农业对传统能源的依赖，有利于降低能耗强度和碳排放强度，实现真正意义上的节能减排，降低农业能耗水平和能源成本，直接或间接地推动农业转型升级与高质量发展。

二是以新技术推动现代高端农业升级。新质生产力发展为现代农业发展提质赋能。现代高端农业离不开各种先进技术。如机械化农田作业技术、新一代信息技术等的广泛应用，大大减少劳动力成本和其他各种成本，提高农业产出效率。特别是依托低碳技术提高农业的科技含量和技术水平，提高农业的低碳竞争力。有研究指出，如表9-3所示，新技术赋能现代农业彰显九大场景。② 新技术深度推动农业现代化转型，提高农业的机械化、信息化、低碳化水平，以新技术推动现代农业、数字乡村建设，改善农村生态环

---

① 陈文胜：《农业新质生产力是什么？怎么发展？》，《中国乡村发现》2024年第2期。
② 《科技赋能现代农业九大场景》，https://mp.weixin.qq.com，2024年9月5日。

境，提高农民生活水平，提高农业产出质量和效益。依托新技术大力发展休闲农业、都市农业，延伸传统农业边界，丰富农业内涵和形态，推动现代高端农业升级与高质量发展。科技创新在现代农业中的应用，不仅提升了农业生产的智能化水平，也为农民提供了更广阔的市场机会和更便捷的金融服务。随着科技与农业的深度融合，农业农村现代化的发展将更加迅速和高效。

表9-3 科技赋能现代农业的主要场景

服务领域	主要场景
农业大数据分析	通过分布在农田边缘或农场内部的计算节点，实时收集大量的农业数据，如作物生长数据、土壤环境数据、气象数据等，提供科学决策支持，优化资源配置，提高农业生产效率和质量
智慧农业云平台	构建基于云计算技术的农业信息化管理平台，实现农业生产全流程的数字化、智能化和可视化管理，实时收集土壤湿度、气象条件、作物生长状态等数据，提供精准的灌溉、施肥和病虫害防控建议
农业物联网	借助物联网设备、遥感卫星和无人机等，实时监测土壤湿度、农作物生长状态和病虫害情况，实现精准施肥、灌溉和病虫害防治，提高农作物产量和品质
智能灌溉系统	基于云计算技术的智能化远程节水灌溉控制和管理系统，接入大田或者温室滴灌、喷灌等灌溉系统，控制水肥一体化设备，保证作物生长需求
无人机植保与监测	无人机由飞行平台、导航飞控、喷洒设备等组成，通过地面遥控或导航飞控，实现喷洒药剂、种子、粉剂等作业，实现精准作业、农田巡查和作物生长监测
农机自动驾驶	农机自动驾驶系统实现农机与农田环境的实时交互和精准控制，自动规划作业路径、调整作业速度和深度，提高农机的作业精度和效率
精细化种养殖	在种植业中，智能温室集成物联网、云计算等新技术，实现水肥药的精准施用和病虫害预警；在养殖业中，在养殖场内部署传感器和监测设备，收集畜禽数据、健康状况等信息便于决策分析
农业电商与供应链管理	集成电商平台、物流系统、仓储系统等关键环节的数据，实现农产品实时追踪和监控；通过线上交易，打破传统农资销售的地域限制，整合供应链资源，提高农产品品质和安全性
农业金融服务	整合农业生产数据、信用数据等关键信息，提供更加精准的金融服务；以科技赋能创新农业金融服务，以数字金融助力粮食收储现代化

三是以新业态实现农业高端跃升。以新的农业生产模式、新的农业加工方式、新的农业管理模式提升农业生产效益和质量，推动一二三产业融合发

展,比如电子商务、农产品网络购物、短视频销售等为新型城镇化产业转型、产业集群发展提供重要支撑。以新业态推动农业高端跃升,为新型城镇化建设、城乡融合发展、现代乡村振兴提供坚强的新质生产力发展基础和产业支撑。

四 先立后破优化能源结构,构建城镇低碳能源发展模式

低碳新能源技术、低碳新能源产业作为新质生产力的重要代表和关键支撑,已经成为全球能源转型的方向与趋势。构建城镇低碳能源发展模式,是新型城镇化的基本特征、核心内容与重要方向,低碳能源既为新型城镇化建设提供新的能源供给和动力支撑,也为我国能源结构转型、"双碳"目标实现提供了重要基石。我国的光伏发电、风电等新能源产业已具备国际竞争优势,但要持续保持领先地位,必须进一步强化能源科技创新,发展新质生产力,大力开发利用低碳新能源,为新型城镇化的低碳创新驱动提供更多新动能。以低碳技术创新为驱动力,推动能源结构转型与优化,构建新型城镇化的低碳能源开发与消费新模式。能源是实现碳达峰碳中和目标的关键。[①] 大力开发利用低碳新能源,是新阶段深化实施新型城镇化战略、加快实现"双碳"目标的重要路径选择和突破口。能源结构转型升级也是新型城镇化建设与"双碳"目标实现的重要抓手,既要避免拉闸限电的"一刀切"做法,也要坚持先立后破、加快新能源开发利用模式创新与推进,加快城镇化能源低碳转型与创新高质量发展。

(一)坚持先立后破原则,加快传统能源结构转型

从能源安全的角度看,需要坚持先立后破原则稳步推动传统能源转型升

---

① 周宏春:《科技与金融是实现碳达峰碳中和的双翼》,《科技与金融》2022年第5期,第7~14页。

级，提升能源韧性。新发展阶段加快实现碳达峰碳中和目标，推进以人为核心的新型城镇化建设要加快改变中国传统以煤为主的能源结构，从根本上减少高碳排放的能源结构，降低碳排放强度，提高能源利用效率，推动新型城镇化低碳高质量发展。由于我国正处于经济快速发展，工业化、城市化进程不断提速的阶段，我国对能源消费需求还将持续增长，但依然坚持传统能源生产和消费模式，显然难以满足新型城镇化节能减排与经济高质量发展要求。破解这一难题，必然要求加快转变传统的以煤炭、石油为主的能源结构，提升能源体系韧性。地缘政治变化加剧、国际油价波动和能源供应链风险引发能源安全风险，能源体系进入韧性建设的新阶段。应以加快新型城镇化建设、发展方式转变、提升韧性治理能力为重要契机，切实提升能源体系韧性，提高传统能源利用效率、先立后破有序推进能源结构转型，同时也要加快发展绿色低碳新能源，构建新型能源体系，保障城市能源安全。

一是加快实施煤改气、煤改电等技术改造工程，提高传统能源利用效率。提高能源利用效率是新型城镇化低碳创新驱动发展的必然要求。一方面，实施煤改气、煤改油、煤改电等技术改造工程，提高能源利用效率，尽可能降低能耗、碳排放和环境污染水平，加大对高能耗产业的能源结构调整、能源技术创新，如对钢铁等传统行业采用大型先进焦炉、高炉气、转炉、电炉等设备，实现联合技术供电和发热，采用新技术改造实现节能，发展循环工业和绿色工业模式，大幅提高能源利用效率，进而提高全要素生产率，发展新质生产力。另一方面，随着光伏技术、风电技术的创新与成本降低，传统煤炭、石油、天然气等能源生产和消费均不再占有成本优势，能源结构比重不断降低，未来将形成以新能源为主体的能源结构，面向这一发展趋势，新型城镇化建设的低碳创新驱动发展，应该加快实施煤改气、煤改油、煤改电等技术改造工程，加快"去煤化""去油化"步伐，鼓励和引导大力发展新能源，从根本上减少对传统能源的依赖，减少西方国家对中国石油等传统能源的遏制，助力中国经济高质量发展与新型城镇化建设。

二是发挥传统能源安全保障和"压舱石"作用，先立后破有序推进能源结构调整优化。应对极端天气等可能带来的能源安全风险，要筑牢传统能源安全供给的"压舱石",加快传统能源转型升级,降低污染物排放。有序做好碳达峰碳中和工作,纠正运动式"减碳",避免"一刀切",坚持先立后破、通盘谋划。发挥传统能源特别是煤炭、煤电的调峰和兜底保供作用,强化煤炭、电力、天然气等供应保障,加强精细化用能管理,推动重点行业企业有序实施改造升级,推动全社会加强节约用电用能。煤炭的燃烧使用是雾霾成因之一,许多城市或地区在短期内无法彻底摆脱对煤炭能源的依赖,应积极推广洁净煤技术,实施煤炭的清洁利用,同时对现有用煤锅炉实施减排改造与减排认证。

(二)加强能源技术创新,构建"多能互补协同"的新型能源体系

新能源产生是战略性新兴产业和未来产业发展的重要方向,要以重大能源技术突破和重大能源发展需求为基础,打造引领能源绿色低碳发展的新引擎,以新的能源结构、新的系统形态、新的产业体系、新的治理体系等,加快构建适应新型城镇化建设和高质量发展的新型能源体系,加快形成能源领域新质生产力,并为其他领域的新质生产力提供用能支撑和保障。[1] 提高能源韧性,既要发挥传统能源安全保障和"压舱石"作用,先立后破有序推进能源结构调整优化,更要加强新能源技术创新与突破,降低新能源成本,以新一代信息技术推动能源系统智能化、低碳化,打造多种能源耦合互补、协同运行的智能化低碳化新型能源系统,实现能源安全与能源效率双提升。《"十四五"可再生能源发展规划》提出,多能互补协同运行的重点是分布式能源。多能互补包括供能类型之间互补、供能区域之间资源互补、用能替代方式之间互补、供能和用能之间时间互补等。[2] 在新型城镇化建设中,破解能源生产端与能源消费端能源供需不对等难题,应通过电采暖、电制冷、电转气、储能、电动汽车、客户群需求响应与风电、光伏发电、水电、地热能发电、秸秆发电、天然气冷热电三联供等互补来实现能源梯级综合利用。

---

[1] 吕建中:《以绿色低碳为支撑加快打造新质生产力》,《经济导刊》2024年第1期,第22~26页。
[2] 沙涛、李群、于法稳主编《中国碳中和发展报告(2023)》,社会科学文献出版社,2023。

从开发利用角度看,要加强能源技术创新,推动以光伏发电、风力发电等为主体的多种新型能源开发互补利用体系建设。加强能源技术创新,特别是加强关键性能源重大技术突破,降低新能源开发成本,加快构建新型能源开发体系。

一是加强新能源技术创新与研究投入,加强新能源技术转化与应用。传统能源作为不可再生资源终有穷尽的时候,加上对环境污染的严重性后果,发展和推行低碳新能源不仅是时间问题,也是推进新型城镇化建设与实现"双碳"目标的必然选择。应高度重视、提前布局、科学决策,积极发展和推行清洁能源、低碳绿色能源的开发利用,不断优化能源消费结构,不断减少对煤炭、石油的依赖,降低消费比重,不断减少排放和环境污染。目前,我国新能源技术水平在全球处于领先地位,陆上低风速风电技术、大容量海上风电机组技术、光伏组件转换效率等均达到世界先进水平,应充分利用我国新能源技术优势,利用新型城镇化地区的资源禀赋和空间优势,加强新能源、储能等关键性技术创新,大面积、广覆盖地开发利用各种低碳新能源。聚焦低碳新能源关键共性技术研发,支持先进技术商业化,提升国产化设备的可靠性、经济性和先进性,推动低碳新能源技术的广泛应用,为新型城镇化建设的新能源开发利用提供关键保障。加大科技创新和制度创新,以解决能源产业"卡脖子"技术为突破口,打通束缚能源产业发展的堵点卡点,形成有助于能源产业新质生产力发展的政策制度环境,不断调整生产关系使之与新质生产力相适应,汇聚协同创新合力。[①] 破解新能源开发利用以及消纳、储能等方面的瓶颈性制约,加强新能源技术创新和新能源开发利用模式创新。加强太阳能、风能、生物质能、地热能、潮汐能、核能等新型低碳能源技术研发,进一步降低技术成本,提高新能源技术效率,以技术为引擎推动城镇能源替代,加强新能源供应,依靠技术力量从根本上减少传统高碳能源消耗,减少碳排放,实现城市经济结构的低碳化、新型化和集

---

① 魏一鸣:《打造能源新质生产力 促进新型能源体系建设》,《煤炭经济研究》2024年第1期,第1页。

约化。

二是立足新型城镇化建设契机和广阔的屋顶荒坡等闲置空间，大面积建设太阳能、风能、生物质能、地热能等新能源开发基地。大面积开发建设"光伏+""风电+"基地，开发利用太阳能、风能、生物质能、地热能等低碳新能源，既能为新型城镇化建设提供源源不断的绿电收益，也能为该地区自身用能消费、节能减排、碳达峰碳中和作出实际性贡献，为新发展阶段的中国特色新型城镇化建设带来更加实惠、低碳、可持续的发展契机与绿色资源。充分利用新型城镇化所覆盖的荒山荒漠、滩涂边坡、闲置屋顶空地等，规模化建设分布式与集中式相结合的光伏发电和风力发电基地，鼓励居民屋顶开展太阳能光伏发电建设。屋顶不仅可以绿化美化，也可以利用闲置的屋顶和较好的光照条件，建设分布式与集中式相结合的光伏发电设备，不仅为建筑自身的节能、用电提供绿色能源支撑，也为增加全区域绿色能源供应发挥重要贡献。以"光伏+""风电+"等新模式推动新能源开发利用与生态保护、农业发展等有机结合，充分利用荒山荒坡荒地、盐碱滩涂等空间，大面积安装风力发电、光伏发电的"风光储输"一体化基地，探索风、光、生物质、储能等多能互补综合利用模式，推广微电网、微能网，实施"户用光伏+储能"试点。通过渔光互补、农光互补等模式，形成集新能源电站建设、新型技术示范、特色种养殖、生态治理修复于一体的"光伏+""风电+"基地，打造绿色低碳、宜业宜居的新型城镇化低碳创新样板工程。

三是将低碳新能源和相关低碳产业作为新型城镇化的特色产业或主导产业。要制定低碳新型能源规划，将低碳新能源产业发展作为新型城镇化建设的特色或主导产业，加快能源单控转变到碳排放总量和强度双控转变。出台更加接地气、可操作的引导性政策鼓励太阳能、风能、生物质能、地热能等低碳能源开发，吸引企业、机构、当地居民参与投资建设新能源发电站，形成和发展新质生产力，既能真正减少对传统能源的依赖，从源头上减少碳排放，又能使当地居民增加稳定的新能源发电收益，解决部分就业，推动关联低碳产业发展，助力乡村振兴与共同富裕，为新型城镇化高质量发展找到真正的抓手和有力突破口。创新新能源开发利用模式，新型城镇化建设要与乡村振兴、新能源发展等战略紧密结合、协同推进、联动发展。比如，城镇地区与周边乡村地区进行新能源开发合作，促进新能源开发利用与新型城镇化、乡村振兴融合发展，推动新能源在工业和建筑领域应用。

（三）以低碳技术创新为驱动力，构建低碳能源消费的新方式

从消费角度看，应以低碳技术创新为驱动力，鼓励和推进低碳能源消费。在先立后破的原则上，加强对传统资源能源消费模式的转变，加强低碳新能源消费是新阶段新型城镇化建设与绿色低碳发展的重要突破口。比较过去城镇化走过的路，许多地方采取开发房地产业、文化和旅游业、民宿业等发展模式，有的地方特别是临近中心城市的地区利用中心城市的辐射带动力，取得了一定的成效，但是从长远看，不少地区人口流失或者减少，常住人口、外来游客减少，导致许多依靠土地城镇化的地区变成了大面积的"空城""鬼城"，不少依靠文化和旅游业、民宿业的特色小镇也成为"空壳"。立足新发展阶段，加快推进以人为核心的新型城镇化建设，要以低碳创新为驱动力，改变或降低过多依靠房地产、文化和旅游业的投资驱动模式，选择大力开发利用新能源的低碳创新驱动模式，加快构建低碳能源消费的新方式。

一是立足实际，加快开展以气代煤、以电代煤的清洁能源消费工程建设。要努力扩大太阳能、风能、生物质能、地热能等低碳新能源的开发力度和清洁能源消费量。加强低碳新能源技术创新，大力开发利用太阳能、风能等清洁能源，提高补贴标准，加快分布式电源系统建设，促进电网与光伏风力发电的融合，建设高科技、大功率、高效率、稳供应的智能电网，提高智能电网软硬件装备水平。通过规模化建设与技术改进，不断降低新能源开发与消费成本，加快构建新型城镇化低碳能源、绿色电力消费体系。

二是以低碳技术创新为驱动力，加强建筑领域的能耗、碳减排等问题治理，大力发展绿色低碳建筑，提高低碳新能源消费比重。大面积推广使用太阳能热水器、太阳能路灯，大力发展光伏发电和新能源取暖技术等，推动城镇能源替代，助力"双碳"目标实现。加快推动新型城镇的电气化、低碳

化、数字化建设与发展，对城市工业、服务业、建筑业、交通业、居民生活等领域加大低碳新能源消纳比重，注重可再生能源的使用和替代，促进低碳新能源的推广和消费利用，形成以新能源为主体的能源消费结构。

五　加强资源整合与社会参与，推动公共服务均等化布局

新型城镇化低碳创新驱动发展，需要整合各方面的创新资源，引导和鼓励社会资本、社会组织、社会公众的有序参与，推动基本公共服务均等化布局与建设，才能更加有效地推动创新发展、协调发展、绿色发展、开放发展、共享发展。

（一）加快资源整合，构建新型城镇化的创新统筹协调机制

要加强顶层设计与资源整合，打通低碳科技创新的各种通道，提高资源整合、技术转化、成果应用的能力与水平。面对新型城镇化的阶段性特征，积极发挥中心城市的创新资源集聚优势，建立中心城市与远郊区、中小城镇、县城与周边农村地区的创新资源统筹协调机制，发挥中心城市等发达地区的辐射带动作用，将更多的创新资源、公共服务资源辐射到欠发达区域，推动城乡融合与创新驱动发展。要改变传统城镇化导致的城乡分割二元结构，全面认识新型城镇化的以人为本、城乡融合的科学内容，重塑城乡关系，建立城乡资源整合、要素双向流动的有效机制，推动城市功能、基础设施、公共服务覆盖到乡村地区，推动城乡基础设施、公共服务一体化共建、网络化共享、协调化共赢，推动新型城镇化与乡村振兴同频共振，城市与乡村同步实现现代化。

以京津冀地区为例，要加强京津冀地区创新资源整合，发挥好北京、天津等超大城市创新资源集聚优势，推广中关村"总部—分支"创新资源协调模式以及"研发在城区、转化在周边"的创新帮扶模式。发挥中关村在科技创新驱动与发展方式转变的示范效应，促进中关村在天津与河北周边省市县的产业集群布局和空间规模拓展，促进科技能力提升和产业结构优化，

促进转变发展方式。完善创新资源整合的体制机制，推动北京、天津等发达地区的创新资源辐射到周边欠发达地区，整合资源，集成优势，以疏解非首都功能为"牛鼻子"推动京津冀协同发展，推动京津冀地区新型城镇化的创新驱动发展。

（二）鼓励社会参与，形成新型城镇化的低碳创新合力

社会参与既是整合各方面资源的重要渠道，也是推动新型城镇化创新发展、城乡融合发展的重要力量。新型城镇化是涉及政府、企业、社会组织、社会公众等各方面力量与资源的系统工程，只依靠政府或者企业都难以成功。当前，新型城镇化建设面临农民市民化、城乡融合发展、创新发展、绿色低碳发展等诸多任务，每一项任务或者工作，都离不开社会力量的有序参与。

一是要吸引更多的社会资本、社会组织、社会公众等参与新型城镇化建设，提升社会治理韧性和社会安全水平。社会治理韧性建设旨在提升超大城市社会系统面对风险时的安全稳定运行的能力，其核心在于强化社会建设领域的韧性联系纽带、突出韧性治理的顶层设计与制度供给。特别是在城乡融合发展、区域协调等方面，吸引社会资本投资，吸引社会力量、社会公众参与，吸引更多的优质资源到欠发达地区，才能从根本上推动城乡融合发展与新型城镇化建设，提升社会治理韧性。坚持人民城市为人民的发展理念，从解决社会问题、化解社会矛盾、促进社会公正、应对社会风险等方面入手，加快常住外来人口"市民化"进程，提高就业、教育、医疗、养老、托幼等服务能力，特别是面向中心城市新市民、青年市民多的特点，应增加保障性住房供给，建立同工同酬制度，完善社会保障体系，降低生活成本，形成社会和谐、安全稳定的社会氛围；坚持人民城市人民建的发展理念，以共建共享为导向，整合党员、社会团队、志愿服务人员、群众组织、社会企业等资源力量，构建多元化基层治理体系。统筹城市发展和安全，加快推动公共安全治理模式转型，完善灾害风险预防体系，提升城市的抗风险能力和韧性。

二是要鼓励社会资本、社会组织、社会公众等力量积极参与低碳技术创新及产业应用。城市政府可制定鼓励社会参与低碳创新的有关政策措施，如税收优惠、财政补贴、绿色信贷等，鼓励社会资本投资低碳技术的研发和应用；加强低碳创新教育与低碳技术培训，通过媒体和公共宣传，提高公众对低碳技术的认识和理解，提升低碳发展技能，更好地参与到低碳技术创新中；鼓励社会资本加大对节能减排、新能源、新材料等领域的投资，创新投融资模式，完善创新利益分配机制，激活新型城镇化的低碳创新动能；建立社会资本、社会组织、社会公众等多方合作参与的创新平台，促进企业、研究机构和政府部门之间的信息交流和资源共享；鼓励公众参与低碳生活方式实践，如节能减排、选择低碳产品、低碳出行、植树造林等，形成良好的社会氛围。激发社会各界的参与创新活力，共同推动低碳技术的发展和应用，为实现碳中和目标和建设绿色低碳社会作出贡献。

三是培育低碳创新服务组织，构建低碳创新的众创空间，营造低碳创新的社会文化环境。众创空间，"众"是主体，"创"是内容，"空间"是载体，是顺应创新2.0时代用户创新、开放创新、协同创新、大众创新趋势，把握全球创客浪潮兴起的机遇，根据互联网及其应用深入发展、知识社会创新创业特点和需求，通过市场化机制、专业化服务和资本化途径构建低成本、便利化、全要素、开放式的新型创业公共服务。在新型城镇化建设中，发展新质生产力，要加快面向绿色低碳创新的众创空间建设，加快培育低碳创新服务组织，发挥社会组织的创新服务作用与政策集成效应，实现创新与创业相结合、线上与线下相结合、孵化与投资相结合，为低碳创新创业者提供良好的工作空间、网络空间、社交空间和资源共享空间，推动新型城镇化建设的低碳创新发展与新质生产力提升。

构建低碳创新的众创空间，应采取科学的发展路径。低碳创新服务组织和众创空间的目标，包括促进低碳技术研发、支持低碳项目孵化、提供低碳技术交流平台等；整合政府、企业、高校、研究机构等各方资源，形成合力，共同支持低碳创新；建设必要的物理空间和网络平台，为低碳创新提供硬件支持和在线协作环境；吸引和培养具有低碳技术背景的专业人才，包括研发人员、项目经理、市场分析师等；提供低碳创新技术支持服务，包括低碳技术咨询、低碳技术评估、低碳技术转移等，帮助低碳创新项目快速成长；设立低碳创新基金，为有潜力的低碳项目提供资金支持，降低创业门槛；制定相关政策，为低碳创新服务组织和众创空间的运营提供政策支持和优惠条件；建立市场对接机制，帮助低碳创新项目与市场需求对接，加速技术成果的商业化；营造鼓励创新、容忍失败的创新文化，激发社会各界对低碳创新的热情和参与度；建立低碳创新项目的监测和评估体系，确保项目按照既定目标和标准推进等。通过这些措施，加强面向低碳技术创新的服务组织建设，培育低碳创新类科技中介组织，鼓励和吸引社会公众积极参与低碳创新与新型城镇化建设，构建面向新型城镇化与低碳创新的众创空间，促进低碳技术的发展和应用，为实现绿色低碳发展目标作出贡献。

（三）完善新型基础设施建设，强化新型城镇化公共服务均等化供给

加强新型城镇化建设的低碳创新驱动发展，应从新型基础设施建设、公共服务均等化布局等方面加强一体化建设、均等化供给、均衡化发展。从完善新型基础设施建设、公共服务均等化供给的战略高度，在税收、配套设施、政策扶持、人才保障等多方面，为各类资本、各类企业的创新提供均等化的基本公共服务和创新配套政策鼓励。当前，城镇化建设与工业化发展一定程度上推动了经济社会快速发展，但是城市资源要素在空间分布不均衡，导致城乡、区域差距客观存在，缺乏有效的制度安排和资源整合机制，进一步加大了贫富差距、区域差距。

一是在新型基础设施建设方面，以创新、协调、绿色、开放、共享的新发展理念为指引，推动城市优质资源与服务功能在乡村或者城乡接合部拓展、融合。加快新型城镇化建设的一体化、均衡化发展，实现城乡人口、技术、资本、资源等要素相互融合，互为资源，互为市场，互相服务，逐步实现城乡之间在经济、社会、文化、生态上的协调发展。在基础设施建设方面，一方面，要按照标准化、一体化、融合化的要求，增加基础设施建设的

经费投入，加强城乡统筹协调，努力改善落后地区特别是城乡接合部、城中村的基础设施建设。另一方面，要立足城市更新与旧城改造契机，加快面向新一代信息技术、科技创新、绿色低碳发展领域的新型基础设施建设，促进数字基础设施体系化发展和规模化部署，建设高速泛在、天地一体、云网融合、智能敏捷、绿色低碳、安全可控的智能化综合性数字信息基础设施，推进5G、千兆光网等新一代信息通信技术在城镇产业、信息消费、社会民生等领域的融合应用，推进新型城镇化建设中的产业数字化、智能化、低碳化转型，打造智慧城市、韧性城市、低碳城市。

二是在空间布局方面，加大城乡一体化的统筹协调发展，从广覆盖、多元化投入、多方参与等层面加大对城乡经济、社会、环境等多领域的建设力度，促进城乡统筹融合与一体化发展。要加快提高农业转移人口市民化质量，持续深化户籍制度改革，推动常住人口充分享有城镇基本公共服务；要在空间布局上，从构建多中心、多层级、多节点城市群体系考虑，加快县城基础设施建设，推进县城城镇化补短板强弱项，不断完善城市治理体系，完善相关配套设施建设和治理机制，推进城乡基础设施和公共服务一体化发展。

三是在公共服务供给方面，加大对城乡接合部、远郊区县等落后地区的基本公共服务供给，建立基本公共服务标准体系，按照标准进行查漏补缺，提高公共服务供给的覆盖面和整体水平，在基本公共服务供给方面要求城乡一体化、均等化，不断拓展公共服务供给模式的多元化。在实现基本公共服务均等化的基础上，满足高层次公共服务的需求，吸引民间资本和社会资本投入，建立多样化、多层次、多元化的投融资模式，改善公共服务供给水平和供给结构，满足多样化的公共服务需求。

四是在资金投入方面，出台政策引入社会资本，加快面向低碳创新的公共服务供给和基础设施建设。应改变传统的政府单一力量主导模式，采取政府购买公共服务、PPT等多种方式，引入市场竞争机制，鼓励社会资本、社会组织、社会力量参与新型城镇化建设的公共服务产品的生产与经营，增加公共服务供给总量，提高服务质量和效益。推进新型城镇化的低碳创新驱动发展，要在城市规划建设、科技创新、生态环境保护、社会事业发展等方面实现一体化、均衡化布局，争取政策、资金、人才、信息等方面的扶持，改变长期形成的城乡二元经济结构，实现城乡政策的平等、城市功能的均衡、国民待遇的一致、市场信息的对称、产业发展的互补，推动新型城镇化建设的协同、创新、低碳、可持续、和谐发展。

（四）提升文化韧性，形成新型城镇化的绿色低碳生活方式

一是提升城市文化韧性。城市文化韧性表现在两个方面：一方面是城市文化自身对城市韧性提升所具有的突出功能，另一方面是城市文化自身在面对外来强势文化冲击时所具有的保持自身文化不被同化的适应力和恢复力，彰显城市在地文化的特质性、独有性、排他性。文化的维系和推动作用，成为城市系统在复杂突发情况下保持良性运行的重要基因，比如城市居民面对重大突发事件和重大灾情时的文化适应力、心理控制力、精神恢复力，文化认同、文化自信所彰显的文化韧性，对于保持城市繁荣发展、和谐稳定具有重要的凝聚力和向心力。新型城镇化建设应提升城市文化韧性，尊重和珍惜城市的历史传统、地域风貌和民族特色，规划引领历史文化元素融入超大城市规划、建设与治理全过程，注重历史文化资源挖掘、保护传承、活化利用，提升城市文化景观，构建标志性建筑，充分彰显城市历史事件、特色文化、名人精神，避免千城一面和"有城无魂"。[1] 提升城市文化韧性，应注重城市文化内涵提升与文化产业融合发展，以重大节事活动为契机，提升城市品牌与可识别性。城市品牌是城市发展的"导向牌"、凝聚人心的"吸铁石"、城市形象的"金名片"。[2] 以创新驱动文化产业转型升级，以新技术、新业态、新模式推动文化跨界融合，打造城市文化品牌，提升城市文化韧性，推动城市文化发展方式转变与新型城镇化建设。

---

[1] 陆小成：《超大城市发展方式转变的价值意蕴与韧性治理》，《城市问题》2024 年第 5 期，第 24~28 页。
[2] 王国平：《以城市发展方式转变推动经济发展方式转变》，《红旗文稿》2014 年第 12 期，第 18~21 页。

二是积极倡导绿色低碳消费模式。习近平总书记指出,要大力倡导绿色低碳的生产生活方式,从绿色发展中寻找发展的机遇和动力。[①] 鼓励和引导市民选择和主动参与绿色低碳的生产生活方式和消费模式,鼓励市民共同参与绿色低碳的新型城镇化建设。要树立低碳消费意识,政府应通过建立绿色采购机制保护和鼓励企业生产绿色低碳产品,加快降低绿色低碳产品生产与流通等各个环节的交易成本,加快建设高效快捷的低碳产品物流体系,建立节能和低碳产品信息发布与查询平台。要实施低碳产品惠民政策,营造绿色低碳的消费环境,鼓励消费者选择和购买绿色低碳产品,引导低碳生活方式和消费模式创新。此外,要加快培育和完善绿色消费市场,打造更多鼓励和引导绿色低碳消费的新场景、新业态、新模式。绿色低碳消费是各类消费主体在消费过程中自觉贯彻绿色低碳理念的消费行为,是绿色生活方式的重要组成部分,也是建设生态文明、实现碳达峰碳中和目标的现实需要。应制定鼓励绿色低碳消费的税收减免、财政补贴政策,发放绿色低碳消费券等,完善引导绿色消费的制度政策体系和体制机制,培育新能源汽车发展、分布式光伏、分散式风电、新型储能、综合能源服务等绿色消费场景,形成绿色低碳的生活方式和消费模式。[②] 完善绿色低碳产品和服务标准、认证、标识体系,倡导简约适度、绿色低碳的生活方式,开展创建节约型机关、绿色家庭、绿色社区等行动。

三是倡导公众参与植树造林活动,提升生态碳汇能力。鼓励社会公众积极参与生态修复和生态补偿,提升生态碳汇能力,守住生态安全边界,共同营造低碳创新、低碳生活、低碳消费的新型城镇环境。强化全社会的低碳发展责任,加强低碳创新的社会舆论引导,使城市低碳消费、城市生态文明建设成为主流价值观,共同建设具有中国特色的低碳、生态、宜居的新型城镇体系,有序推动碳达峰碳中和目标的实现。

---

① 习近平:《继往开来,开启全球应对气候变化新征程》,国务院公报 2020 年第 35 号,2020 年 12 月 12 日。
② 王婧、袁惊柱:《新质生产力就是绿色生产力》,《四川日报》2024 年 2 月 26 日。

六 加强生态环境治理，构建绿色低碳的美丽城市

新发展阶段的新型城镇化建设，应在生态环境保护与治理方面，坚持山水林田湖草系统治理，以实现减污降碳协同增效为抓手，以改善生态环境质量为核心，以精准治污、科学治污、依法治污为方针，加强生态环境保护和污染治理，以更高标准打好蓝天、碧水、净土保卫战，重点要从工业污染防治、交通尾气治理、用水和垃圾处理、绿色建筑等方面采取有效措施，加强环境治理、生态环保等技术创新，提升生态系统质量和稳定性，以高水平保护推动绿色高质量发展，推动形成绿色低碳生产生活方式，增强新型城镇化建设生态韧性，加快构建绿色低碳、和谐宜居的美丽城镇空间。

（一）加强工业污染防治，打造低碳型现代工业

当前，深入推进新型城镇化建设，需要破解的难题是工业污染问题。许多地区重化工产业占一定比重，这些产业的典型特征是使用传统能源和传统工艺，能耗和碳排放强度大，工业污染问题难以根治。破解这一难题，选择新型城镇化的低碳创新驱动道路，就是要加强企业的技术改造，加快传统能源转型，实施清洁生产工艺，组织专业化生产，集中治理工业污染难题，加快打造绿色低碳型的现代工业。

一是加快传统能源转型，从源头上降低能耗、减少环境污染和碳排放水平。新型城镇不能作为中心城市传统高能耗、高污染工业转移的目的地，必须以能源转型为契机，加快低碳新能源技术和低碳产业技术创新。一方面，要加强大型火电厂的脱硫、除尘以及低氮燃烧措施，提高能源利用效率，降低能耗强度。推动传统工业转型升级，加快工业污染治理，推广以电代煤、以电代气，这是减少工业污染和碳排放的关键支撑。另一方面，要加强新能源技术创新，广泛开发利用低碳可再生能源，加快新能源开发利用，推动能源替代，加快发展以新能源为动力支撑的现代低碳产业，构建现代化产业体

系，提高新型城镇化的能源利用效率和产业发展质量。

二是加强工业技术升级和低碳技术创新，在企业推行清洁生产。推进绿色低碳改造，提高资源利用效率。采用低碳经济和循环经济模式，降低污染物排放量，既要加强对废物减量化、低碳化排放，也要加强产业链延伸，支持企业建设一批数字化能碳管理中心，以废弃物再利用和循环使用为重要环节加快完善新型城镇化的资源回收低碳化利用体系，推动工业固废和可再生资源规模化、高值化、低碳化利用。以低碳工业园区建设为抓手，提升企业节能减排能力和低碳创新水平，鼓励园区大力开发利用太阳能、风能等新能源，从源头上减少大气污染，推进工业企业能源消费的低碳化、生态化改造。

三是深入实施节能降碳行动，构建绿色制造体系。推行绿色制造是建设生态文明、推动绿色城镇化的必由之路。新型城镇化建设，要大力实施绿色制造工程，协同推进数字化、绿色化改造。一方面，依托绿色低碳技术创新、新一代信息技术赋能，聚焦钢铁、有色金属、石化化工、建材等重点行业和数据中心、通信基站等重点领域，加强大气污染联防联控，关闭对空气质量造成严重负面影响的企业和工厂，减少工业污染。另一方面，出台绿色低碳发展行动方案，探索工业产品碳足迹管理的有效方法，加快构建科技含量高、资源消耗低、环境污染少的产业结构和生产方式，大幅提高制造业绿色化、低碳化水平，加快构建绿色低碳型的现代化工业体系。

（二）加强机动车尾气治理，建立绿色交通系统

随着我国机动车保有量持续增加，机动车油品低、排放量大，机动车尾气排放已成为城市大气污染物的重要来源，也是制约新型城镇化建设和人文环境提升的重要障碍。特别是北京等超大特大城市频繁发生的 PM2.5 污染问题，与机动车尾气排放密切相关。据公安部统计，2023 年全国机动车保有量达 4.35 亿辆，其中汽车 3.36 亿辆。全国新注册登记机动车 3480 万辆，比 2022 年增加 1.6 万辆，增长 0.05%。全国 94 个城市汽车保有量超过 100

万辆,与2022年相比增加10个城市。①尾气排放成为我国大气污染的主要来源,是造成灰霾、光化学烟雾污染的重要原因。新型城镇化建设面向绿色低碳发展、碳达峰碳中和目标,应重视机动车尾气治理。深入实施创新驱动发展战略,应发挥绿色低碳科技创新对于城市机动车尾气治理的重要引擎作用。一方面,应加快传统燃油车淘汰和油品标准提升,加强机动车尾气污染治理;另一方面,应借助广大的城镇地区空间优势和人口相对密集优势,大力发展新能源汽车,建立绿色交通系统,提高交通设施的通达性,也增强新能源汽车产业发展新动能。具体而言,表现在以下几个方面。

一是加强机动车尾气治理,加快传统燃油车淘汰步伐。严格执行机动车维护、改造、报废制度,严格按照国家标准报废机动车。对不符合标准的机动车采取加装过滤器或停驶等措施;加强对汽车尾气中的CO、HC、NO_x、$PM2.5$的控制,明确规定所有汽车尾气排放必须达标,要求在尾气出口处加设带有催化剂的过滤器,将尾气中的CO、HC、NO_x、$PM2.5$污染物转化成低危害物质,或直接在燃油中加入添加剂,促进燃油充分燃烧,减少有害气体的生成,定期检查并限期机动车尾气达标。以持续改善空气质量为中心,加强机动车排放监管和提供技术支持,在解决影响和制约机动车监管的瓶颈问题上下功夫。加快高污染车辆治理与淘汰,加快油改气进度,提高机动车排放标准,公共交通和出租车全部实现油改气或电动化,逐渐降低燃油机车比重,从而加强对尾气的治理,减少挥发性有机物排放。

二是建立起便捷舒适的公共交通运输体系,大力发展绿色公共交通。推广使用无污染交通工具,建立多样化的交通供给系统。加强绿色交通技术创新,特别是新能源技术与交通工具的结合,使用新型动力汽车,如太阳能汽车、混合动力汽车、氢能汽车等,能有效减少对传统石油资源的依赖,进而减少交通碳排放。

---

① 《全国机动车保有量达4.35亿辆》,https://www.gov.cn/lianbo/bumen/202401/content_6925362.htm,2024年1月11日。

三是鼓励新能源汽车消费，发展新能源汽车产业。新能源汽车的推广和应用作为道路交通领域重要的减排措施，是实现"双碳"目标的重要抓手。新能源汽车具有环保、节能、低噪声以及充电方便等优势。新能源汽车环保，在运行过程中实现零排放，不产生有害气体，对环境和空气质量不会造成影响；新能源汽车节能，动力装置系统相对简单，能耗较低，相对于传统燃油车，能节省更多的能源；新能源汽车低噪声，由动力电池和电机驱动，噪声水平低；新能源汽车充电方便，随着技术的不断进步和普及，未来充电将更加便捷。新能源汽车还有助于推动能源可持续发展和保护生态环境。应进一步深化体制机制改革，完善面向新能源汽车的购车补贴，减免车辆购置税，制定排放标准等政策，鼓励新能源汽车消费，刺激市场需求和企业技术升级，因地制宜减少燃油车牌照发放，鼓励、引导和推广私人购买电动汽车，加大纯电动汽车在公交、环卫等领域的应用力度，示范应用电动汽车、电动出租车、无人驾驶电动车等，推动新能源汽车产业发展。

四是完善充电站等配套设施建设，建立健全智能充换电服务网络。目前，社会公众对新能源汽车消费强劲，随之而来的充电服务需求不断增多。截至 2023 年底，全国新能源汽车保有量超过 2000 万辆，其中纯电动汽车保有量 1552 万辆。[①] 展望未来，新能源汽车特别是电动汽车将保持快速增长态势，催生充电配套设施建设的服务需求。目前，充电设施在快速发展过程中规模缺乏管控、布局不合理、效能偏低、严重短缺等问题相对突出。老旧小区、中心城区边缘、外围乡镇等仍是充电桩覆盖的薄弱区域，各类业态建筑周边公共充电桩的利用效能有待提升。推动新型城镇化建设，既要紧紧抓住新能源汽车产业发展的良好机遇，也要面向广大人民群众的充电等服务需求，加快建立和完善充电站等配套基础设施，加快形成智能充换电服务网络，为绿色低碳高质量发展提供新动能。

---

① 《一图看懂！公安部：全国新能源汽车保有量已超过 2000 万辆》，https：//www.mps.gov.cn/n6557563/cq386285/content.html，2024 年 1 月 11 日。

（三）加强用水和垃圾处理低碳化转型，提升新型城镇化保障能力

习近平总书记高度重视水资源的集约利用，高度重视垃圾分类治理。以习近平生态文明思想为指引，推动新型城镇化建设，应借助大数据、云计算、低碳技术等加强生态、生活等层面的用水、垃圾排放与处理等问题治理。依托绿色经济、循环经济、低碳经济的理论支撑，加强用水、垃圾处理的低碳化、智能化转型发展。

在新型城镇化建设的用水方面，应从源头上注重集约利用水资源，注重节约用水，减少水资源浪费和水排放，采用循环利用模式鼓励生活用水循环利用，减少污水排放。同时加强污水处理和循环再利用，鼓励中水循环利用，鼓励产业用水循环利用。比如，湖南省新宁县在新型城镇化建设中，采用绿色化、低碳化、智能化模式推动城乡供水用水的"同网同水同质"，采用现代传感器、智能控制等新一代新型技术手段推动城市用水实时监控，采用大水源、大水厂、大管网模式推动周边乡镇及管网延伸与全覆盖，实现用水的精准化、智能化管理，切实保障城乡用水安全。[①] 借鉴新宁县用水经验，在推进以县城为重要载体的新型城镇化建设中，应利用智能化技术加强城镇用水总量、结构特征、时间需求等的具体分析与科学规划，制定科学的用水计划，并利用智能化控制系统，推动城镇用水运营效率、水质监测等的自动化、智能化、低碳化发展。

在新型城镇化建设的垃圾处理方面，应构建循环再利用、绿色低碳型处理模式，加快垃圾减量化排放、资源化回收、无害化利用。加强"垃圾围城"难题治理，树立"垃圾是放错地方的资源"的基本理念，将城市生活垃圾纳入公共治理范畴，加大垃圾处理的资金投入，提高垃圾分类和无害化终端处理能力。健全全生命周期垃圾治理体系，重视工业废弃物、生活垃圾的循环回收利用，在源头、生产和排放等全过程加强减量化、循环化、低碳

---

① 《新宁县城乡供水：让城市用水更加智能化》，https：//baijiahao.baidu.com/s？id＝1766120506442233088&wfr＝spider&for＝pc，2023年5月17日。

化治理。大力发展以企业间的物质流闭路循环为特征的生态型产业园区和以减少物质消耗和废物排放为特征的生态型居住园区的双生态园区，构建绿色低碳型的新型城镇空间。强化垃圾分类回收，加快垃圾处理设施建设力度，加强新技术在垃圾处理中的应用，推动新型城镇化建设的绿色低碳发展。

（四）加强现代智能低碳建筑建设，提升新型城镇化人居品质

加快现代智能低碳建筑建设，是城市建筑领域发展新质生产力的重要内容，是以新型城镇化推动建筑向智能化、低碳化转型的新态势新动向。传统城镇化过于强调城市建筑空间的过度密集、过于"紧凑"，导致城市公共空间、绿色空间被挤压，密集的建筑空间能耗高，在整个城市的碳排放中占据较大比重，成为实现碳达峰碳中和目标中的重点领域和关键环节。相关研究指出，2020年全国建筑全过程（含建材生产、建筑施工和建筑运行）能耗总量为22.7亿吨标准煤，占全国能源消费总量的45.5%；二氧化碳排放总量为50.8亿吨，占全国碳排放总量的50.9%。[1] 因此，加快传统建筑转型发展、构建绿色低碳建筑是大势所趋。[2] 据梳理测算，全国存量建筑中仍有近40%为非节能建筑，既有公共建筑中使用寿命超过20年的建筑占比超30%，大量老旧居住建筑围护结构差、设备老旧效率低、运行维护管理缺失。[3] 大规模的城镇建筑体本身是能耗、碳排放的重要空间场域，推动传统城镇建筑的保护更新、节能减排、低碳发展意义重大，也迫在眉睫。

依托绿色低碳的建筑技术、建筑形态、建筑模式等，实现节能减排、生态宜居，助力碳达峰碳中和目标实现，成为培育新质生产力和未来产业的新引擎新赛道。智能低碳建筑作为一种先进生产力形态，改变传统建筑高能耗、高排放模式，摆脱传统经济增长方式、生产力发展路径，以人工智能等

---

[1] 肖隆平：《建筑电力占建筑运行碳排放总量过半》，《新京报》2022年12月29日。
[2] 罗毅：《"双碳"目标下发展绿色建筑、建设低碳城市研究》，《江南论坛》2022年第4期，第21~25页。
[3] 《提升节能标准，优化用能结构，杜绝能源浪费》，https://baijiahao.baidu.com/s? id＝1794637306553045487&wfr＝spider&for＝pc，2024年3月27日。

新一代信息技术和绿色低碳技术为支撑,形成智能化、低碳化的建筑模式。在构建绿色低碳美丽城市中,推动新型城镇化的低碳创新驱动,应发挥绿色低碳技术的创新驱动作用,加强绿色建筑、屋顶绿化建设,加快推进城市绿化美化,提升城市人居品质和生态承载力。

一是以低碳创新驱动绿色低碳建筑建设。推广绿色低碳节能建筑材料、绿色低碳产品使用,强化新建建筑节能标准。比如,北京大兴国际机场临空经济区国际航空总部园项目建设有近20万平方米的绿色建筑,综合利用地源热泵、空气源热泵及光伏发电等可再生能源技术,采用绿色建筑材料,打造舒适、高效、健康环保的商务建筑。加强建筑物的节能改造,充分利用闲置屋顶开发光伏发电设备以及屋顶绿化,增强城市碳汇能力和绿色低碳能源供给。如大兴国际机场临空经济区的机场回迁安置房,配置"分布式光伏发电系统",充分利用太阳能进行生活热水的供应,太阳能光热对生活热水保障率达到40%。目前,我国光伏发电装机规模已超过6亿千瓦,全国城乡建筑及周边预计安装光伏发电装机规模达28.5亿千瓦,可为光伏发电面板安装提供充足空间。以新的建筑技术赋能绿色建筑,采用垂直及屋顶绿化、立体园林建筑、屋顶雨水收集回用系统,发掘社区"微能源"的建筑脱碳潜力。[①] 重点对宾馆、饭店、医院、学校、城区老旧平房、小区住宅等建筑,加强墙体、供热系统、耗电设备等的系统节能低碳改造。此外,所有新建房屋均要求使用绿色低碳的节能技术和屋顶绿化,打造绿色低碳的美丽城市空间。

二是采用人工智能等新一代信息技术和合同能源管理方式。以新一代信息技术对围护结构、供热采暖、空调制冷、办公设备、照明等系统以及网络机房等重点部位进行节能改造,建设一批现代智能低碳示范建筑。现代智能低碳建筑是将建筑、通信、计算机、控制、节能减碳降碳等方面的先进技术相互融合,合理融入建筑建设、管理、维修、服务等全过程,体现为工程投资合理、设备自动化程度高、信息管理科学、服务效率高、环境安全舒适等

---

① 仇保兴:《城市碳中和与绿色建筑》,《城市发展研究》2021年第7期,第1~8、49页。

特点。现代智能低碳建筑作为新型城镇化建设的重要组成部分，以其智能化、信息化、可视化、人性化、低碳化的特点，成为现代智能智慧城市发展的强大动力。加快建设现代智能低碳建筑，利用智能技术、低碳技术，构建建筑智能化系统，提高建造过程的智能化、低碳化水平，减少对人、能源和其他资源的依赖，达到安全建造、安全管理、低碳管理的目的，提高建筑的性价比和可靠性。

三是政府政策扶持和市场化手段相结合。依托现代技术推进建筑绿化工程建设，推动新型城镇化的绿色低碳发展。建筑绿化主要是指在建筑物屋顶、露台、天台或阳台上进行的绿化，提高了城市的绿化覆盖率，创造了空中景观，提升了城市的整体美感，增强了城市生态碳汇能力，改善了生态环境，缓解了城市热岛效应，净化了空气，保护了建筑物顶部，延长了屋顶建材使用寿命等。有的采用抗逆性强的草本植被平铺栽植于屋顶绿化结构层上；有的打造花园式建筑屋顶，根据屋顶具体条件，选择小型乔木、低矮灌木、草坪、地被植物进行屋顶绿化植物配置，设置座椅和园林小品等，提供一定的游览和休憩活动空间。

上海、广东、北京等省市高度重视绿色建筑建设，出台了相关规范和条例，推动绿色建筑高质量发展。比如，上海市在2015年发布了《屋顶绿化技术规范》，鼓励在建设项目的屋顶实施绿化，以促进绿化事业的发展，改善和保护生态环境。2020年11月，《广东省绿色建筑条例》发布，明确提出贯彻绿色发展理念，推进绿色建筑高质量发展，规范绿色建筑活动，节约资源，提高人居环境质量。《北京市建筑绿色发展条例》于2023年11月24日通过，支持建筑领域科技创新，鼓励研究、开发、示范和推广绿色低碳新技术、新工艺、新材料和新设备，推动建筑相关产业绿色发展。此外，重庆、深圳等城市也在积极推进屋顶绿化工程，取得了显著的生态效益和社会效益。通过合理设计和科学管理，建筑绿化不仅能提升城市景观，还能为市民提供更多的绿色空间，改善城市生态环境。

四是加强现代智能低碳建筑建设，促进对智能低碳建筑的科普与宣传。一方面，面向房地产业发展的诸多困境，应大力引导和鼓励发展现代智能低碳建筑，提高房地产的绿色低碳发展水平和生态效益，助力碳达峰碳中和，提升房地产的发展品质，满足人民对美好生活、绿色生活的需求。另一方面，要加强低碳建筑理念宣传、科普与传播。现代智能低碳建筑作为新型城镇化建设的重要内容，需要进一步加强相关绿色低碳技术与低碳理念的宣传与推广，向市民展示清洁能源和低碳科技、开展低碳建筑科普、倡导绿色低碳建筑生活方式，降低建筑的能耗和碳排放水平，更加合理利用建筑空间，促进新型城镇化绿色低碳发展。

（五）加强"三绿"并举推动国土绿化，拓展新型城镇化生态空间

大规模国土绿化是持续拓展新型城镇化生态空间、建设人与自然和谐共生的美丽中国的重要内容。2024年4月3日，习近平总书记在参加首都义务植树活动时强调，"绿化祖国要扩绿、兴绿、护绿并举"。习近平总书记指出，"开展国土绿化行动，推进荒漠化、石漠化、水土流失综合治理，强化湿地保护和恢复"。"三绿"并举重要理念是习近平生态文明思想的重要内容，为全面推进美丽中国建设、加快推进人与自然和谐共生的现代化指明了方向、提供了根本遵循。[①] 深入推进新型城镇化建设与低碳创新驱动发展，应坚持"绿水青山就是金山银山"理念，从生态系统整体性和流域系统性出发，找出问题根源，强化山水林田湖草一体化的协同治理，以扩绿、兴绿、护绿并举，系统推进大规模国土绿化行动。系统开展生态修复和环境保护工作，切实转变传统城镇化发展模式，以国土绿化为重要抓手牢牢守住生态安全边界，夯实新型城镇化的绿色根基，加快构建绿色低碳的新型城镇化新格局。

一是以扩绿为基础，有力擦亮新型城镇化的绿色底色。习近平总书记指出，"扩绿，就是要科学推进大规模国土绿化，适地适树、适时适法，种一棵活一棵、造一片成一片"。国土绿化涉及城市街道社区、公园、道路边坡

[①] 刘广超：《"扩绿、兴绿、护绿"并举筑牢美丽中国生态根基》，《红旗文稿》2024年第9期，第46~48页。

等多个地域，涉及生物多样性、水资源、土壤保护、气候调节、城市景观、生态碳汇等多个方面，应坚持系统思维，加强城市生态系统的扩绿工作，科学划定城市绿化用地，合理确定绿化空间布局。新型城镇化建设不能盲目追求绿化面积和数量，必须坚持从实际情况和发展基础出发，既要注重绿化数量更要注重生态质量，既要根据自然地理气候条件、植被生长发育规律、生活生产生态需要，合理选择绿化树种草种，也要充分考虑水资源承载能力。结合新型城镇化建设实际与资源要素约束，统筹考虑生态合理性和经济可行性，宜乔则乔、宜灌则灌、宜草则草、宜花则花，推动城市扩绿规模增长与质量提升并举，提高城市植树造林的留存率和成林率。

二是以兴绿为根本，有效增强新型城镇化的综合效益。习近平总书记指出，"兴绿，就是要注重质量效益，拓展绿水青山转化为金山银山的路径，推动森林'水库、钱库、粮库、碳库'更好联动，实现生态效益、经济效益、社会效益相统一"。良好的生态环境蕴含着无穷的经济价值，绿水青山就是金山银山，保护生态环境就是保护生产力，新质生产力就是绿色生产力。新型城镇化建设要以兴绿为根本要求和发展方向，坚持生态优先、绿色低碳发展、合理开发利用，让自然资源优势源源不断转化为高质量发展优势。开展国土绿化行动，并不是简单追求提升绿化率，而是结合城镇空间的现实基础，优化国土空间布局，发挥好森林、草地等各要素在水源涵养、保持水土、净化空气、森林旅游、森林康养、自然教育、森林文化、增强碳汇等方面差异化的生态功能作用，盘活土地、林木、水域等自然资源，实现城市经济增长、生态修复、环境治理、减碳降碳固碳等协同发展。依托环境治理、新能源、生态建设等方面的技术创新，大尺度拓展生态空间，划定城市生态红线，构建生态产品价值实现机制，健全自然资源资产管理体制，让保护修复生态环境获得合理回报。

三是以护绿为保障，切实提升新型城镇化建设的生态质量。习近平总书记指出，"护绿，就是要加强林草资源保护，做好防灭火工作，深入开展重大隐患排查整治，守护好来之不易的绿化成果"。新型城镇化建设要以护绿为重要保障，把握好高质量发展和高水平保护、经济增长与环境保护的辩证统一关系，依托低碳科技创新驱动，切实转变传统高能耗、高污染、高排放的发展模式，着力构建绿色低碳循环经济体系，坚持造林与护林、发展与护绿并重，降低发展的资源环境代价，实现绿色低碳的高质量发展和城市生态系统质量提升。

要坚持系统化、一体化、低碳化的原则，切实加强城市污染治理、环境保护与生态修复，依托现代低碳技术，以及人工智能、大数据等新技术加快构建相对完备的城市生态修复与防灾救灾体系，排查生态环境潜在隐患，维护好城市生态安全。要坚持城市护林与造林并重，制定科学的城市生态修复、环境保护规划与实施方案，结合城市实际情况，创造性地开展护绿、增绿、兴绿等工作，比如北京提出了"留白增绿"举措，见缝插绿、留白增绿，在织补城市绿色空间的同时，也拓展市民公共活动空间，实现城市绿化、生态修复、环境保护与生态空间拓展的一体化发展。

要加强新一代信息技术如人工智能、云计算等在新型城镇化建设与城市绿化中的推广与应用，构建综合科技智能的城市生态系统防灾救灾体系，提升城市生态资源监测的精度和实时性，及时发现和排查潜在的风险隐患。

要加大宣传教育力度，鼓励和引导企业、社会组织、市民等积极参与新型城镇化建设的大规模国土绿化行动，提升全社会"爱林护林"意识和生态文明理念，鼓励植树造林，加强城市园林绿化建设，增加森林碳汇，打造花园城市、森林城市，加快构建绿色低碳、生态宜居的现代化城市生态环境，共同守护好绿色城市家园，提升城市生态韧性和生态系统质量，以改善生态环境质量为核心，推动经济高质量发展和生态环境保护再上新台阶，加快开启新型城镇化低碳创新驱动发展、人与自然和谐共生的现代化国家新征程。

七 本章小结

在当前科技创新提速、产业变革深入发展、加快实现碳达峰碳中和目标的新形势下，推进以人为核心的中国特色新型城镇化建设，构建低碳创新驱动模式，应从规划与政策、技术与能力、产业与能源、转型与创新、社会与服务、环境与空间等多层面，采取科学有效的发展路径与对策措施。一是在规划与政策层面，完善低碳创新规划与政策，加快科技创新体制改革。二是在技术与能力层面，破解"卡脖子"技术难题，培育和发展新质生产力。三是在产业与能源层面，推动产业转型与提升韧性，构建现代化低碳产业体系。四是在转型与创新层面，先立后破优化能源结构，构建城镇低碳能源发展模式。五是在社会与服务层面，加强资源整合与社会参与，推动公共服务均等化布局。六是在环境与空间层面，加强生态环境治理，构建绿色低碳的美丽城市。

第十章 结论与展望

一 基本结论

新发展阶段,加快推进新型城镇化建设,选择低碳创新驱动模式,加快培育和发展新质生产力,对于加快实施创新驱动发展战略、加快实现绿色低碳发展与"双碳"目标、全面建设美丽中国、扎实推进人与自然和谐共生的中国式现代化具有十分重要的战略意义。本书以理论和实践相结合,探讨新型城镇化、新质生产力、创新驱动之间的逻辑关联,提出"低碳创新驱动"概念,建构新型城镇化的低碳创新驱动模式及其理论分析框架,比较分析国外城市化经验,总结中国新型城镇化的辉煌成就与宝贵经验,并聚焦问题探讨中国新型城镇化建设存在的主要难题,最后提出新质生产力视域下新型城镇化低碳创新驱动的路径选择与对策建议。主要研究内容和创新点表现在以下几个方面。

第一,基于历史逻辑的视角,创造性地提出新中国成立以来中国城镇化建设的三大演变历程及其阶段性特征。从历史逻辑的视角,系统梳理中国城镇化的发展阶段及其特征。新中国成立以来,中国城镇化的演变历程主要包括城镇化起步与波动发展阶段(新中国成立至改革开放前)、城镇化快速发展阶段(改革开放至党的十八大前)、新型城镇化高质量发展阶段(党的十八大至今)三个阶段。在城镇化起步与波动发展阶段,其阶段性特征主要表现为我国历经多年的战争灾难后，百废待兴，经济社会开始恢复发展，城市化开启航程，城市人口和规模经历了从逐步扩大发展到城市人口倒流农村的过程，城镇化步伐受到阻碍和存在波动。在城镇化快速发展阶段，其阶段性特征表现为以政府为主导力量，城镇化进程提速，大批农村富余劳动力进城务工，给城镇化建设作出了巨大贡献，但存在"半城镇化"现象；小城镇发展作用凸显，促进地方经济增长、解决就业等问题，但存在资源集约利用率不高、基础设施滞后、公共服务质量不高、环境污染严重等问题。进入新时代，新型城镇化建设进入高质量发展阶段，其特征主要表现为：将"以人为核心"作为新型城镇化的本质要求，以城市群为主体形态推进城镇化，以科技创新驱动城镇发展方式转变，推动生态环境治理与绿色低碳发展等。特别是面向"双碳"目标和新质生产力发展，新型城镇化建设坚持生态优先与绿色低碳发展的原则，依托科技创新、制度创新推动生态文明建设和绿色生产力发展，将丰富的自然生态优势转变为发展优势，推动城市经济社会全面绿色转型与高质量发展。

第二，基于新质生产力的战略背景，提出"低碳创新驱动"概念及其理论分析框架。低碳创新驱动是对新型城镇化建设的生态属性、人文内涵、人类生存价值的深刻认识，是实施创新驱动发展战略、发展新质生产力、推动绿色低碳发展、建设美丽中国的战略选择。新质生产力也是绿色生产力，绿色低碳技术创新是发展新质生产力的关键要素。本书结合城镇化、技术创新、绿色低碳发展、新质生产力等的最新理论进展和实践成果，以低碳发展、创新驱动为基本要求，创造性地提出新型城镇化建设的"低碳创新驱动"概念及其理论分析框架。建设美丽中国、推动绿色低碳发展、加快培育和发展新质生产力，对于新型城镇化建设而言，既是挑战和压力，更是换道超车的新机遇和新赛道。新型城镇化建设的低碳创新驱动，就是在深入实施新型城镇化战略过程中，坚持以人为本、以生态文明建设为基本目标，加强面向低碳、节能、生态的技术创新和制度创新，培育和发展新质生产力，驱动新型城镇化选择绿色低碳、创新发展的新模式、新道路。构建新型城镇化的低碳创新驱动模式具有重要意义，在技术层面，提升城镇创新能力和技术竞争力；在产业层面，立足新阶段全球产业链转型升级契机，加快传统产业结构调整，培育和构建低碳产业链体系；在社会层面，有利于彰显以人为本、低碳发展理念，推动城乡融合、低碳发展，加快构建低碳型城镇社会；在生态层面，有利于加强城镇环境治理，拓展生态空间，构建生态宜居、人与自然和谐的新型城镇人居环境。

第三，基于多元主体的维度，提出构建新型城镇化建设的低碳创新驱动模式。根据不同创新驱动主体，构建新型城镇化建设的低碳创新驱动模式，主要有政府主导型、企业主导型、科研院所主导型以及多元主体协同型等。一是政府主导型的低碳创新驱动模式，政府的主导作用主要包括制定低碳创新政策、建设低碳基础设施、构建低碳创新文化、推动低碳创新合作等。二是企业主导型的低碳创新驱动模式，突出发挥企业在低碳创新投入主体、低碳创新行为核心主体、低碳创新成果应用主体等方面的主导作用。三是科研院所主导型的低碳创新驱动模式，发挥科研院所及其专家作用，积极建设低碳知识生产源、低碳知识传播平台、低碳科技孵化器、低碳创新人才培育等，在低碳创新中发挥创新引领和知识支撑作用，促进低碳技术人才培养、低碳技术研发与新型城镇化建设的高度融合和协同发展。四是多元主体协同型的低碳创新驱动模式，即政府、企业、科研院所、金融机构、法律机构以及其他社会组织等多元主体协同参与低碳创新。

第四，基于影响因素的维度，构建了新型城镇化建设的低碳创新驱动力模型。以低碳创新驱动中国新型城镇化建设，受多方面因素影响。基于影响因素分析的维度，从外部推力和内部动力两个层面提出并构建了新型城镇化低碳创新驱动力模型。从外部来看主要包括来自国内外碳减排压力和国内政策吸引、市场推动等动力影响。在国际层面，全球气候变化、碳减排与生态环保等带来发展挑战，国际贸易中的碳关税和碳壁垒将对中国新型城镇化低碳创新产生强大的压力作用。在国家层面，主要表现为国家鼓励绿色低碳创新的政策吸引力、提升城镇公共服务等所带来的创新动力。在市场层面，表现为绿色低碳产品需求所带来的低碳市场推动力。从内部来看，主要是作为创新主体的企业，追求低碳技术创新、低碳产品创新带来的丰厚利润、市场份额等所形成的创新内驱力,以及企业与科研院所等合作创新所形成的创新协同力。

第五,基于国际比较的视角,分析国外典型城市在推进城市化、创新驱动、低碳转型等方面的重要经验,提出对中国新型城镇化建设的政策启示。采用比较分析方法,重点分析英国伦敦、美国纽约、德国鲁尔、日本东京、日本九州等典型城市和地区的城市化经验,进而提出对中国新型城镇化建设的重要经验借鉴与启示。英国伦敦城市化的主要经验是高度重视城市工业转型与创新发展相结合,推动污染治理与生态建设,加快绿色低碳发展,将"雾都"建设为世界闻名的"绿都",展现了空间规划合理、交通体系完备、服务功能健全、创新驱动发展、绿色低碳转型等特点。美国纽约城市化主要是以产业转型推进城市化,以新城建设推动郊区化,以大都市圈推动再城市化,高度重视科技创新、绿色发展的重要作用,实现产业转型与旧城复兴。日本东京城市化的主要经验是加快制造业转型,制定首都圈规划,构建城市绿化带,打造环都市圈轨道网等。日本九州城市化的主要经验是调整煤炭政策,发展低碳产业,加强新能源技术创新与新能源开发,构建生态环保型城市,推动城市绿色复兴。国外经验对中国新型城镇化建设的重要启示在于,面向生态环境治理、绿色低碳转型、碳达峰碳中和等要求,应加强传统产业转型与城市空间优化,加强科技创新与制度创新、绿色低碳发展与生态环境治理等的协同推进,实现新型城镇化建设的低碳创新驱动与高质量发展。

第六,基于现实逻辑的维度,全面分析新时代中国新型城镇化建设、创新驱动与低碳发展的基本现状、重要成就、宝贵经验及世界意义。中国城镇化建设尽管起步比较晚,中间还经历了不少的曲折与波动,但在中国共产党的坚强领导下,特别是党的十八大以来推进以人为核心的新型城镇化,取得了历史性的辉煌成就和宝贵经验,值得研究梳理和全面总结。一是探讨了中国新型城镇化、创新驱动与低碳发展的基本现状及辉煌成就。在党的坚强领导下,从城镇化启动、波动发展,到快速发展,再到新型城镇化的高质量发展,中国仅用了70多年的时间,特别是党的十八大以来,城镇化建设与发展取得了历史性的突破与辉煌成就。二是全面总结中国新型城镇化建设、创新驱动与低碳发展的宝贵经验。中国特色新型城镇化道路取得历史性成就，发生了历史性变革。从中国城镇化建设的历程看，坚持党的领导，坚持以人为核心，加强技术创新和制度改革，加强城镇生态修复、环境保护与污染治理，加快建设绿色低碳、生态宜居的新型城镇空间，这是新型城镇化建设区别于传统城镇化的重要特征，也是新型城镇化建设取得辉煌成就的重要经验总结。三是深入阐释中国新型城镇化建设、创新驱动与低碳发展的世界意义。从世界意义看，在中国共产党的坚强领导下，坚持以人民为中心的发展思想，深入实施创新驱动发展战略，有序推动人类有史以来最大规模的城镇化进程，不断改善人居环境，不断提升城镇化的综合效益和发展质量，为其他国家特别是发展中国家的城市化提供中国智慧、中国方案。

第七，基于问题导向的维度，剖析中国新型城镇化建设与低碳创新驱动存在的主要难题。结合中国新型城镇化、创新发展、绿色低碳发展等具体实践，聚焦现实问题，深入剖析中国新型城镇化建设中实现低碳创新驱动发展存在的主要难题与短板。主要表现为：一是低碳创新意识不强，创新政策与机制不够完善；二是低碳技术创新能力不足，对新型城镇化建设发挥的引擎作用不凸显；三是产业和能源结构不够合理，传统城镇化存在"碳污同源"问题；四是低碳创新资源整合不力，社会参与低碳创新水平低；五是环境污染治理难度大，城市生态韧性不足。

第八，基于路径选择的维度，探讨中国新型城镇化建设的低碳创新驱动发展的对策建议。当前科技创新提速、产业变革深入推进，发展新质生产力，推进以人为核心的中国特色新型城镇化建设，应加快构建低碳创新驱动模式，培育和发展新质生产力，应进一步全面深化改革，从规划与政策、技术与能力、产业与能源、转型与创新、社会与服务、环境与空间等多层面，选择科学有效的发展路径。一是在规划与政策层面，建立新型城镇化碳达峰碳中和评价指标体系，完善低碳创新规划与政策，加快科技创新体制改革。二是在技术与能力层面，破解"卡脖子"技术难题，培育和发展新质生产力。要充分发挥创新驱动的引擎作用，重点围绕"卡脖子"技术领域，利用新型城镇化建设所覆盖的远郊区、城乡接合部、小城镇等空间，有目标、有计划地布局新的低碳技术研究机构或低碳技术创新基地,并利用新机构、新模式、新机制集中突破"卡脖子"关键性技术。三是在产业与能源层面,推动产业转型与提升韧性,构建现代化低碳产业体系。依托低碳创新链产业链价值链整合,发展氢能、人工智能、生态环保、绿色制造、新能源汽车、生物医药等现代新兴产业,推动一二三产业低碳转型与融合发展,加快构建更具韧性、更具竞争力、更具绿色低碳的低碳产业链体系。充分利用荒山荒漠、滩涂边坡、闲置屋顶、空地等,建设分布式与集中式相结合的光伏风电基地,促进低碳新能源的开发、推广和利用。四是在转型与创新层面,先立后破优化能源结构,构建城镇低碳能源发展模式。五是在社会与服务层面,加强资源整合与社会参与,推动公共服务均等化布局,构建公平正义、和谐包容的服务型城镇。六是在环境与空间层面,加强生态环境治理,构建绿色低碳的美丽城市。依托环境治理技术创新、光伏发电技术创新,构建生态产品价值实现机制,将自然资源优势转化为发展优势,以改善生态环境质量为核心,开启新型城镇化低碳创新驱动发展、加快培育和发展新质生产力、人与自然和谐共生的现代化国家新征程。

二 研究不足与未来展望

(一)对新型城镇化、新质生产力及其低碳创新驱动的内在逻辑关系研究有待深入拓展

本书限于篇幅和研究侧重点的选择,没有对新型城镇化、新质生产力及低碳创新驱动各要素如知识创新、技术创新、创新服务、创新文化等子系统之间的内在关联进行深入研究。实际上各子系统可以再进一步细分,关系复杂,需要对新质生产力与传统生产力、先进生产力等概念进行进一步的研究与梳理,进而推动新质生产力理论发展。一方面,新质生产力区别于传统生产力理论的重要特征就是更加体现绿色低碳,新质生产力本身就是绿色生产力,而发展新质生产力、绿色生产力的关键动力在于加强面向绿色生产力的科技创新,也就是更加重视和强调低碳创新的驱动与引擎

作用，因此有必要深入研究低碳创新驱动与新质生产力发展之间的内在逻辑关系。另一方面，本书深入系统研究阐释了新型城镇化与低碳创新驱动之间的逻辑关系，但对新型城镇化与新质生产力发展之间的逻辑关系有待于进一步研究深化。新质生产力的提出给新型城镇化建设带来新的机遇、新的要求，也带来新的挑战、新的风险，区别于传统城镇化，新型城镇化更加强调新技术、新业态、新模式，这些均是新质生产力发展的必然要求，新质生产力发展有利于推动城镇发展方式转型，推动新型城镇化建设进入新技术驱动的逻辑循环和发展路径中，因此，有必要进一步深入研究新质生产力赋能新型城镇化建设的内在逻辑及其发展路径。

（二）从经济、政治、文化、社会、生态等视角研究新型城镇化建设的低碳创新驱动问题还不够深入系统

低碳创新驱动模式是多维度、多领域、多空间的创新模式选择，是一项涉及多个要素及其内在复杂关系的系统工程。新型城镇化的低碳创新驱动发展并不仅仅涉及技术层面或经济层面，更多涉及经济、政治、文化、社会、生态等多个领域的协同创新与全面发展，仅仅从技术层面或经济层面很难真正有效推动新型城镇化建设。低碳创新驱动是更加突出面向绿色低碳发展的创新发展，需要落实到低碳经济发展、国家政策引导、低碳社会建设、生态环境治理、低碳文化环境营造等各个方面，本书缺乏对这些方面的专门系统研究，但这也为下一步研究提供了重要方向。

（三）对新型城镇化建设面向绿色低碳发展的组织创新、文化创新、管理创新、服务创新等研究不够深入

本书从制度创新和技术创新两个角度对新型城镇化的低碳创新驱动进行了系统研究，但对于组织创新、文化创新、管理创新、服务创新等方面的内容没有深入展开。实际上，面向低碳发展要求，在管理、文化、组织、服务等方面的创新同样重要，缺乏系列配套的低碳创新，低碳发展难以真正落实到位。低碳创新是一个系统工程，不是简单意义上的技术创新，因为技术创

新关乎经济社会的各个领域和各个方面。缺乏组织、文化、管理等系统的创新，难以促进整个社会的低碳发展。那么，低碳文化创新、低碳管理创新、低碳组织创新、低碳服务创新不仅仅是新名词、新概念，其背后的深刻内涵值得深入研究，结合中国当前的实际问题，可以进一步深入系统研究。

（四）对新型城镇化建设低碳创新驱动的评价与实证研究还不够深入

一方面，新型城镇化建设需要发挥低碳创新的驱动力作用，主要是从定性层面开展研究，从低碳创新驱动绩效及其评价的定量分析不足。新型城镇化如何发挥低碳创新的驱动作用？有哪些变量需要分析？如何比较不同地区的新型城镇化建设绩效？如何评价低碳创新能力？本书没有深入展开研究。另一方面，结合国内新型城镇化建设实际，不同省（区、市）的新型城镇化建设模式是不一样的，有成功的，也有失败的。本书主要比较研究国外经验，主要以京津冀地区为例进行了问题分析，但对国内其他典型地区或城市案例没有深入比较研究。比如，江苏镇江开展碳排放影响评估、浙江富阳重视发展低碳产业、河南鹤壁严格执行绿色低碳标准、江西抚州发放"碳币"，这些地区在新型城镇化建设中所形成的典型案例、宝贵经验值得进行实证分析和研究总结。笔者将在后续研究中进行补充研究。

参考文献

[1] 习近平：《习近平谈治国理政》，外文出版社，2014。

[2] 习近平：《创新增长路径，共享发展成果》，《人民日报》2015年11月16日。

[3] 习近平：《共同构建人与自然生命共同体》，《人民日报》2021年4月23日。

[4] 中共中央党史和文献研究院编《习近平关于城市工作论述摘编》，中央文献出版社，2023。

[5] 白静：《"新质生产力"释放中国发展重要信号》，《中国科技产业》2024年第2期，第22~23页。

[6] 毕军：《后危机时代我国低碳城市的建设路径》，《南京社会科学》2009年第11期，第12~16页。

[7] 蔡萌、汪宇明：《基于低碳视角的旅游城市转型研究》，《人文地理》2010年第5期，第32~35、74页。

[8] 蔡运龙、Smit B.：《全球气候变化下中国农业的脆弱性与适应对策》，《地理学报》1996年第3期，第202~212页。

[9] 常吉然：《县域主导产业与新型城镇化协调发展研究——基于县域新型城镇化建设示范县的实证分析》，《城市发展研究》2022年第10期，第9~14页。

[10] 常健：《发展低碳经济：我国面临的问题与改革建议》，《学习与实

践》2010年第10期，第5~9页。

[11] 陈傲：《循环经济技术范式变革与企业技术创新的生态化转向》，《科学学与科学技术管理》2007年第5期，第53~56页。

[12] 陈好孟：《金融支持节能减排问题探讨》，《中国金融》2007年第22期，第63~64页。

[13] 陈弘仁：《北京建设"低碳"世界城市》，《中国经济导报》2010年6月18日。

[14] 陈劲：《加快形成促进新质生产力发展的管理模式》，《清华管理评论》2023年第12期，第1页。

[15] 陈俊鸿：《城市形象设计：城市规划的新课题》，《城市问题》1994年第5期，第24~27页。

[16] 陈伟旋、叶昌东、艾历·切希：《新型城镇化背景下基于要素视角的中国城市转型发展分析》，《上海城市管理》2022年第2期，第9~16页。

[17] 陈文婕、曾德明：《低碳技术创新面临"锁定效应"，关键在技术创新》，《光明日报》2010年3月30日。

[18] 陈雯、李伟、帅树新：《浅析长株潭城市群发展优劣势及其前景》，《商情》2008年第3期，第73~74页。

[19] 陈晓春、蒋道国：《新型城镇化低碳发展的内涵与实现路径》，《学术论坛》2013年第4期，第123~127页。

[20] 陈学章：《国外资源型城市转型的经验与启示》，《湖北师范学院学报》（哲学社会科学版）2007年第3期，第47~49页。

[21] 陈英姿、李雨潼：《调整能源结构，发展低碳经济》，《科技日报》2009年8月10日。

[22] 陈勇智、梁文明、林迎星：《创新驱动我国省域绿色增长的空间效应》，《中国环境科学》2022年第2期，第971~981页。

[23] 仇保兴：《城市转型与重构进程中的规划调控纲要》，《城市规划》2012年第1期，第13~21页。

[24] 楚春礼、鞠美庭、王雁南等：《中国城市低碳发展规划思路与技术框架探讨》，《生态经济》2011年第3期，第45~48、63页。

[25] 楚天骄：《城市转型中新加坡CBD的演化及其启示》，《现代城市研究》2011年第10期，第34~41页。

[26] 戴翔：《以发展新质生产力推动高质量发展》，《天津社会科学》2023年第6期，第103~110页。

[27] 丁丁、周同：《我国低碳经济发展模式的实现途径和政策建议》，《环境保护与循环经济》2008年第3期，第4~5页。

[28] 丁湘城、张颖：《资源型城市转型与发展模式选择——基于生命周期理论的研究》，《江西社会科学》2008年第8期，第109~113页。

[29] 丁一汇：《地球逐渐变暖 人类不寒而栗》，《科学中国人》2002年第10期，第36~38页。

[30] 丁占良：《浅谈全球变暖及其对我国的影响》，《内蒙古科技与经济》2004年第2期，第27~28页。

[31] 董超：《加快形成新质生产力：学理内核、内在依据与实践路径》，《党政干部学刊》2023年第11期，第21~27页。

[32] 杜静、陆小成、罗新星：《区域创新系统的生态化问题研究》，《财经理论与实践》2007年第3期，第88~91页。

[33] 段红霞：《低碳经济发展的驱动机制探析》，《当代经济研究》2010年第2期，第58~62页。

[34] 段一行：《创新驱动城市自主更新的新模式》，《城市规划》2022年第2期，第100~107页。

[35] 樊步青、王莉静：《我国制造业低碳创新系统及其危机诱因与形成机理分析》，《中国软科学》2016年第12期，第51~60页。

[36] 范柏乃、韩飞：《城市科技创新的驱动机制及扩散效应：基于文献的讨论》，《科学管理研究》2021年第3期，第10~16页。

[37] 范秋芳、张园园：《新型城镇化对绿色经济效率的影响研究——基于省际面板数据实证分析》，《中国石油大学学报》（社会科学版）2022

319

年第 2 期，第 80~89 页。

[38] 方创琳、赵文杰：《新型城镇化及城乡融合发展促进中国式现代化建设》，《经济地理》2023 年第 1 期，第 10~16 页。

[39] 房冠辛、张鸿雁：《新型城镇化的核心价值与民族地区新型城镇化发展路径》，《民族研究》2015 年第 1 期，第 13~24、123~124 页。

[40] 封泉明、林世芳：《低碳文化与低碳经济发展》，《大连海事大学学报》（社会科学版）2011 年第 3 期，第 21~24 页。

[41] 冯邦彦、李胜会：《我国自主创新实现能力及转化能力评价》，《科学学与科学技术管理》2006 年第 12 期，第 66~70 页。

[42] 冯健、周一星：《转型期北京社会空间分异重构》，《地理学报》2008 年第 8 期，第 829~844 页。

[43] 冯之浚、牛文元：《低碳经济与科学发展》，《中国软科学》2009 年第 8 期，第 13~19 页。

[44] 付允、马永欢、刘怡君等：《低碳经济的发展模式研究》，《中国人口·资源与环境》2008 年第 3 期，第 14~19 页。

[45] 高帆：《"新质生产力"的提出逻辑、多维内涵及时代意义》，《政治经济学评论》2023 年第 6 期，第 127~145 页。

[46] 高振娟、赵景峰：《创新驱动经济内循环的效应分析与路径选择》，《经济体制改革》2022 年第 1 期，第 195~200 页。

[47] 龚六堂、严成樑：《我国经济增长从投资驱动向创新驱动转型的政策选择》，《中国高校社会科学》2014 年第 2 期，第 102~113、159 页。

[48] 辜胜阻、王敏、李洪斌：《转变经济发展方式的新方向与新动力》，《经济纵横》2013 年第 2 期，第 1~8 页。

[49] 关璐、毕克新：《基于低碳创新的企业社会责任探讨》，《中国高新技术企业》2015 年第 8 期，第 180~181 页。

[50] 郭光磊：《新型城镇化"新"在哪里——北京市走新型城镇化道路的思考》，《前线》2013 年第 3 期，第 60~63 页。

[51] 郭丕斌、周喜君、李丹等：《煤炭资源型经济转型的困境与出路：基

于能源技术创新视角的分析》，《中国软科学》2013年第7期，39~46页。

[52] 韩隽：《城市形象传播：观念角色路径》，《科学·经济·社会》2007年第3期，第125~128页。

[53] 韩其禄：《环境保护与中国低碳经济发展分析》，《环境与发展》2020年第6期，第219、221页。

[54] 韩喜平、马丽娟：《新质生产力的政治经济学逻辑》，《当代经济研究》2024年第2期，第20~29页。

[55] 何建坤：《发展低碳经济，关键在于低碳技术创新》，《绿叶》2009年第1期，第46~50页。

[56] 何翔：《创新驱动背景下环鄱阳湖生态城市群工业转型升级的研究》，《现代工业经济和信息化》2021年第12期，第13~14、25页。

[57] 洪银兴：《发展新质生产力 建设现代化产业体系》，《当代经济研究》2024年第2期，第7~9页。

[58] 胡晓峰：《推进以县城为重要载体的新型城镇化建设》，《唯实》2022年第12期，第19~21页。

[59] 黄栋：《气候变化、低碳经济与新能源发展》，《华中科技大学学报》（社会科学版）2009年第6期，第96~98页。

[60] 黄奇帆：《新质生产力"新"在哪里》，《宁波经济》（财经视点）2024年第2期，第12~14页。

[61] 计小青、吴志祥、许泽庆：《新型城镇化建设如何推动共同富裕？——基于新型城镇化试点的准自然实验》，《经济问题探索》2023年第6期，第108~122页。

[62] 简新华、聂长飞：《论新质生产力的形成发展及其作用发挥——新质生产力的政治经济学解读》，《南昌大学学报》（人文社会科学版）2023年第6期，第29~36页。

[63] 江曼琦：《对城市经营若干问题的认识》，《南开学报》（哲学社会科学版）2002年第5期，第62~67页。

[64] 解安、林进龙：《新型城镇化：十年总结与远景展望》，《河北学刊》2023年第1期，第115~126页。

[65] 金培振、张亚斌、彭星：《技术进步在二氧化碳减排中的双刃效应——基于中国工业35个行业的经验证据》，《科学学研究》2014年第5期，第706~716页。

[66] 居易：《城市形象的基本概念和系统构建》，《苏州城市建设环境保护学院学报》（社科版）2000年第1期，第72~74页。

[67] 寇静、朱晓青：《世界城市的特性、主导产业及对北京的启示》，《新视野》2012年第1期，第36~39页。

[68] 李国平、孙瑀：《以人为核心的新型城镇化建设探究》，《改革》2022年第12期，第36~43页。

[69] 李靖、廖和平、刘愿理等：《四川省新型城镇化与城乡收入差距时空演化及关联性分析》，《地理科学进展》2023年第4期，第657~669页。

[70] 李峻峰、刘佳、吴竞雄：《基于建构绿色基础设施维度的城市河道景观规划》，《合肥工业大学学报》2011年第1期，第105~110页。

[71] 李露、徐维祥、郑金辉：《新型城镇化与生态福利双向反馈效应的实证检验：以黄河流域为例》，《统计与决策》2023年第2期，第64~67页。

[72] 李婷：《宜居城市的要素构架研究》，《城市建设理论》（电子版）2014年第16期。

[73] 李文启、李悦悦：《河南省乡村振兴与新型城镇化耦合协调研究》，《大连大学学报》2023年第1期，第117~124、138页。

[74] 李先江：《非营利组织低碳创新虚拟研发隐性知识共享研究》，《经济纵横》2012年第10期，第72~75页。

[75] 李玉倩：《新质生产力视角下行业产教融合共同体建设逻辑与路径》，《南京社会科学》2023年第12期，第122~129页。

[76] 李治堂、张志成等：《中国出版业创新与发展》，印刷工业出版社，

2009，第 2 页。

[77] 令小雄、谢何源、妥亮等：《新质生产力的三重向度：时空向度、结构向度、科技向度》，《新疆师范大学学报》（哲学社会科学版）2024 年第 1 期，第 67~76 页。

[78] 刘宝增：《创新驱动转型助力双碳目标实现》，《人民论坛》2022 年第 4 期，第 76~77 页。

[79] 刘路：《论城市形象传播理念创新动的路径与策略》，《城市发展研究》2009 年第 10 期，第 1~2 页。

[80] 刘莎、王培红：《发展低碳经济呼唤科技创新》，《能源研究与利用》2010 年第 2 期，第 1~3、30 页。

[81] 刘世锦：《当前发展低碳经济的重点与政策建议》，《中国科技投资》2010 年第 1 期，第 61~63 页。

[82] 刘卫东：《城市形象工程之我见》，《城市规划》2005 年第 4 期，第 23 页。

[83] 刘伟、吕婷、陈阳：《新型城镇化对推进共同富裕的影响研究——基于微观家庭数据的经验分析》，《城市问题》2023 年第 3 期，第 92~103 页。

[84] 刘熹微、邹克、郑云丹：《创新驱动还是投资驱动？——来自城市层面的证据》，《财经理论与实践》2022 年第 1 期，第 67~73 页。

[85] 刘彦随、乔陆印：《中国新型城镇化背景下耕地保护制度与政策创新》，《经济地理》2014 年第 4 期，第 1~6 页。

[86] 卢晶：《中国新型城镇化发展地区差异分解及驱动因素分析》，《统计与决策》2022 年第 9 期，第 79~83 页。

[87] 卢科：《集约式城镇化——开创有中国特色的新型城镇化模式》，《小城镇建设》2005 年第 12 期，第 68~69 页。

[88] 陆伟、张丹：《全球气候变暖背景下低碳城市规划研究》，《中国房地产业》2013 年第 5 期。

[89] 陆小成：《超大城市发展方式转变的价值意蕴与韧性治理》，《城市问

题》2024 年第 5 期，第 24~28 页。

[90] 陆小成：《城市低碳发展的空间网络化治理路径研究——基于"兰州蓝"的经验考察》，《中国行政管理》2016 年第 8 期，第 76~80 页。

[91] 陆小成：《城市更新视域下低碳创新型社会构建研究——以北京为例》，《生态经济》2024 年第 1 期，第 63~69 页。

[92] 陆小成：《京津冀世界级城市群低碳发展路径研究》，《城市》2018 年第 9 期，第 13~22 页。

[93] 陆小成：《京津冀污染防治与低碳发展》，《前线》2019 年第 1 期，第 62~64 页。

[94] 陆小成：《空间正义视域下新型城镇化的资源配置研究》，《社会主义研究》2017 年第 1 期，第 120~128 页。

[95] 陆小成：《伦敦城市雾霾治理的阶段、经验及对北京的启示》，《唐山学院学报》2017 年第 3 期，第 40~44 页。

[96] 陆小成：《论新常态下城市低碳发展与公共治理转型》，《社会主义研究》2016 年第 2 期，第 92~99 页。

[97] 陆小成：《区域低碳创新系统的构建——基于技术预见的视角》，《科学技术与辩证法》2008 年第 6 期，第 97~101 页。

[98] 陆小成：《全面推进京津冀城市群绿色化发展》，《前线》2023 年第 3 期，第 68~71 页。

[99] 陆小成：《日本低碳技术创新的经验与启示》，《企业管理》2021 年第 6 期，第 15~19 页。

[100] 陆小成：《生态文明视域下城市群绿色低碳技术创新体系构建》，《企业经济》2022 年第 6 期，第 15~24 页。

[101] 陆小成：《我国城市绿色转型的低碳创新系统模式探究》，《广东行政学院学报》2013 年第 2 期，第 97~100 页。

[102] 陆小成：《新发展阶段北京生态产品价值实现路径研究》，《生态经济》2022 年第 1 期，第 218~223 页。

[103] 陆小成：《新型城镇化的空间生产与治理机制——基于空间正义的视

角》，《城市发展研究》2016年第9期，第94~100页。

[104] 陆小成：《中国共产党生态文明建设思想的演进逻辑与实践价值》，《毛泽东研究》2021年第5期，第37~44页。

[105] 陆小成：《中国式现代化视域下低碳社区建设路径研究》，《扬州大学学报》（人文社会科学版）2024年第1期，第49~58、128页。

[106] 陆小成：《中国新型城镇化的低碳创新驱动模式》，《生态环境学报》2016年第2期，第359~364页。

[107] 陆小成、刘立：《基于科学发展观的区域低碳创新系统架构分析与实现机制》，《中国科技论坛》2009年第6期，第32~36页。

[108] 陆小成、刘立：《区域低碳创新系统的结构-功能模型研究》，《科学学研究》2009年第7期，第1080~1085页。

[109] 陆小成、唐俊辉：《"双碳"目标视域下北京低碳高质量发展路径研究》，《北京城市学院学报》2022年第1期，第1~7页。

[110] 吕君、杨梦洁：《绿色经济视域下中小企业技术创新驱动因素探析》，《济宁学院学报》2022年第2期，第48~54页。

[111] 罗富民、陈彬：《新型城镇化下的乡村产业振兴》，《宏观经济管理》2023年第3期，第59~66页。

[112] 罗勇：《低碳创新——我国可持续城市化的新契机》，《学习与实践》2012年第1期，第41~45页。

[113] 莫智勇：《创意新媒体文化背景下城市形象传播策略研究》，《暨南学报》2013年第7期，第148~154页。

[114] 潘星辰、张博华、何文举：《新型城镇化、产业结构优化耦合协调对经济发展空间异质性影响——基于长江中游城市群的分析》，《城市发展研究》2022年第12期，第92~100、136页。

[115] 彭青：《推进以县城为重要载体新型城镇化的对策探讨》，《理论探讨》2023年第2期，第161~168页。

[116] 蒲清平、黄媛媛：《习近平总书记关于新质生产力重要论述的生成逻辑、理论创新与时代价值》，《西南大学学报》（社会科学版）2023

年第 6 期，第 1~11 页。

[117] 秦艳：《产业"负成本"低碳转型对策分析》，《商业时代》2012 年第 14 期，第 127~128 页。

[118] 饶会林、曲炳全：《集中型与集约化：中国城市化道路的最佳选择》，《财经问题研究》1990 年第 4 期，第 1~6 页。

[119] 任保平、郭晗：《经济发展方式转变的创新驱动机制》，《学术研究》2013 年第 2 期，第 69~75 页。

[120] 申文青：《增加创新驱动发展新动力研究》，《科学管理研究》2013 年第 4 期，第 14~17 页。

[121] 沈梅红：《广东财政国库管理改革与思考》，广东经济出版社，2008，第 11 页。

[122] 沈清基：《论城市转型的三大主题：科学、文明与生态》，《城市规划学刊》2014 年第 1 期，第 26~29 页。

[123] 盛朝迅：《新质生产力的形成条件与培育路径》，《经济纵横》2024 年第 2 期，第 31~40 页。

[124] 盛蓉、刘士林：《世界城市理论与上海的世界城市发展进程》，《学术界》2011 年第 2 期，第 219~225 页。

[125] 石建勋、徐玲：《加快形成新质生产力的重大战略意义及实现路径研究》，《财经问题研究》2024 年第 1 期，第 3~12 页。

[126] 孙佳：《环境规制、新型城镇化与低碳技术创新》，《技术经济与管理研究》2023 年第 1 期，第 21~26 页。

[127] 孙杰、于明辰、甄峰等：《新型城镇化与乡村振兴协调发展评估——浙江省案例》，《经济地理》2023 年第 2 期，第 115~123 页。

[128] 孙全胜：《城市化道路研究综述》，《城市》2018 年第 3 期，第 59~68 页。

[129] 孙绍勇：《发展新质生产力：中国式经济现代化的核心要素与实践指向》，《山东社会科学》2024 年第 1 期，第 22~30 页。

[130] 谭显春、郭雯、樊杰等：《碳达峰、碳中和政策框架与技术创新政策

研究》，《中国科学院院刊》2022 年第 4 期，第 435~443 页。

[131] 田莺歌：《加快培育形成新质生产力》，《学习月刊》2023 年第 12 期，第 1 页。

[132] 佟庆家、郑立、张鹏等：《我国制造业低碳创新系统知识产权战略研究》，《科技管理研究》2015 年第 24 期，第 137~141 页。

[133] 涂正革：《中国的碳减排路径与战略选择——基于八大行业部门碳排放量的指数分解分析》，《中国社会科学》2012 年第 3 期，第 78~94、206~207 页。

[134] 万敏、郑加华：《城市 CI——城市形象营造的新方法》，《城市规划》2001 年第 10 期，第 72~74 页。

[135] 王保乾、徐睿：《科技创新促进碳减排系统效率评价及其影响因素》，《工业技术经济》2022 年第 5 期，第 29~35 页。

[136] 王锋：《当前我国新型城镇化推进中的问题与出路——基于苏北新型城镇化实践的研究》，《江苏师范大学学报》（哲学社会科学版）2017 年第 6 期，第 101~108 页。

[137] 王国进：《现代企业制度框架下我国国有企业技术创新机制的特点》，《重庆工商大学学报》2003 年第 6 期，第 9~12 页。

[138] 王洁：《我国低碳创新面临的问题与对策分析》，《投资研究》2012 年第 3 期，第 150~155 页。

[139] 王金南、蔡博峰：《统筹有序系统科学推进"碳达峰""碳中和"》，《上海企业》2022 年第 5 期，第 77 页。

[140] 王蕾、李欢、貊玉龙：《新型城镇化与低碳城市建设协调发展研究——以乌鲁木齐市为例》，《新疆大学学报》（哲学社会科学版）2023 年第 2 期，第 1~13 页。

[141] 王涛：《新型城镇化对流通业效率的溢出效应研究》，《商业经济研究》2023 年第 6 期，第 10~13 页。

[142] 王新前：《关于我国经济向创新驱动转型的战略思考》，《中国改革报》2011 年 12 月 14 日。

[143] 王新新：《全球一体化背景下的世界城市构建与发展思路研究》，《城市发展研究》2011年第6期，第65~70页。

[144] 王萱：《新型城镇化、劳动力流动与产业结构升级》，《商业经济研究》2022年第23期，第178~181页。

[145] 王芸：《低碳创新型中小企业综合业绩评价指标体系研究》，《商业会计》2011年第31期，第31~32页。

[146] 魏后凯：《论中国城市转型战略》，《城市与区域规划研究》2011年第1期，第1~19页。

[147] 邬彩霞：《中国低碳经济发展的协同效应研究》，《管理世界》2021年第8期，第105~116页。

[148] 吴昌华：《低碳创新的技术发展路线图》，《中国科学院院刊》2010年第2期，第138~145页。

[149] 吴南、王雪岚、杨军等：《城市规划中的减碳和固碳策略研究》，《规划师》2012年第S1期，第267~270页。

[150] 吴晓展、彭文英、彭美丽：《北京城市发展新区村庄基础设施问题研究——以房山区为例》，《经济研究导刊》2011年第3期，第128~130页。

[151] 吴艳霞、王晓晶、许振鑫：《乡村振兴与新型城镇化协调发展研究：基于新疆的实证分析》，《石河子大学学报》（哲学社会科学版）2022年第6期，第42~48页。

[152] 吴悦、刘祥伟：《新型城镇化与生态环境互动关系研究——以安徽省为例》，《云南农业大学学报》（社会科学）2023年第3期，第142~149页。

[153] 吴宗杰、李亮、王景新：《我国资源型城市低碳转型途径探讨》，《山东理工大学学报》（社会科学版）2010年第6期，第5~8页。

[154] 夏堃堡：《发展低碳经济 实现城市可持续发展》，《环境保护》2008年第3期，第33~35页。

[155] 夏玉森、韩立红：《新型城镇化发展路在何方——京津冀协同发展背

景下河北新型城镇化方略研究》,《中国统计》2016年第9期,第19~21页。

[156] 肖洪:《城市生态建设与城市生态文明》,《生态经济》2004年第7期,第29~30页。

[157] 谢呈阳、胡汉辉、周海波:《新型城镇化背景下"产城融合"的内在机理与作用路径》,《财经研究》2016年第1期,第72~82页。

[158] 谢守红、吴社丽:《金融高质量发展与新型城镇化耦合协调研究——以长江经济带为例》,《华东经济管理》2023年第2期,第26~33页。

[159] 邢继俊、赵刚:《中国要大力发展低碳经济》,《中国科技论坛》2007年第10期,第87~92页。

[160] 徐建中、赵亚楠:《FDI知识溢出对区域低碳创新网络效率的门槛效应研究》,《科技进步与对策》2019年第9期,第34~42页。

[161] 徐晓红、陈彤:《新型城镇化对城乡收入差距的影响——基于整体与收入来源差异视角》,《河北农业大学学报》(社会科学版)2023年第1期,第91~100页。

[162] 徐雪、王永瑜:《新型城镇化与乡村振兴耦合协调发展的时空格局及影响因素》,《统计与决策》2023年第5期,第50~55页。

[163] 颜廷标:《实施创新驱动发展战略》,《人民日报》2013年1月15日。

[164] 晏龙旭、张尚武、王德:《集聚经济、新型城镇化与规划改革》,《城市发展研究》2022年第12期,第5~11页。

[165] 杨朝均、刘立菊:《中国低碳创新的地区差异及空间收敛性研究》,《技术经济》2020年第1期,第112~120页。

[166] 杨飞虎、王爱爱:《新型城镇化建设中公共投资对私人投资的经济效应——基于新型城镇化中介作用的再检验》,《经济问题探索》2021年第4期,第92~102页。

[167] 杨胜利、李聪、史晓倩:《新型城镇化高质量发展对经济增长的影响

研究》,《石家庄铁道大学学报》(社会科学版)2023年第1期,第1~6页。

[168] 杨胜利、王金科、黄良伟:《县域新型城镇化对共同富裕的影响及作用机制研究》,《云南财经大学学报》2023年第5期,第50~61页。

[169] 杨伟、蒲肖:《数据驱动构筑富有韧性的创新生态系统》,《清华管理评论》2021年第11期,第74~80页。

[170] 姚炯、沈能:《技术异质性与区域低碳创新效率评价》,《科技进步与对策》2018年第22期,第45~54页。

[171] 俞森:《乡村振兴和新型城镇化深度融合:机理与进路》,《理论导刊》2023年第2期,第58~64页。

[172] 郁姣娇、吕军:《新型城镇化背景下城乡资源要素的双向流动与整合》,《农业经济》2023年第1期,第90~92页。

[173] 云小鹏、朱安丰、郭正权:《高精尖产业发展的创新驱动机制分析》,《技术经济与管理研究》2021年第12期,第22~26页。

[174] 曾经纬、李柏洲:《组态视角下企业绿色双元创新驱动路径》,《中国人口·资源与环境》2022年第2期,第151~161页。

[175] 曾立、谢鹏俊:《加快形成新质生产力的出场语境、功能定位与实践进路》,《经济纵横》2023年第12期,第29~37页。

[176] 张晖、李明昕:《新型城镇化模式对城乡收入差距的影响研究:异质性效应与机制分析》,《南京财经大学学报》2023年第1期,第33~43页。

[177] 张姣玉、徐政:《中国式现代化视域下新质生产力的理论审视、逻辑透析与实践路径》,《新疆社会科学》2024年第1期,第34~45页。

[178] 张坤民:《低碳创新 为了人类更好的生存与发展》,《低碳世界》2013年第2期,第12~17页。

[179] 张乐:《以新质生产力发展推进中国式现代化建设》,《人民论坛》2023年第21期,第11~14页。

[180] 张亮、任立肖:《城市智能化与低碳创新的双螺旋联动机制》,《科技

进步与对策》2014年第4期，第30~35页。

[181] 张林、蒲清平：《新质生产力的内涵特征、理论创新与价值意蕴》，《重庆大学学报》（社会科学版）2023年第6期，第137~148页。

[181] 张明斗、乔雪蓓：《新型城镇化促进共同富裕的效应与机制研究》，《郑州大学学报》（哲学社会科学版）2023年第1期，第48~55页。

[183] 张晓旭：《新发展格局下推进新型城镇化的重点任务》，《区域经济评论》2022年第3期，第144~150页。

[184] 张亚明、宋雯婕、武晓涵等：《科技创新驱动产业升级的多重并发因果关系与多元路径》，《科研管理》2021年第12期，第19~28页。

[185] 张一鸣、李睿：《西北地区乡村振兴与新型城镇化耦合协调发展及影响因素研究》，《农业科技管理》2023年第2期，第22~28页。

[186] 赵红丽：《数字经济、新型城镇化与商贸流通业动态关系研究》，《价格理论与实践》2023年第1期，第165~168页。

[187] 赵丽琴、李琳、王天娇：《我国新型城镇化对共同富裕的政策效应研究》，《经济问题》2023年第2期，第120~128页。

[188] 钟辰：《准确理解和把握新质生产力的深刻内涵和本质要求》，《学理论》2024年第1期，第7~8页。

[189] 周宏春：《科技与金融是实现碳达峰碳中和的双翼》，《科技与金融》2022年第5期，第7~14页。

[190] 周彦霞、秦书生：《低碳技术创新驱动低碳发展探析》，《科技与经济》2013年第4期，第62~66页。

[191] 周元春、邹骥：《中国发展低碳经济的影响因素与对策思考》，《统计与决策》2009年第23期，第99~101页。

[192] 周振华：《伦敦、纽约、东京经济转型的经验及其借鉴》，《科学发展》2011年第10期，第3~11页。

[193] 朱鹏华、刘学侠：《以人为核心的新型城镇化：2035年发展目标与实践方略》，《改革》2023年第2期，第47~61页。

[194] 朱振华：《城市形象传播的媒体责任与担当》，《新闻实践》2013年

第 12 期，第 29~30 页。

［195］庄贵阳：《中国经济低碳发展的途径与潜力分析》，《太平洋学报》2005 年第 11 期，第 79~87 页。

［196］陆小成：《北京低碳创新城市建设的战略地位与对策选择》，载张耘主编《北京公共服务发展报告（2010~2011）》，社会科学文献出版社，2011。

［197］陆小成：《城市转型与绿色发展》，中国经济出版社，2013。

［198］陆小成：《国家低碳创新体系：基于生态文明建设的战略思考》，社会科学文献出版社，2024。

［199］陆小成：《区域低碳创新系统理论与实践研究——基于全球气候变化的思考》，中国文史出版社，2011。

［200］王厚俊：《农业产业化经营理论与实践》，中国农业出版社，2007，第 7 页。

［201］杨志龙：《当代西方经济学主要流派》，甘肃人民出版社，2008，第 6 页。

［202］Erdoğan Savaş, Onifade Stephen Taiwo, Altuntaş Mehmet, and Bekun Festus Victor, "Synthesizing Urbanization and Carbon Emissions in Africa: How Viable is Environmental Sustainability Amid the Quest for Economic Growth in a Globalized World?" *Environmental Science and Pollution Research*, 2022, 29 (16).

［203］Goel Raj Kumar, Vishnoi Shweta, "Urbanization and Sustainable Development for Inclusiveness Using ICTs," *Telecommunications Policy*, 2022, 46 (6).

［204］Gupta Mohini, Saini Seema, and Sahoo Malayaranjan, "Determinants of Ecological Footprint and PM2.5: Role of Urbanization, Natural Resources and Technological Innovation," *Environmental Challenges*, 2022, 7.

［205］Kresse Klaas, Van der Krabben Erwin, "Rapid Urbanization, Land Pooling Policies & The Concentration of Wealth," *Land Use Policy*,

2022, 116.

[206] Mahumane Gilberto, Mulder Peter, "Urbanization of Energy Poverty? The Case of Mozambique," *Renewable and Sustainable Energy Reviews*, 2022, 159.

[207] Mignamissi Dieudonné, Djeufack Aristophane, "Urbanization and CO_2 Emissions Intensity in Africa," *Journal of Environmental Planning and Management*, 2022, 65 (9).

[208] Timothy Carter, Laurie Fowler, "Establishing Green Roof Infrastructure Through Environmental Policy Instruments," *Environmental Management*, 2008, 42 (1).

[209] Hall Peter, *The World Cities*, London: World University Library. Weidenfeld &Nicolson, 1984.

[210] Tajfel H., *Differentiation Between Social Groups: Studies in the Social Psychology of intergroup Relations*, London: Academic Press, 1978.

[211] UK Energy White Paper, "Our Energy Future Creating a Low Carbon Economy," 2003.

后　记

新型城镇化建设是关系中国式现代化建设全局的重大战略，是培育和发展新质生产力、推动高质量发展的重要场域与关键支撑。在全球化和信息化的背景下，新型城镇化建设已成为推动社会经济发展的重要动力。在新型城镇化建设、新质生产力发展、绿色低碳转型的战略背景下，我国面临着前所未有的机遇和挑战。传统的城镇化模式面临着资源消耗大、环境污染严重等问题。如何以新质生产力赋能新型城镇化建设？如何在快速城镇化的过程中以低碳创新驱动模式进一步破解经济增长与环境污染两难困境？如何在保持经济稳定持续增长的同时，更好地推动低碳发展、保护生态环境、节约资源能源、提高城市品质？这些问题都需要我们深入思考和持续探索。提出并研究低碳创新驱动模式，对于推动新型城镇化的绿色低碳转型与新质生产力发展、实现人与自然和谐共生的中国式现代化具有重要的理论与实践意义。

本书是作者在2013年、2014年分别主持完成的北京市社会科学基金决策咨询应用青年课题"实施创新驱动战略推进首都经济发展方式转变研究"（2013-JCYY-004）、北京市哲学社会科学规划青年项目"生态文明视域下北京低碳创新城市建设研究"（13CSC012）等研究基础上的进一步深化和拓展。作者进行了再次调研、数据补充、文字修改、整理。多年来，作者围绕创新驱动发展战略、新型城镇化、低碳创新等研究领域进行了深入而系统的学术研究，提出并构建低碳创新理论体系。基于

后 记

这些研究积累，作者聚焦该主题进行深化研究和反复打磨，多次调研和探讨，历经 11 年左右的时间终于完成本书的定稿。随着《新型城镇化的低碳创新驱动模式研究：基于新质生产力视角》一书的完成，本人感到既兴奋又惶恐。

高兴的是，这本书的创作过程不仅是对新型城镇化与低碳创新驱动模式深入探讨的学术之旅，也是作者个人对新质生产力发展、绿色低碳发展理念的一次深刻思考。本书的选题构思最早来源于作者 2008~2010 年在清华大学科技与社会研究所做博士后期间，在博士后合作导师刘立教授的带领和指导下对"低碳技术创新""低碳创新系统"等理论与实践开展的研究。随后作者开创性地系统研究了"区域低碳创新系统""国家低碳创新体系""城市群低碳技术创新体系"等，先后主持中国博士后科学基金、国家社会科学基金、教育部人文社会科学研究青年项目、北京市社会科学基金等资助的"低碳创新"相关项目近 10 项，公开发表"低碳创新"相关论文近 30 篇，出版《区域低碳创新系统》《国家低碳创新体系：基于生态文明建设的战略思考》《城市转型与绿色发展》等学术专著共 6 部。本书就是在该研究基础上的创新与开拓，面向新质生产力、创新驱动发展、新型城镇化等重大国家战略背景，研究并构建新型城镇化建设的低碳创新驱动模式具有重大的理论研究价值和实践意义，也将为新征程上发展新质生产力、强化低碳创新驱动、构建以人为核心的新型城镇化、实现人与自然和谐共生的中国式现代化提供关键支撑。

在本书的研究撰写过程中，作者深刻体会到了理论与实践相结合的重要性。理论为我们提供了思考问题的框架，而实践则是检验理论的试金石。坚持以问题为导向，以创新为动力，力求使研究成果既有理论深度，又有实践价值。本书试图从多个角度分析新型城镇化建设的现状、问题和未来趋势，提出了一系列创新的理论和实践策略。本书采用了多学科交叉的研究方法，结合经济学、管理学、城市学、生态学等多个领域的前沿理论，对新型城镇化建设中的低碳创新驱动模式进行了系统分析，通过文献综述、比较研究、案例分析、实地调研等手段，力求使研究成果具有理论深度和实践指导价值。本书不仅在理论上对低碳创新驱动模式进行了深入探讨，更注重将研究成果转化为实践指导。期望这些研究成果能够为新型城镇化建设提供有益的参考和启示。

惶恐的是，作者也清楚地意识到，任何研究都有其局限性。本书的研究成果可能还有待进一步验证和完善。本书是关于新型城镇化的低碳创新驱动模式研究的尝试性探索，在研究过程中力求全面和深入，但由于时间、资源、个人阅历和学识的限制，不少方面处于探索阶段，部分理论分析与实践探讨可能不够深入，不少观点还有待进一步斟酌。未来，我将持续关注新型城镇化建设的低碳创新驱动模式研究，不断优化和完善研究框架，以期为新质生产力发展、低碳创新驱动和推动绿色低碳的新型城镇化建设提供更多的智力支持。

一本书的撰写与出版，离不开多方面的支持与帮助，感谢之情油然而生、发自肺腑。本书的撰写要感谢北京市社会科学院各位院领导对作者及本书的指导和关心。感谢北京市社会科学院市情所等研究所同事们对我的帮助和关心。感谢北京市社会科学院科研处、智库处、人事处、办公室等各职能处室领导和同事们对本书出版的指导和帮助。感谢北京市社会科学院社科文库出版资助评审专家提出的宝贵意见和建议！感谢家人的理解和支持，这些理解和支持是我能够全身心投入研究的坚强后盾。在作者遇到困难和挫折时，是爱和鼓励让我重新振作，继续学术追求。感谢社会科学文献出版社为本书的付梓出版做的大量工作。

书中也引用和参考了许多专家学者的观点，一并表示感谢。有的引用或参考没有进行及时注释，对可能存在的疏忽请专家批评和指正。本书作为新型城镇化的低碳创新驱动模式研究的开创之作，许多观点具有一定的前瞻性，同时也具有一定的局限性，值得进一步深入研究与实践探索。由于水平和能力有限，书中不妥之处在所难免，也许还有部分观点值得进一步商榷和论证。

随着这本书的出版，我期待与更多的学者和读者交流思想，进一步丰富和完善低碳创新理论体系，共同推动新型城镇化建设的低碳创新驱动发展。

敬请新型城镇化、新质生产力、低碳经济、技术创新、城市创新、公共政策等领域的专家学者和读者提出批评意见或建议。

2025 年 1 月

陆小成

图书在版编目(CIP)数据

新型城镇化的低碳创新驱动模式研究：基于新质生产力视角/陆小成著.--北京：社会科学文献出版社，2025.1.--ISBN 978-7-5228-4470-1

Ⅰ.F299.21

中国国家版本馆CIP数据核字第202401NB71号

新型城镇化的低碳创新驱动模式研究：基于新质生产力视角

著　　者／陆小成

出 版 人／冀祥德
责任编辑／张铭晏
责任印制／王京美

出　　版／社会科学文献出版社·皮书分社（010）59367127
　　　　　地址：北京市北三环中路甲29号院华龙大厦　邮编：100029
　　　　　网址：www.ssap.com.cn
发　　行／社会科学文献出版社（010）59367028
印　　装／三河市龙林印务有限公司

规　　格／开本：787mm×1092mm　1/16
　　　　　印张：21.75　字数：333千字
版　　次／2025年1月第1版　2025年1月第1次印刷
书　　号／ISBN 978-7-5228-4470-1
定　　价／98.00元

读者服务电话：4008918866

▲版权所有 翻印必究